史学通论

四种合刊

〔日〕 浮田和民　著
　　　李浩生　等译
　　　邬国义　编校

商务印书馆
创于1897　The Commercial Press

图书在版编目（CIP）数据

史学通论：四种合刊 /（日）浮田和民著；李浩生
等译；邬国义编校. —北京：商务印书馆，2023
　ISBN 978-7-100-21205-2

　Ⅰ.①史… Ⅱ.①浮… ②李… ③邬… Ⅲ.①史学—
概论 Ⅳ.①K0

中国版本图书馆CIP数据核字（2022）第086169号

史学通论

四种合刊

（日）浮田和民　著

李浩生　等译

邬国义　编校

商　务　印　书　馆　出　版
（北京王府井大街36号　邮政编码 100710）
商　务　印　书　馆　发　行
三 河 尚 艺 印 装 有 限 公 司 印 刷
ISBN 978－7－100－21205－2

2023 年 3 月第 1 版　　　开本 640×960　1/16
2023 年 3 月第 1 次印刷　　印张 26 1/4

定价：130.00 元

浮田和民像

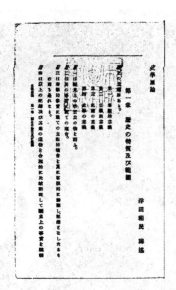

《史学原论》（日本国会图书馆藏）

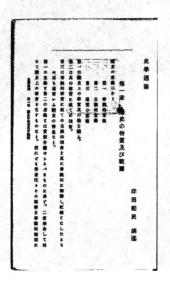

《史学通论》（日本国会图书馆藏）

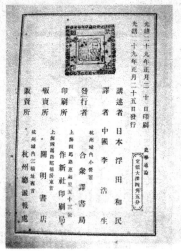

李浩生译本《史学通论》封面、版权页（1903 年）

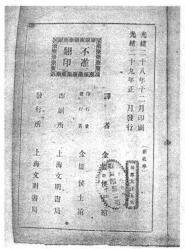

侯士绾译本《新史学》封面、版权页（1903 年）

刘崇杰译本《史学原论》封面、版权页（1903 年）

罗大维译本《史学通论》封面、版权页（1903 年）

《西洋上古史》（日本国会图书馆藏）

吴启孙译本《西史通释》（1903 年）

目　录

史学原论

（闽县刘崇杰译本）

史学通论

（武陵罗大维译本）

附录一 西史通释·综论

（吴启孙译）

附录二 《史学通论》著录及广告

梁启超新史学思想探源（代序言）

邬国义

一百多年前，梁启超发表的新史学诸文，如他所标示的"史界革命"那样，其思想的穿透力与造成的震撼，无与伦比。然而，当 1929 年梁氏逝世不久，彬彬（徐彬）便在一篇文章中指出，梁启超曾参合日本学者的著作，"梁氏最著名之《新史学》及《论中国学术思想变迁之大势》，多以日人所著为蓝本……此固传译介绍，不同剽窃，且独擅之文格，亦有润色之功能也。"[①]。可见盖棺仍难定论，或者说尚有探讨、深化的余地。不过，文中并没有明示梁氏蓝本所出，究难坐实此说，而梁本人也未谈及具体来源，这方面的情况又十分复杂，因此，关于梁启超与日本学术资源中介，包括与浮田和民《史学原论》等的关系，仍是需要深入探讨的重要课题。自然，这种研讨既不能浮泛而论，需要缜密的实证，同时也不能将其局限或仅归之于一书一人，而是要拓展视域，放大范围，才能作出比较准确的研判。

一 《史学原论》及诸种中译本

浮田和民（1859—1946）是日本著名的政论家和历史学家。出生于日本九州熊本藩藩士之家。幼名栗田龟雄，早年在其家乡熊本洋学校学习，后入同志社英学校。1879 年毕业后在《六和杂志》社任职。自1886—1897 年一直在同志社担任教职。先任同志社政法学校讲师，其

---

① 彬彬（徐彬）：《梁启超》，原载《时报》1929 年 1 月 26 日—28 日，转引自夏晓虹编：《追忆梁启超》，中国广播电视出版社，1997 年，第 18 页。

间于 1892 年至美国耶鲁大学留学，学习政治学与历史学，受到西方近代学术思想的熏陶和科学方法的训练。两年后归国，任同志社大学教授。1897 年后，就任东京专门学校（早稻田大学的前身）讲师，讲授西洋史、政治学和社会学等课程，次年聘为教授。先后历任东京高等师范学校教授，早稻田大学教授，图书馆馆长等职。其间长期担任大日本文明协会编集长（1909—1927 年）以及《太阳》杂志主笔，宣传资产阶级自由主义学说，被视为英美派政治学的代表人物。其一生著述甚丰，撰有《政治学史》、《政治原论》、《社会学讲义》、《政治道德论》、《伦理学讲义》、《新道德论》、《国民教育论》、《伦理的帝国主义》和《西洋上古史》（中译为《西史通释》）、《西洋中近世史》、《史学原论》等著作。[①] 译作有弗兰科·古德诺（Frank J. Goodnow）著《比较行政法》、高尔（G. D. H. Cole）著《产业自治论》等。

《史学原论》和《西洋上古史》等均是他为东京专门学校编写的教材。《史学原论》又名《史学通论》，是一部讲述史学理论与史学方法的著述。全书约 4 万余字，计分八章，分述历史学的性质、范围、定义、价值，以及历史与国家、地理、人种等之关系，历史大势及研究方法。从日本国会图书馆、早稻田大学图书馆现存的几种日文本来看，东京专门学校藏版的《史学原论》，封面署"讲师浮田和民讲述"；后来早稻田大学出版部出版的《史学原论》一种，署"浮田和民述"。另一种稍晚些的东京专门学校藏版的《史学通论》，封面署"浮田和民讲述"[②]。可知当时尚是大学文学科的讲义，未正式公开出版，但已在社会上流

[①] 关于浮田和民生平，参见〔日〕烟山专太郎：《浮田先生略历》，早稻田大学史学会编纂：《浮田和民博士纪念》，东京六甲书房，1943 年；《故浮田和民先生略历》，故浮田和民先生追怀录编纂委员会编：《浮田和民先生追怀录》，东京：故浮田和民先生追怀录编纂委员会，1948 年；《浮田和民博士年谱钞》，早稻田大学校史资料室编：《浮田和民博士年谱和著作目录》，1966 年。另，1941 年出版的《早稻田政治经济学杂志》第 78、79 期合刊（浮田教授退职纪念号）也载有《浮田和民先生略历》。

[②] 日本国会图书馆藏有东京专门学校藏版的《史学原论》（计 156 页）两种，《史学通论》（计 161 页）一种；早稻田大学图书馆藏有东京专门学校藏版的《史学原论》（计 156 页）一种，早稻田大学出版部的《史学原论》（计 142 页）一种，及《史学通论》（计 161 页）一种，出版者不详。

传，被称为"讲义录本"。19 世纪末 20 世纪初，它与坪井九马三所著的《史学研究法》，在日本史学界均甚有影响。

关于此书著述与最初出版的时间，几种日文本均没有注明。杨鸿烈在其所著《史学通论》中，著录为"浮田和民《史学原论》，明治三十年（光绪二十三年）"①，也即 1897 年。杨氏此说未出所据。但根据此书的有关内容，此说并不确切。此外还有一些其他不同的说法。如石川祯浩称两书"据认为同为 1898 年前后出版"，为"东京专门学校文学科第二期一年级讲义录"②。因缺乏比较确凿的证据，故说得比较谨慎。有一种东京专门学校藏版的《史学原论》封面署"讲师浮田和民讲述"，似乎可说明其著述于 1897 年。但据笔者研读查核，发现此书第七章"历史上之大势"曾述及"例如北美合众国之因古巴岛事件而与西班牙构争"之事，这里所说"古巴岛事件"也即"缅因"号事件。1898 年 4月，美国以停泊在西班牙殖民地古巴首府哈瓦那港巡洋舰"缅因"号被炸，正式向西班牙宣战，进攻西属殖民地，由此爆发了美西战争。后西班牙战败，于当年 12 月签订《巴黎条约》，美国夺取菲律宾、关岛和波多黎各等地，西班牙承认古巴独立，实际上成为美国的势力范围。由此可证，《史学原论》的著述必在 1898 年 4 月之后，书中还说到两国开战后欧洲、美洲诸国的不同态度，并称"客岁美西之战，美军征略飞律宾群岛，则泰西文明越美洲而达东洋"③。故该书著述出版当已在 1899 年。

① 杨鸿烈：《史学通论》，商务印书馆，1939 年，第 26 页。俞旦初也同此说，见《二十世纪初年中国的新史学思潮初考》，连载于《史学史研究》1982 年第 3、4 期和 1983 年第 2 期。又见俞旦初：《爱国主义与中国近代史学》，中国社会科学出版社，1996 年，第 52 页。

② 参〔日〕石川祯浩：《梁启超与文明的视点》，称"二者内容基本相同，梁启超的翻译是依据《史学通论》（东京专门学校文学科第二期一年级讲义录）"。见〔日〕狭间直树编：《梁启超·明治日本·西方——日本京都大学人文科学研究所共同研究报告》，社会科学文献出版社，2001 年，第 108 页。按国会图书馆所藏《史学原论》，一作"东京专门学校政治经济科第 3回 1 年级讲义录"，一作"东京专门学校文学科第 3 回第 1 部讲义录"；早稻田大学图书馆藏东京专门学校 1901 年 3 月版《史学原论》，则著录为"东京专门学校文学科第 3 回第 1 部讲义录"。

③ 见东京专门学校藏版日文《史学原论》，第 114、117 页；《史学通论》，第 120 页。日文原文作"昨岁以来，米西开战的结果，米军又比理宾群岛を征略"云云。见《史学通论》李浩生译本，第 77 页；《史学原论》侯士绾译本《新史学》，第 98、101 页。又，刘崇杰《史学原论》译本，第 62、64 页，译作"数年前米西开战之结果，米军略菲律宾群岛"云云，则已据翻译之年而言。

《史学原论》与《史学通论》虽说在内容上大体相同，但将两书仔细对勘检核，其中也有不少差别。如《史学原论》第一章"历史之特质及范围"，一开头便将历史的意义分述为四："第一　客观的意义"、"第二　主观的意义"、"第三　记录的意义"、"第四　史学的意义"。而后来《史学通论》第一章则改作"历史之意义有三"："第一　客观的意义"、"第二　主观的意义"、"第三　通常的意义"。说明浮田和民曾作过若干修改，故两种文本有所不同。因此后来的几种中译本也因所据不同，就有《史学原论》与《史学通论》两种不同的名称及其文本。如刘崇杰《史学原论》和侯士绾《新史学》译本用的是日文《史学原论》本，而李浩生和罗大维两种译本均采用《史学通论》之名及其文本。

20 世纪初年，以梁启超为代表的维新派猛烈地批判封建旧史学，掀起了一股新史学思潮。在这股潮流中，浮田和民的《史学原论》也被介绍传入了中国。据俞旦初先生考证，"在 1902—1903 年之间，一些留日学生竞相翻译介绍，先后有六种译本之多"。这六种译本是：

（1）《新史学》，侯士绾译，上海文明书局代印，光绪二十八年十二月（1903 年 1 月）印刷，二十九年正月（1903 年 2 月）发行；

（2）《史学通论》，李浩生译，上海作新社印刷，杭州合丛译书局发行，光绪二十九年正月二十日（1903 年 2 月 17 日）印刷，正月二十五日（1903 年 2 月 22 日）发行；

（3）《史学通论》，罗大维译，上海作新社印刷，进化译社发行，光绪二十九年九月一日（1903 年 10 月 20 日）印刷，九月五日（10 月 24 日）出版；

（4）《史学原论》，刘崇杰译，"闽学会丛书之一"，闽学会出版，见于光绪二十九年一月十五日（1903 年 2 月 12 日）发行的《西力东侵史》附录"闽学会丛书"广告；

（5）《史学原论》，杨毓麟译，湖南编译社发行，见于光绪二十九年正月（1903 年 2 月）第 4 期《游学译编》所载新书广告，说明日间

出书;

（6）《史学原论》，东新译社同人编译，见于光绪二十八年十月（1902 年 11 月）《游学译编》第 1 期所载译书预告。

俞文说："到目前为止，前三种我已见到译本，后三种则仅见于广告。"[1] 并对它在当时新史学思潮中的地位和影响作了评价。应当说，俞文所据为实见之书及报刊所登广告，考察是很周详仔细的。因此，此后凡是谈到《史学原论》的著作和文章，如《中国近代史学思潮与流派》、《中国近代史学学术史》、《中国现代史学思潮研究》等，几乎毫无例外地都采用了"六种译本"这一说法[2]。

但是，这一说法实际上是不准确的，也是需要纠正的。其原因在于俞先生看错了广告。据笔者查考，事实上并不存在第六种所谓的东新译社"同人译本"，其中第五、第六种《史学原论》，其实是同一种译本。俞文所提到的这两种《史学原论》，均见于湖南编译社发行的《游学译编》所刊广告。查光绪二十八年十月（1902 年 11 月）《游学译编》第 1 期，其封底所载"本社译书豫告"中云："史学原论　浮田和民著　同人译"。此下又刊载"觉民社译书豫告"、"军事社译书豫告"，以及"普通学全书已译广告"，下署"东新译社告白"。按这里"东新译社"的广告仅是介绍已译"普通学全书"[3]。而前所说"本社"，则是指湖南编译社，"同人"也是指湖南编译社的同人，而非俞文所说的"东新译社"及其"同人"[4]。再看俞文所举第五种杨毓麟译《史学原论》。1903 年

---

① 俞旦初：《爱国主义与中国近代史学》，第 49—50 页。

② 有的文章更不无夸大地说："1903 年，日人浮田和民的《史学原论》不知为什么突然在中国出版了至少六种译本，足见其对当时中国史学界影响之大。"罗志田：《乾嘉考据与九十年代中国史学的主流》，《二十世纪的中国思想与学术掠影》，广东教育出版社，2001 年，第 217 页。

③ 原文作："普通学全书已译广告　我国学界之幼稚，其原因虽不一，然不知普通学为病根之根。本社有慨于是，特将日本富山房最新最善之普通学全书开译，以供我国普通学教科书之用，有志教育国民者当必先睹为快也。东新译社告白。"据笔者所见，《游学译编》第 1 期有两种不同的版本，一种后面载有译书预告，一种没有，上海图书馆均有藏。

④ 这从《游学译编》第 2 期"湖南编译社已译待印广告"也可说明，它列举了一批书目，其中就有第 1 期"译书豫告"中家永丰吉著的《文明史》、塚越芳太郎著《新国民之资格》以

《游学译编》第3、第4期广告云："史学原论 日本浮田和民著，长沙杨毓麟译"，称此书"现经杨君译出，竭数月之力，始得成书，迥非率尔操觚者可比，有志史学者，不可不一读也。日间出书，全一册，价洋六角。发行所：湖南编译局：代售处 广智书局"①。广告上载杨毓麟译的《史学原论》，由湖南编译社发行。据《游学译编》第1期"译员人名表"，其编译人员有周家树、陈润霖、周宏业、杨毓麟、范锐、曾鲲化、许直等人。因杨毓麟即是湖南编译社的成员，故《游学译编》第1期所说"同人"指的就是杨毓麟，二期所刊广告实际上是同一回事。②显然，俞旦初误将第1期同一版面上"本社译书豫告"与"东新译社告白"两个不同的广告混同起来，故错误地以为有东新译社"同人"译本。后人未加考察，遂以讹传讹。

如此，浮田和民《史学原论》的译本，三种已正式出版，加上仅见广告的两种，总共也就是五种译本。

那么，其余两种《史学原论》是否已正式出版了呢？这也是我们关心的问题。据笔者调查，刘崇杰所译的《史学原论》也是正式出版的。关于刘译本，除俞文提到的1903年初出版的日本斋藤阿具著、林长民译《西力东侵史》后附录的"闽学会丛书"广告外，光绪二十九年三月十五日（1903年4月12日）出版的鸟居龙藏编辑、林楷青译《人种志》，同年八月十五日（10月15日）出版的北村三郎著、程树德译《印度史》，在封底所刊"闽学会丛书广告""出版书目"中，也载有：

（接上页）及《各国独立史纪要》、《亡国惨状记》。此后《新国民之资格》正式出版，广告称"此书为塚越芳太郎所著"云云，并标明"洋装一册，定价二角。发行所 湖南编译社"。这就清楚地说明，上列诸书均为湖南编译社所译，因而同一"译书豫告"中浮田和民著、同人译的《史学原论》，显然也是湖南编译社所译，而非东新译社的译本。

① 见1903年1月13日、2月12日（光绪二十八年十二月十五日、二十九年正月十五日）《游学译编》第3、4期所附"广告"。这一广告同时也载于1903年1月29日（光绪二十九年正月朔日）《湖北学生界》第1期，内容与此相同。

② 从另一方面说，《游学译编》第1期又有"东新译社已刊《中国文明发达史》广告"，后《中国文明发达史》于1903年5月出版，末附"东新译社编译普通学教科适用书目"，列举了《中国历史》、《中国地理》、《万国历史》至《图画学》、《英文学》等共计30种教科书目，其中也并没有"同人译"的《史学原论》，均可证。

"史学原论 闽县刘崇杰译,定价大洋贰角叁分"。在广告语中,称浮田和民为"日本史学大家"①,对其作了很高的评价。又据顾燮光《译书经眼录》卷七云:"《史学原论》一卷 闽学会丛书洋装本一册,《北洋学报汇编》本,进化译社洋装本一册。"明确指出《史学原论》"闽学会丛书"洋装本一册,并记录了八章的具体内容,对其译本的不足之处也作了评论。指出该书"博引泰西学说,加以论断,盖泰西论史之书也。惟译自和文,悉用日本名词为美中不足耳。《北洋官报》本加以注释,殊便观览。进化译社罗大维译本与此大同小异"②。虽说闽学会广告称"译者文笔畅达,足达原书之旨",但顾燮光对此仍有自己的看法,认为其译文"悉用日本名词",是"美中不足"之事。这就清楚地说明,刘崇杰译本已正式出版。从实物来说,据该书的版权页,此书发行所为闽学会,由中原印刷所印刷,印刷人为中原安太郎,光绪二十九年正月十日(1903年2月7日)印刷,正月十五日(2月12日)发行。比李浩生《史学通论》译本的出版还要早些。

值得注意的是,《译书经眼录》同时还列出了《北洋学报》汇编本。循着这一线索,经笔者查找,证实确有此种版本。此书系采用刘崇杰《史学原论》译本,自1904年1月起曾连续刊载于《北洋官报》第191、198、205、215、228、237、240、244、251、255期(光绪二十九年十二月二十六日至光绪三十年二月三十日),此后又汇编为一卷。《甲辰年(1904)学报汇编一百种子目》中,《史学原论》即为其中的一种。③如《甲辰学报汇编提要》所说:"本局自甲辰正月,增辑学报,以辅助教科,保持国粹,时逾一载,积盈百种,兹分订五十册,俾承学之士,得窥全豹。"其中介绍说:"《史学原论》 是书为闽学会丛书之一。书凡八章,于历史性质,融(念)[会]贯通。惟译自和文,少加删润,而

---

① 见1903年发行的"闽学会丛书"《西力东侵史》、《人种志》、《印度史》附录广告专页。此外,1903年4月24日《中外日报》"闽学会丛书出书广告"也载"史学原论 二角三分"。
② 顾燮光:《译书经眼录》卷7,杭州金佳石好楼1934年石印本,第5页。
③ 《北洋官报》第904册,1906年2月2日(光绪三十二年正月初九日)。

摘词造句，悉就彼邦通称，不无遗憾。爰详为注释，以省读者脑力焉。仅有四章：一、历史之特质及其范围；二、史学之定义；三、历史上之价值；四、历史与国家之关系。以后四章，俟续登。"[①]实际上并未刊载完毕。这一汇编本为线装本。于译本有较重的日文味，多沿日本名词，文字比较艰涩，因此《北洋官报》在刊登时，称为了方便中国的读者，对其中一些难懂的译名"详为注释，以省读者脑力"。顾燮光也说："《北洋官报》本加以注释，殊便观览。"说明在翻译之外还加以注释。但据笔者查对，实际上只是将刘崇杰译本加以删改节略，并无所谓注释，只能说是刘译本的删节本。但它曾在《北洋官报》连续刊登，后又汇编刊印，无疑也是《史学原论》传播的重要途径之一。

关于杨毓麟译本，如上所引 1903 年《游学译编》广告说："是书为早稻田大学讲义，荟萃泰西名家学说而括之于区区小册子中，其义蕴之宏富，理论之精深，东邦早有定评，无烦赘述。吾国旧学界思想，视历史为传古信今之述作，而不知为现在社会生活之原因，研究历史者，亦不过出于钩稽事实、发明体例二途，而不知考求民族进化之原则。针膏肓而起废疾，必在于兹。"广告又称此书经杨毓麟竭数月之力译出，"日间出书，全一册价洋六角"，按其已出定价，似应已正式出版。但目前尚未发现这一译本。笔者虽经多方搜罗，也未见此本。因此，在未见到译本之前，还只能存疑待定。

根据以上所述，减去俞旦初误收的一种，《史学原论》至少有四种译本正式出版，杨毓麟译本一种待定。另外，新增《北洋学报》节略本一种也值得重视。又，后来杭州合丛译书局还出版了李浩生译本与刘崇杰译本的合刊本，北京大学图书馆藏有此本。据此，其译本仍有五六种之多。由此可见《史学原论》在当时中国出版传播的状况及其所产生的重要影响。

---

① 北洋官报局编印：《北洋学报汇编》乙巳年（1905），第 27 册"科学丛录"二。

二 《史学之界说》溯源

这一时期出现这么多的《史学原论》译本，与梁启超在1901—1902年之间提倡"史界革命"有着密切的关系。

据现有资料表明，梁启超是最早的读日文《史学原论》者之一。1899年秋他已看过此书（具体见后），并根据其中的内容撰写文章。此后他在1902年发表《新史学》，其中《史学之界说》，基本内容即是根据《史学原论》第一、二章等相关材料加以论述的。此年7月，章太炎在致梁启超书中，谈到自己有志于修《中国通史》，指出："顷者东人为支那作史，简略无义，惟文明史尚有种界异闻，其余悉无关闳旨。要之彼国为此，略备教科，固不容以著述言也。其余《史学原论》及亚细亚、印度等史，或反于修史有益，已属蔡君鹤庼购求数种。"① 在《史学原论》汉译本出版之前，章太炎就托蔡元培购求，认为"于修史有益"。此时章氏刚从日本回国，说明他在日本时已读过此书。查此年正月章太炎东渡日本，二十一日（2月28日）至横滨，即暂寓梁启超所在的新民丛报社。在章氏《致吴君遂等书》中说到："《丛报》已出二册，任公宗旨较前大异，学识日进，头头是道。"又说："彼知事无可为，而专以昌明文化自任。"函中还说到自己为广智书局删润译稿，"间作文字登《丛报》中"云云②。而梁启超《新史学》正在此年2月《新民丛报》第1号起发表。故有理由认为，章氏得读《史学原论》，正是通过梁氏和新民丛报社的介绍。由此也可见梁启超及其周围的人对此书的评价及影响。

在戊戌变法之前，梁启超已对封建传统史学进行过批判，倡导"君

---

① 《章太炎来简》，《新民丛报》第13号，1902年8月4日。
② 章太炎：《致吴君遂等书》（4）（5），汤志钧编：《章太炎年谱长编》（上册），中华书局，1979年，第130—131页。

史、民史之说",批判中国旧史只不过"为一代之主作谱牒"①。其早期的史学思想,主要与西方传教士及斯宾塞等思想影响有关。由于忙于政治活动,故这方面的论述没能展开。变法失败之后,梁启超东渡日本。由于政治上一时难于施展,故把主要精力投身于宣传与学术活动。在流亡日本期间,梁氏粗通日文,每日阅读日本报纸,如他自己所说"于日本政界、学界之事,相习相忘,几于如己国然"。他在《三十自述》中回顾其思想状态说:"居日本东京者一年,稍能读东文,思想为之一变。"②又谓"自居东以来,广搜日本书而读之,若行山阴道上,应接不暇,脑质为之改易,思想言论与前者若出两人"③。通过日本的渠道,他接触了大量的西学新知,又阅读了不少世界史著作,使其知识结构经历了一次更新,学术视野发生了很大变化,思想境界为之一变。1902年发表于《新民丛报》上的《东籍月旦》便是这方面的重要记录。④

梁启超注意到浮田和民的《史学原论》并非偶然。他在所撰《东籍月旦》"历史"类中,便列有浮田所著《西洋上古史》,为专门学校讲义录本。文中称"浮田和民之作,尤为宏博",指出此书虽然仅叙上古史,但是详尽地记载了"民族之变迁,社会之情状,政治之异同得失","其卷帙之浩繁,举诸家全史之著,无有能及之者"。认为希腊、罗马的文明,是近世全世界的文明所自出,"学者欲知泰西民族立国之大原,固不可不注意于此。必如浮田此编,始稍足以餍吾侪之求矣。有志政治学者尤不可不读也"⑤。于此可见其对浮田著作的重视,他将目光注意到《史学原论》也就毫不奇怪。

关于梁启超得读《史学原论》的时间,也需要作些考察。笔者注

---

① 谭嗣同:《湘报后序》,蔡尚思、方行编:《谭嗣同全集》(增订本)下册,中华书局,1981年,第419页。梁启超:《续译列国岁计政要叙》,《饮冰室合集》文集之二,中华书局,1936年,第60页。

② 梁启超:《三十自述》,《饮冰室合集》文集之十一,第18页。

③ 梁启超:《夏威夷游记》,《饮冰室合集》专集之二十二,第186页。

④ 见《新民丛报》第9、11号,1902年6月6日、7月5日。

⑤ 梁启超:《东籍月旦》,《饮冰室合集》文集之四,第94页。

意到，1899 年 9 月他在《清议报》上发表《饮冰室自由书·英雄与时势》，其中说：

> 或云英雄造时势，或云时势造英雄，此二语皆名言也。为前之说者曰："英雄者，人间世之造物主也。人间世之大事业，皆英雄心中所蕴蓄而发现者，虽谓世界之历史即英雄之传记，殆无不可也。"故有路得，然后有新教；有哥仑布，然后有新洲；有华盛顿，然后有美国独立；有俾士麦，然后有德国联邦。为后之说者曰："英雄者，乘时者也，非能造时者也。"人群之所渐渍、积累、旁薄、蕴蓄，既已持满而将发，于斯时也，自能孕育英雄，以承其乏。故英雄虽有利益及于人群，要不过以其所受于人群之利益而还付之耳。故使路得非生于十六世纪，西人以耶稣纪年一百年为一世纪。而生于第十世纪，或不能成改革宗教之功；使十六世纪即无路得，亦必有他人起而改革之者。其他之实例亦然，虽无歌白尼，地动之说终必行于世；虽无哥仑布，美洲新世界终必出现。

文中梁氏总结说："余谓两说皆是也。英雄固能造时势，时势亦能造英雄，英雄与时势，二者如形影之相随，未尝少离。既有英雄，必有时势；既有时势，必有英雄。"认为"英雄与时势，互相为因，互相为果，造因不断，斯果不断"。[①] 再看《史学原论》的有关论述：

> 英雄与历史大有关系，固矣。但论断此事，本有二说。其一则卡来之《崇拜英雄论》也。卡氏谓："大人乃人类界之造物。（日文原文为"大人は人间界の造物者"。——笔者注）世界大事业，不外大人理想之发现。世界历史谓之大人传记，夫何不可？"其一

---

① 梁启超：《饮冰室自由书·英雄与时势》，《清议报》第 27 册，1899 年 9 月 15 日。见《饮冰室合集》文集之二，第 9—10 页。

则马可黎之论也。马氏以崇拜英雄，譬诸崇拜偶像。偶像为人所造，而人拜跪之，反为偶像所造。国民之于英雄，有类乎是。英雄为时代所造，国民造英雄、时代而崇拜之。英雄之于社会，非无关系，然此特将由社会所得之本，加以利息以还之耳。夫造人物者，时势也，造时势者，非人也。使路德不生于纪元十六世纪，而生于十世纪，其宗教改革岂能成功？十六世纪纵无路德，宗教之改革安得免之？不特宗教然也，何事非然。虽无珂保尼加士（即哥白尼），地动说必行于世；虽无哥仑布，新世界必至发现；虽无达尔文，进化说必大行。

后面的结论是："可知英雄虽能动时势、造社会，而造英雄者则国民也。斯宾塞曰：'社会造大人，而后大人造社会。'可谓至言。"[1]

从以上的对照来看，两文所说完全相同。梁文所举一为英国历史学家卡莱尔（Thomas Carlyle）之说，他在《英雄与英雄崇拜》中，提出"世界的历史就是无数伟人传记的集合"，梁文引语与《史学原论》全同。二即英国史家马考莱（Thomas Babington Macaulay）的《德拉顿论》，梁文做了一些改写。但就其所论而言，连所举路德、哥白尼、哥仑布等例子也相同。这就充分说明，梁文《英雄与时势》即出自浮田和民《史学原论》。此文发表于1899年9月15日《清议报》，说明梁启超在1899年秋即已看过《史学原论》，同时也可见其关于英雄与时势的论述所受影响。此后，他在《过渡时代论》、《新史学》等文中又多次加以阐述，如《新史学》指出："历史者，英雄之舞台也；舍英雄几无历史。虽泰西良史，亦岂能不置重于人物哉！"[2]与此也不无关系。

以1901—1902年发表的《中国史叙论》、《新史学》为发端，梁启超激烈地批判封建史学有"四弊二病"，提出了"史界革命"的著名口

---

[1] 见东京专门学校藏版《史学原论》，第26—28页。参《史学原论》刘崇杰译本，第14—15页；《史学通论》李浩生译本，第16—17页。

[2] 梁启超：《新史学》，《饮冰室合集》文集之九，第3页。

号，由此初步构建了其史学理论体系。对这两篇文章，学界已有众多的论述和阐发，也有学者对梁启超新史学与浮田和民《史学原论》的关系作了一些考察。但由于梁氏本人撰文，多有源自日人著作而不注明出处者，其间的情形又较为复杂，因此要分清其源流甚属不易。故对于梁文的材源出处，它与《史学原论》及其他日本史著的关系，仍有在实证的基础上，重新加以仔细研讨的必要。

《史学之界说》是梁启超《新史学》重要的篇章之一。关于它与浮田《史学原论》的关系，就现有的材料来看，确有密切关联。梁氏在文中，从三个层次对新史学的内容性质加以界定，即"第一，历史者，叙述进化之现象也"；"第二，历史者，叙述人群进化之现象也"；"第三，历史者，叙述人群进化之现象，而求得其公理公例者也"。层层推进，把史学研究认定为寻求人类进化发展的过程并求得其"公理公例"，其基本内容即是据《史学原论》第一、二、四、八章加以论述的。

关于第一、第二定义，《史学原论》第四章"历史与国家"中说："历史者，进化之谓也。以人类言，则社会之外无进化，故言人类历史，必先言社会历史。"[1] 第一章"历史之特质及范围"说："如是以客观的观察历史，则历史可不必限于人间之事，凡进化之事，皆可为历史之主题也。然普通历史之主题，顾以人间之记载为目的者，何为乎？则以虽曰万物进化，而万物进化中之最大者，要未有能如人间者也，此所以曰人间之历史也。"[2] 又说："要之，历史之特质在于其事实之变迁进化，非孤单独立，而前后相连络也。……其范围也，以进化的现象为范围。而其范围虽不必限于人间，然其他事物进化之程度，初不可与人间社会之进化比。则历史云者，断之曰人间社会之进化也，允之至也。"[3] 第二章"历史之定义"说："况今日者既以社会进化的大现象，为史学之定义

---

[1] 李浩生译本，第20页。
[2] 李浩生译本，第4页。
[3] 李浩生译本，第6—7页。

矣。"① 第八章"历史研究法"也说到:"夫历史者,考究人间社会之进化者也。"② 历史研究法"在就过去事实之痕迹,以发现真理,以说明现在,以预察将来,以知社会之起原、进化之目的也"③。

关于第三定义,《史学原论》第二章"历史之定义"说:"故史学者,考究人类进化次序之学也。其特质在是,其定义即在是。"④ 又说:"以历史之事实非循环的现象,而为无限的进步,故欲发明其法则,必须积年累岁,而非急迫可定也。……然至云发明社会进化之次序及法则,而果必当俟之世界终极之日,则又不然。"⑤ 第四章"历史与国家"指出:"故研究社会与国家之进化者,即史学之主题也。……其研究之目的,专在社会进化之次序及法则。故史学之价值,非专为实利的,亦非专为美术的,实纯然为伦理的也。"⑥

由上例证,梁启超关于历史三个层次的论说,均可在《史学原论》找到相关的说法。有的研究者注意到这种现象,认为浮田和民的原作"有些地方交叉重复,且引用西方学者著述较多",不易为中国的初学者理解,因此梁氏将三章的"主要论点重新组合",简化为三个问题,构成了"逐步递进,层次分明,逻辑严密"的"自己的体系"。⑦ 认为这样原作的内容基本包括,而且叙述更紧凑,条理更清楚。总之,把它视为梁启超重新归纳和改造的结果。但是,如果联系浮田和民其他著作作进一

---

① 李浩生译本,第 12 页。

② 李浩生译本,第 90 页。

③ 李浩生译本,第 84 页。

④ 李浩生译本,第 10 页。

⑤ 李浩生译本,第 11—12 页。

⑥ 李浩生译本,第 32—33 页。

⑦ 蒋俊:《梁启超早期史学思想与浮田和民的〈史学通论〉》,《文史哲》1993 年第 5 期。在《中国史学近代化进程》一书中,还说梁"抛开了原书使用的'历史的特点'、'历史的定义'、'历史的价值'这样的组合方式,而是以进化、社会进化、有规律地社会进化为线索,展开自己的论述"。见氏著《中国史学近代化进程》,齐鲁书社,1995 年,第 34 页。尚小明也称:"梁氏对此加以归纳,以三个递进的层次表述出来",认为"这样的表述无疑更清楚、条理,而且逻辑分明"。尚小明:《论浮田和民〈史学通论〉与梁启超新史学思想的关系》,《史学月刊》2003 年第 5 期。

步考察的话，就可知梁氏三层递进的论述仍然是受浮田影响的结果。

非常值得注意的是，浮田和民在《西洋上古史·绪论》中关于"历史的定义"，开首便说：

> 历史也者，进化之义也。故自其广义言之，凡进化之事物皆有其历史，天体、地球、动植之物，无往而非历史者。然寻常之所谓历史，则取其狭义为言，故所谓历史者，即人间社会进化之义也。盖人间社会固地球万物进化之极致，而其现象之最大者矣。是故历史一语有广、狭二义，而所谓史学，即研究人间社会进化之学也。故史学以人间社会进化为主题，其目的在研究社会之沿革，窥见进化之次第及其原理。①

这段论述，非常清晰地浓缩、阐释了史学的三层意义。最末一句，日文原文为："其の目的は人间社会の沿革と研究をして其の进化の顺序及ひ法则と发见せんするに在り"，即"其目的在于研究人类社会的沿革，并发现其进化的顺序及法则"，也即是梁启超所说"求得其公理公例者"。因此，就观念架构和逻辑顺序而言，其受浮田和民的影响显而易见。

不仅如此，在梁启超的三个主要观点之下，他在具体的论证时，相当多地借用了《史学原论》的材料，有时甚至作了大段的引用。梁文一开始便说："欲创新史学，不可不先明史学之界说；欲知史学之界说，不可不先明历史之范围。今请析其条理而论述之。"而翻开《史学原论》的第一章，便是"历史之特质及范围"。将其内容作一番对勘比照，就不难发现两者的相似之处。如梁启超一开始论历史者"叙述进化之现象也"时说：

---

① 〔日〕浮田和民：《西洋上古史·绪论》，东京专门学校出版部，1889 年，第 1 页。见吴启孙译：《西史通释·综论》，上海文明书局，1903 年，第 1 页。

现象者何？事物之变化也。宇宙间之现象有二种：一曰为循环之状者，二曰为进化之状者。何谓循环？其进化有一定之时期，及期则周而复始，如四时之变迁、天体之运行是也。何谓进化？其变化有一定之次序，生长焉，发达焉，如生物界及人间世之现象是也。循环者，去而复来者也，止而不进者也；凡学问之属于此类者，谓之天然学。进化者，往而不返者也，进而无极者也；凡学问之属于此类者，谓之历史学。天下万事万物，皆在空间，又在时间，空间、时间，佛典译语，日本人沿用之。若依中国古义，则空间宇也，时间宙也。其语不尽通行，故用译语。而天然界与历史界，实分占两者之范围。天然学者，研究空间之现象者也；历史学者，研究时间之现象者也。就天然界以观察宇宙，则见其一成不变，万古不易，故其体为完全，其象如一圆圈。就历史界以观察宇宙，则见其生长而不已，进步而不知所终，故其体为不完全，且其进步又非为一直线，或尺进而寸退，或大涨而小落，其象如一螺线。明此理者，可以知历史之真相矣。

从梁文小注中所说："空间、时间，佛典译语，日本人沿用之。若依中国古义，则空间宇也，时间宙也。其语不尽通行，故用译语。"即此就可见其沿用日本译述之语。[①]将其与《史学原论》第一章相对照，两者在文字上几乎都相一致：

欲明斯义，须知有二种之现象。现象者何？事物之变迁是也。其变迁有为循环之状，有为进化之状。变迁之中有一定时期，周而

---

① 梁启超在《近世第一大哲康德之学说》按语中，也曾指出："时间、空间，佛典通用译语也，空间以横言，时间以竖言。佛经又常言横尽虚空，竖尽永劫，即其义也。依中国古名，则当曰宇曰宙，以单字不适于用，故循今名。"《新民丛报》1903 年第 25 号。《饮冰室合集》文集之十三，第 53 页。

复始者，谓之循环现象，四时之推移，天体之运行是也。变迁之中又有从其顺序，而生长发达者，谓之进化现象，人类社会、生物界皆有是象。凡循环不已者，属于天然。无循环不已之象者而生长发达者，属于历史。天然者为一定法则所支配，故可依其法则而周转之。历史则有进化法则而支配之，径向目的而进者，即其特质也。万事万物，有在空间，有在时间。天然属于空间，历史属于时间。以天然而观宇宙，一定不变，万古不易，完全无缺，其状如圆圈。以历史而观宇宙，生长发达，进步不已，进退升落，无有定则，其状如螺纹。[1]

梁启超接着得出结论说：

> 由此观之，凡属于历史界之学，凡政治学、群学、平准学、宗教学等，皆近历史界之范围。其研究常较难；凡属于天然界之学，凡天文学、地理学、物质学、化学等，皆天然界之范围。其研究常较易。何以故？天然界，已完全者也，来复频繁，可以推算，状态一定，可以试验。历史学，未完全者也，今犹日在生长发达之中，非逮宇宙之末劫，则历史不能终极。吾生有涯，而此学无涯。此所以天然诸科学起源甚古，今已斐然大成；而关于历史之各学，其出现甚后，而其完备难期也。此界说既定，则知凡百事物，有生长、有发达、有进步者，则属于历史之范围；反是者，则不能属于历史之范围。又如于一定期中，虽有生长发达，而及其期之极点，则又反其始，斯仍不得不

---

[1] 刘崇杰译本，第3页。胡逢祥在《二十世纪初日本近代史学在中国的传播和影响》中，最早注意到此点，并举《史学通论》中社会进化"非如直线然，有前进亦有退却，有升进亦有堕落，其象如螺旋线"的一段文字，指出这段较精彩的论述"几乎全部为梁启超《新史学》所取"，又在注中指出："梁氏文中虽未注明出处，然经对照，其中'第一，历史者，叙述进化之现象也'以下一段，几全录自《史学原论》第一章'历史之特质及范围'中有关论述。因原文太长，无法引录，读者自可寻原书对照。"见《学术月刊》1984年第9期。因刘崇杰采用直译方式，故本文对照时一般用刘译本，余则用李浩生译本。

以循环目之。如动植物，如人类，虽依一定之次第，以生以成，然或一年，或十年，或百年，而盈其限焉，而反其初焉。一生一死，实循环之现象也。故物理学、生理学等，皆天然科学之范围，非历史学之范围也。

我们再看《史学原论》的论述：

> 以天然而观宇宙，固极完全。以历史而观宇宙，尚在生长发达之中，不至终局，历史不能完结。凡关乎天然现象，循环者屡，故易于观察，且便于模拟状态而考验之。历史则无是便。所谓关于天然科学完全无缺，关于历史科学未抵完全者，职是故也。
>
> 历史事实，进化之现象也。凡生长发达之现象，皆为历史事实。凡不生长发达之现象者，虽可为科学之材料，不足为历史上事实。一定时期之中，虽有生长发达，而一达其时期，又有复始之象者，亦为循环现象。动植物之生长发达，虽有一定顺序，而一达时期，又复其始，是则一生一死，亦不免此循环之现象也。[①]

从以上比照中，清楚地说明梁文此段有关界说的文字完全出自《史学原论》，连文字也基本相同。只有在此下梁文引孟子曰："天下之生久矣，一治一乱"，及《春秋》家言"三统"、"三世"、"据乱、升平、太平"说的一小段，才是梁氏自己所撰的文字。

关于史学的范围，梁启超又进一步说："历史者，叙述人群进化之现象也。"任何事物都有进化的现象，都"属于历史之范围"，但通常历史撰述所记常限于人类，这是因为历史研究有"广义"、"狭义"之分：

> 虽然，进化之大理，不独人类为然，即动植物乃至无机世界，

---

① 刘崇杰译本，第4页。

亦常有进化者存。而通行历史所记述，常限于人类者，则何以故？此不徒吾人之自私其类而已。人也者，进化之极则也，其变化千形万状而不穷者也。故言历史之广义，则非包万有而并载之，不能完成；至语其狭义，则惟以人类为之界。

虽然，历史之范围可限于人类，而人类之事实不能尽纳诸历史。夫人类亦不过一种之动物耳，其一生一死，固不免于循环，即其日用饮食、言论行事，亦不过大略相等，而无进化之可言。故欲求进化之迹，必于人群。使人人析而独立，则进化终不可期，而历史终不可起。盖人类进化云者，一群之进也，非一人之进也。如以一人也，则今人必无以远过于古人。语其体魄，则四肢五官，古犹今也；质点、血轮，古犹今也。语其性灵，则古代周、孔、柏柏拉图、阿阿里士多德之智识能力，必不让于今人，举世所同认矣。然往往有周、孔、柏、阿所不能知之理，不能行之事，而今日乳臭小儿知之能之者，何也？无他，食群之福，享群之利，借群力之相接相较、相争相师、相摩相荡、相维相系、相传相嬗，而智慧进焉，而才力进焉，而道德进焉。进也者，人格之群，非寻常之个人也。然则历史所最当注意者，惟人群之事。苟其事不关系人群者，虽奇言异行，而必不足以入历史之范围也。

再看《史学原论》的论述：

自客观而察历史，历史非限于人类之事，凡进化之事物，皆可为历史之主目明矣。然方今历史之主目，专在人类，以记载人类所行及其经验之事为目的者，盖因万物之中进化之大者，莫人类若。故历史之意义虽不限于人类，而特专注人类之历史也。……

夫万有之间，进化现象皆可包于历史，而人类之事，非为进化现象者，则不能也。顾人类亦动物也，一生一死，无非循环现象，肉体固无进化之理，而其心灵有无进化，尚颇费解。拔克（即巴克尔）曰："古来人类天性之能力，未见有进步之证也。"……从古代野蛮之域，以进现今文明之世，进步速力可谓极矣。而拔克则曰，此乃境遇之进步，社会之发达也。夫人类之天然能力，其数若质，古今文野无有差异。不特四肢五官之数若质，古人今人、野蛮人文明人毫无优劣之别。……知识及道德之进步，皆属于社会境遇之进步也。今日吾人固能知希腊人所不知之事，为其时所不能为之事，然吾人天性之能力，果胜于伯拉图、亚里士多德诸人乎？不特不能胜之，即谓无有能及之者亦可也。吾人之胜于彼等者，不外时势之侥幸，社会之恩泽耳。……故言历史，必谓为人类之历史，言人类之历史，必谓为社会之历史。①

将其与梁启超的《新史学》相对照，梁文所举的例子，只是将《史学原论》所说柏拉图、亚里士多德换成"周、孔、柏（柏拉图）、阿（阿里士多德）"，加上中国人所熟悉的周公、孔子。值得注意的是，梁文中小注有"文明国之一小儿"一段文字：

> 人类天性之能力，能随文明进化之运而渐次增长与否，此问题颇难决定。试以文明国之一小儿，不许受教育，不许蒙社会之感化，沐文明之恩泽，则其长成，能有以异于野蛮国之小儿乎？恐不能也。盖由动物进而为人，已为生理上进化之极点。由小儿进为成人，已为生理上进化之极点。然则，一个人殆无进化也。进化者，别超于个人之上之一人格而已，即人群是也。

将其与《史学原论》中的文字相对比，就更清楚地显示出两者的承袭关系：

---

① 刘崇杰译本，第4—6页。

夫人类天性之能力，其为随文明之进步积渐增长乎？文明人所以异于野蛮人者，其为天然能力有优劣之别乎？此固学者所迟疑莫决也。吾谓使文明国孩童，无有教育知识，无受社会感化，无沾文明恩惠，将与野蛮国之孩童无所差别。质而言之，谓孩童皆是野蛮人也可。故曰，人也者，一生之中，出野蛮以进文明之境者也。如视人类，亦一动物，则其进化已达极点，更无进化之理。然以社会之动物而观之，则万物之中，最善生长发达而进化者，莫人类若。[1]

由上而言，梁启超关于史学之界说，在很大程度上承袭、移植了浮田和民的《史学原论》。梁氏在此篇末尾有一识语也值得注意："作者初研究史学，见地极浅，自觉其界说尚有未尽未安者，视吾学他日之进化，乃补正之。著者识。"[2] 他自称初涉史学，"见地极浅"，实际上正以掩其借用他文、移花接木的事实。后来李泰棻在《中国史纲·绪论》第一章"史之定义"中曾谓："忆是数年前，梁启超氏曾有类此学说，唯不分广、狭二义。梁氏或有所本，亦未可知焉。"[3] 通过以上两方面材料的详细对照，现在就可清楚地看出，梁启超"所本"实际上就是浮田和民的《史学原论》和《西洋上古史·绪论》。

综上而论，梁启超《新史学·史学之界说》一节的内容，基本上即是参据浮田和民《史学原论》与《西洋上古史·绪论》而来。或以为"若就《新史学》的写作而言，则与浮田的《史学原论》关系并不密切"[4]，看来实际的情况并非如此。根据前面的举例分析，实事求是地说，两者之间显然存在着密切的渊源关系，这是毋庸置疑的。当然，对此影

---

① 刘崇杰译本，第5—6页。
② 梁启超：《新史学》，《饮冰室合集》文集之九，第11页。
③ 李泰棻：《中国史纲·绪论》，第一章"史之定义"，北京武学书馆，1932年，第4页。
④ 王晴佳：《中国近代"新史学"的日本背景——清末的"史界革命"和日本的"文明史学"》，《台大历史学报》2002年第32期；又见氏著《科学史学在近代中国的兴起及其异同——兼论中日史学的相互交流与影响》，《中华文史论丛》第77辑，2004年8月。

响也不宜过分夸大。这不仅因为《史学之界说》毕竟只是《新史学》其中的一篇，而且，梁启超在写作时，也经过了本人自己深入的思考，并非前者的简单重复，而是择善融会，并紧密结合中国传统史学的实际作了演绎发挥。如他论述史学第一层之义，历史者"叙述进化之现象"，进化有进有退，有升有降，"其状如一螺线"，接着便联系孟子的历史循环论，演绎阐释说："孟子曰：'天下之生久矣，一治一乱。'此误会历史真相之言也。苟治乱相嬗无已时，则历史之象当为循环，与天然等，而历史学将不能成立。孟子此言盖为螺线之状所迷，而误以为圆状，未尝综观自有人类以来万数千年之大势，而察其真方向之所在；徒观一小时代之或进或退、或涨或落，遂以为历史之实状如是云尔。"并以江河东流、朝宗于海为喻，说明不能因"偶见其有倒流处，有曲流处"，遂而误解江河之行。在小注中，又结合《春秋》"三统"、"三世"说，指出："《春秋》家言，有三统，有三世。三统者，循环之象也，所谓三王之道若循环，周而复始是也。三世者，进化之象也，所谓据乱、升平、太平，与世渐进是也。"将"三统"、"三世"说作了区分，认为"三世则历史之情状也，三统则非历史之情状也"，"故言史学者，当从孔子之义，不当从孟子之义"。实际上阐发了康有为与他等所主张的由"据乱、升平、太平"的"三世"进化说。并感叹道："吾中国所以数千年无良史者，以其于进化之现象，见之未明也。"[1] 这样，就以进化史观为理论依据，结合中国史学的实际状况，明确地批判了自孟子以来传统的循环论历史观。这种演绎阐发，以论证他所提倡的新史学的意义，同样是值得重视的。

三 地理、历史与人种关系

关于地理与历史的关系问题，是梁启超新史学理论构成的重要内

---

[1] 梁启超：《新史学》，《饮冰室合集》文集之九，第8页。

容。他在《中国史叙论》中说："地理与历史，最有紧切之关系，是读史者所最当留意也。高原适于牧业，平原适于农业，海滨河渠适于商业，寒带之民，擅长战争，温带之民，能生文明，凡此皆地理历史之公例也。"并进而以中国为例予以说明，最后还总结性地指出："故地理与人民常相待，然后文明以起，历史以成。若二者相离，则无文明，无历史，其相关之要，恰如肉体与灵魂相待以成人也。"①

梁启超的这段文字，集中阐述了其地理环境决定论思想。有学者将其与1902年汪荣宝编译的《史学概论》相对照，揭出其中有"地理与人民相待，而后文明生焉，历史成焉。二者之关系，其亲密殆犹官骸之与精神也"②。指出该书主要根据坪井九马三《史学研究法》并参考浮田和民的《史学原论》等。然据笔者考察，梁氏这番论述实另有所源，出自浮田的另一著作《西洋上古史》的绪论，为说明问题，现将其引录如下：

> 至于地理，于文明之起原进步，国家之成长发达，尤不可缺之要点也。地文学可以解释文明之起原及其进步，政治地理之沿革，与叙列国之历史同。高原适牧畜，平原适农业，海滨多交通往来之便……地理与文明相待，而后文明起，历史成。二者相离，无文明，亦无历史，其关系不异血肉之与精神也。③

两相对照，可以清楚地看到两者之间的直接关联。

在发表《新史学》的同时，梁启超还在《新民丛报》同期刊载了《地理与文明之关系》，相继发表的还有《亚洲地理大势论》、《中国地理大势论》、《欧洲地理大势论》等论文。其中最有代表性的是《地理与文明之关系》，此文确与浮田《史学原论》有着直接的渊源关系。

---

① 梁启超：《中国史叙论》，《饮冰室合集》文集之六，第4、5页。
② 汪荣宝编译：《史学概论》，《译书汇编》1902年第9、10期。参见俞旦初：《爱国主义与中国近代史学》，第56页。
③〔日〕浮田和民：《西洋上古史·绪论》，第31页；吴启孙译：《西史通释》，第18、19页。

但也有学者认为，梁启超关于地理与文明的诸多论述，"皆源于孟德斯鸠和黑格尔的理论"[①]。有的则说，此文和博克尔的论调相同的话就很不少，"这篇文章的基本持论就是博克尔的'文明之历史，独起于温带'的看法"，并举梁文"凡天然之景物过于伟大者，使人生恐怖之念"的一段话，说明其和博克尔的《英国文明史导论》是完全相同的。[②]事实果真如此吗？

当然，孟德斯鸠、黑格尔、巴克尔等均论述过地理与历史及文明的关系，有其共同性的方面。一般来说，泛论梁文源于其基本理论也是可以的。但是，梁启超究竟是否直接取自上述诸氏之书，却是一个有待证明的问题。以巴克尔来说，实际上他并没有论述过所谓"文明之历史，独起于温带"，相反，他在《英国文明史》中，认为亚洲、非洲、美洲的"文化都发源于热带国"。[③]其著作第二篇"自然定律的影响"，认为人类社会如同自然界一样受制于规律的支配，其中确实有关于"天然状态中之令人恐惧疑骇者，每足以激发人之意象"的论述，但究之实际，梁文的论述则直接出于《史学原论》第五章"历史与地理"。这里不妨再作进一步的对照，以见梁文的渊源由来。

梁启超在《地理与文明之关系》中说：

> 英儒洛克曰：地理与历史之关系，一如肉体之与精神。有健全之肉体，然后活泼之精神生焉。有适宜之地理，然后文明之历史出焉。寒带、热带之地，其人不能进化者何也？人之脑力、体力为天然力所束缚，而不能发达也。管子曰："仓廪实而知礼节，衣食足而知荣辱。"亚里士多德曰："人必能自养其欲，自给其求，然后高尚之思想事业乃起焉。极寒极热之地，其人穷日之力，以应付天

① 张秀平、王晓明主编：《影响中国的 100 本书》，广西人民出版社，1993 年，第 313 页。
② 鲍绍霖：《西方史学的东方回响》，社会科学文献出版社，2001 年，第 75、76 页。
③ 〔英〕博克尔著，胡肇椿译：《英国文化史》，商务印书馆，1936 年，第 45 页。

然界之涸迫，犹且不给，以故文明之历史独起于温带。"①

《史学原论》第五章"历史与地理"一开始就说：

> 历史与地理，犹精神与肉体也。洛克有言曰："健全之精神，
> 必寓于健全之肉体。"则健全之历史，必出于健全之地理可知。寒
> 带及热带，于历史上无价值也，其于历史上甚有关系者，中带
> 耳。……凡在寒热极端之地，人之精神必窒息而不伸，委屈而无
> 所发见。亚理士多德曰："迫切之要求一得满足，则人且转而思高
> 尚。然至寒热极端之地，则迫窘过激，不遑他顾，其天性既不能求
> 快乐，又何有于社会，又何有于进化哉？故历史上真正之舞台，在
> 于北半球之中带。"②

梁文此段总论历史与地理的关系，除增加了"管子曰"一句之外，可以说和《史学原论》的论述几乎完全相同。追踪溯源，《史学原论》所引出自黑格尔《历史哲学》中"绪论·历史的地理基础"有关"温带是历史的真正舞台"一节。③ 梁启超不懂德文，其论述则直接抄录自《史学原论》。如果认真地考察一下梁文，发觉他对浮田和民的话还有些误读。英国教育家洛克首先提出了著名"三育学说"，即把教育分为体育、德育和智育三部分，在所著《教育漫话》一开头强调说："健康之精神，寓于健康之身体。"④ 所说仅是精神与身体的关系。这里浮田引洛克的话，

---

① 梁启超：《地理与文明之关系》，《饮冰室合集》文集之十，第106、107页。

② 《史学通论》，李浩生译本，第33—34页。

③ 其译文为："在极热和极寒的地带上，人类不能够作自由的运动；这些地方的酷热和严寒使得'精神'不能够给它自己建筑一个世界。亚理士多德已经说过，'迫切的需要既然得到满足，人类便会转到普遍和更高的方面去。'但是在极热和极寒的地带，这样的需要可以说是从来没有被间断过，从来没有幸免过的；人类刻刻被迫着当心自然，当心炎日和冰雪。历史的真正舞台所以便是温带。"〔德〕黑格尔著，王造时译：《历史哲学》，生活·读书·新知三联书店，1956年，第124页。

④ 〔英〕洛克著，傅任敢译：《教育漫话》，人民教育出版社，1985年，第2页。

来说明历史与地理犹如精神与肉体的关系，而梁启超则误以为"地理与历史之关系，一如肉体之与精神"是英儒洛克原话，这显然与他当时日语水平不高有关。

从现有的研究来看，梁氏全文除第一、二节为导言，以及结尾部分是梁启超自己撰写的论述文字外，其内容大多出于"史学原论"第五章。如文中关于南、北半球的地形状况及对历史的影响，论述高原、平原、海滨的三段文字，及气候与文明的关系，文明的历史起于温带等，均与《史学原论》基本相同，大体摘译于该书，仅在文字上略作修改。从某种意义上说，梁文可以说主要是对原文进行编译。为了更好地说明问题，下面我们再举两段比较重要的文字，以资比较：

> 以上所举，专就物质的文明而论之。若夫精神的文明，与地理关系者亦不少。凡天然之景物过于伟大者，使人生恐怖之念，想象力过敏，而理性因以减缩，其妨碍人心之发达，阻文明之进步者实多。苟天然景物得其中和，则人类不被天然所压服，而自信力乃生，非直不怖之，反爱其美，而为种种之试验，思制天然力以为人利用。以此说推之，则五大洲之中，亚、非、美三洲，其可怖之景物较欧洲为多，不特山川、河岳、沙漠等终古不变之物为然耳。如地震、飓风、疫疠等不时之现象，欧洲亦较少于他洲。故安息时代之文明，大率带恐怖天象之意，宗教之发达速于科学，迷信之势力强于道理。彼埃及人所拜之偶像，皆不作人形，秘鲁亦然，墨西哥亦然，印度亦然。及希腊之文明起，其所塑绘之群神，始为优美人类之形貌，其宗教始发于爱心，而非发于畏心。此事虽小，然亦可见安息、埃及之文明，使人与神之距离远，希腊之文明，使人与神之距离近也。而希腊之所以能为世界中科学之祖国者，实由于是。

要而论之，欧罗巴以前之文明，全恃天然界之恩惠，其得之也，非以人力，故虽能发生，而不能进步。欧洲则适相反，其天然界不能生文明，故自外输入之文明，不可不以人力维持之，兢兢焉，勤勤焉，而此兢兢勤勤之人力，即进步之最大原因也。^①

或以为"这些观点，都明显来自巴克尔"^②。但究其直接来源，它仍然来自浮田和民。《史学原论》同一论述说：

　　以上特言物质之文明，而自精神之文明言之，则与天然界之关系亦颇广大。凡天然之景物过于伟大，使人生恐怖之念，想象力过敏，而理性力以缩，皆所以阻人心之发达，妨文明之进步也。使天然之景物得乎中和，则人类不为天然所压，自信之力既生，非特不怖天然力之盛，而且爱其美而接近之，以为种种之试验，而为人间之利用也。由此推之，五大洲中可怖之景物，则亚、非、美三洲比欧洲为多，不止山川河岳永久不变之物为然耳。如地震、暴风、疫疠等不时之现象，欧洲亦无他洲之甚。故欧罗巴前此精神之文明，多有恐怖天然之势，宗教之发达甚于科学，迷信之势力强于道理。秘鲁、墨西哥、埃及、印度所崇拜之神灵，皆非人形，无人情。及希腊之文明起，始有优美人类之群神，人而乃去其从前恐怖之心而爱近之。以知亚细亚之文明，使人、神之距离远，希腊之文明，使人、神之距离近也。然则希腊所以为世界科学之源者，岂无故乎？

　　总而论之，欧罗巴以前之文明，由物质上观之，多出于天然之赐。由精神上〔观〕之，则实借想象之力。盖进步出于天然，本

---

① 梁启超：《地理与文明之关系》，《饮冰室合集》文集之十，第113—114页。
② 胡逢祥、张文建：《中国近代史学思潮与流派》，华东师范大学出版社，1991年，第204页。

有限制，不能进而益上，此欧洲文明所以不能不取资于亚细亚及亚非利加。欧洲之文明，在人间之劳力，所以维持此文明，在人间之勉强，劳力与勉强，实促进文明之大原因。两亚文明在天然，欧洲文明在人力，观其维持文明之势力，即知其进步文明之势力矣。欧洲气候寒冷，其人不得不劳力勉强，而列国间文明争竞又最剧烈，此欧洲文明所以不至遽衰者也。[1]

以上所举，清楚地说明梁文与《史学原论》的密切关系。综而言之，浮田所论有不少出自巴克尔的《英国文明史》，而梁启超又是直接抄译自《史学原论》，有的是摘译，有的则作了归纳，或作了文字上的加工。即最后部分驳斥欧洲殖民主义对亚洲的诬蔑的几段文字，同样也是剿袭了浮田之语，只是在文章的末尾加了"吾友因明子之诗曰：'丈夫当此涌血性，茫茫大地览山河，不觉英雄壮志生。'世之览者，亦将有感于斯文"。由此可见，梁氏此文其中撰写的成分很少，大多有原文可案复查，可以说基本上是编译性质的作品。

当然，应当指出的是，此文的情况与前所论"史学之界说"一节并不一样。如果注意到梁本人在此序文中说："今集译东西诸大家学说言地理与文明之关系者，草为是篇。"[2] 虽说还有些"犹抱琵琶半遮面"，从实际情况分析，他并没有集录诸家之说，而只是抄录编译了《史学原论》第五章"历史与地理"的部分章节，他这么说，其中或许不无有标榜或掩饰的成分，但既然他自己已明确表示是"集译"，是编译而非撰述，故也就应当区别对待，无须刻意加以深究了。梁启超在评论袁枢《通鉴纪事本末》时，曾说过一句著名的话，"善钞书者可以成创作"[3]，此话用在他本人身上，恐怕也是恰当的。

如果说，梁启超从浮田和民的著作中或者借用其观点和材料，或者

---

① 刘崇杰译本，第 37、39 页。
② 梁启超：《地理与文明之关系》，《饮冰室合集》文集之十，第 106 页。
③ 梁启超：《中国历史研究法》，上海古籍出版社，1987 年，第 20 页。

仅运用有关的内容，来作为叙述的材料，那么，还有一种情况值得引起我们重视，那就是在其有关论述中，同样也有基于自己的基本立场，取其材料而不取其观点，乃至反对其观点的说法。如《新史学》中有关"历史与人种之关系"的论述即是典型的一例。

《新史学》有"历史与人种之关系"一节，其中运用过《史学原论》的一些材料。如第三段开头部分说：

> 近世言人种学者，其论不一。或主张一元论，而以为世界只有一人种。或主张多元说，而区分为四种康德，为五种布曼伯，为六种巴科安，为七种韩特，为八种亚加智。其多者乃至十一种，十五种，十六种，二十二种，六十种。其最多者分为六十三种巴喀，甚者以言语之分而区为一千乃至二千余人种。然今所通行，则五种之说，所谓黄色种、白色种、棕色种、黑色种、红色种是也。或以南洋群岛、太平洋群岛、纽西仑诸土人，及中亚美利加之土人，合于黄种，以澳洲、南印度之土人合于黑种，而成为三大种。①

此段文字即取自于《史学原论》第六章"历史与人种之关系"开头部分：

> 人种起原远在书契以前，非科学所能说明。第就诸学者之说，已区区不一矣。或分为二种，或分为三种，为四种康德，为五种布曼伯，为六种巴弗安，为七种韩特，为八种亚加智。其多者乃至十一种、十五种、十六种、二十二种、六十种，其最多者分为六十三种巴喀。今日通称则分为黄种、白种、黑种、红种，又或以红种属于黄种，不足独立为一种。然即黄、白、黑三大种，果足为人类之原种与否，尚无定论。②

---

① 梁启超：《新史学》，《饮冰室合集》文集之九，第12页。
② 刘崇杰译本，第42—43页。

对读之下，其中分为几种小注中人物的文字也完全相同，清楚地说明了两者之间的关系。至于梁文"或主张一元论"、"或主张多元说"，则见于浮田《西洋上古史·绪论》"人种之区别"一节："是故人种之差别，有主张一元说者，谓由单一原种寖生差别，达尔文及进化论学者概主此说。有主张多元说者，谓处处有人种之中心地，生各殊之人种，阿嘉西其最著大家，极与达尔文之进化论相反。"[1]

然而值得注意的是，梁文仅引述了《史学原论》的这一小段话，此章其余大部分的内容并没有被他采纳。这是什么缘故呢？对读之下，就可明白症结之所在。分析其原因，关键在于在这一问题上，梁启超与浮田和民的观点存在着重大分歧。

浮田和民认为："人种问题，学术上未定之问题也，故以人种言历史，难乎其难。"他分析说："欧罗巴与印度、波斯，同言语，同祖宗，何以一则渐开文明，一则废为奴隶？且亚洲之文明一达于欧洲，而亚渐退者何耶？且白人之中，文明亦分程度，岂人种之分程度耶？白人之中，又有希腊、罗马之别。且希腊人中，更有爱屋尼安及德利安人等之区别。人种云乎哉，吾得而断之曰：非也，非也。盖由于地理、教育、宗教、传说之感化也。"因此其结论是："历史上之人种者乃历史之结果，而非历史之原因也。故藉历史以说明人种则可，藉人种以说明历史则断断乎不可。"[2]浮田的这种说法经过其自己的分析，无疑是比较合理正确的。而梁启超则认为："历史者何？叙人种之发达与其竞争而已。舍人种则无历史。何以故？历史生于人群，而人之所以能群，必其于内焉有所结，于外焉有所排，是即种界之所由起也。"从历史上看，始于自结其家族以排他家族，继而由乡族而部族，最终以国族而排他国族，"此实数千年历史经过之阶级，而今日则国族相结相排之时代也"，"以故世界日益进步，而种族之论亦日益昌明……若在今日，则虽谓人种

---

① 吴启孙译：《西史通释·综论》，第9页。
② 李浩生译本，第54—55、58页。

问题为全世界独一无二之问题，非过言也"。得出的结论是："故夫叙述数千年来各种族盛衰兴亡之迹者，是历史之性质也。叙述数千年来各种族所以盛衰兴亡之故者，是历史之精神也。"①

早在 1896 年写的《变法通议》中，梁启超就认为，一部历史不过是万类竞争的历史，自始至终充满着物物之争、人物之争和人种之争。"自大地初有生物，以至于今日，凡数万年，相争相夺，相搏相噬，递为强弱，递为起灭。一言以蔽之曰：争种族而已。"指出"此生存相竞之公例，虽圣人无如之何也"②。处在今日民族竞争激烈的时代，他更把人种和种族竞争看作历史发展的核心问题，因此大谈古今人种的发达、发展与种族竞争的历史。由于两者观点根本相左，因此梁启超断然舍弃浮田和民之说，而以自己的观点来论述这一问题。

为了阐述自己的观点，梁启超又转向与其观点相近的史家与史著，以从中吸取养料，或者说采纳自己能够接受的思想观点和相关材料，来构建自己文章的内容，作出自己的论证和表述。如浮田将人种分为"自然的人种"与"历史的人种"，认为以人种解释历史，重在生理上遗传之原因，并质疑道："以生理之所谓遗传云者，果足说明历史上之事实耶？"③梁启超则将人种区分为"历史人种"与"非历史人种"，前者"能扩张本种以侵蚀他种，骎骎焉垄断世界历史之舞台"，后者则日以衰微，失其历史上本来之地位。又指出："同为历史的人种也，而有世界史的与非世界史的之分。"文中便采纳了黑格尔将民族划分为"世界历史民族"和"非世界历史民族"两大类的说法，来论证世界历史发展的进程。黑格尔认为，一个民族在世界历史上只能是一次创造新纪元，这一民族称之为"世界历史民族"，世界历史的进步就是通过一系列"世界历史民族"来实现的。④虽说我们尚不清楚梁氏这一论述的日本中介

① 梁启超：《新史学》，《饮冰室合集》文集之九，第 11—12 页。
② 梁启超：《变法通议》，《饮冰室合集》文集之一，第 77 页。
③ 李浩生译本，第 64—65 页。
④ 〔德〕黑格尔著，范扬等译：《法哲学原理》，商务印书馆，1961 年，第 354 页。并参黑格尔《历史哲学》中的有关论述，〔德〕黑格尔著，王造时译：《历史哲学》，第 387 页。

来源，但文中不少内容取材于高山林次郎的《世界文明史》，则是有案可据的。如梁文说：

> 同为历史人种也，而有世界史的与非世界史的之分。何谓世界史的？其文化武力之所及，不仅在本国之境域，不仅传本国之子孙，而扩之充之以及于外，使全世界之人类，受其影响，以助其发达进步，是名为世界史的人种。

《世界文明史》第一编为"非文明史的人类"，其中便有类似的话：

> 赛密的克人种，实为世界史之民族，何以故？固其文化之所及，不限于己国之地域己国之人，而普遍贡献于世界人类之发达，以助成其进步，而为共同生活之一活素。①

文中梁氏还具体论述了由哈密忒人、沁密忒人、希腊人、罗马人、条顿人（阿利安人）争长相竞世界历史发展的几个阶段。这里也举一些相关的段落说明之。如梁文讲到世界文明史第一个阶段始于哈密忒人，同时说到："希腊古哲，如德黎 Thales，如毕达哥拉 Pythagoras，如梭伦 Solon，如德谟吉来图 Democritus，如柏拉图 Plato，皆尝受教于埃及僧侣。而德谟吉来图、柏拉图二氏，且躬自游历埃土，而遏狄加人希腊四大族之一。之宗教，及其群治制度，多承埃及之遗迹，是阿利安文明出于埃及之明证也。"这一段文字，也明显出于《世界文明史》：

> 希腊学者披沙葛拉士、他勒司、沙窿、豆马克来脱司及泊拉图等，皆受埃及僧侣之教。如迭摩克脱及泊拉图，且躬游埃及

---

① 〔日〕高山林次郎：《世界文明史》，东京博文馆，1898 年 1 月刊行。1903 年商务印书馆曾译此书，同年还有上海作新社译本，后收入 1905 年作新社出版的《政法类典·（甲）历史之部》。此据上海作新社 1905 年译本，第 87 页。

焉。……在希腊人文之初期及末期，而古代亚铁开之宗教及社会制度，其有埃及之遗迹，固显然矣。①

在讲述希腊时代时，梁文归纳阿利安族的特点说："阿利安族之所长，在贵自由，重考验，务进步。惟贵自由，故其于政治也，不甘压制而倡平等。惟重考验，故其于学问也，不徇现象而探求原理。惟务进步，故其于社会一切事物也，不泥旧例而日事革新。阿利安族所以亘数千年至今常执全世界之牛耳者，皆此之由。"同样出自该书的叙述：

> 就散居于世界各地之阿利安人种之特性考之，其最著者，莫如爱自由，喜考察，尚进步。惟其爱自由也，故对于专制政体而力倡平等主义。惟其喜考察也，故不为眼前现象所蔽，而务明事物原理。惟其尚进步也，故不拘守古代典型，而将新巧理想，且能注意于改良社会，革新政治。此其所以优于他种族乎？②

在比较斯拉夫民族与条顿民族的不同特性时，梁文称：

> 以冒险之精神、道义之观念论之，条顿人迥非斯拉夫人所能及。若夫坚实耐久，立于千苦万难之中，毅然终始不失其特性者，则斯拉夫人殆冠宇内而无两也。彼等好战之心不如条顿人之盛，若一旦不得已而跃马执剑，则无论如何之大敌，决不足以慑其前。彼等个人自由之观念，视条顿人虽大有所缺乏，至其注意公益，服从于一定主权之下，听其指麾，全部一致，其为国民的运动，又远非条顿人所能几也。故识者谓世界史之正统，其代条顿人以兴者，将在斯拉夫人，非虚言也。

---

① 〔日〕高山林次郎：《世界文明史》，第99页。
② 〔日〕高山林次郎：《世界文明史》，第103页。

对照《世界文明史》所说：

> 冒险精神、道义观念，司拉巫民族远不及条顿民族。然司拉巫民族亦有所长者，坚实耐久，不畏艰难，毅然为之，始终不改特性，是则若胜于条顿族。至其人种强鸷，民情开拓，历古今如一，如耕作、工艺等，亦驾条顿族而上之。意主平和，不似条顿族之好战斗，然设不得已，执剑助战，则又勇猛直前，不避艰险。又其念虑，非第计个人，群谋公共福利，且乐受节制，服从一定之主权，随其指麾，步武运动，全体为一致，此实司拉巫民族之实证，而亦其历史上得大势力者之一也。①

也非常清楚地说明两者的相似与雷同。此类文字颇多，不一一枚举。又，梁文中列有"条顿民族之位置沿革表"，其内容也是据《世界文明史》相关文字制作而成。

当然，同样需要说明的是，我们这里摘取的是最为相似的段落和文字。事实上，他在运用有关材料时，并非单单如上面所示那样，似乎只是简单地编译照抄，而是在内容上有所选择取舍，经过自己的凝炼概括和整合。如此节有关世界文明发展五个阶段的概括，在原书中难以看出，而梁启超则概括得十分明晰。由上例证可见，梁文此节内容实以高山林次郎的《世界文明史》为基本素材。此书于 1898 年 1 月由东京博文馆刊行。梁启超《东籍月旦》中著录有此书，称道它"叙述全世界民族文明发达之状况，自宗教、哲学、文学、美术等，一一具载，可以增学者读史之识"②。梁氏褒扬此书，又谓"吾熟读世界史，察其彼此相互之关系"③，那么，他在撰写《新史学》时参考借用其中相应的材料，用以论证阐述自己的观点，也是顺理成章之事。这也从一个侧面反映出梁

---

① 〔日〕高山林次郎：《世界文明史》，第 163 页。
② 梁启超：《东籍月旦》，《饮冰室合集》文集之四，第 97 页。
③ 梁启超：《新史学》，《饮冰室合集》文集之九，第 15 页。

启超新史学思想的多元化特征。

四 多元擷取与比喻的分析

以上重点对照分析了梁氏新史学与浮田和民《史学原论》的关系，同时也涉及浮田的另一著作《西洋上古史》，说明了两者之间的渊源关系。前者已引起学者的关注，并认为此书对梁启超影响至大，梁氏早期史学理论的"基本框架和许多观点多来源于此书"，实为他最主要的参考书甚或"蓝本"[①]。据笔者之见，实际的情况远非如此简单。根据我们的研究，梁启超新史学的来源并非一种，而是具有多元采擷的特征。即与浮田和民的关系而论，也并不止是《史学原论》的问题。如前所论，梁氏有关史学的三层定义及地理与历史之关系的精要概括，即来源于浮田的《西洋上古史·绪论》，关于历史与人种的关系，则与高山林次郎《世界文明史》相关。因此，探讨梁氏新史学思想的来源，显然不能仅局限于某一具体的史家或史著，而是应当拓展视野，在更广阔的语境范围中予以把握。除史学理论著作之外，还有不少世界史方面的论著，同样值得充分重视。可惜有关这方面的情况，学界基本上尚未涉及，也未引起应有的注意，很好地从事于这方面的对勘比照工作。因此，需要对此作进一步深入细致的探讨。

以梁氏的另一名文《中国史叙论》来说，如有关"纪年"、史前时代"三期说"等内容，便有不少材料直接出自浮田的《西洋上古史》。这里再举一些实例加以说明。《中国史叙论》"纪年"一节，梁文论述说：

　　纪年者，历史之符号，而于记录考证所最不可缺之具也。以

---

① 　见前引蒋俊、尚小明之文，分见《文史哲》1993 年第 5 期，《史学月刊》2003 年第 5 期。

地理定空间之位置，以纪年定时间之位置，二者皆为历史上最重要之事物。……古代之巴比伦人，以拿玻呐莎王为纪元在今西历纪元前七百四十七年；希腊人初时，以执政官或大祭司在位之时按年纪之，其后改以和灵比亚之大祭为纪元当纪元前七百六十七年；罗马人以罗马府初建之年为纪元当纪元前七百五十三年；回教国民以教祖摩哈默德避难之年为纪元当纪元前六百二十三年；犹太人以《创世纪》所言世界开辟为纪元当纪元前三千七百六十一年。自耶稣立教以后，教会以耶稣流血之年为纪元。至第六世纪，罗马一教士乃改用耶稣降生为纪元，至今世界各国用之者过半。[①]

《西洋上古史·绪论》"年历"一节则作：

年历者，征历史之事实，使不失其位置者，其重要与地理同。……历史定各国纪元，以比较当时事实先后，其理与地理同，是谓年历。古者巴比伦尼亚，以拏波拏沙尔王之时为纪元，当前历七百四十七。及希腊人最初用执政官若大祭司之名计年历，由前历三百年顷，以第一之奥林比亚大祭为纪元，时当前历七百七十六年。罗马人以罗马府之建设为纪元，当前历七百五十三年。回教国民以教祖谟罕默德避地麦地拏之年纪元，称为赫计拉，在新历六百二十二年。犹太人以世界开辟为纪元，云当前历三千七百六十一年。如此古今东西诸国，各异其元。西欧第六世纪，亦用种种年历，是时罗马某僧，改从来基督教以基督死年纪元之例，用基督生年纪元，尔后诸国悉行采用。[②]

两相对照，梁文只是将"当西历某某年"改作注文，其取自《西洋上

---

① 梁启超：《中国史叙论》，《饮冰室合集》文集之六，第7页。
② 〔日〕浮田和民：《西洋上古史·绪论》，第31—32页。吴启孙译：《西史通释·综论》，第19—20页。

古史·绪论》至为明显。此后《新史学》"论纪年"一节也沿用了这一材料。

又如《中国史叙论》"有史以前之时代"一节，其中不少文字也出自绪论"有史前时代"一节。如梁文称：

> 人类之起原远在书契以前，其详靡得而稽焉。《春秋纬》称自开辟至于获麟，凡三百二十七万六千岁，分为十纪，其荒诞固不足道，而要之必有悠远之时代，无可疑也。……一千八百四十七年以来，欧洲考古学会专派人发掘地中遗物，于是有史以前之古物学遂成为一学派。近所订定而公认者，有所谓史前三期：其一石刀期，其二铜刀期，其三铁刀期。而石刀期中又分为新旧二期。此进化之一定阶级也。虽其各期之长短久暂诸地不同，然其次第则一定也。[①]

绪论中则谓：

> 生人之起原在书契以前，无记录之可征，惟近世格致之学兴，由人类之遗物察知其悠久而已。支那历史家司马迁言《春秋纬》称自开辟至于获麟，凡三百二十七万六千岁，分为十纪。……千八百四十七年，丹麦地质学者弗克班墨尔、动物学者斯廷士、考古者俄沙儿三人，应北方考古学会之招，发掘遗迹，研究有史以前之古物……考古学者以人类所用器及其性质，察开化智识之程度，别有史以前为三期：第一期石器时代，第二期青铜时代，第三期铁器时代。石器时代又分二期，曰旧石器时代，曰新石器时代。……凡此有史前之时期，于各国年代不尽同……要之，三期先后则古今一揆，无所异也。[②]

---

① 梁启超：《饮冰室合集》文集之六，第9页。
② 吴启孙译：《西史通释·综论》，第4—6页。

显然，两者也是相同的。当然，以上所举，和前所论梁氏《史学之界说》及地理与历史之关系的情况有所不同。这些只是运用其书中的一些素材，而不涉及观点的问题。另外，从图表来看也有类似的情况。我们发现，《西洋上古史·绪论》原有"人种大别之图"，将世界主要的三大人种及所属各民族，以简明扼要的图表形式展示出来。梁启超《新史学·历史与人种之关系》一节，其中所附"历史的人种表"，即取之于该书图表而略加改造。"绪论"原列有"黑色人种"，梁启超则认为，"其可以称为历史的人种者，不过黄、白两种而已"，故在表中删去了"黑色人种"，其余的则基本照旧。[1]

如前所论，梁氏《东籍月旦》中便列有此书，并称"浮田和民之作，尤为宏博"，因此，他在撰写《中国史叙论》、《新史学》时参考此书，是很自然的。我们还注意到，1902年9月梁启勋曾在《新民丛报》第16号刊出告示："浮田著《西洋上古史》，现已开译过半，敬告海内诸君勿复译为幸。"后又在同年第19号刊登《西洋上古史》出书广告云："再此书自登告白以后，海内诸君贻书嘱勿复译者三人，然业已脱稿矣，惟待饮冰主人附加案语，故来月乃能出书也。"[2] 在同一时间里有多人翻译浮田此书，不仅足见其在清末学界之影响，而"饮冰主人"即梁启超准备为其弟启勋这一译作"附加案语"，更充分表明他在之前应仔细研读过浮田此书，及对此书的重视程度，从中借用了不少史学资源以构成新史学的内容。

如果扩大视域和搜索的范围，那么，梁氏新史学还与当时不少日本史家、史著密切相关。以世界史方面的论著而言，一般来说，在这些教科书的绪论或开头部分，都有诸如关于史学定义、性质、范围等史学理论的部分，这与书中内容均值得重视。据笔者初步的考察，其中重要的至少就有坪内雄藏《西洋上古史》、桑原骘藏《中等东洋史》、高山林

---

[1] 〔日〕浮田和民：《西洋上古史·绪论》，第19—20页。吴启孙译：《西史通释·综论》，第12—13页。

[2] 《新民丛报》第16号，1902年9月16日；第19号，1902年10月31日。

次郎《世界文明史》等著作。高山氏的例证已见上引，下面再举坪内、桑原两书的一些例证加以说明。

如梁启超在《中国史叙论》第一节"史之界说"中，对"历史"所下定义说：

> 史也者，记述人间过去之事实者也。虽然，自世界学术日进，故近世史家之本分，与前者史家有异。前者史家不过记载事实，近世史家必说明其事实之关系，与其原因结果；前者史家不过记述人间一二有权力者兴亡隆替之事，虽名为史实，不过一人一家之谱牒，近世史家必探察人间全体之运动进步，即国民全部之经历及其相互之关系。①

或以为此所论关于史家必须说明事实间的关系及原因结果的观点，历史要反映人类全体之运动进步的观点，均出自浮田的《史学原论》。②按此说非是，据笔者查核，这里的认识实概括自坪内雄藏《西洋上古史·绪论》部分。据 1903 年上海作新社所译《世界上古史·绪论》"历史之定义"说：

> 史之主题为何？人间是也。详言之，则以记录人间之往事及其经验为目的，故通常之解释，则历史为关系于人间过去之事之记录。……然今之所谓历史者，其中更含有高尚之意味，并不止记录人间所经历之事已也，抑亦为指示其事之关系，且为之说明其原因与结果，叙人类全体及其诸分派隆替兴废之次序，阐明其人间之趋向者也。历史家之本分在注意于一国民之进路，与人间全体之进路中所有种种特别之段落，并贯彻古往今来之诸段落，探其足以为

---

① 梁启超：《中国史叙论》，《饮冰室合集》文集之六，第 1 页。
② 见前引蒋俊之文，《文史哲》1993 年第 5 期。

紧要关系之线路者，以明白指示之。

在"历史之范围"中又指出："盖政府、君主及国家之公事，元来为兴亡隆替之枢轴，于叙一国史，以此等则不得不为重大之题目。然此等非史之主题，否则此不过为过去记录中之一部分而已。今之史家之所重者，为一社会全体之性质及其所经历种种境界之记录……是皆近代历史上所为最紧要之问题也。"[1]

此下梁启超引"法国名士波留氏"说："俄罗斯无历史，非无历史也，盖其历史非国民自作之历史"，"故只有王公年代记，不有国民发达史"云云，见于日人林毅陆所译《露西亚帝国》。[2]梁氏因据以指出：以此论之，"虽谓中国前者未尝有史，殆非为过"。接着《中国史叙论》以下又引：

> 德国哲学家埃猛·坍济氏曰："人间之发达凡有五种相，一曰智力理学及智识之进步皆归此门，二曰产业，三曰美术凡高等技术之进步皆归此门，四曰宗教，五曰政治。凡作史读史者，于此五端，忽一不可焉。"

埃猛·坍济氏即德国哲学家海尔曼·洛采（Rudolf Hermann Lotze），此说同样出于坪内《西洋上古史·绪论》：

> 据于德意志哲学家海尔曼·洛旦氏之所说，凡人间之发达有五种之形象，故下其历史上之观察，亦自然有五种之见解。所谓五种之见解者，一曰智力上之见解此中含有理性及智识之进步，二曰工业

---

① 〔日〕坪内雄藏：《西洋上古史·绪论》，东京专门学校藏版，东京专门学校政治经济科第 2 回 1 年级讲义录，第 1 页。上海作新社所译《世界上古史》即此书，收入 1903 年作新社出版的《政法类典·历史之部》，第 1—4 页。

② 法国名士波留氏，即 Anatole Leroy Beaulieu（1842—1912），其所著《俄国通志》，日译本定名《露西亚帝国》，为早稻田丛书之一，东京专门学校出版部明治三十四年（1901）6 月 2 日发行。梁氏所引出自日译本第一卷第四编"历史及其文明的本质"，第 85 页。

上之见解，三曰美术上之见解含有高等技术之进步，四曰宗教上之见解，五曰政治上之见解是也。①

从内容、小注来看，即可见梁文材源所自。梁启超在《东籍月旦》中曾著录浮田和坪内所著的两种《西洋上古史》，均为专门学校讲义录本，并称"二书皆佳"。同时还提到坪内的《中古史》，谓此"著述家亦稀，佳本殆无之也，无已必取此书"②。梁氏对坪内雄藏的著作相当熟悉，且评价甚佳，故在《中国史叙论》中引录其说。

日人桑原骘藏所著《中等东洋史》，同样也是梁启超取材的来源之一。《中国史叙论》有关"地势"和"人种"二节，不少行文便取资于此书"总论"部分。梁氏曾称桑原所著《中等东洋史》，"此书为最晚出之书，颇能包罗诸家之所长"，条理颇整，"繁简得宜，论断有识"，为"现行东洋史之最良者"③。该书有1899年东文学社樊炳清译本，名为《东洋史要》，将其两相对照，便可知梁文的出处来源，有些文字甚至都基本相同。如《中国史叙论》论述地势时说：

> 昆仑山脉复分为二：其一向东，其一向东南。向东南者名巴颜喀喇山，界青海与西藏，入中国内地，沿四川省之西鄙，蔓延于云南、两广之北境，所谓南岭者也。其向东者名祁连山，亘青海之北境，其脉复分为二：一向正东，经渭水之上流，蔓延于陕西、河南，所谓北岭者也；一向东北，沿黄河亘长城内外者为贺兰山，更北为阴山，更北为兴安岭，纵断蒙古之东部，而入于西伯利亚。④

---

① 作新社译：《世界上古史·绪论》，第4页。洛采所说也见于浮田和民《西洋上古史·绪论》，但无其中小注。见吴启孙译：《西史通释·综论》，第4页。
② 梁启超：《东籍月旦》，《饮冰室合集》文集之四，第94页。
③ 梁启超：《东籍月旦》，《饮冰室合集》文集之四，第98页。
④ 梁启超：《中国史叙论》，《饮冰室合集》文集之六，第1页。

查《东洋史要》此段作：

> 有昆仑山脉亦向东而阻西藏与天山南路，其脉遂分二派：一走东南，曰巴颜喀喇山，为青海与西藏之界，入支那内地，沿四川省之西陲，蔓延云南、两广之北境，所谓南岭者是。其东走之一派，名曰祁连山，为青海之北境，其脉更分二派：一沿黄河向北为贺兰山，为阴山，终于兴安岭，以纵断蒙古之东部，入西伯利亚；一向东，自渭水上流，蔓延于陕西、河南之间，所谓北岭者是。

梁文基本与之相同。又如叙"蒙古及新疆虽为诸大河之发源地，但其内部沙漠相连，戈壁瀚海、准噶尔之诸沙漠，殆占全土之大半，故河水多吸收于沙漠中，或注泻于盐湖"。《东洋史要》作："蒙古及新疆等处虽为诸大河发源地，然其内部沙漠相连，戈壁流沙、准噶尔之诸沙漠，殆占土地大半，故河水多被沙漠吸收，或倾泻各处于盐湖中。"[1] 梁文更只是在个别文字上作了点窜。

《中国史叙论》论述中国境内的人种，包括苗族、汉族、藏族、蒙古族、匈奴族、通古斯族等，其基本取材也出自《东洋史要》。只是一分为六种，《东洋史要》则分为七种，内容也大同小异。如文中讲到："其三图伯特种。现居西藏及缅甸之地，即殷周时代之氐羌，秦汉之际之月氏，唐时之吐蕃，宋时之西夏，皆属此族。"《东洋史要》作："第二西藏族。自西藏蔓延克什米尔、泥波尔及缅甸一带地方。殷周时之氐羌，秦汉时之月氏，唐之吐蕃，南宋之西夏等，皆属此族。"梁文即由此脱胎而来，只是将"西藏族"变作"图伯特种"（即英语 Tibet 的译音）。梁叙"其六通古斯族。自朝鲜之北部，经满洲而蔓延于黑龙江附近之地者。此种族也，秦汉时代之东胡，汉以后之鲜卑，隋及初唐之靺

---

① 〔日〕桑原骘藏著，樊炳清译：《东洋史要·总论》第二章"地势"，东文学社，1899年，第2页。

鞨，晚唐五代之契丹，宋之女真，皆属此族。今清朝亦自此兴者也"。《东洋史要》则作："第五通古斯族。自朝鲜之北部，经满洲而蔓延于黑龙江附近地。秦汉时之东胡，汉以后之鲜卑，隋唐时之靺鞨，唐末之契丹，宋之女真等，皆属此族。今之清朝亦由此族而兴，以一统支那。"[1]梁文即源此，只是删去了最后"以一统支那"的词句。

另外，《中国史叙论》"时代之区分"一节说："人间社会之事变，必有终始因果之关系，故于其间若欲划然分一界线，如两国之定界约焉，此实理势之所不许也。故史家惟以权宜之法，就其事变之著大而有影响于社会者，各以己意约举而分之，以便读者。虽曰武断，亦不得已也。"这段话也主要参照了《东洋史要·总论》第四章"区分时代"的说法："凡一群之事，必有始终因果之关系，决不能于彼此之间划然有所分别也。虽然，时或因一事变起而有足使当时大局面目一新者，史家为便编述，特据此等事变以为准的，而区分时代焉。"[2]

通过上述比勘对照，我们不难发现梁氏新史学与日本史著之间的联系，而对其来源也可以有更具体、准确的了解。至于一般意思上的相同，梁启超取以为用，此类例子就更多了，因限于篇幅，这里不复赘述。梁启超在未跨出国门之前，曾说过："吾既未克读西籍，事事仰给于舌人，则于西史所窥知其浅也。"[3]东渡日本之后，情况发生了很大变化。他在《东籍月旦》中，曾列举众多的世界史、东洋史、日本史书目，计世界史 31 种，东洋史 13 种，日本史 8 种，共 52 种，对每种书目还作了解题。虽然不能绝对说他每本都仔细阅读过，但那些重要的著作，他应大多读过，并从中获取了相当丰富的新史学资源。而这还不包括他原计划要写下去的"泰西国别史、杂史、史论、史学、传记"的部分，尤其值得关注的是"史论"和"史学"，即有关史学理论与方法的部分。他并称："鄙人不揣梼昧，近有《泰西通史》之著"，拟以浮田

①〔日〕桑原骘藏著，樊炳清译：《东洋史要·总论》第三章"人种"，第 4 页。
②〔日〕桑原骘藏著，樊炳清译：《东洋史要·总论》第四章"区分时代"，第 4 页。
③ 梁启超：《论君政民政相嬗之理》，《饮冰室合集》文集之二，第 10 页。

的《西洋上古史》、坪内的《中古史》、松平康国《世界近世史》、舆论社《近世泰西通史》、大内畅三译的《欧洲十九世纪史》等数书为底本，"更参考群书以补助之，欲以三年之功，成一绝大之史"①。梁氏《泰西通史》虽未撰成，但其读了大量世界史方面的著作则是无疑的。这可以说是他了解日本史学状况，撰写《中国史叙论》、《新史学》及打算写作《中国通史》重要的学术准备，而这就给我们追踪解析其史学来源提供了极好的线索，也是有待进一步开掘的丰富矿藏。

以上所论，虽说也参订了少量的日文著作，但主要还只是就日本史著当时有中译本的部分作了对勘。而要深入这方面的研究，则还有大量细致的工作要做。如果有中日文俱佳的研究者，将梁氏《东籍月旦》中所介绍的或未及介绍的各种史著进行全面审核的话，那么，梁文的有关材料段落或思想来源也许会揭示得更为清晰，相信将会获得更为可观的成绩。

梁启超在倡导新史学、批判传统史学时，还运用了许多生动形象的比喻。这也是一个饶有兴趣的话题，颇值得分析其来源。如他提出：史学者"国民之明镜也，爱国心之源泉也"，二十四史非史也，"二十四姓之家谱而已"。称前人谓《左传》为"相斫书"，若二十四史"真可谓地球上空前绝后之一大相斫书也"。旧史的本纪、列传，"一篇一篇，如海岸之石，乱堆错落。质而言之，则合无数之墓志铭而成者耳"。又谓作史者，"将为若干之陈死人作纪念碑耶？为若干之过去事作歌舞剧耶？""汗牛充栋之史书，皆如蜡人院之偶像，毫无生气，读之徒费脑力。"又引斯宾塞"邻猫生子"的比喻，称中国旧史"满纸填塞，皆此等'邻猫生子'之事实"。诸如"明镜"、"源泉"、"家谱"、"相斫书"、"海岸之石"、"墓志铭"、"纪念碑"、"歌舞剧"、"蜡人院之偶像"、"邻猫生子"等说法，构成了一系列形象鲜活的比喻和意象，增添了文章的神采和活力，给人留下了极为深刻的印象。这些引喻和意象，有些出自

① 梁启超：《东籍月旦》，《饮冰室合集》文集之四，第97页。

中国原有的说法，如"相斫书"、"墓志铭"等①，其中有不少则出自西方和日本，故在此再稍费笔墨作些简要的分析。

以"明镜"及"源泉"说而言，梁启超在《新史学》中开宗明义提出："史学者，学问之最博大而最切要者也，国民之明镜也，爱国心之源泉也。今日欧洲民族主义所以发达，列国所以日进文明，史学之功居其半焉。"可以说是新史学思潮对史学功能最经典的概括，并成为这一时期的重要口号。此后的革命派同样提出："历史为国魂之聚心点，国民爱国心之源泉。"②直至辛亥革命后吕瑞廷、赵澂璧合编的《新体中国历史》还说："历史为爱国心之源泉，与国家有直接之关系焉。"③而究其源，探其实，这一说法应来自于西方史学观念。与之同时的柳亚子在《中国灭亡小史》中即说："西哲有言：史也者，国民之镜也，爱国心之源泉也。故历史学昌者，其国必强；历史学衰者，其国必弱。"④指出此语为"西哲"所言。虽说柳亚子并未指明此"西哲"为谁，但认为史学是"国民之明镜"、"爱国心之源泉"的说法来源于西方则是无疑的。

再以"邻猫生子"的比喻为例。梁启超在论述中国旧史"能铺叙而不能别裁"时指出：

> 英儒斯宾塞曰："或有告者曰，邻家之猫，昨日产一子。以云事实，诚事实也，然谁不知为无用之事实乎！何也？以其与他事毫无关涉，于吾人生活上之行为毫无影响也。然历史上之事迹，其类

---

① "相斫书"出于《三国志》裴注引鱼豢《魏略》。鱼豢向隗禧问《左氏传》，禧答说："《左传》直相斫书耳，不足精意也。"中华书局，1975年，第422页。日人也熟悉这一比喻，如坂本健一编《世界史上卷·序论》称："东洋に于て古の史が多く战役を记述せるを见て相斫书と刺嘲せしは古きとなゐが"，即讥讽中国古代史籍记述战争为"相斫书"。"墓志铭"见章学诚对欧阳修《五代史》的批评，《章氏遗书外编》卷一《信摭》讥其"只是一部吊祭哀挽文集，如何可称史才也？"

② 绍介新著，《浙江潮》1903年第7期。

③ 吕瑞廷、赵澂璧：《新体中国历史》，"叙论"第三章"历史与国家之关系"，光绪三十三年（1907）初版，此据商务印书馆1919年版，第5页。

④ 柳亚子：《中国灭亡小史》，《复报》1906年第3期。

是者正多，能推此例以读书观万物，则思过半矣。"此斯氏教人以作史、读史之方也。泰西旧史家固不免之，而中国殆更甚焉。

并联系中国史学的状况，指出历来的中国旧史，记载的只是"某日日食也，某日地震也，某日册封皇子也，某日某大臣死也，某日有某诏书也，满纸填塞，皆此等'邻猫生子'之事实，往往有读尽一卷而无一语有入脑之价值者"。并以《新五代史》为例，谓其所叙，"实则将大事皆删去，而惟存'邻猫生子'等语，其可厌不更甚耶！"①。

斯宾塞关于"邻猫生子"的议论，或注以为出于其所著《群学肄言》。②按此说有误，斯氏之说实见其《教育论》第一章"什么是最有价值的知识"。日本有贺长雄撰有《标注斯氏教育论》，当时流传甚广，1897年康有为《日本书目志》曾提到此书。③浮田和民在《史学原论》中说：

> 斯宾塞曰："或言邻家之猫，昨日生子，谓之事实，诚事实也，然于吾人之生活上有何关系哉！历史上事迹，类是者正多，能推此例以读书观万物，则思过半矣。"此斯氏教人以作史、读史之方也。其指摘历史之差误，可谓毫无余蕴。

指出若不搞清楚历史的定义和人物的价值，"必至于有用之事实删而不载，无用之事实满纸铺排。且必至于无价值之人物而称扬不置，有价值之人物而贬斥无遗，则淆乱而不可问矣，遑论进化乎？"④梁氏之语即

---

① 梁启超：《新史学》，《饮冰室合集》文集之九，第5页。

② 周予同主编：《中国历史文选》（下），书中梁启超《新史学》第27注谓，斯宾塞"著作主要有《综合哲学体系》十卷，清末严复曾译其中一卷《社会学原理》，称为《群学肄言》，对当时中国学术思想界颇有影响，梁文即本此"。中华书局，1962年，第392页。

③ 康有为：《日本书目志》，《康有为全集》第3集，上海古籍出版社，1992年，第928页。

④ 〔日〕浮田和民：《史学原论》，第20—22页；《史学通论》，第19—21页。李浩生译本，第13页。

直接从此而来①，只是下面换了中国的例子，以之联系传统史学的种种不足，来加以论证说明。这是一个相当著名的比喻，经梁启超在《新史学》中的阐发，后来成为脍炙人口的公共话语。

以其他一些比喻而言，如梁启超称中国旧史的本纪、列传，"一篇一篇，如海岸之石，乱堆错落"，据田口卯吉《支那开化小史》跋语云：

余此书を著すの際多く支那史を読あり然れさゐ其记すゐ所
错杂缤纷海滨に临みて砂石を数ふゐが如く目を下す所なきなり独
赵瓯北ありて此砂石中より珠玉を拾ひ以て吾人に与へたり余の劳
は唯夕其珠玉を概括して大势を察し其大势を丝さして珠玉を缀り
たゐに止まゐのみ。②

指出中国史籍犹如"错杂缤纷海滨に临みて砂石"，梁氏之说当即本于此。至如梁文中所用诸如"纪念碑"、"歌舞剧"、"蜡人院之偶像"等，在中国传统史学中也未曾出现过，而在日语中则常能见到此类比喻，如

① "邻猫生子"的比喻，最早见于1882年颜永京所译《肄业要览》："史记与别物无异，终以有济实用为定。假如人告曰：'邻家狸奴，昨日已产小猫几只。'此固确实，在闻之者必谓此乃无用之新闻，而嗤其告者。何也？因所告者事虽确实，而与人在世之行作毫无激励，亦毫无阻止，于学为完全人之义绝不相助。"并批评历来旧史"皆以国王为注意，下此臣民，无足轻重，所以作史者，但记君上之事迹，而于民间之风土人情缺焉不讲"。见上海格致书室1882年印本。这是斯氏论著的最早中译本，后又有1895年重印本、1897年《质学丛书》本和《西政丛书》本。此书在清末流行甚广，梁启超在1896年撰《西学书目表》中曾向读者推荐，称此书"有新理新法"，在《读西学书法》也称其"颇多精义"，"不可不读之"。1897年梁氏所辑《西政丛书》也收录有该书，又全文连载于同年《湘学新报》第8—28册，题名《史氏新学记》。故梁启超在戊戌变法时期即已读过此书。但从《新史学》所引之文来看，应是直接引自浮田的《史学原论》。又，在梁氏之前，较早的是王国维在1899年代罗振玉作的《重刻支那通史序》中，也讲到斯宾塞"东家产猫"之喻，称吾友东儒藤田学士之言曰："自进化之论出，学子益重历史，岂不然哉，岂不然哉！"而以进化论的观点衡量中国旧史，"则惟司马子长氏近之。此外二十余代载籍如海，欲藉此以知一时之政治、风俗、学术，譬诸石层千仞，所存礜石不过一二。其他卷帙纷纶，只为帝王将相状事实，作谱系，信如斯宾塞氏'东家产猫'之喻，事非不实，其不关体要亦已甚矣"。当闻之于日本友人藤田丰八。

② 〔日〕田口卯吉：《支那开化小史》，明治二十一年（1888）秀英所再版本，第396页。该书有刘陶中译本，名《中国文明小史》，广智书局，1902年。

日本便把古代的戏剧称之为"歌舞剧"。故这些比喻是日本一直沿用的习惯用法（Topos），梁启超在撰文时，实际上承袭沿用了其常规的比喻。梁氏曾声言"吾近好以日本语句入文"，"颇喜捃扯新名词以自表异"①，因而在撰文时，一些日文词汇和比喻便融入了其中，而这一系列的比喻与意象，也确实给人以耳目一新之感。

以最常用的"家谱"说而论，一般可能认为，这是典型的中国成语。梁启超曾说："吾党常言，二十四史非史也，二十四姓之家谱而已。"早在戊戌变法时期，维新派便提出中国旧史只不过为"一代之主作谱牒"，只是"廿四家谱"，而严复当时在《国闻报》发表的《道学外传》则说："吾闻欧人之谈史学者曰：'古之史学，徒记大事，如欲求一代之风俗，以观历来转变之脉络者，则不可得详，是国史等于王家之谱录矣。'"②由此来看，此说恐也与西方史学有关，或是中外化合的产物。后来徐子明在演讲中便指出："梁任公《新民丛报》谓：'中国史为个人之家谱'，此特袭西洋人评中国史语"，并批评梁氏"谬引其说，是任公与西洋人同一妄也"。③

很有意思的是，即以今日我们熟知的《通鉴》是"帝王教科书"的说法，也与日本史学不无关系。梁启超在《新史学》中说："虽以司马温公之贤，其作《通鉴》，亦不过以备君王之浏览。其论语，无一非忠告群主者。盖从来作史者，皆为朝廷上之君若臣而作，曾无有一书为国民而作者也。"指出"此书专为格君而作"，虽说其结构宏伟，取材丰赡，至今未有能超越它的，"然今日以读西史之眼读之，觉其有用者，亦不过十之二三耳"。④这一说法同样受日本史家的影响。坪井九马三在《史学研究法》中便说："支那后世之史鉴，其最宏博而精详者，以宋司马光

① 梁启超：《夏威夷游记》，《饮冰室合集》专集之二十二，第191页。梁启超：《饮冰室诗话》，人民文学出版社，1982年，第49页。

② 《国闻报》1898年6月5日，见王栻主编：《严复集》第2册，中华书局，1986年，第483页。

③ 徐子明先生讲，王培棠笔记：《东西史学之异同》，《史学》1933年第2期。

④ 梁启超：《新史学》，《饮冰室合集》文集之九，第3、5页。

之《资治通鉴》为第一。是书编纂之意，将以备人主治世之参考书，亦即为帝王应奉之教科善本也。所谓鉴者，大抵与教科书同性质，既为人主治世之备，则凡经国之要略，为当代所不可不知者，择而录之，其他不必要者悉删之以从略。"① 后来梁启超在《中国历史研究法》中也一再指出："其著书本意，专以供帝王之读，故凡帝王应有之史的智识无不备，非彼所需，则从摈阙。此诚绝好之皇帝教科书，而亦士大夫之怀才竭忠以事上者所宜必读也。"②

综上所论，根据前面提供的众多例证与比喻、意象的分析，充分说明梁启超受到当时日本出版的一系列世界史或东洋史著的影响，其史学来源具有多元性的特征。这一时期他的新史学思想，主要就是通过日本的平台接受西方的史学资源实现的，并迅速地把一些新的认识、新的概念纳入自己思想的框架之中。由此，通过日本的学术资源中介，使其从史学理念到新语词乃至比喻，都发生了一系列新的变化。如关于史学之定义，地理与历史、人种的关系，等等，从内容来看，大部分都超出了传统史学讨论的范围，具有十分鲜明的近现代意识。而这些新的学理、话语的产生，在学术思想史上显然有着重要的转折意义，因而使其能从一种全新的视角，高屋建瓴地反观中国的传统史学。虽说《中国史叙论》、《新史学》等并非长篇大论，但却蕴涵了十分丰富的信息量，容纳了日本与西方史学的众多成果，又经过自己的消化理解，博采其长，加以概括提炼，在此基础上，经过重组整合，并紧密结合中国史学的实际状况，对封建传统史学作了猛烈地批判，尤其是提出了振聋发聩的"四弊二病"说，击中了封建旧史学的要害，从而在中国史学界产生了巨大而深刻的影响。因此，连当时被称为"中国西学第一流"的人物严复也大为佩服，称道"其论史学尤为石破天惊之作，为近世治此学者所不可

① 〔日〕坪井博士师说，张玉涛译述：《史学研究法》，《学报》1907 年第 7 号。坪井九马三《史学研究法》先有《史学科讲义》，后于明治三十六年（1903）由早稻田大学出版部正式出版，序云："予虽不敏，讲述史学研究法，已有年所……因此为早稻田大学著是书。"
② 梁启超：《中国历史研究法》，第 3 页。

不知"。[1]

　　需要说明的是，我们作这样的比对，当然不是要贬低或否定梁启超新史学的历史贡献和地位，而是为了更好地揭示其与西方史学资源的联络，揭示其如何通过日本这一新的平台，通过日本的学术资源中介，吸纳摄取这些理论，更为具体明晰地了解其新史学思想形成的知识背景，厘清其间的关联与思想脉络。梁启超本人便清楚地认识到："东之有学，无一不从西学来也。"[2]东学即日本之学均来源于西学，日本史学同样源于西方的史学理念。因此，理清其间错综交叉的传递途径和接受状况，不仅对我们更好地认知梁启超思想与日本之间的复杂关系大有裨益，而且总结这方面的经验教训，对今天也有着重要的启示意义。这里其实蕴含着一个严肃而深刻的问题，那就是如何对待外来文化，如何吸收消化融会，或者说如何化西为中即中国化的问题。这方面既有理论原创与传播的问题，也有理论如何紧密结合中国的实际，即站在既有的平台上吸收，在后续的消化中再度创新的问题。事实上，理论创新并不排斥"拿来主义"，在"拿来"的基础上，通过消化、吸收、整合，吸纳外来先进的理论成果和方法，进而通过自己的头脑，与中国的实践相结合，最终形成符合国情的新的学理和风格，这无疑也是理论创新的一种重要形式。当然，这种化西为中需要有一时间上的孕育周期，经过长期的学术积累，才能由学习到运用，由模仿到创新，由幼稚到纯熟。梁启超在一百年前这方面的实践，自然还是初步的，很不成熟，模仿移用的痕迹不少，但他努力通过日本的学术资源中介，吸纳西学的新知与理念，对中国史学作了彻底的反省，以此改造传统的旧史学，积极探讨中西史学的会通之路，无疑具有开辟鸿蒙的意义，并由此确立了他在中国近代史学史上先驱与奠基者的地位。其间得失利弊，均值得深湛思之。

---

　　① 严复：《与张元济书》，1902年春，《严复集》第2册，第551页。他在给梁启超的信中说："而鄙诚所尤爱者，则第一期之《新史学》，第二期之《论保教》，第三期之《论中国学术变迁》。凡此皆非囿习拘虚者所能道其单词片义者也。"第515—516页。

　　② 梁启超：《东籍月旦》，《饮冰室合集》文集之四，第83页。

应当指出，梁启超在这方面也有认识上的误区。首先，他以"读西史之眼"即以新的视野重新审视中国传统史学，并对其予以猛烈的抨击，确实痛快淋漓，但另一方面也有矫枉过正、绝对化与简单化的倾向。如他将历代史学一概斥之为帝王"家谱"，批评中国旧史满纸均是"邻猫生子"之类无用之事实，甚至称"中国无史"，显然否定过甚，不仅有失公允，而且还遗有后患。章太炎对此就甚不以为然，指出："今之夸者，或执斯宾塞尔邻家生猫之说，以讥史学。吾不知禹域以内，为邻家乎？抑为我寝食坐作之地乎？人物制度、地理风俗之类，为生猫乎？抑为饮食衣服之必需者乎？或又谓中国旧史，无过谱牒之流。夫其比属帝王，类辑世系，诚有近于谱牒者，然一代制度行于通国，切于民生，岂私家所专有？而风纪学术，亦能述其概略，以此为不足，而更求之他书，斯学者所有事，并此废之，其他之纷如散钱者，将何以得其统纪耶？"认为中国历史自帝纪、年表而外，犹有书志、列传，所纪事迹、论议、文学等粲然可观，而欧洲诸史专述一国兴亡之迹者，往往与档案相似，"今人不以彼为谱牒，而以此为谱牒，何其妄也！"[①]

其次，梁启超在引入通过日本中介的西方资源时，撰文时不少地方移植袭用了如《史学原论》等观点与文句，在学术上也有欠妥之处。他自己也承认："偶有论述，不过演师友之口说，拾西哲余唾，寄他人之脑之舌于我笔端而已。而世之君子或奖借之，谬以厕于作者之林，非直鄙人之惭，抑亦一国之耻也。"[②]并不讳言其思想渊源，又称自己"读东西诸硕学之书，务衍其学说以输入于中国"[③]。虽说在当时饥不择食渴求新思想情况下，这种做法是一种司空见惯的现象，如鲁迅早年的《摩罗诗力说》也有类似的情况，因而可以说带有一定的时代特征性。鲁迅曾把其比为普罗米修斯的"窃火"煮肉之举，对于先行者的这种做法，应

① 章太炎：《答铁铮》，《民报》第 14 号，1907 年 6 月。
② 梁启超：《饮冰室文集原序》，《饮冰室合集》文集卷首，第 1 页。
③ 梁启超：《清议报一百册祝辞并论报馆之责任及本馆之经历》，《饮冰室合集》文集之六，第 54 页。

当说也是可以理解的。但是从更严格的学术意义上说，这种做法显然并不可取。当时即有留学生斥其为"剿袭"剽窃者。如胡汉民就说："平心论之，梁氏壬寅岁首之《新民丛报》，其学术各门，虽不免于剿袭，而鲜出心裁，然所持主义，则固由黑暗而入于光明。"[①] 一方面对梁氏引火烛照光明予以肯定，另一方面对其"剿袭"则提出了批评。这确实应当引以为戒。

　　探讨梁启超新史学之源，其实在更广阔的历史语境与链环中，还牵涉到思想、学术的传递与史学互动的重要问题。一位哲人说过："理论在一个国家的实现程度，决定于理论满足这个国家的需要的程度。"[②] 就新史学的发轫而言，当然不是简单地由《史学原论》等一二本书所引起的，其本身也有一个逐步酝酿形成发展的过程。因此，如果说《史学原论》等著作为新史学提供了理论营养和实际素材，那么从另一角度来说，由梁启超发动的新史学思潮也提供了《史学原论》等得以在中国传播的土壤，并带动了包括浮田在内的其他史家等一批著作的翻译。由此，两者又形成了一种双向互动的关系。我们可以设想一下，如果没有梁启超倡导新史学革命，那么，《史学原论》等著作是否会在此时进入中国国人的视野，恐怕还难以预料，或至少要延缓时日。应当说在此之前，几位译者都已在日本学校学习过浮田的《史学原论》或《史学通论》，但却均未将其翻译出版。事实上，这几种本子的翻译均在梁氏《新史学》发表以后，就清楚地说明了其间的联系。其中侯士绾译本还将其直接取名为《新史学》，更说明了它与新史学思潮的互动联系。当然，这些译本一经出版，其文本本身的存在就构成了独立的载体和信息源，在此后的传播过程中，其影响势必超越出梁氏《新史学》所述的范围，乃至原先并不被梁氏等所看重的部分，在日后日益显示出其作用与影响，从而呈现出某种阶段性的特点。这也是历史发展的必然逻辑。

---

① 汉民：《近年中国革命报之发达》，《中兴日报》1909 年 1 月 19 日。

② 马克思：《〈黑格尔法哲学批判〉导言》，《马克思恩格斯选集》第 1 卷，人民出版社，1972 年，第 10 页。

五　几位译者及其书的影响

如前所说，20 世纪初《史学原论》在中国的翻译与引入，与梁启超发动的史学革命有着密切的关系，梁氏之功不可没。但几位译者的努力，同样也不应该被人遗忘。长期以来，我们对于几位译者的情况，除其中写过《新湖南》的杨毓麟较为出名以外，对其他几位却知之甚少，甚至根本不知道他们的基本情况。因此，下面根据笔者多年搜集掌握的一些资料，对其作一概略的介绍，以"读其书而知其人"，使读者对这些译者有一比较具体的了解。

侯士绾（1881—1960），字皋生，江苏金匮（今江苏无锡）人。早年在当地私塾读书，1898 年至上海入南洋公学中院（即中学部），1902 年毕业。后东渡日本留学。曾译有日本村井知至著《社会主义》，为国内最早介绍社会主义的译著之一；还译有岛田文之助著《海军第一伟人》，两书均于 1903 年由上海文明书局出版。1904 年由南洋公学派赴比利时留学，学习制造、铁路学。归国后从事铁路事业，在汉口平汉铁路机务总段工作。[①] 晚年居上海，与杨绛的父亲杨荫杭过从甚密。1945 年杨氏逝世，他曾作有挽词五首，有"相期共待泰阶平，旧学商量娱此生"之句。[②]

罗大维（1876—?），字刚父，也作刚甫、纲甫，湖南武陵（今湖南常德）人。早年在湖南求学，入哥老会，为首领之一，活动于常德等地。1900 年唐才常等筹组自立军起义，他闻讯参加，事败亡走。1902 年 9 月赴日本留学。其间译有日本村井知至著《社会主义》和《帝国主

---

① 《东方杂志》1904 年第 6 期《游学汇志》报道说："南洋公学开办七年，领凭卒业者仅得一十五人……其他十二人如张景尧、侯士绾、王泽利……皆由公学派赴比国游学，分习制造、铁路、矿学三门，已乘德国邮船起程云。"又，交通大学编：《交通大学校友录》，1936 年刊本。

② 杨绛：《回忆我的父亲》，《杨绛散文》，浙江文艺出版社，1994 年，第 138 页。

义》，于 1902、1903 年分别由广智书局出版。前者为我国最早比较系统介绍马克思生平及其学说的译著；后者"所论以铁道、商业、殖民各政略为帝国主义所操纵，归重于德、俄二国，柄国者宜防其扩大也"①。他还译有内山正始著《万国宗教志》、正冈艺阳著《英雄主义》，均于 1903 年由镜今书局出版，以及土井林吉著《拿破仑七章》，同年由益新译社出版。归国后，于 1909 年任常德府武陵县筹办自治公所所长。② 辛亥革命后，曾任湖南内务司副司长。

刘崇杰（1880—1956），字子楷，福建闽侯人。早年在福州东文学堂就学。1899 年 10 月留学日本，入早稻田大学政治经济科。在此期间，加入闽学会，参加留学生拒俄运动，从事军国民教育会活动。③ 曾参与张元济商务印书馆译著的《日本法规大全》。1906 年毕业后，一度为商务印书馆编辑。后历任学部谘议官、视学员、福建法政学堂监督等职。中华民国成立后，历任驻日本公使馆翻译、参赞、横滨领事等职。1914 年 2 月，黄兴在东京创办政法学校，为董事之一。1916 年驻日本使馆代办使事。次年年底回国，任北京政府国务院参议、外交部署参事、国际政务评议会评议员。1919 年任巴黎和会中国代表团专门委员。此后长期任驻西班牙、葡萄牙公使。1932 年，担任国民政府外交部常务次长。次年任驻德国兼奥地利公使。1937 年后去职。

杨毓麟（1872—1911），字笃生，号叔壬，后易名守仁，湖南长沙人。早年曾入长沙岳麓、城南、校经书院。甲午战后倾向维新，1897 年中举人，担任时务学堂教习，并为《湘学报》撰稿。1902 年春赴日本留学，先入清华学校，旋改入宏文学院、早稻田大学。与黄兴等创立

---

① 顾燮光：《译书经眼录》卷 2，第 2 页。其所据为商务印书馆《帝国丛书》本。

② 房兆楹辑：《清末民初洋学学生题名录初辑》，台湾"中央研究院"近代史研究所，1962 年，第 42 页。又，《湖南七十八厅州县筹办自治公所暨研究分所监督、所长》，未刊稿，湖南图书馆藏。并可参湖南省档案馆校注《林伯渠日记》中的有关记载，湖南人民出版社，1984 年。

③ 房兆楹辑：《清末民初洋学学生题名录初辑》，第 2 页。又，《军国民教育会纪事》，见杨天石、王学庄编：《拒俄运动》，中国社会科学出版社，1979 年，第 131 页。

湖南编译社，任《游学译编》主编。奋笔撰写了《新湖南》一书，是辛亥革命准备时期最具鼓动力的著作之一。1903 年参加拒俄义勇队，后回长沙参与创立华兴会。继于上海组织爱国协会，任会长。1905 年充清政府出洋考察五大臣随员，旋辞。次年加入同盟会，在上海成立了同盟会联络机关。与陈家鼎等创《洞庭波》和《汉帜》杂志。1907 年与于右任创《神州日报》，1909 年在英留学，谒见孙中山并商讨筹办通讯社事宜。1911 年闻广州黄花岗起义失败，悲愤交集，投利物浦大西洋海湾，以身殉国。近人编有《杨毓麟集》。

李浩生，浙江人。后至日本留学。他所译的《史学通论》，文字酣畅淋漓，在几种译本中是最好的。可惜关于他的具体情况，现所知甚少。仅知他归国后在杭州工作。1913 年春陈果夫至日本求医，曾由他陪同至帝国大学教授木村德卫博士处诊治；1916 年陈氏患吐血之症，因赴杭州疗养，也由其介绍一医生诊视。他向陈氏索取其叔陈其美的照片，两人并有通信往来。据他与陈氏叔侄的关系来看，应当也是一位具有进步倾向的人物。遗憾的是，除了这些寥寥无几的零星讯息外，我们现在对他的其他情况几乎一无所知。笔者虽经十多年留意搜索，努力追踪有关的线索，但结果还是一无所获，只能付之阙如。其有关史料尚待进一步发掘，还望有识者有以告之，以补此缺憾。

这里顺便也将浮田和民另一著作《西洋上古史》的译者吴启孙的情况略作介绍。此书中译本作《西史通释》，为"早稻田大学丛书"之一，于 1903 年由上海文明书局出版。[①] 译者吴闿生（1877—1950），原名启孙，字辟疆，号北江，安徽桐城人。为著名散文大家吴汝纶之子。他幼承家学渊源，尤以文学见长。清末为诸生，官候选知府。1901 年 7 月东渡日本留学，入早稻田大学。次年，因父卒而归。曾入北洋大臣袁世凯幕府，又任度支部财政处总办。民国初元，任教育次长、总统府秘

---

① 是书译本由上海文明书局 1903 年发行，日本芝区三田印刷所承印。全书首"综论"，分为三编：第一编东方史，凡四章；第二编希腊史，凡九章；第三编罗马史，凡五章。

书。袁世凯阴谋称帝，他以先觉托词告退。袁氏死后，任段祺瑞内阁教育部次长。此后专事教学，于辽宁、京师等地讲学十余年，以培育英才为己任。晚年归里，病卒于家。① 为桐城派后期代表人物之一，著有《北江先生文集》、《诗集》、《诗义会通》等。

从上述这些译者的情况来看，他们大多是早稻田大学的学生，如刘崇杰、杨毓麟、吴启孙等。作为日本留学界中的活跃分子，他们都积极参加了当时的各项政治活动，并具有强烈的爱国主义倾向。如1903年春，侯士绾与秦毓鎏等参观日本大阪博览会，发现我福建省产品置于台湾馆内，因当时台湾被日本侵占，此举显系对我国侮辱，即与主办日方负责人交涉。② 刘崇杰积极参与军国民教育会的捐款活动，此年仇满生因蹈海而死，他与程树德、林志钧等发起开追悼会于东京牛込清风亭。③ 至于杨毓麟，更是一位积极投身革命事业的宣传活动家，是辛亥革命时期的重要人物之一，最后壮志未酬，不惜身殉国难，投海而死。值得注意的是，其中侯士绾和罗大维两人还均译过日本村井知至著《社会主义》，是在中国最早介绍社会主义的人物。这些人物的所作所为，与时代的潮流是密切相关的，而他们大约同时翻译浮田和民的《史学通论》，对处于转型时期中国近代史学的变革与发展，无疑起了重要的推动作用，各自做出了积极的贡献，更值得后人重视与怀念。

就其译作的影响而言，在《史学通论》出版前后，当时一些重要的报刊杂志均先后刊登广告，为其作宣传绍介，以引起人们的重视。如1903年1月《游学译编》第3期刊载杨毓麟所译《史学原论》新书广告，即称道此书"义蕴之宏富，理论之精深"，指出历史"为现在社会

---

① 房兆楹辑：《清末民初洋学学生题名录初辑》，第3页。其生平事迹可参见刘声木著：《桐城文学渊源考》卷10，1929年"直介堂丛刻"本。

② 见《江苏》1903年第1期。

③ 《浙江潮》1903年第6期《记仇满生》载：此年仇满生蹈海而死，7月24日开追悼会于日本东京牛込清风亭。先由程树德演说，继由林志钧宣读祭文，"宣读既毕，刘君崇杰起，命众整列，向所设仇满生之位，行三鞠躬礼。礼毕，合与会二十余人，共摄一影，以为纪念"。见杨天石、王学庄主编：《拒俄运动》，第189页。

生活之原因"，研究历史者，不仅应该能够"钩稽事实，发明体例"，而且应当进而"考求民族进化之原则"。同年 3 月 3 日《中外日报》介绍侯士绾所译《新史学》说：

> 是书原名《史学原论》，为日本早稻田校师浮田和民氏所讲述。其论读史之方，取精扼要，赅洽精详，洵究心乙部之管钥，而读史者所不可不备之书也。因亟译之，以公同好。至其达旨明当，措词雅健，与夫印刷之精良，纸张之洁白，读者自知。定价每部二册大洋五角。总发行所上海棋盘街北段文明书局，分售处广智书局、商务印书馆、开明书店、支那新书局、会文堂。①

3 月 24 日《苏报》"新书介绍"栏中，也称道该书"其译笔亦措词雅健，达旨明当，必为新学界所欢迎者也"②。3 月 13 日《中外日报》刊登李浩生所译"《史学通论》出版"广告则云：

> 史者社会之写真也，欲合人格，必先讲史学。史学者，导人以合人格之方针也。此等哲理夙为我国所未有梦见，本局爰取日本浮田和民氏所著之《史学通论》译之，以华妙之笔，达精深之理。一读之下，只觉思想之奇横，如养气之激刺于脑，议论之警辟，如轰雷之盘旋于顶，一般学者，其挟此书以一炼眼力与胆力也何如，其印刷之精美尤为余事。洋装一厚册，定价四角五分。批发处上海开明书店、杭州总派报处。总发行所杭州小营巷合众译书局启。③

---

① 见 1903 年 3 月 3 日《中外日报》。在此前，2 月 20 日《中外日报》载"文明书局发行新书要目"，即有"新史学　五角"的广告。

② 见《苏报》1903 年 3 月 24 日。

③ 见《中外日报》1903 年 3 月 13 日。在此之前，1902 年 12 月 30 日《中外日报》载"合丛译书局广告"中便有"《史学通论》"。

同时"闽学会丛书"介绍刘崇杰所译《史学原论》说："此书为日本史学大家浮田和民所著，博引泰西学说，加以论断，溯委穷源，语语精确，洵为不磨之论。译者文笔畅达，足达原书之旨。有志史学者，一读是编，增长史识必不少也。"[①]对此书及译者都作了高度评价。

由于该书较具体地介绍了西方史学理论和方法，故令时人有耳目一新之感，几种译本出版之后，在当时受到了广泛的欢迎。从后来流传的情况看，则以李浩生译本最为流行。如以曹佐熙、杨鸿烈等论著所引为例，其所引用的一般都是李氏译本。在这一时期的新史学思潮中，以上诸种译本对西方史学思想与观念的传播起了重要作用，并对此后中国史学的发展有着多重维度的影响。就其荦荦大端而言，主要集中为以下几个方面：一、关于史学与科学、进化论的问题；二、史学与地理之关系；三、史学与其他学科的关系；四、史学方法论问题。当然，其间的影响前后并不相同，不同时段各有其特点及变化，且与论者各自的选择取向有关。如关于历史与人种问题，虽说论者一般均注意到两者之间的关系，但对于浮田所述人种的具体论述，大多学者则并未采取其说。这自然与情势及摄取者的价值取向相关。或许浮田和民在日本还算不上是一流的史家，他所担当的还只是"讲述"者的角色，但不管如何，以上诸译本在当时和此后的中国史界都留下了深刻的印痕。

后来吕瑞廷、赵澂璧在《新体中国历史》叙论第一章"历史之范围"中便说到："历史者，研究人类进化、社会发达、文明进步之学也。凡道德智慧之进化，农工商业之发达，治术学术之进步，皆属历史之范围。使一成不变，止而不进，于古人成败得失之理，茫然无所触于心，虽日诵万言，谓之不读史可也。斯旨也，东西史学家所著《史学原论》、《新史学》、《历史哲学》诸书，已阐发无遗，其中蕴奥，能一取而观之，亦可以定读史之方针矣。"[②]1909年曹佐熙编著的《史学通论》第五篇

---

① 见1903年发行的"闽学会丛书"之一斋藤阿具著、林长民译《西力东侵史》附录广告专页，以及《人种志》、《印度史》附录广告专页，个别文字略有不同。

② 吕瑞廷、赵澂璧：《新体中国历史》，叙论第一章"历史之范围"，第1页。

"史学之研究"，在讨论史学是不是能"成科"即是否能成为科学时说道："近世学者或以未能成科疑之，其说之是非，无俟予置辩也。日本浮田和民尝词而辟之，兹述其略，可以观也。"以下并大量引证了浮田和民有关论述，将其概要归纳为三点，指出："论者未尝以是之故而弗许成科，何独于史学而疑之也。"[①]认为人类社会的发展有"因果"，有"公例"，历史之能成为科学是没有疑问的。

此后至 20 世纪 20 年代，柳诒徵在其所著《史学概论》中还谈到："通贯新旧能以科学方法剖国故者，当推梁氏《历史研究法》，李泰棻之《中国史纲绪论》次之。译寄初兴之时，颇有诵述威尔逊、浮田和民之学说者。威尔逊氏之说有广智书局之《历史哲学》，浮田氏之说有进化社之《史学通论》、文明书局之《新史学》，其中所言原理，多可运用于吾国史籍，惜译者未尝究心国史，第能就原书中所举四史示例耳。"[②]对其在新史学思潮中所起的作用及其局限作了论述。1924 年刘挟藜在所撰《史法通论》中也指出："史也者，所记人或人类活动 —— 思想、言辞、行事 —— 之迹也。……近人定义纷纷，未有如《说文》之说之得者。……而西洋史家杜乐泥垓谓史为以例教人之哲学，马克来谓史为诗与哲学之混合，哈密登谓史为文之载具时日本末者，盖惟乃谓史为记载政治者，富里孟谓史为过往之政治，揩拉衣谓史为大人之传记，挨路乐谓史为社会之传记（以上诸家之说均见浮田和民《新史学》），皆知其一而未知其全也。"[③]其所用的译本还是侯士绾的《新史学》。说明在 20 年代这些译本仍有相当影响。直至 30 年代，杨鸿烈在所著《史学通论》、《历史研究法》中，还大段引录了《史学原论》的内容。书中称浮田和民"是一位头脑明晰的史学家"[④]，其中论述了关于史学是否是科学、

---

① 曹佐熙：《史学通论》第五篇"史学之研究"，湖南中路师范学堂，1909 年再版本，第32—33 页。

② 柳诒徵：《史学概论》，1926 年商务印书馆函授社国文科讲义，柳曾符、柳定生选编：《柳诒徵史学论文集》，上海古籍出版社，1991 年，第 116—117 页。

③ 刘挟藜：《史法通论》，《史地学报》第 2 卷第 5 期，1923 年 7 月。

④ 杨鸿烈：《史学通论》，第 269 页；并见氏著《历史研究法》，商务印书馆，1939 年。

历史与国家、历史研究之方法、史料的分类等问题，同时对其提出了若干批评。1936 年杨秀林（即杨秀峰）在《历史动力学说之检讨》中，也引录浮田驳斥主张"自由意志"而否认历史学为科学的说法，批评所谓的"精神或心理史观"，认为历史的发展有赖于社会客观的条件，指出"把人类的思想才能或理智神秘化了，正是唯心史观的错误的主要来源"①。甚至把它作为论证唯物史观的依据。这些充分说明，直至 20 世纪二三十年代，《史学通论》所阐释的思想和认识，依然还在发挥它的作用与效能，由此可见其影响之深。

以浮田和民《西洋上古史》而言，情况同样如此。1902 年 12 月 17 日《大公报》刊载《文明书局发刊日本早稻田讲义丛译旨趣》说："兹编刊行之意，亦欲使吾国志士不涉重洋者皆得窥外国大学门径而已。"指出译刊早稻田大学讲义的目的与宗旨，是为了不出国门而得西学门径。谓"今之所译乃第一年讲义"，其余依此传译，期集大成，"今辟疆肄业该校，随所习而录之，其学业可尽成书，以惠吾国学者，诚盛事也"②。在附记"已译书目"中，便有浮田所著《西史通释上古史》之名。1903 年 10 月 28 日《中外日报》刊登的《西史通释》出版广告称：

> 历史之学枯记事实则隘，横著议论则枝。此书日本大学讲义，荟萃泰西名著数百种，兼叙述、议论、考证之长，材富味永，史学第一详赡大典，学者不可少者。③

对它作了很高评价与推介。该书由京师大学堂审定，出版后同样引起人们的普遍关注。如吴虞 1905 年留学日本期间所作家训《游学琐言》，其中便讲到："史书可看久保天随之《东洋通史》、夏曾佑之《中国历史》两种。……《欧洲列国变法史》、《欧洲列国战事本末》、《瀛寰全志》、

---

① 杨秀林：《历史动力学说之检讨》，《师大月刊》第 26 期，1936 年 4 月。
② 见 1902 年 12 月 17 日《大公报》。
③ 见 1903 年 10 月 28 日《中外日报》。

《西史通释》、《社会进化论》、《动物进化论》等。"① 把它视为重要的译著之一。后来还有不少历史教科书与史著引录其中定义与有关的内容。如 1907 年吴渊民编译的《史学通义》论"历史的人种"一节，不少材料便从其中摘译而来。② 尤其是该书开头的"综论"部分，作为史学理论的一篇佳作，后来更是被广为引征，可见其在当时的中国史学界也有着不小的学术影响力。

综上所说，以上浮田《史学通论》的诸种译作及《西史通释》，对 20 世纪以来中国新史学思潮及此后的史界产生了广泛的影响。虽说随着时代的变迁，这些译作或许已渐失去其原有的观念、思想价值，而仅具有学术史上的意义与价值，但其在中国近现代史学演进过程中的作用，显然不能低估，应予以足够的肯定。以往我们往往过分重视一些著名人物在史学变革中的倡导与贡献，而很少提起那些被认为是小人物的译者的贡献，其实从历史的发展来说，这些小人物的成绩同样值得珍视。可以这么说，正是他们的译介与努力，与那些大人物的引领潮流，两者汇合在一起，共同构成了一种新的知识结构，展现出新的文化景观。

最后再谈一下有关此书搜集、整理的一些情况。以上这些译本虽说在当时颇为流行，产生了重大的影响。但时光流逝，百年之后，这些重要的文献已难得一见，甚至连一些著名的图书馆也未有收藏。在近代史学理论与史学史、学术思想史的研究中，仅有极少数的学者看过此书，大多数的研究者则无缘得见此书，更不要说诸种中译本了。故有些研究者在论述到有关此书时，只能辗转相引，引用一些前人征引过的有限的段落和词句，而未能作比较深入的研究。笔者自 20 世纪 90 年代初读到李浩生《史学通论》译本之后，感到这一问题所关重大，有深入研究的

① 赵清、郑城编：《吴虞集》，四川人民出版社，1985 年，第 8 页。
② 吴渊民编译：《史学通义》，《学报》第 1 年第 1 号，1907 年 2 月 13 日。

必要。鉴于上述译本已十分稀见，近代文献保存不易，又散在各处，在历史上湮没的现象也屡见不鲜，故此后便悉心留意，经多年在各地图书馆寻访搜罗，陆续觅得四五种，续有收获，终于将这些正式出版的译本凑齐。现在汇聚在本书中的几种译本，便是笔者多年搜访、坚持不懈努力的结果。

将几种译本合刊整理出版，目的是为研究者提供较原始的文本，以进一步深入研究近代新史学思潮及其关联，从而将其置于与日本、欧美以及西方史学的关系中加以考察。大体来说，以上四种译本，不仅译著的文字风格有所不同，在内容上，将其与两种日文原著相对照，可知以上几种译本，由于译者关注的重点或侧重面有所不同，均有不同程度的删节，因此各文本互有详略，均有其不可替代的价值。现将四种译本合刊，基本上已能比较完整地反映浮田和民著述的面貌及其在中国传播的情况。因在几种译本之中，以李浩生《史学通论》译本质量较高，文字也最为流畅，故此次整理即以李氏译本为主，将其放于首位，而将其他三种译本置于其后。又因浮田和民《西洋上古史》与之也有相当密切的关系，故将吴启孙所译《西史通释》的绪论部分，作为附录系于其后。

在此次整理中，按现在通行的出版要求作了分段、标点。有些原文的错字、衍字和倒误，或依据日文原本作了校改，或根据文意加以改正。凡校改之处，误字加（ ）号标识，后以［ ］号表示正确的文字。至于有些明显的错漏衍脱，则径为改正，此下不出校注。如刘崇杰译本出版时，后面附有勘误表，便据之首先作了改正。由于此书牵涉不少西方史学与史实的问题，而这些译本译于百年之前，又经日本的中转，因此许多译名与今天大不相同，有些更是奇奇怪怪，令人如坠云雾之中，莫名其妙。故在整理中，有必要对一些人名、书名、地名等做简要地注释，以便读者阅读。这些注释虽然简短，但因其内容从西文转为日文，又由日文转为中文，而当时的译名又极不规范，故在注释时遇到了不少难题，颇费斟酌。由于一开始并没有日文原本可作参考，故某些需要注释的地方，有时简直犹如猜谜一般，但也因此增添了不少的乐趣。后来得到王晴佳兄的帮助，才得以见到《史学原论》、《史学通论》的两种日文原本，使注释工作进展较为顺利，某些原先的疑惑之处得以确认，也因此减少了错误。然由于自己的学识有限，虽已竭力，也请教了一些学界和日本的学者，但因日文在百年间也经历了很大的变化，当时日译西文也无定准，故仍有一些疑难问题未能得到彻底解决。现有少量注释只能注以"未详"，未免存有遗憾，即使有些做了注释，也不敢保证其必确。"吾生也有涯，而知也无涯。以有涯随无涯，殆已！"庄子之叹，诚有以也。在此真诚地希望读者加以批评指正，以便今后做进一步的改进。

在本书注释、整理过程中，得到了同窗学兄沈坚、郭海良、王晴佳等诸友的帮助，他们或帮助提供日文原本，或查阅相关资料，解疑答难，或提供追寻的线索，以便进一步查找，为之花费了不少的时间与精力。我的研究生李孝迁博士也为翻拍、查找资料等项工作提供了有益的帮助。在此谨对他们为本书所做的贡献及无私的帮助表示真切的谢忱。希望此书的整理出版，能为中国近代史学理论与史学史、学术思想史的研究提供较为翔实的参考资料，尽自己的一点绵薄之力。

2005 年秋于华东师范大学寓所

此次新版，校正了原版中的一些文字讹误，并增加了附录二《〈史学通论〉著录及广告》，谨此说明。

2022 年夏补记

史学通论

日本　浮田和民讲述

中国　李浩生译

合众译书局藏版

第一章　历史之特质及范围 [①]

历史之意义有三：

第一　客观的主义。

第二　主观的主义。

第三　普通的主义。

第一　事实。

第二　能研究此事实。

第三　理会此事实之一切历史书。

第一与第二之义，无实际之分离，必相合而后成历史。虽然，学者之观察往往有专注于客观一面者，又有专注于主观一面者。洛知爱[②]之《小宇宙》历史，专指客观者也；倍根之《劝学论》[③]，专重主观者也；特罗生[④]之《史学原理》，则兼用两义云。

将欲考历史之特质，下历史之定义，先当观察客观一面，而就而知其性质为最要。

---

① 原标题作"历史之范围及关系"，但目录作"历史之特质及范围"，现据目录及日文原本校改。

② 洛知爱，即海尔曼·洛采（Lotze, Rudolf Hermann, 1817—1881），19世纪德国哲学家。历任莱比锡大学、哥廷根大学教授。著有《逻辑学》、《小宇宙》、《形而上学》、《德国美学史》等。

③ 倍根，即弗兰西斯·培根（Francis Bacon, 1561—1626），近代英国唯物主义哲学家，实验科学的创始人。反对经院哲学，提出"知识就是力量"。著有《新工具》、《论科学的价值和发展》、《论学术的进展》及史著《亨利七世本纪》等。《劝学论》，即《论学术的进展》（*Advancement of Learning*）。

④ 特罗生，通译德罗伊森（Droysen, Johann Gustav, 1808—1884），19世纪德国历史学家，普鲁士派的建立者。兰克的学生，历任基尔大学、耶拿大学、柏林大学教授。著有《希腊化时代的历史》、《普鲁士政治史》、《史学原理纲要》等。

通常之所云历史者，记事实者也，以无所不记为目的。虽然，历史者非所以记事实也。盖事实之界广于历史之界，安能事事物物而记之？历史不过举事实之有关系者而记其一二尔。此一二事实云者，乃历史之所以为特质也。然世人或以为一二事实，即过去事实，不知二者决不可混视。西来①曰："我观过去之事，多不属于历史。而由过去之事而胚胎焉，孳萌焉，以成今日之现象者，实多属于历史也。"

历史的事实，以为专属于过去一切之事实，则大谬不然。何则？宇宙间之现象既经发见，无不属于过去，故过去之事实不属于历史范围者甚多。欲知此理，须先明二种之现象。二种现象者何？即事物之变化是也。一曰循环之状，一曰进化之状。

其变化有一定之时期，达其期则周而复始，是所谓循环的现象，如四时之变迁，天体之运行是也。

其变化有一定之次序，而生长而发达，是所谓进化的现象，如生物界及人间社会之现象是也。

凡今日如此，明日如此，一见而再见者，谓之天然的现象。凡今日如此，明日如彼，一见而不再见，而前进而生长而发达者，谓之历史的现象。天然者，一定者也，故今日如此，明日亦如此。历史者，进化者也，故今日如此，明日即如彼。

万事万物，皆在空间，又在时间。但天然学属空间，历史学属时间。空间、时间，佛典译语。其义则空间，宇也；时间，宙也。

由天然界以观察宇宙，则一定不易，万古不变者也。故其体为完全，其象如一圆圈。

由历史界以观察宇宙，则有生长有发达，有不断之进步，故其体为不完全。且其进步亦非如直线然，有前进亦有退却，有升进亦有堕落，其象如螺旋线。

---

① 西来，即约翰·西莱（Seeley, John Robert, 1834—1895），一译西利，19世纪英国历史学家。曾任国会议员和内阁大臣，为剑桥大学近代史钦定讲座教授。著有《英国的扩张》、《英国外交政策史》、《斯泰因的生平和时代》等。

同是宇宙也，以天然而论，则可以推算，可以试验。以历史而论，则今日犹在生长发达之中，不至宇宙之终局，则历史不能完结。所以天然诸科学，几费经营，遽超极点。而历史则出现无期，茫如捉影。故天然诸科学为完全，而历史学为不完全。

由是观之，历史的事实有发达有生长，为进化之现象，而无循环之现象者也。反之为无发达、无生长、无进化者，决不能属于历史之范围。

假使于一定之时期中，为生长为发达，达其时期，则又复始，是曰循环之现象。凡动物植物，一生一死，均不能免此循环之现象。

如是以客观的观察历史，则历史可不必限于人间之事，凡进化之事，皆可为历史之主题也。然普通历史之主题，顾以人间之记载为目的者，何为乎？则以虽曰万物进化，而万物进化中之最大者，要未有能如人间者也，此所以曰人间之历史也。

西洋之学者有扩张历史范围，举凡地球上所生起之事物，无不包涵之者矣。有以全人类之生活属于历史，而无机世界之作用，亦云属之历史者矣。谓万有之间，进化之现象皆可包涵于历史，而反乎是者，则虽为人间之事，而苟无进化之现象者，不得包涵于历史也。盖人类亦一动物耳，微论其一生一死，固不免有循环之现象，其肉体则亦初无进化。即其心灵而言，巴克耳[①]曾言："古来人类天性之能力，初无进步之证。"如所谓因文明之进步，而脑髓发达，而心意之自然的能力亦发达者，言则似矣。然而彼学者，以为未得其确证。夫由古代野蛮之域，以达今日文明之世，固知有非常之进步。然而巴克耳以为此境遇之进步，乃社会之发达也。若论人类之自然能力，则古今同一，文野平等。四肢五官之数之质，古人今人、文明人野蛮人有何优劣哉？即如智如情如意之天性，亦不闻文明人能有人所不有之能力。但能力

---

① 巴克耳，通译巴克尔（Buckle, Henry Thomas, 1821—1862），19 世纪英国实证主义历史学家。主张致力于探讨历史事件的因果关系，寻求历史发展的一般规律。著有《英国文明史》、《妇女对知识进步的影响》等。

之大小强弱，其于天性上固不平等，而苟平均其大小强弱，则古今初无优劣焉。人类之自然的能力，既一定而不可变，则古人所不有之能力，今人安能有之？是故于能力之数之质而论，初无进步之证。进步者智识也，而智力则无进步也；进步者道德也，而德性则无进步也。智识之进步及道德之进步，乃属于社会的境遇之进步者也。今日者，吾人能知昔时希腊人所不知之事，能为昔时希腊人所不能为之事矣，然则吾人之能力，可云愈于柏拉图①、亚理士大德②乎？不知能力之原度，则虽谓今代学者不及彼等焉，亦无不可也。吾人之胜于彼等者，不过时势之侥幸，社会之恩泽。故因文明之进步，而人类天性之能力，果能渐次增长与否，尚为一个疑问。而文明人、野蛮人之所异，果在其自然能力之优劣乎，则学者亦未敢断言也。试思文明国之小儿，不受教育，不被社会之感化，与文明之恩泽，则与野蛮国之小儿何异？据实而言，则无文野之别，而小儿皆野蛮人也。故可得而断言之曰，凡所谓人者，无不于一代之中，出野蛮之境遇而进开化之状态者也。然则人类固为一动物，而既至无可进化，则人类之已达于动物进化之极点也，亦从可知。且藉以是为社会的动物而观察之，则万物之中之生长发达进化，更无有大于人类者。虽其肉体则初无进化，其心意之自然的能力则初无进步，然其分业之结果，协同之成绩，实足使社会上之知识及道德及组织，有永久进化之状势。故今人言历史者，必意味之曰人类之历史，而言人类之历史者，必意味之曰社会之历史也。要之，历史之特质在于其事实之变迁进化，非孤单独立，而前后相连络也。在于其能生发事实也，前之事实为原因，后之事实为结果，前后之间，有生长有发达，而无断绝。其现象也，以自单至复，自简入

---

① 柏拉图（Plato，前427—前347），古希腊哲学家。出身贵族。苏格拉底的学生，亚里士多德的老师。曾创办学园。著有《理想国》和对话《斐多篇》、《智者篇》等，其思想对西方哲学的影响很大。

② 亚理士大德，通译亚里士多德（Aristoteles，前384—前322），古希腊哲学家、科学家，雅典逍遥学派的创始人。柏拉图的学生，亚历山大大帝的教师。著有《工具论》、《形而上学》、《物理学》、《伦理学》、《政治学》、《诗学》等。

繁，自同至异为原则。其范围也，以进化的现象为范围。而其范围虽不必限于人间，然其他事物进化之程度，初不可与人间社会之进化比。则历史云者，断之曰人间社会之进化也，允之至也。

第二章　历史之定义

　　凡学问之特质及范围，以定义为根据。史学向无一定之义，故古来学者之说甚多。特阿义息苏[①]曰："历史者，以例教人之哲学也。"马尔克[②]曰："历史者，诗与哲学之混合也。"是等定义，乃一部之定义，未足为全体之定义。何则？历史可以云以例教人之哲学，而凡以例教人之哲学，断不可以云历史。历史可以云诗与哲学之混合，而凡诗与哲学之混合，断不可以云历史。

　　黑密耳顿[③]曰："历史者，记时间的连续次第之现象者也。"此说未当。何则？历史不但记时间之现象，并记空间之现象也。格勒维内史[④]曰："历史者，记政治者也。"弗立蛮[⑤]曰："历史者，过去之政治。政治者，现在之历史也。"西来亦同此见解。骤观此说，似乎近是。然仅以政治论历史，恐尚囿于一偏之见。何则？历史之范围，不以政治上之事为限也。

---

　　① 特阿义息苏，即狄奥尼修斯·哈利卡纳苏（Dionysius Halikarnasseus，？—约前8），古希腊历史学家和修辞学家。生于小亚细亚的哈利卡纳苏城，后移居罗马。著有《古罗马史》及《论早期演说家》、《论修昔底德》等。

　　② 马尔克，即托马斯·巴宾顿·马考莱（Thomas Babington Macaulay，1800—1859），19世纪英国辉格派历史学家。历任国会议员、东印度公司官员、陆军大臣。著有《詹姆斯二世即位后的英国史》等。

　　③ 黑密耳顿，即威廉·汉密尔顿（Sir William Hamilton），或译哈密尔顿，19世纪英国历史学家。曾任苏格兰爱丁堡大学文明史教授。

　　④ 格勒维内史，即乔治·戈特弗里德·格维努斯（Gervinus，Georg Gottfried，1805—1871），19世纪德国浪漫主义历史学家。历任哥廷根大学、海德堡大学教授，属海德堡学派。著有《德意志民族文学诗歌史》、《十九世纪史》、《史学特征》等。

　　⑤ 弗立蛮，即弗里曼（Freeman，Edward Augustus，1823—1892），一译福礼曼，19世纪英国历史学家。曾任牛津大学钦定教授，属牛津学派。著有《联邦政府史》、《诺曼人征服英国史》、《历史研究法》等。

加类儿①曰："世界之历史者，大人之传记也。"此说近是。然不如曰世界之历史者，大国民之传记也之为当。

亚耳诺耳特②曰："历史者，社会之传记也。"此说也，远胜于加类儿，颇近真理。亚氏之旨，盖谓传记者，所以记个人之生活；历史者，所以记社会之生活也。虽所谓社会者由个人所组织，然个人个人之间，于个人的志望、个人的利益外，更有公共之志望与公共之利益存焉。历史之所宜考究者在此也。故历史云云者，宜认为社会之历史，如文学社会、商业社会、宗教社会之历史云云者。宜认为普通公共之要素所存之历史。苟无关于社会公共，则谓之传记也可，谓之历史也不可。且约而言之，则可云传记者，个人之历史；历史者，社会之传记焉。

以社会之生活属之历史，则国家固不可不为历史之主题。何则？国家者，一社会之最高尚者，而为凡百社会所倚赖之社会也。故倘不附以形容词，而仅曰历史，则其为国家之历史也，亦何容疑。然而代表国家的公共生活者，政府也。政府之大权往往操于君主一人，于是传记与历史之混淆，又必至历史之所记，满纸皆君主之事，而失历史之本色矣。然而历史与传记判然各殊，其间有决不可混者存。

抑历史为社会之传记云者，尚不过比喻之语，未可为真确之定义也。虽然亚耳诺耳特之确定传记与历史之区别曰："凡无普通公共之目的之意义者，其事概属于传记，而不属于历史。"则亦确乎不可动者矣。但未剖别社会之传记之意义，斯尚不足发挥历史之真义耳。

斯宾塞③曰："有价值之历史，可称之曰记述的社会学。而历史家

① 加类儿，即托马斯·卡莱尔（Carlyle, Thomas, 1795—1881），19 世纪英国历史学家、哲学家。一度在中小学任教，旋专门从事著述活动。著有《法国革命史》、《宪章运动》、《过去与现在》、《论英雄与英雄崇拜》等。

② 亚耳诺耳特，即托马斯·阿诺尔德（Arnold, Thomas, 1795—1842），一译阿诺德，19 世纪英国教育家和历史学家。曾任牛津大学历史教授。著有《塔西陀》、《布匿战争前的罗马史》、《后期罗马的共和史》等。

③ 斯宾塞（Spencer, Herbert, 1820—1903），19 世纪英国哲学家、社会学家。将进化论引入社会学，认为社会是一有机体，提出"适者生存"说。著有《综合哲学》、《社会学研究》（*Study of Sociology*, 严复译为《群学肄言》）等。

最高之职务，则在叙国民之生活，以为社会学比较之地，俾可就社会之现象，以确定其措置社会之方法而已。"斯氏盖暗讥古来之普通历史止为帝王之传记，非特于实际上无益，抑且失历史之特质。而斯氏之所谓历史之定义者，盖在社会之自然历史矣。

德国之哲学家黑格耳①曰："道理者，管辖世界者也，以真理为史学之基础。凡道理之开发于空间者，谓之天然；开发于时间者，谓之历史。"吁，黑格耳于学术界上进化说未起之先，能以"开发"二字为历史之特质，亦可谓之卓见矣。

惟历史之定义，须自历史事实之特质而定，即凡生长发达进步之现象是也。故以广义言，曰天然之历史，曰人类之历史。以狭义言，仅曰人类之历史。故史学者，考究人类进化次序之学也。其特质在是，其定义即在是。

然则历史果可以为科学乎？此问题也，异论甚多。就其根据者有三说，请辞而辟之。

第一，则以人间有自由之意志，则斯学不得成立也。然意志之发起也，必有理由，而理由者，以斯人之天性、之社会、之天然境遇所基础者也。故藉令意志之有自由，而但能自由有限，且自由能受法则之支配，则历史一学亦何难定为科学。然当人类知识尚未完全之时，则历史决不能达于科学之地位。诚以历史及社会之事，不特关于个人之意志，直关于众人之意志之作用。故苟能使个人之心理学成立，并社会之心理学亦成立，则历史之成为完全科学也，何有焉。

第二，则以斯世过去、现在之一切事实难于证明，究不免遗漏偏缺也。例如汉尼巴②大英雄也，然欲考其事迹，则除却其敌人所作之史传

---

① 黑格耳，通译黑格尔（Hegel, Georg Wilhelm Friedrich，1770—1831），19世纪德国哲学家，德国古典哲学的主要代表之一。曾任耶拿大学、海德堡大学、柏林大学教授，柏林大学校长。著有《法哲学原理》、《逻辑学》、《精神现象学》、《历史哲学》、《美学》等。

② 汉尼巴，通译汉尼拔（Hannibal，前247—前183或前182），迦太基统帅。公元前218年，率大军六万远征意大利，从而发动第二次布匿战争。在特拉西米诺湖和坎尼二大战役中，大败罗马军。后在扎马战役中失败，逃往叙利亚，服毒自杀。

外，初无史传之可据焉。此亦为研究历史时之一困难事。而要之人间之事，不皆如此。其中虽有不可以人力证明之事件，然以云难也，无乎不难。近而譬之，即如吾之为吾，虽属所称我之父母之男女二人之所生，其事诚然。然实而思之，亦属传说，我亦无从自证生之之时之何如，况乎祖先之统系哉！狡辩僻见，不足为训。吾则以为独此个人之心术，且为个个单独之事实，断不能证明。而历史上社会上称为事件者，则大概可证明之。以此史学之目的，所谓社会进化之大现象者，夫固可以科学的方法证明之也。

第三，则以历史之事实，非循环的现象，而为无限的进步，故欲发明其法则，必须积年累岁，而非急迫可定也。是亦史学在今日比之他学而不完全之一证。然至云发明社会进化之次序及法则，而果必当俟之世界终极之日，则又不然。如从来之见识，以历史为一种之美术，不过描写过去事实，且其范围亦止以有史之时代为限者，则无论欲知历史上之法则，即欲知社会进化之次序也，亦夏夏乎难矣。诚使以历史为社会学之一科而研究之，且不但就有史以来之时代而观察之，且不论古今，不论文野，就人类社会进化之痕迹而意味之，则安得云将来无史学成立之一日哉？盖今日历史之较诸他学而不完全者，非历史学之逊于他学，实历史学之难于他学也。况今日者既以社会进化的大现象，为史学之定义矣。史学之定义既出现，则史学之列为科学不远矣。

今日者生物学、心理学、人类学、社会学俱有进步，则于历史学上大有影响。居今日而犹计历史学之得否成立者，过计也。不观之物理学乎，昔时苏格拉底[①]，以天文、物理为神明所支配，非人智之所及。近世纪间，英儒洛克[②]以为物质分子之微细，不可得而穷究。二者皆以物理

[①] 苏格拉底（Sokrates，前469—前399），古希腊哲学家。后被控以反对雅典民主政治之罪，判处死刑。无著述传世，其言行见于柏拉图的对话录和色诺芬的《苏格拉底言行回忆录》。

[②] 洛克（Locke，John，1632—1704），17世纪英国唯物主义哲学家。反对"天赋观念"论，论证人类知识起源于感性世界的经验论学说，主张君主立宪政体。著有《政府论》、《教育漫话》、《人类理解力论》等。

学为不可成立。然而今日者，最完全之物理学不已成立耶？不观之心理学乎，十八世纪间，康德[①]曾断定心理学之不能成立，然而今日者最完全之心理学不已成立耶？呜呼，又何疑于历史学也哉！

[①]　康德（Kant，Immanuel，1724—1804），18世纪德国哲学家，近代德国古典哲学奠基人。长期在哥尼斯堡大学教授哲学、逻辑学等。主张"自在之物"不可知，人类知识是有限度的，提出星云假说。著有《自然通史和天体论》、《纯粹理性批判》、《实践理性批判》等。

第三章　历史上之价值

斯宾塞曰："或言邻家之猫，昨日生子。谓之事实，诚事实也，然于吾人之生活上，有何关系哉！历史上事迹，类是者正多，能推此例以读书观万物，则思过半矣。"此斯氏教人以作史读史之方也。其指摘历史之差误，可谓毫无余蕴。夫历史之定义若不判然分别，则必与传记相混杂而不可认识。且若人物之价值不定，必至于有用之事实删而不载，无用之事实满纸铺排。且必至于无价值之人物，而称扬不置，有价值之人物，而贬斥无遗，则淆乱而不可问矣，遑论进化乎？

历史上诸事实诸人物之价值，皆以历史之特质及定义为标准。苟能符合此标准，则即令人悖吾之信仰，逆吾之希望，亦不可不谓之历史上有价值之事实。苟能符合此标准以成功，则即为吾人之教敌，为吾人之政敌，亦不可不谓之历史上有价值之人物。知此者始可与言进化，始可与言历史。

学问云者，因一事实以说明他事实之谓也。苟于他之事实无关系者，则编入于全体之组织中，亦属无实用无价值之事实也。科学然，历史学亦然。

请言历史的事实之特色。特色乌呼在？曰在能生长能发达能进化之事实，在能联络过去、现在、将来之事实。质而言之，则历史者非孤立之事实也，与他事实有关系者也；非单独之事实也，能孳生他事实者也，西来氏所谓"孕妊力"者，洵历史之定评乎！

古来英雄豪杰诸名称之定义，不一而足。"胜千人者谓英，胜万人者谓杰。"此注释《史记》^①者之定义也。"男子不能流芳百世，亦当遗臭万年。"此晋桓温^②之定义也。孟子^③曰："大人者，不失其赤子之心。"文中子^④曰："自知者英，自胜者雄。"此自伦理上而下定义者也。虽然，以是为历史上人物之标准则难。何则？历史上有价值者，不必圣人，不必贤人，即以不修私德之西查^⑤，谓为历史上伟大之人物也，亦不可以谓非。基督曰："尔等有欲为大人者，为公仆可也。"以此判断历史上之人物，则较胜于前诸说矣。何则？含蓄社会的要素故也。盖私德虽为高尚，而无公德以为社会益，则私德不明。私德虽有缺点，而有公德以为社会助，则私德何歉？埃克麦披斯^⑥、（曰）陶渊明^⑦隐遁于山，著作显于世，天下风靡，固社会的势力也。反之，小亚细亚之希腊人黑罗士勒泰士^⑧，

---

① 《史记》，西汉司马迁撰，为我国第一部纪传体通史。此语见《史记》卷六《秦始皇本纪》裴骃《集解》："《鹖冠子》曰：'德万人者谓之俊，德千人者谓之豪，德百人者谓之英。'"与引语略有不同。

② 桓温（312—373），东晋权臣。字元子，谯国龙亢（今安徽怀远西）人。曾任荆州刺史，掌有长江上游兵权。后入朝废海西公，改立简文帝，专擅朝政。桓温此语见《资治通鉴》卷一〇三。《晋书》卷九十八《桓温传》作："既不能流芳后世，不足复遗臭万载耶！"

③ 孟子（约前372—前289），战国时思想家。名轲，邹（今山东邹县东南）人。曾入魏会见魏惠王、魏襄王，继任齐宣王之卿。著有《孟子》，有"亚圣"之称。孟子此语见《孟子·离娄下》。

④ 文中子，即王通（584—617），隋朝学者。字仲淹，绛州龙门（今山西河津）人。曾上太平策，不被见用，退居河、汾之间，授徒自给。卒后，门人私谥"文中子"。著有《中说》，亦称《文中子》。此语则见于《中说》。

⑤ 西查，通译恺撒（Caesar. Gaius Julius，前100—前44），一译凯撒，古罗马统帅、政治家和作家。贵族出身，与庞培、克拉苏结成"前三头同盟"，后击败庞培，建立独裁统治，被共和派贵族布鲁图等阴谋刺杀。著有《高卢战记》、《内战记》等。

⑥ 埃克麦披斯，即托马斯·肯皮斯（Thomas à Kempis, 1380—1471），或译托马斯·厄·肯培，文艺复兴时期欧洲宗教作家。生于德国古城肯彭（Kempen），后入沃兹勒（今属荷兰）附近阿格尼滕贝格的奥斯定会修道院。他积极提倡灵修，曾参加新灵修运动。撰有著名的《效法基督》（亦译《师主篇》），其影响仅次于《圣经》。

⑦ "曰"字衍，据日文原文删。陶渊明（365或372或376—427），东晋大诗人。一名潜，字元亮，浔阳柴桑（今江西九江）人。曾任江州祭酒、镇军参军、彭泽令，以不愿为五斗米折腰，去职归隐。有《陶渊明集》。

⑧ 黑罗士勒泰士，即希罗斯特图斯（Herostratus），古希腊小亚细亚西岸以弗所（Ephesus，在今土耳其境内）人。为了使自己扬名后世，在公元前356年7月21日的夜晚（相传亚历山大大帝就在此夜出生），竟纵火焚毁了七大奇迹之一的狄安娜神庙（Temple of Diana），遂被判处火刑。以弗所人定下法律，不许任何人提起他的名字，但其名却因这条法律规定而流传下来。

欲传名后世，乃以亚力山大王[1]生辰之夜，烧女神台埃奈之圣庙[2]，身被刑戮，死而不悔。今虽留名，但即所谓历史上单独孤立之事实，于社会上无间接之关系者，亦如邻猫生子之类云尔。故历史上有价值之人物，非胜千万人之谓，非名存后世之谓。虽为大英雄，虽为大学者，虽为大美术家，其所以为历史上一个人物者，非以其奇异也。如彼博言学者勃特史[3]，忘自己之婚期。如彼数学者加乌史[4]，得妻子危笃之报，曰："我待之久矣。"亦奇谈也。虽然，彼等之所以为伟大之学子者，非以其奇谈而然，不过以屏除一切事，尽瘁于学问，而始为伟大之学子也。是故历史上之人物，不必卓越万人而后为人物，但能以个人之势力，生产多数之事变，为社会上之原动力，则历史之人物亦不外是矣。

英雄与历史有关系乎？则有二种议论在。一加类儿之《英雄崇拜论》[5]曰："大人者，人间之造物者也。世界之大事业，无非由大人之心而发为现象。则世界之历史，即大人之传记也。"一马哥来[6]之《德拉顿论》中曰："大英雄、大学者，于世无所效力焉。譬之偶像本为人所造，而人何拜乎偶像？英雄本为时势所造，而时势何赖乎英雄？人能造偶像，

---

① 亚力山大王，即亚历山大大帝（Alexander the Great，前356—前323）。腓力二世之子，继任马其顿国王，前336—前323年在位。先后征服希腊、埃及和波斯，并侵入印度，建立亚历山大帝国。

② 女神台埃奈之圣庙，指小亚细亚半岛西部以弗所（Ephesus，在今土耳其境内）的阿耳特弥斯神庙（Temple of Artemis），即狄安娜神庙（Temple of Diana）。阿耳特弥斯（Artemis）为古希腊月亮和狩猎女神，在罗马神话中称狄安娜（Diana）。为世界七大奇迹之一。

③ 勃特史，日文原文作ブデウス，未详。

④ 加乌史，即卡尔·弗里德里希·高斯（Gauss，Karl Friedrich，1777—1855），19世纪德国数学家，近代数学奠基者之一。有"数学王子"之称，所撰《算术研究》奠定了近代数论的基础，和牛顿、阿基米德被誉为有史以来的三大数学家。相传其妻子病危时，他正潜心研究一数学问题，仆人几次催促，高斯回答说："叫她等一下，我做完就过去。"直至工作完成，才赶去探望。

⑤ 《英雄崇拜论》，即《论英雄与英雄崇拜》（Hero Worship and the Heroic in the History），为卡莱尔的讲演稿，书中提出了"英雄与群氓"的观点，认为"世界的历史就是无数伟人传记的集合"。

⑥ 马哥来，即英国历史学家马考莱。《德拉顿论》，即《论德莱顿》（On John Dryden），为马考莱1828年所撰史论。德莱顿（Dryden，John，1631—1700），英国桂冠诗人、剧作家、批评家。著有诗歌《奇异的年代》、剧作《奥伦—蔡比》、文学评论《论戏剧诗》等。

偶像不能造人。时势能造英雄，英雄不能造时势。路德^①之改革宗教，所以奏肤功者，时势为之也。苟不生于十六世纪，则安得如此耶？且有是时势，即有是英雄。苟无路德，岂竟无改革家？苟无歌白尼^②，岂竟无地动说？苟无哥伦布^③，岂竟无新世界？苟无达尔文^④，岂竟无进化论？"是故马哥来以为大人者，同于地上之山，不过高出地面之上而已。

其论曰：

> 太阳尚在地平线下，而光已照于山上。山高于地，故光先射山。夫光之为物也，藉无山焉，而亦终必射于平地也。

由是以观，知虽有山岭，而平地之接光不加早；虽无山岭，而平地之接光不加迟。虽有大人，而众人之明理不加速；虽无大人，而众人之明理不加缓云。然此说未免太矫。夫时势不能造人，而社会之时势能造人。实国民团结之社会之时势能造人，故大人者每生于大国民之中。有希腊人民，而后有苏格拉底及亚力山大。有罗马国民，而后有西塞洛^⑤及西查。孔子生于支那，而不生于亚米利加^⑥之土人中。基督生于罗马，

---

① 路德，即马丁·路德（Luther, Martin, 1483—1546），16世纪德国宗教改革运动的倡导者，基督教新教路德宗教创始人。曾公布《九十五条论纲》，抨击教皇发售赎罪券，否定教皇权威，并将《圣经》译成德文。

② 歌白尼，通译哥白尼（Copernic, Nicolaus, 1473—1543），16世纪波兰天文学家，近代天文学的创始人。创立太阳是宇宙中心的日心说，推翻了托勒密的地心说。著有《天体运行论》。

③ 哥伦布（Colombo, Cristoforo, 约1451—1506），15世纪意大利航海家，美洲新大陆的发现者。生于热那亚，后移居葡萄牙、西班牙。1492年奉西班牙王之命，从巴罗斯港出航，横渡大西洋，到达巴哈马群岛和古巴、海地等岛。后又三次西航，到达牙买加诸岛及中美、南美洲大陆沿海地带。

④ 达尔文，即查理·达尔文（Darwin, Charles Robert, 1809—1882），19世纪英国博物学家，进化论的奠基人。随海军勘探船作历时5年的环球旅行。著有《物种起源》、《人类的起源及性的选择》等，提出以自然选择为基础的进化论学说和人类起源于类人猿的假说。

⑤ 西塞洛，通译西塞罗（Cicero, Marcus Tullius, 前106—前43），古代罗马共和后期政治家、雄辩家和哲学家。曾任执政官、西里西亚总督，后被杀。撰有《论善与恶之定义》、《论法律》、《论国家》等著作多种，有《西塞罗文录》。

⑥ 亚米利加，即美洲（America）。

而不生于亚非利加①之野蛮中。时势能造英雄，英雄能造时势。故斯宾塞曰："大人能造社会，社会先造大人。"马哥来殆未之闻也。

穆勒于其《论理学》②之末篇，论英雄之效力，以为社会之进步，皆自彼之势力也。曰：

> 寻常之性格虽有悬殊，然以全体而言，实相掩相消而平等也。惟占重要地位之英雄则不然。今如塞迷士脱克利士③、路德、袖利亚士西查④之四人⑤者，卓卓之英雄也。然即使别有四人焉，有同等之能力，有反对之性情，而四人之成迹卒无妨。

又曰：

> 牛顿⑥若不出世，则世界之中，不得不为哲学而有待于牛顿。盖成就哲学者，非寻常人之所能也。余才不逮牛顿，固无论已。世有继牛顿而起者，追其次第，恐仍不能肖牛顿之一二。盖即欲肖牛顿之一二者，亦非智力杰出之人不可也。
>
> 今夫达人者，非望光于山者也，乃登山发光者也。苟无登山之人，平地乌乎有光？故若无苏格拉底、柏拉图、亚理士多德，则

---

① 亚非利加，即非洲（Africa）。

② 穆勒，即约翰·斯图尔特·穆勒（Mill, John Stuart, 1806—1873），19世纪英国哲学家、逻辑学家和经济学家。詹姆斯·穆勒之子，实证论者和功利主义者。著有《逻辑体系》（严复译作《穆勒名学》）、《论自由》（严复译作《群己权界论》）、《功利主义》、《政治经济学原理》等。《论理学》，即其所著《逻辑体系》。

③ 塞迷士脱克利士，即地米斯托克利（Themistocles，约前528—约前462），一译塞密斯托克利斯，古雅典政治家和统帅。曾任执政官，实行民主改革，扩建海军，前480年指挥萨拉米海战，大败波斯舰队。后遭诬陷亡命国外。

④ 袖利亚士西查，即优利乌斯·恺撒（Caesar, Gaius Julius）。

⑤ "四人"当作"三人"。因译者错将袖利亚士西查当作袖利亚士、西查两人，故误。下同。

⑥ 牛顿（Newton, Isaac, 1642—1727），英国物理学家、数学家和天文学家，近代经典力学体系创始人。提出万有引力定律、力学三大定律，并开创光的分析和微积分学。著有《自然哲学的数学原理》、《光学》等。

尔后二千年间无哲学；若无基督及使徒保罗①，则世上无基督教。此亦无容疑者也。

英雄之势力所以能左右世界者，以其定运动之速力也。是故社会进步之有无，可以英雄之有无为比例。今日者世或以为如希腊国，如基督教的欧罗巴，其历史殆偶尔由时代一般之原因而得进步者。虽然，非也。试思苟无谟罕默德②，则亚拉比亚③安能生墺维生纳④、奥哀来司⑤、巴固达德⑥、哥德瓦⑦之诸加里夫⑧哉？按：谟罕默德之继续者曰加里夫。盖人类之进步，有由人心组织而成之顺序存焉。一真理之发见也，苟不有其他真理之发见，则终不得发见。一事物之发明也，苟不有其他事物之发明，则终不得发明。故一社会之进步，苟不有他社会之进步以率之，及他社会之进步以先之，则终不得进步，此之谓速力。

巴克耳之《文明史》⑨有言曰：

今因人有所不知之事，而大思想家乃出现于世。彼等以导民

① 使徒保罗（Paul，？—67），又称圣·保罗（Saint Paul），基督教传说中的早期领袖之一。犹太人，曾参与迫害基督徒，后相信耶稣，成为基督使徒，至小亚细亚、希腊、罗马等地传教。后被捕杀。《圣经新约》中《保罗书信》相传为其所作。

② 谟罕默德，通译穆罕默德（Muhammad，约570—632），伊斯兰教创立人。生于阿拉伯半岛麦加城（今沙特阿拉伯西北部汉志境内），自称安拉使者，开始创立伊斯兰教。后在麦地那建立神权国家，基本上统一了阿拉伯半岛。

③ 亚拉比亚，即阿拉伯（Arabia）。

④ 墺维生纳，即伊本·西拿（ibn-Sinā，980—1037），拉丁名阿维森纳（Avicenna），伊斯兰医学家、哲学家。波斯人。丰富发展了内科学知识，著有《医典》5卷，代表了当时阿拉伯医学的最高成就，被誉为"医圣"。

⑤ 奥哀来司，即伊本·路西德（ibn-Rushd，1126—1198），拉丁名阿威罗伊（Averroës），伊斯兰哲学家、医学家、法学家。出生于西班牙。将伊斯兰传统学说与希腊哲学融成一体，提出"双重真理说"，评注过亚里士多德的哲学著作和柏拉图的《理想国》等。

⑥ 巴固达德，即巴格达（Bagdad），为阿拉伯帝国阿拔斯王朝首都，今伊拉克首都。

⑦ 哥德瓦，即科尔多瓦（Cordoba），阿根廷中北部城市，为西班牙的阿拉伯人所建后倭马亚王朝首都。

⑧ 加里夫，即哈利发（khalifah）的音译，意为安拉使者的"继承者"、"代理者"。

⑨ 《文明史》，即巴克尔所著《英国文明史》。

进步之唯一目的，而或创一宗教，或创一哲学，而重要之结果遂生。然吾人以历史之识观察之，则虽以新说之起原归于斯人为衡，而究以其新说所生之结果之传播于人民者为衡。一宗教、一哲学之先国民而起也，不能取信于一时，往往以身殉之。其故无他，为传世以真理故耳。然而经过数代，举世果视此等真理为寻常普通之事实，崇之奉之，不敢违焉。此盖人事进行之通例然也。

美国大学家格丁古士之《社会学》①之结论曰：

人之所以组织社会者，乃对于社会所与之恩惠，而更加倍以反报之社会者也。而将来伦理教育之起点，即在乎此。夫人格云者，非仅存立于一身之中，而与个人的生活共死灭者也，必将进入于人间不朽之生活焉。故社会之能造人格者，必由一二人之变化而来。而此变化之事业之所以有价值者，则以超群绝类之天才，冥心于人所不能知之事，独立于人所不敢蹈之地，而为思想上、实行上之开新者是也。即于苦痛污辱中，开精神生活界之一二人之势力是也。不有此一二人之势力，则芸芸众生，安能生息于自由光明之新空气中也哉！

由是以观，则伟人之价值亦可谓大矣。请更言个人与社会之关系于次章。

---

① 格丁古士，即吉丁斯（Giddings，Franklin，Henry，1855—1931），旧译葛通哥斯，美国社会学家，社会学心理学派代表之一。曾任哥伦比亚大学教授，美国社会学学会和国际社会学组织主席。著有《社会学原理》、《人类社会理论的研究》、《人类社会的科学研究》等。《社会学》，即《社会学原理》。其体系核心是"类群意识"，强调人的主观能动性。中国最早的有1903年吴建常译《社会学提纲》中译本。

第四章　历史与国家

历史者，进化之谓也。以人类言，则社会之外无进化，故言人类历史，必先言社会历史。虽然，人类与社会之关系又有深远者在，不明乎此，则历史之价值必不判然。

十七、十八两世纪学者之说，轻社会而重天然，轻国家而重人间。以当时之社会，贵族盘踞焉，僧侣跋扈焉，所谓国家者实在政府，一若政府之外无国家者然。故欲匡正其弊害，不得不破坏社会，而归于天然，再造国家，而达于人间生活之目的。此美国独立、法国革命之所以起也。当时之思想，以为人也者，于未入社会之前，有所谓天然之状态者，具备完全之人格，生而有自由，生而有种种之权利，无论治人者与被治于人者，皆独立而平等者也。

一千七百七十六年六月十二日，北亚美利加瓦尔谛尼亚州之议会宣言[1]曰：

> 凡人本有自由、平等、独立之权利，天之所不能侵，人之所不能夺，子孙之所可得而世守者也。

一千七百七十六年七月七日，美国独立之宣告文[2]曰：

---

[1]　瓦尔谛尼亚州之议会宣言，即美国弗吉尼亚（Virginia）《权利宣言》，由梅逊起草，1776 年 6 月 12 日弗吉尼亚代表会议通过。宣言列举人民所应享受的一系列自由和权利，并证明一切权力都来自人民，政府官员不过是人民的公仆。可说是后来法国大革命《人权宣言》的蓝本。

[2]　美国独立之宣告文，即美国《独立宣言》，由杰斐逊起草，1776 年 7 月 4 日第二届大陆会议通过。宣言谴责英国对北美的殖民统治，宣布与之断绝臣属关系，组织成立独立的美利坚合众国，宣称人民享有不可侵犯的"天赋人权"。

人者，立于平等者也，此不可夺之权利，乃造物所赋予者也，即进求生命、自由与幸福之权利是也。

一千七百九十三年，法国革命之《人权宣言书》[1]曰：

社会之目的，在于一般之福祉，设立政府，盖为保护个人本有之权利也，否则不能谓之政府。

自由云者，不犯他人之自由，故人得有为所欲为之能力。其基本天然也，其标准正义也，其保障法律也，其道德的界限，即"己所不欲，勿施于人"之格言也。

第十八世纪之思想，就人间及人间之天性而论，可见其有高尚之观念。虽然，所谓人也者，未入社会之前，在天然之状态上，得享有固有之权利云者，以哲学之义及历史之义衡之，不免误谬。其所谓天然之状态，非过去之实在的状态，乃将来社会之理想的状态也。而此理想之所以效力者，则自前世纪以至今日，欧美诸国改良进步之明征也。虽然，离社会而作完全人格之想，则于理学上为谬误之思想，于历史上为反于事实之思想。何则？人若于天然界上能自由而平等，则社会者实乃灭杀自由，消磨平等矣。而社会之状态，乃较之天然之状态，而不免觉其堕落矣。果如是，则历史之价值不过叙述人间之怨剧，又何必希望历史学之成立也哉！

野蛮人于天然界享有自由者，乃十八世纪时"诗"的观念耳。至十九世纪，由哲学以证明此思想之误谬者，德国哲学家黑格耳也。且也由法理以考究之，而断定权利乃法律之结果者，英国法学家奥士丁[2]也。

---

① 《人权宣言书》，即《人权与公民权宣言》，1789 年 8 月 26 日法国制宪会议通过。为 18 世纪法国资产阶级革命的纲领性文件，共 17 条。宣布自由、安全以及反抗压迫是"天赋人权"，私有财产神圣不可侵犯，确认"主权在民"等基本原则。

② 奥士丁，即约翰·奥斯丁（Austin，John，1790—1859），19 世纪英国法学家，分析法学派创始人。曾任律师和伦敦大学法学教授。著有《法理学的范围》、《法理学讲义》等。

然而希腊大哲亚理士多德①于纪元前第四纪时，已勘破此大真理矣。曰：

> 人者，天性政治的动物也。

又曰：

> 孤立之个人，不足以保持一己，故个人与全体有关系。而不能于社会上有生活，及无须社会上之生活者，其禽兽耶？其鬼神耶？

其意盖谓人若不生存于社会之中，不为国家的生活，则不能全其为人之天性。离社会而为个人，是离躯体而为手足也，安能有独立之生命哉？英国历史家肯补耳②尝述亚利士多德之意义曰：

> 人者，国家之一员也，若不自命为国家之一员，则彼所谓人者，将胡以存？

以社会为有机体者，一千八百六十年斯宾塞氏之说也。然而一千八百二十一年，时黑格耳著《法理哲学》③一书，颇说国家为有机体之理。以为人类之道义，有国家而后实现焉，成就焉。故惟人能为国家之一员，而后合人格。于是社会的生活，更辩明其非为方便，实为目的之真理。寻于《历史哲学》，更敷衍此理于历史上，以为天然之状态者，不正也，暴力也，人类者必在国家，而后实成其自由者也。曰：

> 世界历史中，惟造成国家之人民，始可入吾人观察耳。何

---

① 亚理士多德，即亚里士多德。下又译亚利士多德。

② 肯补耳，即约翰·米切尔·肯布尔（Kemble, John Mitchell, 1807—1857），19 世纪英国历史学家、考古学家。曾至德国哥廷根大学、慕尼黑大学留学，任《英国和外国评论》编辑。著有《撒克逊时期文献抄本》、《英格兰的撒克逊人》等。

③ 《法理哲学》，即黑格尔著《法哲学原理》。

则？国家云者，实成其绝对的自由，而为彼身而立者也。人类所谓一切之价值，一切之精神的实用云者，惟有国家而后能为彼等所有也。

国家一小天也，故吾人之于国家，当勉勉于为"较未有国家以前更为确定"之形状，而以是为历史之目的。

今日最谬误之一语，莫如曰"国家者，自由之实现也云云，即所谓人者，天然而自由也云云，不可不制定此天然之自由也云云"。果尔，则去禽兽也几希。

美国政治学者波耳鸠司①曰：

在地球之上，在人类之间，于国家组织之外无自由也，又实无地可存此自由也。夫野蛮之自由，非真自由也。真自由者，法律监督之，社会范围之，教育管束之，道德限制之，政治羁绊之，斯为真自由。总之，人类者非以自由而自由者也，以文明而自由者也。

英国哲学者格灵②以伦理上推之，而得同一之归结。曰：

无社会则无人格，无人格则无社会。社会者，生人格者也；人格者，生社会者也。

史学伦理上之人格，须组织公共之利益（即社会上公共之福祉）。故格灵断言之曰：

① 波耳鸠司，即约翰·威廉·伯吉斯（Burgess，John William，1844—1931），美国历史学家、政治学者。曾任阿默斯特学院政治学教授、哥伦比亚大学历史和政治学教授，后为柏林大学教授。著有《政治学之基础》、《1817—1858年的中间时期、重建时期和宪法》等。

② 格灵，即托马斯·希尔·格林（Green，Thomas Hill，1836—1882），19世纪英国新康德主义哲学家、政治学家。曾任牛津大学道德哲学教授。著有《伦理学导言》、《论政治义务原理》等。

个人不能为一己设想，必为社会设想。

能如是，则社会固福祉，一己亦福祉也。立于世界之上，须知社会不利，即个人大不利；社会利，即个人大利。且社会利，即牺牲个人之利以为社会利，而社会固利，而个人仍利。

夫禽兽者，生而禽兽者也，其群居，其孤栖，皆不失一个禽兽之资格。人非禽兽也，安得与禽兽同年而语。故英国政治学家列体哈^①曰：

人非自然之生产物也，半由法律、宗教而造成者也。

是故综而言之，人类有二种资格：一曰不过动物之资格，一曰真为人类之资格。生而不过动物，长而真为人类，谁赐之，社会赐之也。故前者为自然之生产物，后者为社会之生产物，因家庭之感化，学校之教育，国家之历史、之制度、之文学、之美术，社会之风俗、之习惯、之宗教、之道德，耳濡目染，习与性成，故近社会者成人格，离社会者失人格。故曰生人者父母，造人者社会。

然则所谓人类，于未为社会之先，在天然界上有权利、自由云云者，乃十九世纪之科学、哲学所不承认者也。孟的斯鸠^②有言曰：

阅他西他司之《日耳曼风俗志》^③，吾人始知英国人之政治上之观念，为日耳曼人所传授也。是盖日耳曼人在森林时之所发见

---

① 列体哈，日文原文作リッチーハ，未详。

② 孟的斯鸠，通译孟德斯鸠（Montesquieu, Charles Louis de Secondat, 1689—1755），18世纪法国启蒙思想家、法学家、哲学家。反对神权思想和封建专制，提出立法、行政和司法三权分立学说。著有《波斯人信札》、《论法的精神》（旧译《法意》）、《罗马盛衰原因论》等。

③ 他西他司，通译塔西陀（Tacitus, Publius Cornelius，约55—约120），古罗马历史学家。为罗马元老院议员，曾任保民官、执政官、亚细亚行省总督等职。著有《年代记》、《历史》、《日耳曼尼亚志》、《阿古利可拉传》等。《日耳曼风俗志》，即其所撰《日耳曼尼亚志》，1卷，全名为《论日耳曼人的起源、定居地和风俗》，记载古日耳曼各部落的地理、宗教、军事、政治、社会制度和生活习俗等。

者也。

然现今政治学家巴耳谢司^①则曰：

> 吾人藉崇仰古代日耳曼人之自由，然其自由颇无组织力。即如日耳曼人种之撒克逊人^②，由他西他司记载彼等之时，至为加儿大帝国^③并合之时，其间初无政治之进步者，观此亦可为证据也。

古代日耳曼人在日耳曼森林中，无论其有何等之野蛮自由，总之自一世纪他西他司之时，至九世纪加儿大帝^④之时，凡八百年间初无进步者，则其森林中之自由之无价值也，亦从可知。欧洲近世之文明，乃日耳曼人受罗马之感化而来者也。英国人所得之宪法上之自由，夫岂由日耳曼森林中传来者哉？抑以野蛮人之状态为自由者，十八世纪以前之思想也，今日则不然。英国人种学家拉比克^⑤氏，言其文明之起原曰：

> 野蛮人无往而得自由者，吾见其往往为不便之习惯，与无谓之禁制所支配也。

是故自由非自天然而来也。然果从何处来乎？曰：无他，从国家之

---

① 巴耳谢司，即美国历史学家、政治学者伯吉斯。

② 撒克逊人（Saxons），日耳曼人的一个部落集团。5—6 世纪时，一部分与盎格鲁人、朱特人等渡海移居大不列颠岛，此后结合成盎格鲁—撒克逊人（Anglo-Saxons）。大陆上的撒克逊人后被法兰克王国征服，逐渐与他人结合形成近代德意志民族。

③ 加儿大帝国，即查理曼帝国。

④ 加儿大帝，即查理曼（Charlemagne，742—814），亦称查理大帝（Charles the Great）。法兰克国王加洛林王朝国王。768—814 年在位。多次征战，扩展疆土，并最终征服撒克逊人，建成庞大帝国。800 年由罗马教皇加冕称帝，号为"罗马人的皇帝"。

⑤ 拉比克，即约翰·卢伯克（Lubbock，John，1834—1913），英国人类学家和博物学家。职业上为银行家，封贵族后，服务于议会。著有《史前时期》和《文明起源与人的原始状态》，书中最早提出"旧石器时代"（Palaeolithic）和"新石器时代"（Neolithic）两个术语。并撰有关于动植物的专著多种。

法律而生。何则？凡无法律之处，即野蛮之境遇也，亦即优胜劣败之世界也。故波耳谢司[①]曰："一方有强者之专制，一方有弱者之奴隶，何自由之有？"陆克[②]曰："无论以自由为天然之状态，而天然之状态忽而为战争之状态。"故无法律无自由云者，实颠扑不破之真理也。

岂独自由为然哉，权利者亦非存于自然者也。前世纪之法学者勃拉克斯顿[③]分权利有二种，一为绝对的权利，一为相对的权利。绝对的云者，与社会与国家并无关系，自个人之资格而得之之权利也。相对的云者，自社会种种之关系而得之之权利也。今代之法学，不以为然。奥斯丁曰："非法律之创成，则无权利。"霍耳拉得[④]更说权利有道德上、法律上二种，而其言曰：道德上之权利者：

> 一人之不由自己之势力，而由社会议论之势力，而影响及于他人行为之能力也。

法律上之权利者：

> 一人之由国家之同意及国家之助力，而支辖他人行为之能力也。

二者皆非绝对的权利，且非个人所能得之权利，即自社会而生发，自国家而完全者也。故伊爱林古[⑤]曰："权利者，法律所保护之利益也。"

---

① 波耳谢司，即美国历史学家、政治学者伯吉斯。

② 陆克，即英国哲学家洛克。

③ 勃拉克斯顿，即布莱克斯通（Blackstone，Sir William，1723—1780），一译布拉克斯顿，18世纪英国法学家。曾任法官、下议院议员，牛津大学法学教授，为英国法权威。著有《英国法释义》等。

④ 霍耳拉得，即霍兰德（Holland，Sir Thomas Erskine，1835—1926），一译霍兰特，英国法学家，分析法学代表人物。曾任牛津大学国际法和外交学教授，为《法律季评》创始人之一。著有《法学精义》等。

⑤ 伊爱林古，即鲁道夫·冯·耶林（Jhering，Rudolf von，1818—1892），19世纪德国法学家，新功利主义法学派代表人物。曾任维也纳、哥廷根等大学教授。著有《罗马法的精神》、《为权利而斗争》、《法的目的论》等。

究之道德上之权利者，以保护自己之利益，生命、财产、自由。不能藉自己之势力，而不能不以社会舆论之势力。苟以自己之势力保护自己之利益，则遇势力之优于自己者，必至失此权利。然则以自己之势力保护自己之权利者，其在一般世人不知权利问题之时代乎？其在世人未有权利之时代乎？然而藉以社会舆论之势力保护自己之权利，恐犹非巩固不拔之基焉。何则？以舆论之易于变化也。

故法律上之权利者，乃人民设立政府以成国家，政府确定法律以定人民应有之权利，且以政府公共之势力保护之者也。然则道德上之权利，犹非正确之权利矣。

"势力者，权利也。"此格言之一理，可由前说证之。盖权利者虽不外于道理、正义，而谓全在于道理、正义者非也，一日离势力，即一日不成立。惟所谓势力者，则非个人之势力，而社会国家之势力也。质而言之，则强者之势力与最强者之势力所成立者也。是服于他人之权利者，即服于社会之势力也。试问服此势力者，果因恐怖而服从乎？英人特义沙耳浦[①]曰："权利者，变形之势力也。"然试问势力之如何变为权利乎，且屈于势力者如何而脱奴隶之性质乎？曰：社会各员之服于势力者，社会公共之福祉也。各自知真正之福祉，则服从于势力者，道理上至当之事也。是服从道德之义务也，道德的服从，夫岂胁迫的服从哉！

格灵自哲学上而为同样之解说，曰：

分解权利之性质，可两面观察之。其一面为当分之各人之要求，其一面为社会承认此个人之要求。

又曰：

人者，除为"社会上人"外，无所谓权利。除为"为人即为

<hr>

① 特义沙耳浦，日文原文作ドニソルプ，未详。

己，为己即为人之社会上人"外，无所谓权利。由此以决定自己之能力者，即于伦理学上成立人格者也。

洛知爱又述同样之真理，曰：

> 权利不存于天然势力榛狉野兽之间。权利者，存于心知权利、互相保守之人之间者也。

盖国家之为物也，非一旦而成者，或为野蛮社会，或为无酋长者，或惟于战争之时推崇酋长者，或常有酋长，绝无权柄。如汲浦奈岛[①]之亚拉富拉土人[②]，为平和之野蛮人，不知战争之为何物，其社会上之议论，无非据前时之习惯以裁决之，至所谓酋长者，付之阙如焉。是等社会尚无政府，不足冠以国家之名称。虽然，无论何等社会皆承认财产的权利，则虽国家未立以前，凡自然而成社会者，其无不注意于权利也亦明矣。但无社会，则无论如何之权利终不能成立。不观之国家未成立以前乎，其组织家族、种族之社会也，虽不足以称国家，而其中之舆论、习惯、制度无非为个人之义务，而规定权利而已。未成国家之时然，既成国家之时亦然，社会也，国家也，无所区别也。例如家族之制，在国家未立以前，固一社会也，父之权利、夫之权利，早已发生于家族社会。至国家成立以后，则家族为国家之一部分，非独立于国家之中者，亦非逸出于国家以外者。凡所谓父之权利、夫之权利，皆由国家而始得享有者也。何以言？曰：惟尽国民之义务，而后国家许以此等之权利，故曰由社会而得之权利，实无异于由国家而得之权利。国家者，社会之子也；社会者，国家之母也。

---

① 汲浦奈岛，即新几内亚岛（New Guinea），又称巴布亚岛（Papua），位于南太平洋上，在澳大利亚之北。

② 亚拉富拉土人，即巴布亚土著（Papuan）。亚拉富拉，即阿拉弗拉海（Arafura Sea），在澳大利亚和印度尼西亚之间。

有社会则可名之曰人，离社会则可名之曰非人。当社会未成国家，主权未曾发生之时，实非完全之社会，所谓权利者不能圆满，所谓人民之权利者亦不巩固。故惟人有社会，而后可为人；亦惟有国家，而后可为完全之人。社会有国家，斯达社会之目的矣；人有国家，斯达人之目的矣。国家者，社会之社会也，社会组织之进于完全者也，人间社会之最高等者也。

社会、国家之于人类有如是之关系，故研究社会与国家之进化者，即史学之主题也。倘若专究过去之事实，安足为史学家？直骨董家耳。史学之要，在研究人类之若何养成品格，并研究人类之得有自由，及人类之得有权利，其研究之目的，专在社会进化之次序及法则。故史学之价值，非专为实利的，亦非专为美术的，实纯然为伦理的也。奈何以读小说、读军记、读杂记者、读历史也，乌足知历史之价值哉！夫人者，非自然之天产物也，历史之成果也，无论社会，无论国家，皆历史之结果也。无历史，则人惟具一动物之资格而已。呜呼，历史价值之大，不从可知哉！

第五章　历史与地理

历史与地理，犹精神与肉体也。洛克有言曰："健全之精神，必寓于健全之肉体。"则健全之历史，必出于健全之地理可知。寒带及热带，于历史上无价值也，其于历史上甚有关系者，中带耳。欧洲之属寒带者，仅俄京圣彼得堡[①]及瑞典首府色得克黑耳[②]，及那威都城克力色气阿奈[③]而已。凡在寒热极端之地，人之精神必窒息而不伸，委屈而无所发见。亚理士多德曰："迫切之要求一得满足，则人且转而思高尚。然至寒热极端之地，则迫窘过激，不遑他顾，其天性既不能求快乐，又何有于社会，又何有于进化哉？故历史上真正之舞台，在于北半球之中带。"

北半球之中，有亚细亚、欧罗巴、北亚美利加三大陆。南半球之中，有澳大利、亚非利加、南亚美利加三大陆。北之三陆大，合计方二千二百五十万英里有余。南之三陆小，合计方一千六百五十万英里有余。北半球之形状甚复杂，多港湾、内海、半岛及附属之岛屿等处。表面亦甚复杂，有山脉、高原、平地之分，且三陆相互之位置，又有交通之便。南半球之形甚平庸，少港湾、内海、半岛及附属之岛屿等处，且位置相隔，又无交通之便。北三陆皆会于温带，南三陆专属热带。若以生产之动物言，则南半却增于北半。盖动植物自南北极而进于中带，自中带而进于热带，故动植物之世界，南半球最称旺盛云。人类则不然。

---

①　俄京圣彼得堡，即俄国首都圣彼得堡（Saint Petersburg）。俄国西北部港市，为俄罗斯第二大城市。由沙皇彼得大帝创建，从 1712 年至 1918 年一直是俄国的首都。

②　色得克黑耳，即瑞典首都斯德哥尔摩（Stockholm）。

③　那威，即挪威（Norwy）。克力色气阿奈，即挪威首都奥斯陆（Oslo），旧称克里斯丁亚那（Christiania）。

盖人类进化之要素，非仅在肉体之势力，要贵有精神上之势力。动植物之生存，在热度之盛及与他物质相刺激而已。人类云者，多在性质上及道德上之进步之发达。故自两极而向赤道之处，生物每多完全，而人类则受其温热酷烈之状，精神不振，无事可为。过热则如富家子，拥富厚而无心进步；过寒则如贫家子，抱忧愤而绝无发达。中带则不然，有四时之变迁，有寒暑之代谢，故多动，动则生存。此历史之所以起于北半球，而不起于南半球也。

且土地之高卑，亦有大关系于历史之发达。而自其高卑而区别之，则一曰高原，二曰平原，三曰海滨。

（一）高原　如中部亚西亚①也，里海、黑海之间也，亚拉伯②也，亚弗利加巴巴利沙漠③也，南美之帕拉格维④也，屋里诺哥⑤也，皆高原也。其特质适于牧畜，逐水草而居，有家畜而无土地，行族制政治，族制以外无社会。故虽成吉思汗⑥、帖木耳⑦等英雄崛起，无济于时，终不能成巩固之国家云。

（二）平原　有河流则土地丰饶者，如支那之黄河、扬子江，印度之印达司河⑧及恒河，巴比伦之幼夫拉的士⑨及泰古利司河⑩，埃及之尼罗

---

① 中部亚西亚，即中亚细亚。

② 亚拉伯，即阿拉伯（Arab）。

③ 亚弗利加巴巴利沙漠，即非洲巴巴里沙漠（Barbary Desert），指埃及以西的北非沙漠。

④ 帕拉格维，南美洲巴拉圭（Paraguay），南美洲中南部国家。此指巴拉圭荒原。

⑤ 屋里诺哥，即奥里诺科（Orinoco），南美洲北部委内瑞拉的主要河流。此指奥里诺科河流域。

⑥ 成吉思汗（1162—1227），即元太祖铁木真，蒙古首领、军事家和政治家。统一蒙古诸部，1206年被推为大汗，称成吉思汗。即位后，长期征战，建立了包括中国北半部、南西伯利亚和中亚的庞大帝国。

⑦ 帖木耳，即帖木儿大帝（Timūr-i-lang，1336—1405），帖木儿帝国的创建者。自称成吉思汗继承者、察合台汗国君主。先后征服波斯、花剌子模等地，入侵伊拉克、俄罗斯、印度等，建立了包括整个中东和从印度河到地中海广大地区的帝国。1405年率军欲东征中国，途中病卒。

⑧ 印达司河，即印度河（Indus）。

⑨ 幼夫拉的士，即幼发拉底河（Euphrates）。

⑩ 泰古利司河，即底格里斯河（Tigris）。

河等，其最著明者也。务农以为生活，求财于土地之上，其制度由族制而变为封建，爰巩固一定之国家，故历史上文明之隆盛在于平地。

（三）海滨 河海者，自地理上而观，若有使土地分离，立一自然之境界者，然其实则便于往来交通也。故黑克耳①曰："水势使人合，山势使人离。"欧人自第十五世纪以来，与隔海之亚美利加及印度日渐交通，而与陆地联络之亚西亚及亚弗利加却甚疏远。夫南、北美洲之间，以巴奈马之地峡②联络之，而亚西亚、亚弗利加、欧罗巴三大陆，观其形势，若为地中海所间隔，然世界文明之起原反以地中海为中心点。亦其一征也。

汪汪洋洋，自由之象也耶；滚滚淙淙，进取之象也耶。居其地者，因其自由而自由之，因其进取而进取之。有发达而无沉滞者，其思想也；有勇敢而无昏愦者，其精神也；能冒险能临危者，其目的也。故古来临海人民能独立，而内地人民往往不能者，如腓尼西亚③之于犹太④，葡萄牙之于西班牙，荷兰之于德意志是也。又如同一希腊人种，而有爱屋尼亚人⑤及德利安人⑥之别，同是东洋国民，而有支那与日本之别者，亦以此也。纪元以前，虽起于埃及与西亚细亚之平原，然其发达之力，实海滨之腓尼西亚及希腊两人种为之也。若是者何也？罗马帝国瓦解之后，文明最速进者意大利也。若是者何也？第十五世纪新世界发见以来，西欧诸国骎骎乎臻于文明之域，而瞠乎独后者俄罗斯也。若是者何也？呜呼，是皆近海远海之别也，愈近海则文明愈速，愈远海则文明

---

① 黑克耳，即黑格尔。

② 巴奈马之地峡，即巴拿马地峡（Isthmus of Panama），在中美洲巴拿马中部，加勒比海和巴拿马湾之间。

③ 腓尼西亚，即腓尼基（Phoenicia），地中海东岸的古国，约当今黎巴嫩和叙利亚的沿海一带。

④ 犹太（Judah），即古犹太王国。

⑤ 爱屋尼亚人，即爱奥尼亚人（Iones），一译伊奥尼亚人。古希腊四种主要居民之一。大都分布在亚提加半岛、爱琴海诸岛及小亚细亚西岸（古名爱奥尼亚）一带。

⑥ 德利安人，即多里安人（Dorieis），一译多里亚人。古希腊四种主要居民之一。大都分布在伯罗奔尼撒半岛、克里特岛、罗德岛，以及西西里岛东部和意大利南部一带。

愈迟。以是比例求之，亚弗利加则专在高原，亚西亚则有高原与平原之反对，欧罗巴则兼三者而有之，宜其发大光彩于世界也。试观其面积虽小，其海岸线之延长则远胜于他大陆焉。

亚西亚

面积 17210000 英方里

海岸线 36000 英里

亚弗利加

面积 11500000 英方里

海岸线 17000 英里

北亚美利加

面积 9000000 英方里

海岸线 43000 英里

欧罗巴

面积 3800000 英方里

海岸线 19500 英里

亚西亚面积，五倍于欧罗巴，其海〔岸〕[1]线之延长则不能满一倍。亚非利加面积，三倍于欧罗巴，其海岸线之延长则反少之。欧洲之陆，距海五百英里者甚少，弗洲[2]之陆，则距海者半在五百英里以上，内地距海一千英里者，比比皆是。在弗洲大陆之大沙漠以北，称谓欧罗巴的亚弗利加者，接于地中海。故古代已早开文明，而并不普及亚弗利加全大陆者，以地理上之组织甚劣故也。然而次于海者河，借使海岸线虽短，而河流有舟楫之便，则亦足以相偿。如亚西里亚[3]之有泰古利

---

① 据日文原文补。

② 弗洲，即非洲。

③ 亚西里亚，即亚述（Assyria），古代西亚大帝国，位于美索不达米亚北部，在今伊拉克北部。

司、幼夫拉的士、印达司、恒河、白拉马格拉、即雅鲁藏布江。扬子江、黄河、安儿① 等大河，南美之有屋利诺哥②、亚马逊③、拉普拉达④ 等大河，北美之有圣罗凌河⑤、哈德生⑥、密昔昔报⑦ 及密寺里⑧ 等大河，皆有舟楫相通之便焉。屋利诺哥河之航路，可达安底斯山⑨ 之麓。亚马丛及其支流，大约有一万方英里之航路。拉普拉达河大约有三百吨船之航路，有一千三百英里。密昔昔报有汽船之航路三千里，密寺里有汽船之航路四千里。而亚弗利加则反是，虽有尼罗河、康哥河⑩、尼义河⑪ 及潜比西河⑫ 四大流，然无一交通之便。瀑布急流，河口距内地甚远，不便行舟。又有隔绝南北交通之大沙漠，且大陆四分之三属于热带。故其不能开通文明者，实有天然之大阻力存也。

　　亚西亚之地理虽似欧罗巴，然雪山之大，不及亚尔布士⑬，谛勃脱⑭ 之高，不及巴哇利亚⑮。印度半岛虽似意大利，然不过大陆之半岛。其南虽有澳大利洲，而不能如北弗洲之与欧洲相接，虽有印度洋，不比地中海，东西南北，各具特别精神，并不足为文明之争竞。波斯与印度间相

---

① 安儿，阿穆儿河（Amur）的音译，即黑龙江。

② 屋利诺哥，即奥里诺科河（Orinoco）。

③ 亚马逊，即亚马孙河（Amazon），在南美洲北部，为世界最大河流之一。

④ 拉普拉达，即拉普拉塔河（La Plata），在南美洲东南部，巴拉那河与乌拉圭河的河口部分。

⑤ 圣罗凌河，即圣劳伦斯河（Saint Lawrence），在北美洲东部。

⑥ 哈德生，即哈得孙河（Hudson River），在美国东北部，其河口构成纽约港的主要部分。

⑦ 密昔昔报，即密西西比河（Mississippi），美国中部的主要河流，也是世界最大河流之一。

⑧ 密寺里，即密苏里河（Missouri），在美国中西部，密西西比河的最长支流。

⑨ 安底斯山，即安第斯山脉（Andes），在南美洲西部，是世界上最长的山脉。

⑩ 康哥河，即刚果河（Congo），亦称扎伊尔河（Zaire），非洲中西部河流，是非洲第二大河。

⑪ 尼义河，即尼日尔河（Niger，亦称 Joliba 或 Kworra），非洲西部的主要河流，是非洲第三大河。

⑫ 潜比西河，即赞比西河（Zambezi），旧亦译桑比西河或三比西河，横贯非洲中南部，是非洲第四大河。

⑬ 亚尔布士，即阿尔卑斯山脉（Alps），在欧洲中南部。

⑭ 谛勃脱，即西藏（Tibet）的音译，指西藏高原。

⑮ 巴哇利亚，即巴伐利亚高原（Bavarian）。

通之大道，仅有勃西亚耳^①一路而已，亚力山大以来，用兵所通行者，此一路而已。而卡布儿之高原^②，更使之与西亚西亚相隔绝。若夫支那与印度之间，无论军事上，无论商业上，无一交通利便之路。（云）〔雪〕^③山之险路，高一万八千尺，而帕米儿之高原，夏结重冰，不胜凛冽，故自海上以外，无一陆路可交通焉。抑论其全部，虽有平原可以讲种植，可以起文明，然而各地孤立，不相往来，其气习则保守自安也，其性质则惟我独尊也。因地理不便交通，故遂无交通，无交通故遂无竞争，无竞争故遂无进步。此亚西亚所以不但不能为文明地，并不能为文明开发地也。

　　亚西亚之西，欧罗巴之南，亚弗利加之北，三者交涉之处，有地中海焉，使三大陆相接近相连接。凡起于各平原之文明，移之于此海滨，如交通，如贸易，如殖民，如战争，及凡为人间社会之竞争者，无一不集于地中海，故地中海亦一天然之地利也。亚西亚之西部者，面地中海而接近他二大陆者也，故其文明传于希腊、伊大利^④、嘉苏谢^⑤。及罗马之并吞地中海诸国，其大将西查崛起亚尔布士而征服部罗^⑥，而文明乃始移于西欧罗巴。及哥仑布新世界之发见，乃遂输文明于两美洲。然则其西渐之原因，由地中海而发达者，不亦可见哉！使地中海而为亚洲有，则文明东渐，而新世界殖民之伟业归于亚西亚人也，亦未可知。呜呼，地理之关系何其甚哉，何其甚哉！

　　以地理言之，欧洲者不过亚洲之半岛而已。但其各部交通胜于亚洲，有高原，有平原，有海滨，山脉河海之经界，适为多数殖民竞争

---

① 勃西亚耳，即白沙瓦（Peshawar），巴基斯坦北部城市。亚历山大率军东征，曾假道于此。
② 卡布儿之高原，即喀布尔（Kabul）高原，位于南亚。
③ 据日文原文校改。
④ 伊大利，即意大利（Italy）。
⑤ 嘉苏谢，即迦太基（Carthage），古代腓尼基人在北非所建城邦，首都迦太基城，意为"新都"或"新城"。是当时北非地中海地区政治、贸易和商业的中心。遗址在今突尼斯城东北17公里处，紧傍地中海岸。
⑥ 部罗，通译高卢（Gaul），古代欧洲西部的一个地区，包括今日的法国、比利时、卢森堡，以及荷兰、瑞士、德国和意大利北部的部分地区。曾为古罗马帝国的一部分。

之交点。特其气候寒冷，不适于文明。幸有大西洋温暖之溯流，由墨西哥湾而反向东北，使西欧诸国得温暖之气候。又有弗洲之大沙漠，传其热气于南欧。故欧洲之气候，比之东部亚洲、北美东部为暖。然于其土地、气候两者之自然而论，则要非能发生文明者也，惟举他方所发生之文明感化焉，渐被焉，而发达而进步焉已矣。

古今文明之发源地，必为天然生活余裕地，而天然生活余裕地，必为气候温暖、谷物丰饶地。故遍阅地球，断无绝寒之地而能生伟大事业者。无论亚洲，无论弗洲，无论美洲，其文明发生也，非温带不为功，且非湿热相和、地味丰富之虞不为功，如埃及之尼罗，巴比伦之幼夫拉的士及泰古利司，印度之恒河，支那之黄河、扬子江是也。

然而有不在此例者，吾于美洲得两国焉，一北美之墨西哥，一南美之秘鲁。其文明之发生也，于哥伦布发见美洲以前，已进文明之域矣。此何以故？曰全以气候故，墨西哥在北纬二十一度，秘鲁在南纬二十一度半，皆温、热带之交点云。

古代无资本，故古代文明所起之地，皆天然之恩泽富，而劳力之酬报多者。而土地之丰饶与否，一视湿气与热气之多寡以为比例差。湿热多则丰饶，湿热少则贫瘠，一定之理也。新世界之大河皆在东部，而西部则阙如，是盖因隔断新世界者，为东西之落机山①及安底斯山，皆偏在西部故也。故南、北两亚美利加，无一大河之流入太平洋者，而东部则反有数多之大河，而湿气亦遂偏重于东部。

热气则不然，盖湿气虽在东部，而热气却在西部。东西两海岸之温度显相歧异者，不独新世界然也，旧世界亦然。今夫欧罗巴之西岸，与亚西亚之东岸同纬度也，然欧之西岸却温于亚之东岸，故亚美利加之西岸亦温于东岸。此何以故？盖由南北两冰洋，与赤道直下之大洋，其潮水之温度互有差异，而地轴之转，自西而东。故太平洋之潮流，绕亚、

---

① 落机山，即落基山脉（Rocky Mountains），北美洲科迪勒拉山系东部的山脉，纵贯北美洲西部，穿越加拿大、美国和墨西哥三国。

澳两洲间之群岛，遂北转而达台湾，掠日本，而东北趋达美国之海岸，南转而达于卡里佛尼亚①，复与赤道之潮流相合。大西洋之潮流亦然，至于墨西哥湾及加利皮央海②，因为大陆所蔽，不能出太平洋之口而反流，乃沿福罗里打③海岸，而北转近黑的拉岬④，而接北流之寒潮，东流而达欧洲之西岸。其北流及于苏格兰与那威，使暖和其寒气，如是温暖赤道下之潮流，其行于北半球者，尝以大陆之东岸为归宿之地，此东西寒暖差异之原因也。是故北美之温热湿气，仅足调和墨西哥地方而已。一方则少温热，他方则少灌溉，土地因而不丰饶，社会因而不进步。当十六世纪欧洲文明未输入之前，自北纬（三）〔二〕⑤十度以北之土著，初无文明之发达。而至北纬二十度以南，则忽然缩小大陆之形状，而达巴拿马地峡，此墨西哥所以为文明之中心点，而其地理却仿佛埃及之卡儿的亚⑥。何则？以大陆之形状缩小，而东西两海岸相接近，全国之地味、气候直如岛屿，虽无大河，而湿气不少欤，而又因近于赤道，故热气亦不乏也。北美之二要素相和合者，仅墨西哥之一方云尔。而北美当十五世纪哥伦布发见以前，有固有之文明者，亦仅墨西哥一方云尔。以土地之悬殊，人种之各异，而同此原因，即同此结果，可见地理之学于历史上甚有价值焉。

南美之事实不同于北美，然所谓较大陆之东岸而尤冷云者，要不可以较南半球。凡在赤道之北者，则东寒于西，在赤道之南者，则东热于西。盖以南冰洋之寒潮，达南半球诸大陆之西岸，其东岸却为赤道潮流之所至故也。故于南美洲中，无论湿气，无论热气，皆集于东部。此所以南美之东部，不必热带地方，而土地概丰饶也。然而土著文明之不

<hr>

① 卡里佛尼亚，即美国加利福尼亚州（California）。

② 加利皮央海，即加勒比海（Caribbean Sea），在北大西洋南部大、小安的列斯群岛同中、南美洲大陆之间。

③ 福罗里打，即美国佛罗里达州（Florida），在美国东南部。

④ 黑的拉岬，即哈特勒斯海角（Cape Hatteras），位于美国东海岸北卡罗来纳州附近。

⑤ 据日文原文校改。

⑥ 卡儿的亚，即迦勒底（Chaldea），古巴比伦王国南部地区，在今伊拉克南部。

起于南美者，何也？盖湿热过度，动植物之滋生甚繁，而人类之精神反被天然所遏塞，而使之不能发达也。夫南、北两冰洋与赤道之潮水，因温度相异而生潮流，斯南北两极与赤道地方之空气，因温度异而生空气之大动摇。又由地轴东转之故，而赤道之大潮流皆西奔，斯以同样之理由，而成为空气之大动摇，而于赤道地方有贸易风。贸易风者，凡自北纬二十八度，涉南纬二十八度，一年之中，或自东北，或自东南，所吹无定者也。此贸易风涉大西洋，而达南美之东岸，含水蒸气而来，故时降大雨，而因安底斯山岭，不能达于其西面，乃将其水蒸气悉溉于巴西，故巴西为世界上天然无比之繁盛。然亦惟其过于繁盛，而人类之天性为所压倒，是以其面积等于全欧洲，而土地空旷，徒为野蛮人所巢窟焉。葡人发见巴西也，垂数十年，其间频欲输入欧洲之文明，而其光明止于东岸，不达于内地。内地之状态，今殆与四百年前无异，林深树密，农事未兴，虫害迭生，灾机时见，登高山兮无道，渡大河兮无流，巴西之文明虽欲起也，亦乌从而起？

巴西之西有秘鲁国焉，在同一之大陆，在同一之纬度，而地理上之形势则大异。夫巴西在热带之温度，加以世界第一之大河亚马逊及其他之水流，及贸易风之大雨，从而灌溉之，故天然之丰饶过甚，而人类颇阻发达。然秘鲁则包含安底斯山东之高原，与太平洋海岸之土地，安底斯山之西，殆无降雨，又无树木，其东部则在亚马逊河之上流，斯雨水多而森林富，南冰洋之寒潮达其西岸，湿热而绥和。故南美中温热湿相调和者，惟秘鲁一国而已。此秘鲁所以于欧洲人未渡以前而发达最早也。

是可见墨西哥及秘鲁，实与埃及、卡儿的亚古代之文明同一起原，共受天然之恩泽，故其文明之程度亦相类。

以上专就物质一面而言，而其精神一面，则与天然之地理有颇相关系。凡天然之现象过于伟大，则恐怖之念起，而想象力易敏，道理性易缩，其遏人心之发达而妨文明之进步者，莫此为甚。若使反乎此，而天然之现象中和而不过于伟大，则人类不至为天然所压倒，自信力遂从而发达，不特不怖此天然，且爱此天然，不特不漠置此天然，且接近此天然，至为种种之试验，以制天然之势力，以达人间之利用焉。据此理以观五大洲，则如亚如美如弗，其天然地理上之可怖者，远多于欧。欧罗巴之为地也，不特在山川河岳等之永久不变者，不如他大陆之甚，即在地震、暴风、疫疠等不时之现象，亦不如他大陆之甚。于是欧洲以前之精神的文明，颇有恐怖之倾向，宗教之发达大于科学，迷信之势力强于道理，故若秘鲁，若墨西哥，若埃及，若印度，其所崇拜之神，不为人之形，毫无人之情。及希腊之文明起，于是群神乃始为优美之人形，乃始创出可爱而不可怖之宗教。故亚西亚文明之倾向，能使神与人远，希腊文明之倾向，能使神与人亲，然而开近世科学之源者，则希腊也。

虽同是欧罗巴，而因天然之现象如何，而影响及文明之精神的一面者，则亦可见也。不观夫火山、地震，欧罗巴中最著明者，非南部二大半岛之意大利、西班牙、葡萄牙三国乎？而人民之迷信最深，僧侣之权力最大者，非此三国乎？且因天然之现象如何，而有关系于想象及理性之开发者，则亦可见也。不观夫此三国之止出第一流美术家，而不出伟大之科学家乎？虽意大利称为近世文明之原动力，近世文明史上颇有伟大之人物，然其数终不敌美术家之多也。吁，愈足以证矣。

要之，除欧洲外，其文明也，无论于物质上，于精力上，皆由天然之恩惠而来，故其进步之程度若有划之者，然过此即无所进步。独欧洲之地位，则在不能仅恃天然恩惠以为进步之地位，故必输入亚洲、弗洲之文明，而以人力维持之。是以欧洲之文明，须人间之劳力者綦多，欧洲文明之维持，须人间劳力之勉励者綦多，勉励一止，文明亦止，故人间之劳力及勉励者，文明进步之最大原动力也。况气候寒冷，更有迫之不得不劳力而勉励者耶？此欧罗巴之文明所以不现衰退之状也。

虽然，欧罗巴之文明实发源于亚西亚。以历史上而论，埃及实属于亚西亚。苟无亚，何有欧？今欧人忘却亚人之恩，而反讪谤亚人，以为亚西亚者，神权政治、专制主义之本土也。此言也无理甚矣。何则？神权政治、专制主义者，历史上必要之物也。"物有本末，事有终始，知所先后，则近道矣"云者，社会学上之原则也。人间社会之第一要件，先在脱其野蛮自由之习惯，而欲脱其野蛮自由之习惯，则必先有国家焉以确定政府，以励行法律，以维平和秩序。秩序者，社会进化第一期时之第一要件也。先举全力以巩固主权，而外敌之攻击可以御，内部之反乱可以防，无论其方法如何，势力如何，而总之先施以威力上之法律，使之不得不服从法律，实为社会进化上之第一大手段。今夫恶法律固不如善法律，然恶法律究愈于无法律；恶政府固不及善政府，然恶政府究愈于无政府。社会进化之第一期，但求其有政府，但求其有法律。法律之善恶所不问也，政府之优劣所不择也，但求达其目的，则以政府握国家之主权而武断之可也。压制政府胜于无政府，未可以个人之自由之权利一概论也，无他，社会进化第一期时之现象然也。抑亚西亚者，世界三大宗教之发源地，于国家建设上大有功劳，此亦历史上不可争之铁案也，又何为乎讪谤亚西亚哉？

亚西亚神权所发生之文明，即现今欧美文明之渊源也。盖欧美之文明渊源于罗马，罗马之文明渊源于希腊，希腊之文明实渊源于亚西亚（含埃及言）。是古代之文明，亚西亚负之载之，近世之文明，亦不啻亚西亚负之载之也。近世文明者何？第一基督教，第二罗马之法律，第三希腊之文学及美术及哲学，第四支那隋唐之文明是也。第一之要素原由犹太（盖）〔产〕[1] 出，又经罗马人之手而传播于欧西者，第三、第四之要素，经亚位比亚人 [2] 之手而输入于欧西者。近世欧洲文明之起原，为第十四世纪所行之罗盘针及火器之用法，并十五世纪前半期之印行术，世人之所知也。而此三大发明，非欧人自为之，亚人为之也。吾于是向欧洲，请将吾昔日之所以贻欧洲者，而今日还之我也，投桃报李，具有同情，而况一国最大关系之文明乎！今日欧美文明稍稍输入亚洲，不过酬答我耳，亚固不可不谢欧，欧亦何可遽负亚？

---

① 据日文原文校改。
② 亚位比亚人，即阿拉伯人（Arabian）。

社会进化第一期时之压制政体，为社会也，为文明也，必须之要素也，不但亚西亚然，近世欧罗巴亦然。何则？欧罗巴亦始至十八世纪末、十九世纪初，而渐脱神权帝王政治也。亚西亚之欠点，非以其历史为专制之历史，实以不能脱专制政治，而其专制之历史，正不知其何时止也。今夫专制者，虽为必须之要素，然要自有程度焉，其程度既过，则不但必须者变而为无须，且有害焉。何则？专制之所以为要素者，以在使人民爱平和、重秩序、服法律也。平和而既爱矣，秩序而既重矣，法律而既服矣，自治之习惯既已成立矣，则当此时也，不得不收缩政府干涉之区域，以存个人自由之范围。此范围也，最初焉狭之可也，既而人文开发焉，扩张之可也，于焉确定政府之范围与自由之范围。不特他人之侵之者禁之，且政府之自侵之者亦禁之。此无他，当社会进化第二期之时，其第一要件，则不在秩序而在进步矣，而欲使社会之有进步，则在于法律之范围内，加以个人的自由之余地矣。斯宾塞有言曰："虽为绝对的之恶，而相对的则为善；虽为绝对的之善，而相对的则为恶。"专制与自由亦然也。专制固为绝对的之恶，然在社会进化第一期时，则不可不谓之善。自由固为绝对的之善，然在社会进化第一期时，则不可不谓之恶。亚西亚史之所短者，在停滞于第一期，而不进化于第二期，欧罗巴史之所长者，在经过第一期而即入于第二期，此亦彰明昭著而无事拟议者也。

历史上地理之影响于国家文明者，今后尚不知所底。然学术之进步，人智之开发，颇足以制地理之不利，吾恐古代所谓不能成立文明之土地，亦将兴起文明矣。俄国之向君士但丁奴布①及太平洋而眈眈者，不但为俄国并吞世界之雄心，实以土地之不利，颇害俄国经济之发达及文明之进步故也。然至亚西亚全洲，铁道如梭，电信如织，往来交通，毫无隔阂，则希马拉亚②之高，不足遮支那、印度之交通，而波斯之高

---

① 君士但丁奴布，即君士坦丁堡（Constantinople），土耳其西北部港市伊斯坦布尔（Istanbul）的旧称，即今伊斯坦布尔（Istanbul）。

② 希马拉亚，即喜马拉雅山（Himalayas）。

原，印度之内地，亦与东西两洋相通，而亚西亚亦堂堂焉为文明竞争之中心点乎！总之，古代之文明，其于地理也，依乎天然；今代之文明，其于地理也，依乎人力。是则文明之结果，而人力之所以能胜天然者也。则安知将来人智进步之结果，凡弗洲之沙漠，北极之冰源，不因文明势力，而为斯人之所利用乎？

第六章　历史与人种

　　人种之起原为书契以前之事，故其数初无一定。或分二种，或分三种，或分四种，或分五种，或分六种，或分七种，或分八种，或分十一种，或分十五种，或分十六种，或分二十二种，或分六十种，或分六十三种。约言之，则白色、黄色、黑色、赤色四种而已。然或谓赤色种乃黑色种之一派，不足为独立之人种。然则以黄、白、黑三种为人类原种乎，则又不免种种之异论矣。或有以黄种为原种者，以其言语之为单音语，而且进于文明最早也。况人体外皮之色之元素中，必含黄色，而黄色为七色中之原色，则黄种为原种云。又有谓黑色非生而黑者也，苏丹①之人生一年后而黑，埃及之人生三年后而黑，可知黑种决非原种云。然而据最近之学说，则现在之诸人种俱为杂种，无一原种。何则？以诸人种之特质无不混交也。例如非洲之黑人，头骨长而腮突出，皮肤甚黑；瑞典人者，条顿人种②中之最纯白者也，而头亦甚长，与黑人同，惟腮不突出，与皮肤纯白之异耳。蒙古人亦广头骨，但腮不突出，而皮肤黄色；嗹人③亦广头骨，然颊骨突出，而皮肤黄色。由此观之，则各种之混交而早已失特质也明矣。

---

①　苏丹（Sudan），非洲东北部国家，首都喀土穆。
②　条顿人种（Teutoni 或 Teutones），相传为古代日耳曼族的一支，另说为克尔特人的一支。后亦泛指日耳曼人及其后裔。
③　嗹，即丹麦人（Denmark）。据魏源《海国图志》，嗹国即丹麦。

据维耳邱①、蒲牢加②及加洛利③诸氏之说，则广头骨比长头骨为高等云。现在人种之最下者，如奥司他拉利亚人④、达士马尼亚人⑤、巴蒲亚人⑥、威子达人⑦、霍顿托人⑧、仆司谢哀门人⑨，及印度森林中之土人⑩，皆长头骨者也。反是者，巴耳古人⑪、支那人、日本人及中部欧洲人，皆广头骨也。（尝）〔当〕⑫七千年以前，于卡儿的亚地方开古代文明之亚加的亚人⑬，亦属广头骨者也，而绥密人⑭等则受彼等之文明，以传之于亚利安人⑮指波斯、希腊、罗马而言。焉。纯粹之条顿人，其性质虽勇敢，而智力近于鲁钝，德国之天才如路德、盖脱⑯等，自南方广头骨来者，究非条顿之人种。而现今之英人，非长头骨，亦非广头骨，盖属于中头骨。在欧洲最称长头骨者，司坎的纳维亚人⑰也。而观于近世之文明，

---

① 维耳邱，通译微耳和（Virchow, Rudolf, 1821—1902），一译魏尔啸，19世纪德国病理学家、人类学家，细胞病理学说的创始人。曾任维尔茨堡大学、柏林大学教授。著有《细胞病理学》等。对人类学研究也有贡献，尼安德特人（Neanderthal Man）的头骨即为他所记载。并著有《特洛伊地理知识专论》、《古特洛伊人的坟墓和头盖骨》、《远东库斑区古墓发掘记》等。

② 蒲牢加，即白洛嘉（Broca, Paul, 1824—1880），一译布洛卡，19世纪法国解剖学家、人类学家，现代人类学的创立者之一。1859年创建巴黎人类学会，著有《灵长类比较解剖学》、《现代和古代法国人的人类学研究》、《史前考古学》等。

③ 加洛利，即加洛林（Calori），19世纪中期法国人类学家。

④ 奥司他拉利亚人，即澳大利亚人（Australians），澳大利亚原居民，主要分布在西澳大利亚州、昆士兰州、澳北区。

⑤ 达士马尼亚人，即塔斯马尼亚人（Tasmanians），澳大利亚东南塔斯马尼亚岛的原居民，现已灭绝。

⑥ 巴蒲亚人，即巴布亚人（Papuans），太平洋西南部新几内亚和附近若干岛屿的原居民。

⑦ 威子达人，即维达人（Veddahs），旧译"吠陀人"，斯里兰卡最古老的土著居民。

⑧ 霍顿托人，即霍屯督人（Hottentots），非洲南部纳米比亚（旧名西南非洲）的居民。

⑨ 仆司谢哀门人，即布须曼人（Bushmen），非洲南部纳米比亚和博茨瓦纳等地的丛林居民。

⑩ 印度森林中之土人，指抲达人（Mundas），印度比哈尔邦兰契山区和森林地带的古老居民。

⑪ 巴耳古人，即缅甸人（Burmese）。

⑫ 据文意改。

⑬ 亚加的亚人，即阿卡德人（Accadians 或 Akkadians），居于古巴比伦王国北部。

⑭ 绥密人，即闪米特人（Semites），旧译闪族，西亚和北非说闪含语系闪语族诸语言的人的泛称。古代包括巴比伦人、亚述人、希伯来人、腓尼基人等。相传是挪亚长子闪的后裔。

⑮ 亚利安人，即雅利安人（Aryan），早期对印欧语系各族人民的不科学的总称。

⑯ 盖脱，即歌德（Goethe, Johann Wolfgang von, 1749—1832），德国诗人、剧作家和思想家。青年时为狂飙运动的主要代表人物。著有《浮士德》、《少年维特之烦恼》等。

⑰ 司坎的纳维亚人，即斯堪的纳维亚人（Scandinavian），属印欧语系北日耳曼语族。

专在受广头骨种影响之德、法、伊、英，则广头骨种，其必增色于长头骨种也，亦无疑矣。

人种问题，学术上未定之问题也，故以人种言历史，难乎其难。今夫人种者何谓也，虽不过曰容貌、皮肤、骨骼之区别，而其含蓄之意义何如，则学者未能一一知之焉。英儒辣色①比之于代数学之未定数，可谓至当。

欧罗巴与印度、波斯，同言语，同祖宗，何以一则渐开文明，一则废为奴隶？且亚洲之文明一达于欧洲，而亚渐退者何耶？且白人之中，文明亦分程度，岂人种之分程度耶？白人之中，又有希腊、罗马之别。且希腊人中，更有爱屋尼安及德利安人等之区别。人种云乎哉，吾得而断之曰：非也，非也，盖由于地理、教育、宗教、传说之感化也。

白色、黄色、黑色人种者，关于血分，生于天然之本来人种也。至于亚利安及绥密及哈密②等人种云者，乃历史上之人种，而初非本来之人种。即其名称亦系近时学者之所创定，其名称之下所包括之古代人民，亦茫如捉影。

且以言语之分类为人种之分类，则亦不然。例如美国之黑人皆英语，其实非英人也。至如举白种之亚西里亚、巴比伦、腓尼西亚、犹太、亚拉比亚、由西屋批亚③等之言语及人民，而名之曰绥密语及绥密人者，乃前世纪之学者据圣书之传记④而设定之者也。又亚利安语及亚利安种云者，乃德国之大博言学者马克司模来耳⑤氏所创说者也。前世

---

① 辣色，即莱瑟姆（Latham, Robert Gordon, 1821—1888），19世纪英国语言学家、人种学家。曾任英国伦敦学院英语教授，著有《英语手册》、《人类分支自然史》、《记述民族学》等。

② 哈密，即含米特人（Hamites），旧译含族，东非、北非说闪含语系含语族诸语言的人的泛称。分为东、北二支，包括埃及人、利比亚人等。相传是挪亚次子含的后裔。

③ 由西屋批亚，即埃塞俄比亚人（Ethiopians），曾被称为阿比西尼亚人（Abyssinians）。

④ 圣书之传记，即《圣经》的传记。

⑤ 马克司模来耳，即麦科斯·缪勒（Müller, Friedrich Max, 1823—1900），一译穆勒，19世纪德裔英国东方学家和语言学家。研究比较语言学和波斯古经《阿维斯陀》，后任牛津大学教授、英国枢密院顾问。提出雅利安（Aryan）说，编辑出版有《梨俱吠陀》、《东方圣书集》等。

纪之末,即一千八百八十六年。英人沙耳威廉穷司①以梵语、希腊语、腊丁语②、德语、开耳多语③,皆有亲密之关系,而断定以为同一原语所发生者,于是始有比较言语学之新学问云。欧罗巴语者,除西班牙之巴司克语④,俄国之非音兰德语⑤,匈牙利之马谛亚语⑥,及土耳其语外,如希腊、拉丁、条顿、克耳的克⑦、斯拉夫、勒的克⑧、亚耳巴尼盎⑨等语,皆包涵于其中。亚细亚语者,(一)自古代梵语所出之十四种印度语;(二)伯尔西之伊兰语⑩;(三)亚美尼亚语⑪。此三大言语皆包涵于其中,是皆属于同根之言语,而即名之以一种之名称也可也。然而言语之同一,又非必为人种之同一。英国西南部之哥龙威耳⑫,与东部之曷塞克⑬同一英语,而一则为开耳多人种⑭,一则为条顿人种也。法国之白利他尼人⑮虽用法语,而人种则颇近英国之哥龙威耳种也。盖自古以来之人种,能保

---

① 沙耳威廉穷司,即威廉·琼斯(Jones, William,1746—1794),18世纪英国梵文学者、东方学家。在印度担任加尔各答高等法院法官,1784年倡议成立孟加拉亚洲学会。1786年提出梵语(Sanskrit)与希腊语、拉丁语有共同母语的假说,奠定了比较语言学的基础。著有《论亚洲哲学》等。

② 腊丁语,即拉丁语(Latin)。

③ 开耳多语,即克尔特语(Celtic),一作凯尔特语,属印欧语系,包括爱尔兰语、苏格兰盖立语、马恩岛语、威尔士语和不列颠语等。克尔特人为公元前一千年左右居住在中欧、西欧的部落,其后裔散布在爱尔兰、威尔士、苏格兰等地。

④ 巴司克语,即巴斯克语(Basque),为欧洲比利牛斯山西部地区古老居民的语言(不属于印欧语系)。巴斯克人绝大多数居住西班牙北部,是欧洲保存本民族风俗最多的一个民族。

⑤ 非音兰德语,即芬兰语(Finland)。属乌拉尔语系芬兰语族。1809年俄瑞战争后芬兰被并入帝俄。

⑥ 马谛亚语,即匈牙利马扎尔语(Magyar),亦称匈牙利语。属乌拉尔语系乌戈尔语族。

⑦ 克耳的克,即克尔特语(Celtic)。

⑧ 勒的克,即列托语(Lettic),亦称拉脱维亚语,属印欧语系波罗的语族的语言。

⑨ 亚耳巴尼盎,即阿尔巴尼亚语(Albanian)。

⑩ 伯尔西之伊兰语,即波斯(Persia)的伊朗语(Iranian)人。伊兰,今通译伊朗(Iran),古称波斯帝国。

⑪ 亚美尼亚语,即Armenian,亚美尼亚说的印欧语系语。亚美尼亚(Armenia),为西亚古国,位于高加索地区和土耳其东部。

⑫ 哥龙威耳,即英格兰的康沃尔(Cornwall)郡,位于英国西南部。

⑬ 曷塞克,即英格兰的埃塞克斯(Essex)郡,位于英国东南部。

⑭ 开耳多人种,即克尔特人种。

⑮ 白利他尼人,即法国布列塔尼人(Breton),亦称布勒通人,为法国西北部布列塔尼半岛的居民。

其各种之特质，而不能保其言语之改变。故言语之同一，虽似人种同一之一征，然以言语之同一，而概定为人种之同一也，则非也。但以上用亚利安、绥密、哈密（埃及）语之诸人种，虽与白种不相远，而以头骨之形状为标准，则或有属于长头骨种者，或有属于广头骨种者，或有属于中广头骨种者。此三类中，以长头为最劣，因其无美术心，无智识力，进于文明最迟故也。真正条顿人种及黑色人种属于此。条顿之最纯白者，那威及瑞典也，而二国亦非欧洲文化之中心云。而广头骨人种则最能早进于文明，如支那人、亚克特亚人①、开耳多人、日本人是。欧洲人种之勇敢好战，冒险而压服世界者，虽自长头骨分子而来，然其智力、其天才乃自变化德、法、伊、英诸人种之广头人种而开发者也。德国虽素称条顿国，然实因与开耳多人大相混合，故不得为纯然之条顿种。彼改革宗教之路德及文豪盖脱，皆不属于条顿种云。若夫中头骨种，则以英美人为翘楚。

由斯以言，可见同是条顿人种，而已有各种之区别，则历史上之所谓人种者，本非天然之人种也亦明矣。然人类之色泽何以有异？则其说亦多端。例如黑人之何以而黑，此亦一大问题也。然亚美利加热带中，白人在此，则罹黄热病而死者，尸骸累累，乃黑种独免之。又亚非利加海岸，白人在此而染间歇热病而死者不可胜数，乃黑种又免之。由是以观，则不但因于太阳之热力，而与其他之原因亦颇有关系乎？则夫皮肤之色泽，如何而生此结果，学者虽未考出，而据以上之事实而论，则热带他方之人种，于生存竞争上，黑人实天然远胜于白人也，亦可知矣。又头骨与精神最有关系，其或长或短或广，均与精神相密接也。

人种之于历史也如此。然白种之中，而有亚利安、绥密、哈密之别，亚利安之中，而又有印度、波斯、亚美尼亚、条顿、开耳多、斯拉夫之别者。虽与本来天然之人种之区别非无关系，然大抵以言语之一致，文明之一致，而为历史上之结果。虽历史家往往欲藉人种以说明历

---

① 亚克特亚人，即阿卡德人。

史，不知历史上之人种者乃历史之结果，而非历史之原因也。故藉历史以说明人种则可，藉人种以说明历史则断断乎不可。

譬如溯希腊之文明，归原因于人种，似非无理。然自其本来天然之人种而论，则一白种与他白种何异？如亚利安种与拉丁种最称亲密，而言语亦仅有稍稍差违，其于欧洲最先启文明者，究系地理之近于东方，而初不可以言人种之结果。然即其建设市府的小国家，而不能组织国民之大国家者，此亦系历史、地理之结果，而初不可以言人种之性僻。又拉丁之在意大利诸人种中，果有何等天然之所长，亦历史家之所不能详。然观于罗马之天险地利，为统一意大利之便利，而意大利之地理，在古代地中海文明之时代，为统一地中海沿岸三大陆之便利也，则亦未始非罗马帝国建设之一大原因焉。当罗马之征服诸国民也，而并不以征服之民待之，且置之于罗马人同等之地位，遂使化为拉丁人者，则虽曰罗马人本来人种之天才，然究为罗马社会历史之结果。故罗马人种之特质，乃罗马历史之生产，而罗马之历史，断非罗马人种之生产也。闻者疑吾言乎？试思罗马社会团结之坚固，何以以古今第一名将汉尼巴之兵略犹不能灭之，而罗马竟以忠勇义烈名于天下。乃及其衰亡也，何以竟以卑劣、怯懦、奢侈、贪婪名于天下，以北狄之蛮人且蔑视之焉。其故非尽由于罗马人种之杂婚，亦非尽由于渐次之消灭，其实由于帝国建设之时，过于养尊而处优，夜郎自大，不免虚骄，因此社会，成此结果。故前之兴者非人种，后之败者亦非人种也。

世人见英、俄二国之无比膨胀，以为一系武断帝国，一系殖民帝国，其发达之原因必在于人种也。虽然，自其特性而言，则中世之英人与现今之英人大异。当十五世纪时在岛屿中，尚未养成海上国民之品性。至十六世纪，仍未发现英人之特质。直至十七世纪初年，始讲究航海、殖民、制造、贸易诸项，遂成为世界独立之雄国。夫前乎十七世纪者英人也，后乎十七世纪者亦英人也，可知兴国虽在人种，而其人种特性之进步则为最要。今日英人之所以为特质者，乃历史之结果，而非其人种特质之能产出英国历史也。英国史学家西来氏论之曰：

吾人之占领北亚美利加地也，有激我劝我勉我励我而不得不然者，即竞争是也，即法国与我之竞争是也。谛哀模司一世[①]与特许于尼的尼亚[②]及纽英格兰德[③]之时，而法人亦于其北方建设亚加特亚[④]及坎拿大[⑤]之两殖民地焉。又维廉宾[⑥]之为宾西耳巴尼亚[⑦]得特许于查理士二世[⑧]之时，而法人拉沙耳[⑨]亦发见新地，取道于大湖之边，达迷昔昔披[⑩]源头，泛舟下大河之全流，而达墨西哥湾，遂立露衣西亚拿[⑪]之法国大殖民地焉。当一千六百八十八年，英、法开"第二百年战争"[⑫]之时，其北亚美利加之关系亦如是。英国沿东海岸自北而南，排置多数之殖民地，而法国亦有生脱牢伦司[⑬]及迷昔昔披之二大河流焉。一时论者，殆以为二河流归于法国，则将来北亚美利加之利益尽属于法国矣，而抑知不然。

---

　　① 谛哀模司一世，即詹姆斯一世（James I，1566—1625），英国斯图亚特王朝第一代国王，1603—1625 年在位。原为苏格兰王，称詹姆斯六世。继承伊丽莎白一世后兼英格兰王，称"一世"。即位后加强君主专制，迫害清教徒，激化了同资产阶级和新贵族的矛盾。

　　② 尼的尼亚，即美国弗吉尼亚州（Virginia）。

　　③ 纽英格兰德，即新英格兰（New England），美国东北部一地区。

　　④ 亚加特亚，即阿卡迪亚（Acadia），原为法国殖民地，在北美东南沿岸一带，包括今加拿大新斯科舍省及新不伦瑞克省。

　　⑤ 坎拿大，即加拿大（Canada）。

　　⑥ 维廉宾，即威廉·宾（Penn，William，1644—1718），美国宾夕法尼亚州的创建者。英国教友会教徒，于 1681 年利用查理二世欠其父亲的一笔债款，获得在宾夕法尼亚建立殖民地的特许令，以开明治理殖民地著称。

　　⑦ 宾西耳巴尼亚，即美国宾夕法尼亚州（Pennsylvania）。为纪念开创人威廉·宾（William Penn）之父而得名，州名意为"宾氏林地"。

　　⑧ 查理士二世，即查理二世（Charles Ⅱ，1660—1685），英国斯图亚特王朝国王。1660—1685 年在位。查理一世之子。1660 年王政复辟，继承王位。两次发动对荷兰的战争，采取亲法、亲天主教政策，遭到议会和臣民的反对。

　　⑨ 拉沙耳，通译拉萨尔（La Salle，Robert Caveller，Sieurde，1643—1687），17 世纪法国探险家。至北美洲探险，顺密西西比河而下，将所到新地为路易斯安那（Louisiana）。在大湖区建立要塞，宣布密西西比河流域为法国所有。后被叛变者所杀。

　　⑩ 迷昔昔披，即密西西比河。

　　⑪ 露衣西亚拿，即美国路易斯安那州（Louisiana）。

　　⑫ 第二百年战争，从 1688 年"光荣革命"后，到 1763 年七年战争结束，英、法接连进行了四次重要的殖民战争，时间几乎长达一个世纪，史称第二百年战争。

　　⑬ 生脱牢伦司，即圣劳伦斯河。

当是时，不仅于亚美利加然也，亚细亚亦然。英、法两国，比肩并进，各不相下，进步之力，愈竞愈坚。英商之并吞印度也，既并之既吞之，则以为英人之能力也，而不知发此并吞之思想、行此并吞之实事者，非英人能力之所及也。创意者，法人也，先觉者，法人也。先我着鞭，不能先我进步，法人之所短也。苟无法人，吾安得有亚美利加？苟无法人，吾安得有印度？

西来论英国之所以得于新、旧两世界胜法国者，非以其人种之优劣也，惟于地理上英法之位置及结果有异同，故两国之政策有优劣云尔。又曰：

一方则有西班牙、法兰西，一方则有英国。而英人之所以得独立者，以西班牙、法兰西与欧洲之竞争有关系，而英人在岛屿中，思想直接新世界也。

而法国既属意于欧罗巴，即不能专注于亚美利加。一千六百八十八年与一千八百十五年间，所连起之七大战争，既与英战，又与德战，分心而营，不能成功。而英国则以唯一之目的，勇往直前焉。法国之势力以分营而薄弱，则彼之于亚美利加领土无力防御，乃落于吾人之手中矣。拿破仑亦为新世界与旧世界之间，而两者搅乱其注意，彼既欲屈服英国，以恢复己国之损失于殖民地及印度，又欲征服日耳曼，讨伏俄罗斯，兼营而并进之，又乌在其不败？

英国则不然。初无两目的之搅乱，于第十五世纪退去法国以来，既不觊觎欧罗巴国际之政治系统，又不保证威司托法利亚之条约①。当拿破仑以大陆政策排斥英国于欧罗巴也，英国亦不注意于欧罗巴，故英国两手恒得自由，而商业之思想专注意于新世界。年

---

① 威司托法利亚之条约，通译《威斯特法里亚和约》。1618 年以来，在欧洲以德意志为主战场，展开了长达三十年的国际性战争，后以神圣罗马帝国皇帝、德意志天主教诸侯和西班牙失败而告终，1648 年在威斯特法里亚（Westfalen）签订和约，三十年战争正式结束。

越年，岁积岁，其利益竟判然而不可同年语。如法之维持欧洲霸威者，英国无有也；如荷兰、葡萄牙、西班牙之于领内争死活者，英国无有也。惟退故能进，惟柔故能刚，惟优游自得，故虽有冲突，而初不得妨止彼而干涉彼。约而言之，则竞争新世界之五国之中，其成功者非跋扈飞扬于新世界者也，乃绝无系累于旧世界者也。吁，此英国之所以为英国也。

法国之史论家拉维乌司①亦论英、俄之膨胀如下：

> 吾人于前世纪之终末，分欧洲为三段，一中部、西部，一英国，一俄国。属于第一部之诸国，战争不绝者，乃二国之幸福也。斯时英人扩充其殖民领地，日甚一日，俄国亦增大其殖民领地，年复一年，其人民之繁殖力与土地之繁殖力相匹敌，制造新奇，天工仿佛，全洲骚扰，惟我独安。当此之时，正彼等进步之日也。

由是以观，可见英、俄今日之膨胀，未必由于人种，全在地理与机会而已。但欧洲诸国，常逐中原之鹿，虽亦孳孳于殖民之事业，然既在欧洲大陆，则或以保独立、争霸权为要事。故其政策常分两途，一心断难兼顾，遂至失其海上权，丧其殖民地。试考各国之沿革，第十五世纪之终末，发现新世界者，西班牙也，然因与法国争大陆，迁延日久，民气沮丧焉。先西国而拓地殖民者，葡萄牙也，然于十六世纪之后半为荷兰所并，而荷兰遂掌握贸易之大权焉。当十七世纪时，荷兰握世界贸易之大权，法国之于北美于印度，亦颇占优势，然至十八世纪，而英国之海上权，顾驾荷、法二国而上者，非英国之海军力也，实彼二国

---

① 拉维乌司，即恩斯特·拉维斯（Lavisse, Ernest, 1842—1922），法国历史学家。历任巴黎大学文理学院教授、高等师范学院院长。后为法国语言和历史科学院院士。主要从事德国史的研究，著有《德国的三个皇帝》、《腓特烈大帝的青年时代》、《即位前的腓特烈大帝》，与人合撰《通史——从四世纪到现在》。

纷争于欧洲中部，注意于陆军，不暇兼及于海军，故其海军不能如英国也。法国之所以失北美大殖民地及印度之胜利者，以十八世纪中叶，欲联合俄、奥以分割普鲁西①，为七年战争②之骚扰，而目不暇顾及欧洲以外也。是故英、俄两国乘欧洲中部之争乱，进易战，退易守，故有利则取，无利则退，他国猝不及防，而已蚕食于欧洲以外矣。

养成国民特性之原因者，不一而足。第一为物理上之原因，第二为生理上之原因，第三为社会上之原因。说明土地、气候之性质者，重在第一原因者也。爱屋尼亚海③，古今无少异也，而在昔能唤希腊之文学，在今并一荷马④而不能生焉。且罗马之风土气候，二千年来犹是也，然古代人磊落而勇敢，今代人狡狯而卑怯焉。且也生同时，居同地，而雅典人巧智而优美，塞拜司人⑤钝愚而寒冷焉，此其例也。因人种而解释历史事实者，重在第二原因者也。虽然，以生理之所谓遗传云者，果足说明历史上之事实耶？所谓习惯云者，果属于第二之天性耶，抑属于第一之天性耶？人种云者，遗传云者，学术上之未定数也。物理上与社会上之所不能说明者，乃姑归之于生理上与人种上，似则似矣，确则未确也。呀，惟不能以他之原因说明者，暂归之于未定之原因，而曰人种曰遗传也云尔。人类者，不藉生理的及人种的遗传之方法，而自明明有遗传国民特质之能力焉，即祖先所遗传之经验方法，如制度如言语者是也。有此能力，故假令一家族虽绝，一种族虽灭，而其知识上及道德上之成功，必不消于世界。何则？社会为之遗传也。教育者，举社会的特质而遗传于个人之方法也。法律、刑政、制度、文物，何往而非社会遗

---

① 普鲁西，即普鲁士（Prussia）。

② 七年战争，1756—1763 年间，以英国、普鲁士、汉诺威为一方，与法国、俄罗斯、奥地利、萨克森、瑞典、西班牙为另一方，为争夺殖民地和欧洲霸权而进行的战争。亦称第三次西里西亚战争。以英国、普鲁士同盟取得胜利而告结束。

③ 爱屋尼亚海，即爱奥尼亚海（Ionian Seas），地中海的一部分，在巴尔干半岛西南、亚平宁半岛东南和克里特岛及西西里岛之间。

④ 荷马（Homeros，约前 9—前 8 世纪），古希腊行吟的盲诗人。生于小亚细亚。相传为著名史诗《伊利亚特》和《奥德赛》的作者。

⑤ 塞拜司人，即底比斯（Thebes）人，底比斯为古希腊的一个城邦。

传之机关乎？加特力教 ① 之僧侣，守无妻主义者也。故以人种上及生理上言之，虽其特质无自而传，然此僧侣者无论为如何之国民，如何之人种，而自足以存一种之性质。故孟德斯鸠曰："僧侣者，不能灭亡之家族也。"又休模 ② 有言："西查之第十联队 ③ 及法国之皮加耳特队 ④ 者，自乱杂人民中而组织者也。然自一有精兵之目，而舆论乃能使彼等为真正之精兵。"嗟乎，之二说也，可以味矣。故拉麻克 ⑤ 及斯宾塞等之进化论，最重生理遗传，而达尔文及蛙斯曼 ⑥ 之进化论，则以自然淘汰法为动物进化最重大之法则。则夫生存竞争之有影响于动物及人间之进化也，亦可得而知。而人间之进化，非禽兽所可比，开明人之进化，非野蛮人所可比者，亦无不由于社会的遗传力之有无、多少为准也，亦可得而知矣。

方今欧美文明诸国民之能力及特质，若以为自人种的能力及生理的特质而来，则虽模仿焉，而亦属于徒劳矣。虽然，彼等之所以成国民的性格，发达现今之文明者，乃其言语、文章、教育、制度、文物等之历史的结果，社会的遗传也。呜呼，何有人种哉！何有特质哉！我东洋之国民其可以奋矣。

---

① 加特力教，即天主教。加特力为拉丁文 Catholica 的音译，其词源出希腊文，意为"公"和"全"，故又称公教。有时也被称作"旧教"，以区别于基督新教。与正教、新教并称为基督教三大派别。

② 休模，即休谟（Hume, David, 1711—1776），18 世纪英国哲学家、经济学家和历史学家。曾任英国驻法国大使馆秘书、代办等职，后任副国务大臣。著有《人性论》、《人类理解力研究》、《英国史》等。

③ 西查之第十联队，古罗马所建为联队制军团，此指恺撒的第十军团，作战勇敢，为恺撒所宠爱。

④ 法国之皮加耳特队，指由法国北部皮卡尔迪（Picardie）省人组成的军队。

⑤ 拉麻克，通译拉马克（Lamarck, Jean Baptiste, 1744—1829），法国博物学家。最早提出生物进化的学说，为达尔文科学进化论的诞生奠定了基础。著有《无脊椎动物的系统》、《动物学哲学》。其《动物学哲学》和达尔文的《物种起源》，被称为现代进化论思想的两大源泉。

⑥ 蛙斯曼，通译魏斯曼（Weismann, August, 1834—1914），德国生物学家，遗传学奠基人之一。新达尔文学说的建立者，曾任弗赖堡大学动物学和比较解剖学教授。反对拉马克的获得性状遗传学说，提出种质连续遗传学说。著有《种质论》和《进化论演讲集》。

第七章　历史上之大势

世有称历史为哲学者，如飞迭礼修来格耳[①]所称为"历史之精神理想"者。又如修来格耳之历史哲学，以人类堕落为根原。又古代罗马与希腊之诗人，论人间之状态，最古者为黄金时代，次白银时代，次黄铜、黑铁时代，正与前说相吻合。由是观之，则未开人终无进化也，半开人终无进化也，即文明人亦终无进化也。其说之偏，何待指摘。夫人类生存竞争之结果，自禽兽而进于野蛮之域，自野蛮而进于文明之域，有进攻，无退守，由是而有如花如玉如美人如天仙之一新世界。苟准前说，安得有此？

黑格耳之历史哲学中，其说曰："历史者，人间之发达也。人间之发达，自觉之进步也，实成自己之手段也。"其终极之目的，在乎知自己，制自己，实成自己。此黑格耳之所谓自由也，此所谓历史上自由之进步也。夫岂天赋自由之说所可同日而语也哉！

黑格耳之历史哲学，开发第十九纪之思想，颇有恩泽于世。其论个人与国家之关系，于现世纪最有影响。惜乎以历史之现象为连续之现象，且专重主观一面，于客观社会之上，不说明如何构造进化，为缺点耳。

法国奥格士德肯德[②]者，创社会学，立历史上之三大法则，云社会

---

① 飞迭礼修来格耳，即施莱格尔（Schlegel, Friedrich von, 1772—1829），19 世纪德国文学理论家、作家、语言学家。德国浪漫主义文学运动主要奠基人。曾与其兄奥古斯特·施莱格尔（A. W. Schlegel）创办浪漫派刊物《雅典娜神殿》。著有《印度人的语言和智慧》及小说《路清德》等。

② 奥格士德肯德，即奥古斯特·孔德（Auguste Comte, 1798—1857），19 世纪法国哲学家，实证主义和社会学创始人。把社会发展分为三个阶段，即神学阶段、形而上学阶段和实证阶段，又将社会学分为社会静力学和社会动力学，被称为西方社会学之父。著有《实证哲学教程》、《实证政治体系》等。

者必经过神学的思想、哲学的思想、实学的思想。此说虽肯德之新发明，而肯德以前，知耳古[①]亦演述于（一千七百五十年）巴黎之色耳崩之大学[②]讲义。其说曰：

> 于万事相互之关系未经发见以前，而能发见其关系者，全在此"举似为真"之假定力也。以为不经人手而有此事者，神也，遂至若可恐怖，若可希望，相率而尊敬之崇拜之焉。但其所呈者为虚无，为冥渺，实无真正完全之理想。于是哲学者起，破除是等小说之妄诞，而欲以所谓"本精能力"者说明天然之现象。惟于其所谓"本精能力"者究为何物，则尚未说明。于是实学家起，举悬揣之精神，说天然之现象。虽不说明何事何物，而是等抽象之表语，观察物体相互之机械与其自然之作用，设一假定说，由数学以启发之，由试验以证明之，此学术之所以至挽近而愈昌也。

此三段阶级，为世宙进化所不可逃者，试详述之。

第一期即神学思想之时代也。宇宙万物，其为神灵之作用，一如人间肉体上之作用（除生理之作用），无非一精神之结果而已。其次拜物教（即外物皆神灵）之时代。次拜星教之时代，即渐进于多神教之时代，为神学之第二期。过此时代，遂归于一神教，凡万有之现象皆在神意之想象间，而人心皆相率而趋于固蔽。

第二期哲学之时代也。以空理代群神，以物质之存于天性者代神之奇迹。即如世界万有之现象，将其果有之原因及本体之结

---

① 知耳古，通译杜尔哥（Turgot, Anne Robert Jacques，1727—1781），一译杜尔阁，18世纪法国经济学家，重农学派主要代表之一。曾任路易十五的财政大臣。著有《关于财富的形成和分配的考察》。此指他于1750年在索邦神学院所作题为《人类精神持续进步的哲学概述》的演讲。

② 色耳崩之大学，即索邦大学（Sorbonne），法国巴黎大学前身，创建于1253年。

果，或云阴阳，或称元素，空中设想而证明之，此为哲学思想之时代。然其间盖有次序焉，自拜物教而进于多神教，自多神教而进于一神教，既达宗教进化之极点，遂脱逃神学之范围，遂趋入哲学之门户，遂造出实学的思想之时代云。

　　第三期即实学科学之时代也。以实理代空理，以观察、试验、归纳、概括之方法，研究现象之次序，而增进人类之智育。始知所谓研究宇宙之原因，非人智之所及云者，乃第二期之缺点。而第三期则以事实为基础，建设科学，以制万有之势力，以为社会进步之原动力矣。

肯德之三大阶段，不可以为哲学说。盖神学时代非全无哲学思想、科学思想而可以为生活者也。但自智识进化之次序观之，则人间最初之哲学原为宗教思想，其实际上之知识，亦根此思想而开发，由是而更进一层，则生出新奇的哲学，又进一层，而为第三期之实学。夫实学、哲学亦无大别，惟比之前期之哲学，觉其方法之确定，研究之满足，并多得实利与实益而已。是故曰实学，曰科学，创此新名称者，无非表其异于前代哲学及优于前代哲学耳。

　　肯德之三大法则，说明社会之变迁，虽然，以论人性全部之发达，与社会构造之变化，则犹未尽也。于是斯宾塞从观察、实验而阐明进步之理，名曰进化法，说社会构造之发达变迁，以巩固社会学之基础。其构造之发达说，由营养机关、分配机关、督制机关等之变迁起点，足补黑格耳与肯德之缺点矣。

　　又区别二种社会之组织，一名尚武社会，一名产业社会。防卫之与生产，二端共为社会之要事，不可一日分离。然而二者因社会而各异其趋，或专注于防卫机关者有之，或专注于生产机关者有之。盖一所以发达干涉束缚之制度，一所以发达自由放任之制度云。

以上斯宾塞所谓二种社会之组织，可谓社会进化之二阶段。夫社会之性质，自社会之状态而定者也。在国民建设之时代，固为社会尚武之时代，国民即安静之军队，军队即发动之国民。然忽忽数年，社会之状态在生计，即国民之思想亦专在于生计，盖必由尚武而进于生产也。此等事实，最详于葛藤固士[1]之《社会学原理》中。

溯自古代，第一期为族制政体，故其社会之组织由于族制，政治之组织亦由于族制，以为国家者由各族相合而成也。数历年岁，由族制政治而变为封建政治，其生活盖在土地上云，是故国家与土地有密接之关系。

葛藤固士曰：

> 族制之进于封建者，非无故也。譬如战争事起，必遴选将才以承任之，但充此任者，必自社会上之信任之敬服，然后得握将权、掌战务，而君臣之关系始起。于是封建之势力较胜于族制，经过此封建之制，乃为领土主权之政治组织。

由葛藤固士之说，知达此程度之政治社会亦有三种阶段。埃及、巴比伦达于第一段，不能达第二段。希腊达于第二段，然不完成而止。罗马达于第二段，而不能达第三段。而近世之国民，殆达于第三段云。

夫国民建设之时代，各社会与他社会殆不免战祸，故社会之势力，第一在军事组织与政治统一，以期保护其安全。迨内外既无所患，人民之志气乃发泄于新方面，且必欲打破强迫之制度，以期身心之自由，于是乃进入宪法发达之时代。

溯日耳曼之种族，自一方而论，则为内部发达之结果，然又以一方而论，则为引受罗马之文明。自五世纪至十（二）〔三〕[2]世纪，经过第

---

① 葛藤固士，即美国社会学家吉丁斯。
② 据日文原文校改。

一阶级。第十四、五世纪之文学复兴，第十六世纪之宗教改革，第十七世纪之英国革命，第十八世纪之文化及英、法之革命，凡十九世纪前半纪，时英国之贸易自由，及欧洲大陆之宪法自由，无非攻破强迫的制度，其破败也，即建造也。今也欧洲诸国概完结政治上之进步，个人之自由有宪法之保证，故社会之势力又发泄于新方面，将入于经济的进步及伦理的阶级矣。人民全力注于产业，以生产若干、消费若干为社会之大问题。故葛藤固士纠正斯宾塞分社会为二种，一为尚武社会、一为产业社会之说曰，政治社会者必经过三个之阶段，而第一为尚武时代，第二为宪法自由时代，第三为经济伦理时代。而第二时代者，乃由第一时代移至第三时代之过渡时代也。然苟于知识上之进步，从肯德之三大法则之说，于个人品格之发达，从黑格耳之说，则肯德、黑格耳、斯宾塞之说，亦庶几完备大成也已矣。

方今物质文明之膨胀，如蒸汽机关，铁道、电信，种种制造之器械，其运输其交通便莫能名，真可谓生产之第一时代也。试回顾封建时代之武士之道德，及宗教改革以来之宗教上之自由、政治上之自由，转若不甚措意者。嘻，历史之现状，殆与修来格耳堕落之说相吻合矣。何则？一利一害者，事之常也。夫社会之进步不得为纯然之幸福，盖自破坏强迫的制度，成一自由竞争之世界，而智者益智而益富，愚者益愚而益贫。物质上及知识上之进步，无代价不得，无努力不得，无苦恼不得。譬如新方法、新器械之发明，则旧式者必受苦痛，彼等有智识有资本，能迅速而善应新时势，善处新境遇。反之，无智识无资本无变化之能力，并无维持之能力者，不知堕落于何等地步矣。可知社会之上一方有进化，一方必有退化，一面有进步，一面必有堕落。其状如行军然，健兵走如飞，弱卒倒于路，必然之理，无容疑者。富者愈日日增加，则如自杀、发狂、犯罪、卖淫诸恶，亦愈日日增加，颇有破坏社会秩序，阻止社会进步之危险。而此危险，实未始非将来社会大进步之动机。盖贫富、智愚之悬隔，适以激起人情之反动，而不得不勃起公私之慈善事业以应之。倘若不因此而于社会的伦理上加一大发达，则社会必将破裂。故欲减进步之代偿，救社会之苦痛，则凡对于不幸薄命者、无义不情者，不得不用其良心，恤以同情，如教育制度之普及，慈善事业之发达，种种以成就社会的道德之改革。嘻，一读拂耳谛南德拉沙耳①之《欧洲近世史观》，则此事思过半矣。今夫欧洲中世，社会之势力握于有土地者，盖封建时代以农业为主故也，由是而生田奴、骑士及君主之阶级。既而产业之进步，及制造业、商业之进步，斯大资本家起，乃遂颠覆封建制度，而封建的君臣之关系，乃一变而为中等社会的雇主及自由劳力者之关系。此时社会之生产事业，不以个人之需要为目的，而以世界之市场为目的矣。法国之革命，实以法律之效力扶助此事者也。由是第三阶级占政治上之势力，而中世的土地所有权，一变而为近世的资本所有权，此在法国人民之公权，尚以纳税为基本焉。是为近世史上之第二期。至于第三期之社会的要素则在劳力者，凡从来无资产之人，殆必于将来之社会上占一大势力焉。盖彼等之主义，人类主义也，以为劳力者非别一类之人，夫固犹是人民也。拉沙耳之说实如是。试思生富者而专恃农业也，则政权在于有土地者，俨然封建时代也。抑使生富者而不恃农业，专恃工商也，则政权在于有资本者，俨然平民时代也。然而生富者非土地也，非资本也，有土地有资本而无劳力，则安得生富，况资本者为过去之劳力之结果耶！生富之道，土地、资本、劳力三者并需，而尤以劳力为重大。然过去及现今之社会，则财利之分配甚不公平，有土地者、有资本者颇得厚利，而劳力者仅能糊口，或不足以自存。以是叹社会之势，必因经济之发达，而有需劳力者愈急，而文明之进步，适愈以使劳力者知自己之价值及劳力之权利。则夫经济之进步，一视道德之进步，而欲使将来社会之不沉沦、不破坏，一视将来历史上道德进化之如何矣。

以上云云者，社会构成之变迁之大势也。以下请自国际上、地理上

---

① 拂耳谛南德拉沙耳，即斐迪南·拉萨尔（Lasalle, Ferdinand, 1825—1864），19世纪德国社会主义思想家、政治活动家。1863年创建全德工人联合会，任主席。著有《欧洲近世史观》等。

之关系而说明之。

古来族制之组织、中世封建之组织、近世领土之组织，其社会与社会之交际，不外战争、平和二者而已。非交战，即同盟，即中立，大并小，强吞弱，而社会乃次第成长而发达。而封建制度者，乃族制社会相合而造成统一国家之过渡物也。盖无论何等社会，无不以他社会为敌，独力难支，则联合社会以内者而抵御之。惟如是，故社会与社会之竞争上，必其内部巩固不可摇动者，乃可征服他社会，乃可渐次组织强大社会。其方法则古来同一，或以战争之手段征服之，或以和平之条约合并之。至中世封建时代，此现象乃呈于国家之中，成统一之国家，遂有近世之国际政治焉。盖当封建时代，战争、同盟二事行于诸侯与诸侯之间，或诸侯与帝王之间，而大抵皆在一国内。而国家归于统一而后，此国家与彼国家之间有国际政治。今试以欧洲论，第十五世纪以前为列国封建割据之时代，至十五世纪后半期，英国、法国、西班牙三国统一，自是列国并起，遂成今日之状态，此固事之确凿可据者也。无已，吾且与言近今国际之关系。试观欧洲中原，则有德、伊、奥之三国同盟，而反对之者则有俄、法之二国同盟。又自世界之大局观之，则有陆上膨胀之俄国，与海上膨胀之英国，其竞争虽似不规则，不知其间自有国际之统系存。将来或有所谓大陆的国际统系者，如欧洲列国、美洲列国、亚洲列国，各以大陆之关系，因而各成其利害，因而各成其系统乎！例如北美合众国之因古巴岛事件①而与西班牙构争也，欧洲诸国概表同情于西国，美洲诸国概表同情于美国，且如不在欧洲大陆，而却有数多领地于美洲之英国，亦表同情于美国，非偶然也。亚细亚亦然，近日者从来孤单而独立之支那、日本、朝鲜、暹罗②等，亦渐相接近而归于一统系。

①　古巴岛事件，即"缅因"号事件。1898年4月，美同以停泊在西班牙殖民地古巴首府哈瓦那港巡洋舰"缅因"号被炸，正式向西班牙宣战，进攻西属殖民地，由此爆发了美西战争。后西班牙战败，于当年12月签订《巴黎条约》，美国夺取菲律宾、关岛和波多黎各等地，西班牙承认古巴独立，实际上成为美国的势力范围。

②　暹罗，即今泰国。

吾知列国之间，合纵连衡，其就从来之形势，抑更广大其范围，欧洲统系、美洲统系、亚洲统系将于是乎生，而大陆的政策之时代，大系统竞争之世纪行不远矣。

又自地理而观察历史之大势，亚细亚者，文明起原之地也，而其文明大抵沿河流而发生，故加耳立脱儿①派之地理学者称为河流文明之时代，如尼罗之于埃及，泰古利司、幼夫拉的士之于亚西里亚及巴比伦，印达司、恒河之于印度，黄河、扬子江之于支那是也。欧罗巴者，文明之发达地也，而其发达专赖地中海，故地理学者称为内海文明之时代。顾西历第十五纪以前，世界万国之历史，无一能越此程度而进步者，地中海、波罗的海之于欧罗巴，亚拉比亚海②、印度洋之于西亚西亚，黄海、日本海之于东亚西亚，皆无不然。至十五世纪之终，亚西亚、亚非利加、欧罗巴之文明，各沿内海而成长，而西洋尤以地中海为中心，巴比伦、尼内倍③、安的屋克④、耶路撒冷、迦罗⑤、亚立山德利亚⑥、嘉苏谢、亚生司⑦、牢模⑧、君士但丁奴布等之名都府，均棋布星罗于沿岸云。而最始动摇此中心者谁乎，则罗马之英杰大西查⑨是也。彼之征服亚耳布司山⑩以西以北之哥儿人⑪，而归于罗马也。古今第二辩士西塞洛

---

① 加耳立脱儿，即卡尔·李特尔（Ritter，Karl，1779—1859），19世纪德国地理学家，柏林地理学会创建人。历任法兰克福大学、柏林大学历史学、地理学教授。著有《地理学——地理对人类素质与历史的关系》、《比较地理学》等，最早阐述了人地关系和区域特性，奠定了近代人文地理学的基础。

② 亚拉比亚海，即阿拉伯海（Arabian Sea）。

③ 尼内倍，即尼尼微（Nineveh），古代亚述的首都，遗址在今伊拉克北部的摩苏尔（Mosul）。

④ 安的屋克，即安条克（Antioch），或译安提阿，古叙利亚首都，现为土耳其南部的一个城市，称安塔基亚（Antakyal）。

⑤ 迦罗，即开罗（Cairo），埃及首都。

⑥ 亚立山德利亚，即亚历山大（Alexandria），埃及北部港市，亚历山大省的省会。

⑦ 亚生司，即雅典（Athens），希腊首都。

⑧ 牢模，即罗马（Roma），意大利首都。

⑨ 大西查，即恺撒。

⑩ 亚耳布司山，即阿尔卑斯山。

⑪ 哥儿人，即高卢人。

曰："亚耳布司山其陷没耶？诸神为保障意大利而起此山，至今竟无用耶？"盖大西查之越亚耳布司山也，不仅扩张罗马之版图于西北，其结果即为文明西渐之原因，于是遂摇地中海为中心之时代，而开大西洋为中心之时代焉。中世以降，自十字军之影响，自亚拉比亚人、蒙古人之媒介，始有欧亚之交通，支那之罗盘针、印行术、火药、制纸等遂亦传于西洋。至十五世纪之终，哥伦布发见西大陆，〔迦马〕①回航亚非利加，地中海始失其价值，意大利始形其衰落，而文明乃移于西欧罗巴。西班牙、葡萄牙起于先，荷兰继之，英、法从之，而文明遂渡大西洋而达于美洲，此地理学者所谓大洋文明之时代也。至十八世纪之后半期，以大西洋为西洋文明之中心点，恰如地中海之于古代史及中世史，然巴黎、伦敦、安司脱耳丹②、安脱惠耳普③、纽约、波司顿④、非拉特耳希耶⑤之名，悉次第兴于大西洋两岸。而自十八世纪后半期卡普庆克⑥之探险航海以来，则世界文明之中心点将移于太平洋已有朕兆，虽谓南、北美及亚西亚及澳大利亚之运命将系于太平洋也，亦无不可。且世界文明之完全，亦必决于太平洋以观其成否。无他，以文明之完全，非仅一二白种之进步，与一二大陆之开化所可奏功也，必须合六大陆而为全人类之竞争焉。历史之终局者，乃文明普及宇内以后之事也，将来欧洲历史的人种，断不限于欧美诸国之民。亚耳脱耳特⑦所谓"欧美近世史者，世界最后之历史也，近世史之后，将更无历史也，欧美人种者，世界最后之历史人种也"云云，以之奖励现今欧美人种之责任可也，以之归结历史

---

① 原脱"迦马"，据日文原文补。

② 安司脱耳丹，即阿姆斯特丹（Amsterdam），荷兰首都。

③ 安脱惠耳普，即安特卫普（Antwerp），比利时北部港口城市。

④ 波司顿，即波士顿（Boston），美国马萨诸塞州首府。

⑤ 非拉特耳希耶，即费拉德尔非亚（Philadelphia），亦即美国费城，美国宾夕法尼亚州东南部港口城市。

⑥ 卡普庆克，即詹姆斯·库克船长（Captain James Cook, 1728—1779），18 世纪后期英国探险家、航海家和制图学家。任海军上校，从 1768 年到 1779 年间，曾三次到南太平洋进行科学考察性航行，在航海史上完成了第一次环南大洋航行，因此而闻名于世。

⑦ 亚耳脱耳特，即英国教育家和历史学家托马斯·阿诺德。

学之范围，则乌乎可？吾闻之洛古儿①之言曰："历史者，无始终者也。"此言颇近理矣。是故以今日以前，欧美人之历史思想，其谬误有二，一则谬于历史之始期，一则谬于历史之终期。何以谓谬于历史之始期？曰即彼所谓历史之始，仅在六千年以前者是也。何以谓谬于历史之终期？曰即彼所谓历史将终之迷信是也。总之，地球之年代至少亦必在六千万年以上，而人间之生存至少亦在一万年以上，十万年以下，若是乎，世界之终局、人类之末期尚甚辽远也。

---

① 洛古儿，日文原文作ローコル，未详。

第八章　历史研究法

于第一章说三种意义，而解释此问题者，即历史研究法也。此为一科之学，特详论之。

客观的事实既消灭而不存，存者仅此事实之痕迹。而主观者于此痕迹之外，亦无他的知觉，惟有将此痕迹而理会之，以察过去者察未来。则知觉虽局于一隅，然由此以扩张其范围，则主观之能事以毕。

客观的事实，不仅于时间有前后之关系，并于空间有前后、左右、上下之关系。主观的理会，同时不能包涵是等之关系，惟就其原因、结果及其他之关系，次第连续而理会之。故客观的事实如立方形，而以主观的思想理会之，却有变化为直线状之患。是非史学之为难，实研究上特别之困难也。夫利曼[①]言之如左：

> 譬如地质学者，误解岩石之证据，但岩石之为物，终无错误也。而历史学不然。考历史者之错误，犹可说也，著历史者之错误，不可问矣。此其所以难也。

又曰：

> 二人于此，事体同也，而观察各异。此如记述合战之大事件，目击者之所记述，往往与事实不甚相同。彼盖就合战之事，而视其特异之诸点，故其大目的纵无讹误，而其余或有不合之处。况一人

---

① 夫利曼，即英国历史学家弗里曼。

有一人之见识、之别解，同一目前之事物，一以为是，即一以为非，一以为然，即一以为否。目力不同，即知识互异，而过去之记实，安知不如是？

是故历史者，非研究过去之事实者也，乃研究过去事实之遗存于现在、影响于现在者也。西来曰：

> 过去者，现在之最良注释也。而余顾痛论之者，何哉？以其置本文于注释之前，置现在于过去之前也。或者曰，是有托而言也，是有为而然也，譬喻焉，庸何伤？不知譬喻云者，必视可用譬喻之处，而后适宜耳。过去、现在之对比，吾固知其有兴味也。虽然，其如不知现在者何也？

欲知过去者，为欲知现在也。过去可不知，而现在则不可不知，不知现在，何以处此世界？既欲知现在，安可不知过去？过去者，现在之母也；现在者，过去之子也。肯德曰：

> 吾人不藉过去以观察现在，则无论如何观察，而终不能了然于现在之状态。是故政治家虽主张政治的观察，而不溯之现今以前与最近之过去，则观察亦奚益哉。何则？以仅观现在，乃正所以导之于谬误也。

盖所以必须知过去者，以一时代者，非一时代之产物，亦非一时代之结果，盖有前时代、前前时代及一切以上之事实之关系也。人间社会所以与下等动物异，社会学所以与生物学异，历史所以与博物志异也。特罗生 ① 曰：

---

① 特罗生，即德国历史学家德罗伊森。

人类云者，以道德之联合而达其品格者也。构成人类者，道德之潜势力也，此势力运行于人类之中，而人类即生长于此势力之中（道德的联合即家族、人民、国家、宗教等之团体）。

于以知个人之中，有建设构成之作用，发达其作用，乃为道德的世界。若道德之组合一时而止，则成长发达亦止，而历史亦止，而人类之事业，如以极微的水虫之壳而为山，如为风所戏之沙原，其运动也，如循环之运动而已，何有趣味哉？

可以知历史研究法矣。法何在？曰在就过去事实之痕迹，以发现真理，以说明现在，以预察将来，以知社会之起原、进化之目的也。惟其所难者，史学之复杂，不似他学之简明，然其意味或有胜于他诸学者。今夫吾人自今千年以前，及今千年以后，固信太阳之出没如故也。而星学者虽能说明其物理的原因，犹不能达其极对的确实。何则？所谓宇宙成立云者，不过人类之经验所及，智识所达，而为合理的信仰耳。其不及而不达者，何能推论也？且太阳出没之现象虽可知之，而其所以然之故，则恐千秋万岁后亦无从知之也。何也？因其属于天然学也。人事则不然，藉令为几千万年前之事，但使痕迹不灭，则此事之原动力有可推而知者。此所以考古学及人类学虽等于地质学，而实较地质学为有兴味也。

历史研究之方法，在举过去之痕迹而发见之，批评之，解释之，其原则亦与地质学同。夫罗特①颇说明此理曰：

研究过去事物之诸科学中，皆以供现今作用之诸原因，为说明之证据，是固一般认为原则者也。地质学者以地球表面变化之原因，为由于外部势力之冲突，及吾人所未经验之暴烈的元素之激

---

① 夫罗特，即弗劳德（Froude, James Anthony, 1818—1894），19世纪英国历史学家。卡莱尔的弟子。曾任牛津大学近代史钦定教授。著有《从沃尔西陷落到击败西班牙无敌舰队的英国史》、《卡莱尔传》等。

动。故凡于宇宙各处，为现今显然作用之诸原因者，大抵足以说明宇宙之现象。自望远镜出，虽最辽远之二重星，亦可见其各属于太阳系之诸游星之运行。自光线分析法明，而彗星之光芒及其中之有蒸发气，并其中所存之金属，亦无不发明。于是乃见过去之地球，及住居于地球者之状态，无不符合于今日作用焉。地质学然，史学亦何独不然？

哲学者休模亦有言曰：

> 各国民各时代之人类之作用，前后若合符节。于人性之原则，于人性之运用，今犹是古也。凡同一动机，常生同一行为，同一原因，常生同一事件。但视其功名心、贪欲心、私爱心、虚夸心、友谊心、宏博心、公共心，合于何种之程度，布于何等之社会。则自古至今，一切之行为及事业，无往而不隐括矣。欲知希腊、罗马人之感情与倾向动作乎，但观法国、英国人之气质及行为可耳。后之所行者，皆前之所经。凡人类之历史，初无新奇之事足困吾人者也。

吾请举所谓发见、批评、解释者而分按之。

第一　发见

历史第一研究之第一手段，先在发见研究之材料，其事业即历史的技师之动作也。世间以此等动作为史学家，其说虽谬，然无此辈，则批评、解释将何所施？故历史研究之基础，以材料之发见为第一，譬如矿夫必深穿矿坎，然后能探金属。

史料有三种：第一，为吾人所欲研究而理解之之过去时代之所遗，而与现在相直接者，称之为遗物。第二，为就人类过去之事实而理会之之遗记，称之为记录，又特称之为史料史。第三，为并有前二者之特质者，称之为纪念物。

甲、遗物　不藉后代之记录而存者，约有数种：（一）人工之结果，或为技术的，或为美术的，如道路、水道、古坟是也。（二）特罗生所谓道德所组织之条件，如风俗、习惯、法律、政令、教律等是也。（三）凡足表示当代人民之思想，及其知识之状态，并其知识作用的如何之倾向者皆是，如格言、文学、神话等是也。史书亦时代之产物，可附于此。（四）关于业务之书类，如通信、商用信札、一切之公文是也。

以上诸端，原非以记录为目的，皆因当时社会上之实用而创作之者，或因人性自然之要求而成长发达之者。如言语亦一遗物也，而为历史上最不可缺之资料。

乙、纪念　遗物而兼记录之性质者，如纪念碑是也。凡美术品之多数，如志铭、赏牌、货币、军器、姓名、称号、分界石标之类皆属之。

丙、记录　称为史料者是也。即就原来过去之事实，而为便于记忆而记录之者，如史书、年代志、口碑等是也。

文字之未发明也，记录存于言语之上，即所谓口碑者是也。口碑云者，于今日信用甚薄，经过二代，则不足以为史料。牛顿曰："口碑之信用，不过八十年至百年之久。"阿耳纳[①]曰："赤色印度人百年以上，无真正之确说者。"

古来无文字时代，口碑之价值必非如前之所述。昔时之信用口碑，犹今日之信用文书，二者之间，非有种类之别，惟在信用之程度之各异而已。巴克耳曰："文字之发明，颇害记忆之力，不仅减口碑之功效，而且伪诈易传于永久。故文字之发明，历史之障害也。"此言虽过激，然亦可救妄信记录之弊矣。殆孟子所谓"尽信书不如无书"者欤？今南洋诸岛之蛮族中，数世纪以前之事实犹在于口碑，其犹可引证者不少。（泰洛耳[②]

---

① 阿耳纳，日文原文作ウヲルナー，未详。

② 泰洛耳，即爱德华·泰勒（Tylor, Edward Burnett, 1832—1917），英国人类学家，文化人类学的创始人。英国皇家学会会员，任牛津大学教授。著有《原始文化》、《人类学——人及其文化研究》，后者第15章为《历史和神话》。

《人类学》十五章）日本之《古事记》①，希腊荷马之史诗，亦元来存于口碑。荷马诗中之人物及说话，虽非确实，而其言当时之社会，列国之形势，地中海船舶之模样等，有最足信用者。（如某之铠，其价牛几头，可知当时以家畜为通货也。）近时于小亚细亚古都旧都之采掘，其就子洛安②而可证其所讴歌之事者甚多焉。且哥儿人间所行之特里特教③之秘密，亦存于口碑，僧侣之记忆者，为之费二十年心力云。是知口碑之确实，不让于记录，而古代之历史大抵属此，且有远过荷马之确实者。且确定言辞之赖口碑而保存者，如诗歌、圣语、祝词等之保存者是也，且如荷马之诗、特里特教之秘密之保存亦是也。

记录有二种。第一为主观的，而大抵想象之所及，感情之所溢，又或者以历史上之事实为材料，借题发挥以达其目的者。如古代物语、史事乐歌等者，想象、感情之类也。如裁判所、议会等之演说，关于公法之书类者，借题发挥之类也。第二为客观的，即与正确之事实符合者是也。然其中有二类，一为传数多不联络之事实者，一为稍稍分类而编成者，且又有为探记录之目的，而便于制定记录之意义者。或有为便记忆者，或有为自身之记忆者，或有为他人者，或有为一人者，或有为数人者，或有为众人者，有为现代者，有为后世者，有为教训者，有为快乐者，有为利益者，视种种记录之目的，而史料之观念因以异。

总之，记录者有原记录与传他史之记录之别。第二之价值，全视第一之价值，时而原记录亡失，而仅存于他记录者，此他记录亦有原记录之价值云。

古代历史家，口碑记录之外无资料，每收集之，比较之，改删之，

---

① 《古事记》，现存日本最早的历史和文学著作，共 3 卷。太安万侣编撰。成书于 712 年。记载了日本从天地创成至推古天皇（约 592—628 年在位）间神话传说和史事。

② 子洛安，即特洛伊城（Troy 或 Troia），小亚细亚西北部的古城（今土耳其之希沙立克 Hissarlik）。此指 19 世纪 70 年代德国考古学家海因里希·谢里曼（Schliemann, Heinrich, 1822—1890）在小亚细亚发现《荷马史诗》中的特洛伊古城一事。他在希腊发掘特洛伊遗址，证实了荷马史诗中关于特洛伊城的故事。

③ 特里特教，即德鲁伊特教（druid）。其教士是古代克尔特人中一批有学识的人，担任祭司、教师、巫师或占卜预言者。

再演复说之，以为正确之历史。然至近时，则更以遗物及纪念物为资料，而历史始脚踏实地，骎骎有进步之盛运矣。夫历史者，考究人间社会之进化者也。书契以前，称为有史以前之时代者，不过权宜之言辞，而初不可谓无历史。何则？有史以前者，不以文字记录之时代也，文字虽无，而代文字之用者未尝无焉。且也藉有并口碑而亦不传于今之时代，然考其遗物，亦可以确知其事实焉。则夫有史以前，安得云无历史？虽无形式上之历史，而何尝无精神上之历史。

人类学者之所谓石器时代、青铜时代、铁器时代者，虽非必有史以前之事，然既有遗物，则可证其为有史以前之历史焉。又博言学者比较万国之言，以追溯历史之起原者，此世人之所知也。蒙生①曰："言语者，殆于其发生之时代，而表示其文明程度之写真手也。"

是故印度自为英人所征服，而梵语始入欧洲。一千七百八十六年，英人沙维廉条立司②以梵语、希腊、腊丁、日耳曼及开耳多诸语之类似，谓为自同一母语而出者。黑格耳至称此言为新世界发见，实非诬言。何则？自其结果而言，可证明印度之人种与欧洲之人种相同也。则夫博言学之所以成立，凡不存于记录、不传于口碑之数多事实，所以得发见于历史者，谁非言语之所赐也哉？

遗物云者，纪念物云者，记录云者，其价值各因研究之目的而不同。遗物者虽为考古要件，然而不免断片散逸，或为偶然而发见者。故三种之资料，不得偏重其一。但研究历史之方法，则在活用之而敷衍历史之资料，以扩充其范围已耳。请言其方法。（甲）搜索。亦即发见之谓也。（乙）引证。举两两而比较之，则可就已知之两事，而知第三之新事。（丙）推度。同生同，异生异，以何原因，生何结果，絜此可以推彼。（丁）假定。例如见古坟之整然，可以见古代社会之秩序焉。夫

---

① 蒙生，即特奥多尔·蒙森（Mommsen, Theodor, 1817—1903），19世纪德国法学家和历史学家。历任莱比锡大学、苏黎世大学法学教授，柏林大学古代史教授，属兰克学派。著有《罗马史》、《罗马宪政史》，还主持编纂《拉丁铭文集成》及《罗马国家法》等。
② 沙维廉条立司，即英国梵文学者、东方学家威廉·琼斯。

资料者各别者也，其间有连续者，有不连续者，于是事实与事实之间有旷阙，不补此旷阙，则历史上之事实不全，苟欲全之，莫如假定说。

发见者，批评之基本，发见及批评者，解释之基本。虽然，三者本无别异之作用，必共同而用之，断不能偶一分离。

第二 批评

批评者，非批评历史的事实之谓也。盖所谓历史的事实者，复杂之意志之结果也，其意或相一致，或相冲突，且其事已往，而不过其痕迹之存于记忆上、事实上，此之谓历史的事实。此资料既发见矣，此资料者乃表证生产此资料的古人之意志者也。夫存于现在之资料，而与生产此资料之古人之意志之间，果有如何之关系，能判定之者谓之批评之要务。然而批定之方法，则以其关系之如何而定。

一、关于材料之真伪之批评　研究遗物及纪念物者，人类学、博言学、考古学之职掌也。至于批评记录，则别为一种之科学，称之为古文书学，自外部而观之，则鉴别记录及其他文书之真伪之学也。若夫自内部而观之，则批评古文书之真不真，正不正，确实不确实者也，是为高等批评学。

二、关于材料之变化之批评　所谓材料者，果无变化，而尽将原物传之者耶？若有变化，则其变化果何如耶？是不可以不研究也。若此者，所以考史料之经过岁月而有无变化者也，所以举前与后而比较之，以考其变化之次序者也。

三、关于材料之确实之批评　材料藉真正而无变化，而尚不足以为确实者，则不得不考其证据之果符合于事实否也。

历史辩证之规则，专在记录。其原则如何？曰一切之证据，当与事件同时代者，或自可信之口碑而由同时代之人所传者。要而言之，沿流溯源，当溯之无可再溯之源而后止。

请就记录而抉其宜注意者。一、著者叙述之事实，其材料如何乎？

二、当时世上一般之思想，于著者有如何之影响乎？三、就记者所铺张之事实，其举个人之特色，而隐隐焉显于言外者何如乎？至于记录之诚实与记录之确实，自属于别种问题。但记录虽诚实无可疑，而其记事或有不确实者，但记事虽不确实，而要不得断为记录之诈伪者，此盖研究宗教史之最要点，不可不知者也。

确实之口碑，或随岁月而湮没，而记录则不然。然世人非无以口碑所存之证据，为同一随岁月而湮没者，如英国之数学家克来固[1]是也。彼以此措虑，遂谓虽基督教之证据，亦应有达于零度之时期，而其时期则假定为宗教之衰与世界之末日为同时期，因而豫算世界末日之在何时焉。法之星学家拉普拉司[2]亦曰："虽有印行术，而今日确实之事件，必经年代而讹谬焉。"要之，是皆过虑之言，不足为训。今夫文书者，夫岂经过年代而遂足消磨其价值者哉？不过经过年代之后，欲明其出处，欲表其著者之信用，稍为难焉云尔。初非口碑之以人传人，以口传口，而失其本原者之所可同日语也。虽然，记录之为物也，亦既经过年代矣，则又未尝减其价值之危险焉。一记录果真实耶？二得毋添削字句耶？此亦必生疑惑者也。当雅典与美加拉[3]争沙拉迷司岛[4]，而请判断于斯巴达也，其贤人梭伦[5]者加字句于荷马诗中，遂使雅典得胜利焉。宗教上之文书，如此类者甚多。藉不至是，而誊写之辗转，印刷之纷更，脱误亦在所不免也，此古文书之所以必须保管也。

---

① 克来固，即约翰·克雷格（John Craig，1663—1731），18世纪英国数学家。为牛顿的朋友，苏格兰人，曾在爱丁堡大学学习，在剑桥大学度过了大半生。是当时英国理解微积分的为数极少的数学家之一。

② 拉普拉司，即拉普拉斯（Laplace，Pierre Simon，1749—1827），法国天文学家、数学家和物理学家。著有《概率论的解析理论》、《天体力学》，在《宇宙体系论》中提出太阳系起源的星云假说。

③ 美加拉，即麦加拉（Megara），一译墨加拉，雅典的邻邦。

④ 沙拉迷司岛，即萨拉米岛（Salamis），位于雅典南部海岸。

⑤ 梭伦（Solon，约前638—前559），古希腊政治改革家和诗人。出身贵族，前594年当选雅典首席执政官，进行经济和政治改革，制定新法典。被誉为古希腊"七贤"之一。

然而古来历史家之习惯，亦不可不察。赫洛德他①、司克特②、路西安③等古代之历史家，往往撰为适当之演说，以编入历史中，毫不确实。自史祖白里皮乌④破此习惯以来，近世之史家颇无此弊，然其事实之解释，情形之摹写，时不免穿凿事实之患。且当政党政治之世，倘不明历史家之党派及主义，则其不可读之处甚多。如休模之《英国史》⑤，偏于多黎主义⑥，而马哥来则偏于霍衣士固主义⑦；迷士福德⑧之《希腊史》，则贵族主义，而克洛托⑨则民政主义。贸然读之，无不限于误谬焉。吁，吾于是服兰开⑩也。兰开之所以为独一无二之历史家者，正以其无此弊也。

---

① 赫洛德他，通译希罗多德（Herodotus，约前484—约前425），古希腊历史学家，被誉为西方"历史之父"。生于小亚细亚的哈利卡纳苏城，曾游历埃及、巴比伦、黑海北岸等地，并长期寄居雅典和南意大利的条利城。著有《历史》即《希波战争史》9卷，系西方第一部历史著作。

② 司克特，即伊索克拉底（Isocrate，前436—前338），雅典雄辩家、教育家。曾开馆讲授修辞学。继从事政治活动，呼吁马其顿国王领导希腊各城邦反对波斯帝国。希腊丧失独立后绝食身亡。今存演说及政论数篇。

③ 路西安，即卢奇安（Luciano of Samosate，125—180），一译琉善，古希腊讽刺作家。著有《神的对话》、《冥间的对话》、《怎样写历史》等。

④ 白里皮乌，通译波里比阿（Polybius，约前200—约前118），古希腊历史学家。生于阿卡狄亚的麦加罗城。第三次马其顿战争（前168）后入质罗马，托庇于斯奇比欧家族。著有《通史》（亦称《罗马史》）40卷，主要叙述罗马与迦太基进行布匿战争，及地中海东部希腊化各国的历史。被称为"历史学家中的历史学家"。

⑤ 休模之《英国史》，即休谟所著《朱利安·恺撒入侵至1688年革命的英国史》，从托利党人（Tories）的立场观点来叙述詹姆斯一世至英国"光荣革命"的史事，奠定了托利派的史学观点。

⑥ 多黎主义，即托利（Tory）主义。

⑦ 霍衣士固主义，即辉格（Whig）主义。马考莱所著《詹姆斯二世即位后的英国史》，代表当时辉格党的立场观点。

⑧ 迷士福德，即威廉·米特福德（Mitford，William，1744—1827），19世纪英国历史学家。托利党人，曾任国会议员、汉普郡民兵上校。著有《希腊史》5卷。书中厌恶雅典的民主政治，歌颂历次的贵族运动，反映托利党人的观点。

⑨ 克洛托，即乔治·格罗特（Grote，George，1794—1871），19世纪英国历史学家。伦敦大学创办人之一。曾任国会议员多年，在政治上属激进派。后为伦敦学院院长。著有《希腊史》12卷。书中以辉格党人的观点，颂扬了雅典的民主制度。民政主义，即民主主义。

⑩ 兰开，通译兰克（Ranke，Leopold von，1795—1886），一译朗克，19世纪德国实证主义史学家，兰克学派创始人。曾任柏林大学教授、普鲁士王家史官。著有《拉丁日耳曼民族史》、《罗马教皇史》、《世界史》等。

如前所述，事实之复杂如此，而批评之法，则在就此事实之复杂，而思有以求其如何之要点焉。夫批评之结果，虽期与事实不相差，然要不可以言历史之事实也。事实即使真正而确定，尤不可不下以解释，如是乃可渐得历史事实之要领。故批评不过曰与吾人以适当之材料，适当之位置之关系，俾得据以为下解释之基础耳。

第三　解释

人身肉体之运动也，由于机关；机关之运动也，由于筋；筋之运动也，由于意志；意志之运动也，由于目的，然亦人间之事也。历史虽大，故亦可以观察此四点者，而一下真正之解释，即原因、结果之解释，关系、事情之解释，心理的解释，当代事情之解释是也。

（甲）原因、结果之解释。使过去之事实复活见于吾人之思想间者，史学之要务也。然过去之事实，非单独孤立者，以前有原因，后有结果，而始生出数多之事实，则在吾人亦须解释此等之关系矣。其解释也，如资料富足，则尽以证明法证明之，即所谓由已知以证未知者是也。且事实与事实过渡之处，必附以适当之假定法，尤为要事。

（乙）关系、事情之解释。一、就其直接之原因、结果而解释之。二、就其生此事实之事情，举所谓间接之原因而解释之。如日本足利尊氏①叛逆，其事虽堪憎恶，然要当一察当时之事情，以明其所以谋叛者。不然，则尊氏之叛逆，反得成功，楠氏之忠诚，反归失败，且将理穷辞屈，而空发天道是非之叹矣。其解释之法，有三种如左。

一、关于空间之事情，即地理是也。盖说明古代文明之起原者，多在地利，支那、印度、埃及、卡耳的亚之夙开文明者，以地理便也，罗

---

① 足利尊氏（1305—1358），日本室町幕府第一代将军。本名高氏，以助后醍醐天皇"建武中兴"有功，赐名尊氏。1336 年反叛，另立光明天皇于京都，为北朝，后醍醐天皇出奔吉野，为南朝。由此日本遂分南北朝，长期处于对立局面。1338 年自立为"征夷大将军"，在京都开创室町幕府。

马之统一意大利者，以意大利在统一地中海周围世界之位置也。

二、关于时间之事情，即时势是也。

三、关于方便之事情，即生此事实之方便，如物质上及道德上之事情是也。盖当时之舆论偏僻流行，人情民心之倾向等，皆生历史上事实之方便者也。

（丙）心理的解释。历史上事实无不关于人间之意志，故必须解释历史上人物之心性及意志。如大人豪杰者为时代之代表，并为回转时代之大势力，故解剖其心性而表明之者，乃历史上事实所不可缺者也。今夫一事之成也，非仅赖个人之意志而已。历史者因社会之势力而动者也，此势力之中，凡人无不与焉。所谓历史的人物云者，不过参与此社会势力，其分量较大焉耳。而论其实，凡人无不皆与此势力也。大人豪杰不过社会中之一物，而顾以社会之生命、历史之精神，而指为大人豪杰之传记也，则大谬也。

（丁）理想之解释。上章言解剖人物之心理，研究犹有未尽焉。盖又有产出此等历史的人物，唤起此等历史的人物者，即所谓社会之心理也，可不研究乎？亚力山大、西查、谟罕默德、克罗姆爱耳[①]、拿破仑[②]、赖朝[③]、秀吉[④]，历史上之大思想家也，而其思想大抵代表社会之理想焉。罗马共和时代之末期，意大利与意大利以外之人平等，不得独置

---

① 克罗姆爱耳，即克伦威尔（Cromwell, Oliver, 1599—1658），英国政治家。在 17 世纪英国资产阶级革命中，为独立派领袖。内战时率领国会军战胜王党军队，处死国王查理一世，成立共和国。后建立军事独裁的"护国政府"，自任"护国主"。

② 拿破仑，即拿破仑·波拿巴（Napoléon Bonaparte, 1769—1821），法国大革命时期军事家、政治家。1799 年任共和国执政。1804 年建立法兰西第一帝国，自称拿破仑一世。1815年滑铁卢战役惨败后，被流放于圣赫勒拿岛，病死。

③ 赖朝，即源赖朝（1147—1199），日本镰仓幕府第一代将军。源义朝第三子。早年以父起兵反平清盛失败被杀而遭流放。1180 年与岳父北条时政举兵，在富士川之役中败平氏军，5 年后灭平氏。1192 年任征夷大将军，开创镰仓幕府。

④ 秀吉，即丰臣秀吉（1536—1598），日本战国时代末期武将。生于尾张国中村（今属名古屋）。早年为织田信长的部将，称羽柴氏，后任关白（辅助天皇处理政务的最高官职），赐姓丰臣。于 1590 年灭北条氏，统一全国，建立中央集权统治，为幕藩体制奠定基础。曾两次出兵侵略朝鲜，失败后郁闷而死。

国家之基础于意大利，而宜置之于帝国基础之上者，时为之也，西查实代表此社会的理想而成功者也。曹孟德[①]"汉乎，汉即吾"一语，彼皆代表当时之社会之理想，以操纵社会之人心与势力者也。各人之意识，虽一时发现，一时消灭，然所谓成长此意识，发达此意识，教育此意识，陶冶此意识者，实社会一般之人心为之。社会之意识，个人意识之母也；而个人之意识，又社会意识之要素也。吁，个人之贵有心理学，与社会之贵有心理学，如是如是。盖所称为各时代的社会之思想之观念者，乃构成其历史真理之原因，而历史之事实，即此社会之思想与观念之结果，而发为现象者也。

当为此四种解释之时，又有二大方法焉。举成立社会之诸要素，而以为其间有自然之连络、一定之关系者，此解释之一方法也。举成立社会之诸要素之消息，而以为盛衰消长之所以朕兆者，此解释之又一方法也。一为横观的社会，即平面的观察，一为竖观的社会，即流动的观察。盖一为静状的观察，一为动状的观察。然动状的观察有二，一自现今而溯既往，一自既往而察现今，二者于心意之作用少有所异。自现今而溯既往者，分析其结果而归到各原因者也，故专属于分解法。自既往而察现今者，以一事实之生产他事实，而研究其成长发达之状态者也，故专属于综合法。历史的方法，二者不可分离焉。通常之历史虽由既往而察现今，但自心理上之作用言之，则历史的方法究为由现今而溯既往者。试思历史之意义，果"由果溯因"之意义多耶，抑"由因溯果"之意义多耶？

发见材料者，一技术也，批评之者，又一科学也。至解释之者，则须别具哲学思想者也，所谓史眼者，殆在此夫。然而历史之解释，恐仅有哲学思想尚不能尽其意义，则以具备史眼者，尤必须有美术的思想也。夫历史者，以人间为主题，以人间为目的者也。虽叙一奸雄之事

---

① 曹孟德，即曹操（155—220），字孟德，三国时政治家、军事家、诗人。曹操此语见《三国演义》第二十五回："操笑曰：'吾为汉相，汉即吾也。'"

迹，然仅以憎恶之情写之，尚未合历史家之资格，必也为之代表其同情乎。虽判断事实之有无，正当如科学者之研究物质，毫不游移；评其是非得失、存亡成败之原因，正当如明法官之判审诉件，毫不宽假。然而西来①不言乎，曰："世界之历史者，世界之法庭也。"是则历史家者，即高坐法庭而断案之判官也。仅能责人，安足为高等之判官？必也设身处地以踌躇之，若以我生此人之时代，居此人之位置，遇此人之事件，如何而应变乎，如何而全躯乎，为之一一思量焉。然不仅对于人物而宜然也，即对于制度文物，亦乌可不然？譬如以反于人情之制度，而顾能行之于社会之上者，则当时必曾度其社会之可行与否也亦明矣。故准今日之事情，虽有不可不排斥者，而苟不以社会几分的同情观察之，则终不能谓正当之解释。而其观察之手段有三：

第一，如雕像师，搜集种种之材料，而于过去之人物及制度，如有复活之肖像焉。从其人物、制度之表面而观察之，又自背面而观察之，又自左右而观察之，务使真像宛然，而后可从事雕刻。

第二，如名画工，不但在一人一事之真像，尤必写其位置焉。即以历史表面、里面之比较，而揆其位置之远近，以历史光面、暗面之区别，而描其真相之光景是也。夫画术之真正者胜于照相，故历史家仅为记录者，非真历史家也。

第三，合雕像、画工之手段，而更参以活手段焉。历史上之事实，乃有血有泪之事实之所成，若雕像，若画工，尚不足以尽其义。必如真正俳优之演戏曲，如生其人之时代，如居其人之位置，如遇其人之事件。然犹未尽也，必也入其人之思想，入其人之感情，入其人之意志，全有其人之精神，二而一，一而二，然后无余蕴焉。凡立于历史之主位

---

① 西来，通译席勒（Johann Christoph Friedrich von Schiller，1759—1805），德国剧作家、诗人、文艺理论家，德国浪漫主义文学代表作家之一。著有《强盗》、《阴谋与爱情》、《华伦斯坦》、《威廉·退尔》，及《论悲剧艺术》、《美育书简》等美学论著。同时也是一位历史学家，曾任耶拿大学历史教授，撰有《尼德兰独立史》、《三十年战争史》。曾说："世界的历史就是世界的法庭。"

与客位者，罔不区别，凡关于事实（久）〔之〕①发端，进行之段落，盛衰之波（兰）〔澜〕②，终局之团圆者，罔不明白，此之谓研究历史。

是可知真正历史家，必须有三种之资格，第一科学家，第二哲学家，第三美术家是也。今夫人间之社会，伦理的社会也，组织社会种种之团体，即道德的团体，而有道德上之目的者也。曰家族，曰地方，曰国家，曰世界，是皆有道德上之目的者也。社会之目的既在道德，则历史之目的亦不在于道德范围之外。凡欲为真正之历史家及真正之读史家者，必先由以上之手段养成其品格，正实其意志，以之解释过去事实，而岂仅以之解释过去事实也哉？呜呼，进于道矣。

---

① 据文意改。
② 据日文原文校改。

新
史
学

———————

日本　浮田和民　讲述
金匮　　侯士绾　译

上海文明书局

第一章　质性及范围

将欲穷究古今，博观内外，迹进化之机，识全球之势，明人民、国家之关系，则历史其渊薮矣。虽然，历史之书，汗牛充栋，历史之义，广博无涯，浑浑名称，包罗极巨。不知质性，不立范围，自开卷以至终篇，（自）〔目〕[①]迷五色，易致混淆。兹于篇端，略述其义，分之为四：甲、客观；乙、主观；丙、记录；丁、史学。

甲者，历史事实之物也。

乙者，即事实而理会之也。

丙者，即客观之事实与主观所理会者，反复参究，谓之记录。

丁者，将记录及他遗物比较研究，适于至当，以明历史事实，即谓史学。

甲、乙两义，实胶附而不分，盖二者相合，始为历史事实。然学者有专注客观，或仅究主观者。陆慈[②]《小宇宙》有历史论，立意专指客观；裴孔[③]《劝学论》，以主观之义说历史；乐爱逊[④]《史学原理》兼用两义。

由此可知，甲、乙相合而为历史事实，丙为事实记录，即史学之材料也。而历史所以为学者，则在丁义。故历史与史学，义有广、狭之分，历史之义四，而史学之义惟一。

欲知历史质性而定其义，必先究客观者，知此即知历史之质性矣。

---

① 据文意改。
② 陆慈，即德国哲学家海尔曼·洛采。
③ 裴孔，即英国哲学家培根。
④ 乐爱逊，即德国历史学家德罗伊森。

后当参考历史研究法时，则详审主观者亦所必要。

通常历史，记事实者也，以记事实为目的者也。然历史非记事实，亦非以记事实为目的者也。事实世界随历史世界而扩充，历史固不仅记事实也。

或以解明事实为历史特质，而世常以事实为陈迹。虽然，二者决非一辙也。祁莱[1]曰："以余观之，古往陈迹，属于历史者少。而今来情况，属于历史者恒多。"彼专科之学，积久则举其种类肖似者，汇为一类。若历史则以解明世界凡事为主义，知历史非一科学，实为凡百科学之基础也。由科学而言，则历史实参究其原委情况者。然则反之而欲参究各科之原委情况，则当溯其属何时历史亦明矣。

以历史事实为陈迹，谬矣。二义相去，殆若径庭。盖宇宙间情况，转瞬非今，故过往事实，越历史范围者不鲜。欲明之，必先知宇宙间二状态。

所谓宇宙间状态者，事物之变迁是也。其状态或为循环，或为进化。

变迁中有定一之期，造其极而复反于始者，谓循环状态，如四时转圜，天体运行是也。

变迁中有确然秩序，而发达生长者，谓进化状态，生物界及人间社会之状态是也。

凡状态之往复运行者，属于天然。非往复而前进生发者，属于历史。

天然者，统于不易之理，从而为往复之形。历史者，统于进化之理，旨在前趋，绝不往复。

凡事凡物，即空即实。惟天然者专属空，历史者专属实。

以宇宙为天然，则定一不变，万古不易，故全，其像如圜圈。

以宇宙为历史，则有生长有发达有继进，故不全。且其进步绕曲不直，有旋进而旋退者，有旋升而旋堕者，故状如螺旋。

由此观之，以宇宙为天然，既全矣。而以为历史，则今尚在生长发

---

[1] 祁莱，即英国历史学家约翰·西莱。

达之中。盖未及其终，则宇宙之历史未全也。天然状态，几经往复，故观察维艰，然尚有究验之方。至历史则不然。此天然科学所以全，历史诸学所以不全也。

历史事实为进化状态，凡诸生发进化者，历史事实也。非然者，仅供专学之资料，不得为历史事实。

凡定时生发，达其期复归原始者，为循环状态。若彼动植物，顺序生发，达其时际，反厥真原，一死一生，固循环情况也。

由是知研究历史客观者，必不限于人事，凡进化事物，皆为历史主题。然通常历史之主题，在记载人间所行所验之事。盖以万物虽皆进化，而超群著效者，乃在人间。故历史之义虽不限于人间，特征诸此，即知梗概矣。

泰西学者扩张史例，举凡事物之在地球者，悉数归之。有举民生日用之常，一属之史，至将无机世界作用亦编入者，要使万有进化状态，皆得归之历史。反之而虽人间之事，苟非进化状态，即不得属之。顾人类为动物之一，一生一死，固为循环，其体质无进化之理。至于牲灵，而派古 [①] 犹言不能窥测古人天性进步之证。虽然，文明进步似随脑髓及心意之能而发达，然非学者所能证明者也。溯古榛狉之时，迄今文明之世，其进步虽属非常，而派古以为境遇之进步，社会之发达也。盖人类自然能力，其数及质，古今同一，文野平等者也。四支五官之数与质，古今、文野人类，果有优劣否乎？即智、情、意之天性，今世文明人士，究不闻有超群才力，为古人所无者。虽才力之大小强弱，天性或有不同，苟集而均分之，古今原无优劣也。夫人类天然能力，既定而不变，则古人不有之才力，今人断无有之者。此能力之数及质，确无进步之证也。自智识进步，智力则否，道德进步，天性则否。智识及道德之进步，悉系于社会境遇之进步者也。今吾人知希腊人不能知，为希腊人

---

① 派古，即英国历史学家巴克尔。

不能为之事，然则吾人天性能力，愈于柏拉图、雅里大德勒① 乎？能力之度，今之学者固较彼为高，而所以胜者，不外乎时势之进化，社会之教示。故伴文明进步，而人类天性能力，渐增与否，蒙昧难明。文野人自然能力优劣之因，非学者所能断矣。试使文明国幼孩，不受教育，不蒙社会感化，文教转移，与蛮野国者何以异乎？凭实而言，确无文野之别，凡幼孩者，皆类蛮人。故人于一代之中，出蛮进化之状态，可得言矣。然则人类虽动物之一，进化最早，而既达于动物进化之极端可知。虽然，谓之为社会动物而观察之，则万物之中生发进化者，莫大乎人类。其体质虽无进步，而心意之自然能力进步极早，自分功之结果，合作之成绩，而社会之于知识、道德及其组织，永有生发进化之状。故今日言历史，必读人类之历史，言人类之历史，必读社会之历史。要之，历史特质在事实之变迁进化，非独立孤行，而前后实相连络。前之事实生长发达，后者扩而充之。前者为因，后者为果，前后之间，有生发而无间断。其状态由单迁复，由简入繁，由同至异。而历史范围存于进化状态之范围，虽不限于人间，而他事物之进化，其程度兴味远不及人间社会。故言历史者，在玩味人间社会之进化也。

---

① 雅里大德勒，即亚里士多德。

第二章　定义及困难

凡学之质性、范围，定其义之基础也。从来史学之定义不一，多就其质性、范围而为异论。盖古人设历史性质者，难更仆数也。

杜乐泥埃[①]氏为希腊哈利顾乃斯[②]大家，卒于纪元前七年。定其义曰："历史者，以例教人之哲学也。"英国近世文豪马克来[③]曰："历史者，诗与哲学之混合也。"然二人所言，按其质性，究欠精当。盖历史虽为以例教人之哲学，然不能谓以例教人之哲学即为历史。虽不外诗与哲学之混合，然不能谓凡诗与哲学之混合即为历史也。

哈蜜登[④]曰："历史者，文之载具时日本末者也。"然历史事实，具时日与不具者并记，且非历史状态亦有具时日本末者，如四时之变迁，天体之运行是也。

盖惟乃[⑤]曰："历史者，记载政治者也。"富里孟[⑥]曰："历史者，过往之政治也。政治者，现今之历史也。"祁莱之所解亦同。然言政治与历史亲密之关系固属适当，而于历史之定义太隘矣。盖以历史之范围，不仅为政治上之事故也。

揩拉衣[⑦]谓"世界历史为大人之传记"，是矣，然谓世界历史为大国民之传记，尤为适当，而英雄与历史之关系，于次章更详论之。

---

① 杜乐泥埃，即古希腊历史学家狄奥尼修斯·哈利卡纳苏。
② 哈利顾乃斯，即狄奥尼修斯的出生地小亚细亚的哈利卡纳苏（Halikarnasseus）城。
③ 马克来，即英国历史学家马考莱。
④ 哈蜜登，即英国历史学家汉密尔顿。
⑤ 盖惟乃，即德国历史学家格维努斯。
⑥ 富里孟，即英国历史学家弗里曼。
⑦ 揩拉衣，即英国历史学家卡莱尔。

挨路乐①以历史为社会之传记，其旨与揩氏相同。据其说，则传记载个人之生活，历史载世界之生活者也。传记与历史所异，一关于个人之目的，一关乎公共之目的耳。社会虽积个人而成，惟既成社会，有人人公共之生活存焉。即于个人思想、个人利益外，存公共思想、公共利益也。历史所究，即在于此。故读历史者，必读社会之历史，文学社会之历史，商业社会之历史，宗教社会之历史等。不仅读其涉于个人之生活，在读其公共普通之要质，成就是社会者。苟历史就人物而不述其关于社会之公共事迹，只可谓传记，不可谓历史。要之，传记为个人之历史，历史为社会之传记耳。抑社会之生活既悉属之史，则国家之生活必为历史之主题。盖以国家为社会最高尚者，凡百社会，悉依恃焉故也。故不加他名，仅称历史者，即读国家之历史也。然则历史云者，广言之，即读凡社会之传记；狭言之，即读政治社会即国家社会。之历史也。然代表国家公共生活者，政府也。政府大权常操之君主一人，于是传记与历史混，历史之所记，仅为君主之传记，而失其真相。虽然，历史与传记，经界划然，非可混乱者也。

以历史为社会之传记，仅属喻言，未为确当定义也。然挨路乐确定传记与历史之别，谓："凡事无公共目的者，属传记，非历史。所谓历史者，必出于个人目的上，为公共之目的。"旨哉言乎，确然不可动矣。惟不明社会传记之义，则历史真释未足发挥。

斯宾塞曰："历史真价值，称为记述社会学。而史氏之职，在述叙国民之生活，为比较社会学之资料，以便于确定其究竟法则，统摄社会状态者。"又曰："吾人所当知者，社会自然之历史也。欲知社会生长构成之妙谛，须知凡百事实。"据其说，则从来普通历史，仅为帝王传记，不仅实际无益，即于社会学亦鲜利也。由是观之，知斯宾氏所言历史定义，即为社会自然之历史《记述社会学》矣。

---

① 挨路乐，即英国教育家和历史学家阿诺尔德。

德国哲学家海辂[1]，以道义统摄世界，为史学之基础。其道义之见于虚者为天然，见于实者为历史。虽海辂史论，苟不知其哲学，融悟极难。然当学术界进化之先，而首明历史质性，可谓卓识矣。

惟历史之义，必由其事实之质性而定。而历史事实，在言其生发进化之状态。故必具进化之质性，自知进化状态所存，即历史所存也。然则历史者，岂仅为人间及社会之事乎？万有之中，有天体之进化，有地球之进化，有动植物之进化，称为万有之历史非不当，况有 Natural History 纳加拉海逊[2]之语乎！但万有中进化最善者为人类，而人类中进化最善者为社会。故如挨路乐言，谓历史必读社会之历史，亦至当也。

广言之，历史有二种，一为万有历史，一为人类历史。狭言之，则历史为人类历史，而研究是学者为史学。故历史虽有两义，而史学仅为一义，即研究人类历史之学是也。要之，史学者，研究人类进化阶级及法则之学也。但就人类而言，其体肤及心意自然之能，实乏进化之证，今日所谓有进化者，其社会之生活也。故史学者，必为研究社会人类进化之阶级及法则者也。约言之，即研究社会进化阶级及法则者也。惟任何动物，为社会者虽多，所谓社会本能，殆乏进化之证，盖似定一不变者焉。

然人类历史之得为科学与否，为异论者甚多，而其根据有三：

（甲）人间有自由之思焉。夫人间之学，成立实难，而此困难，于不认自由者尤甚。不知意志虽自由，人间自由非无限，且非无法则者，统计学所证明也。夫意志每自理由所感发，而其理由，则本于天性、社会及其境遇者也。故虽意志得自由，其意志之动机有限，且为法则所统摄。其于历史之为科学虽无碍，然当人类意志知识未全时，使历史达科学之地位极难。盖历史及社会之事，非仅涉个人之意志，乃涉众人之意志者。故历史得称完全科学，非仅俟个人心理学之成立，必俟社会心理

---

[1]　海辂，即黑格尔。

[2]　纳加拉海逊，即 Natural History（自然历史）的音译。

学之成立也。

（乙）证明世间今昔之事实甚为困难，究不能全无遗漏。如亨泥排[①]事，除敌人所传，别无记载。是乃研究历史之困难。然人间之事，非尽若是也。人力难证之事，虽所不免，然不过个人心术及单独事实耳。至历史及社会之事，概得证明。如我述父母所生之男女，实属传闻，究难确证。盖单独事实，须臾消灭。而史学目的为世界进化之状态，非须臾消灭者，且系于社会之大局，得确然观察者不难。又其事迹多存，用之为本，证以科学，无所难也。

（丙）历史事实非循环状态，实具无限之进步者，故发见其例，须时无限。此又今日史学较他科欠阙之一因也。然则发见世界进化之阶级及法则，必俟世界达于终极之时，然后为人生最要之事。虽然，世常以历史为一美术，仅载古人物及社会情态，且其范围徒限于具记录之时代及文明社会，则据史例而求知社会之阶级甚难。夫历史者，科学之关社会者也，其当研究，非仅具记录之时代及文明社会，当就人类社会进化之迹，而观察古今文野之悬殊，后日史学定义，其成立非无日也。现今历史，如前所述，较他科学稍欠完全，非历史不及他科学也，所究之状态复杂，未易归于简一也。故虽前述史学之义，必本其目的及理想而定可知也。

尤宾呼爱[②]曰："历史虽为合理知识，非科学也。"科学意义，在具定法而得证明数理。历史犹未得为科学也。

虽然，时当今日，可预定历史为科学之成否矣。生物、心理、人类、社会诸学，进步昭然。史学藉其资料，必成立无疑。昔苏格拉第[③]谓究天文、物理为无用，以统于神明，非人智所能及，为人者仅尽人道

---

① 亨泥排，即汉尼拔。

② 尤宾呼爱，通译叔本华（Schopenhauer, Arthur, 1788—1860），19世纪德国哲学家，唯意志论的创始人。曾任柏林大学哲学副教授，激烈抨击黑格尔哲学，后辞职。著有《作为意志与表象的世界》、《论自然界的意志》等。

③ 苏格拉第，即苏格拉底。

而已足。近十七世纪，英国乐士骅^①言物质分子之微细，难以洞彻，故物理学不能成立，今则物理学既美备而成立矣。十八世纪，砼德^②谓心理学之难成立，今则不既成立乎？本世纪前半，壳马托^③虽屡言天体之化学成分，非人智所可及，然蔻霍富^④及傅兰温霍傅尼^⑤非分析日星之构造者乎？人间社会之学，虽以复杂而成立极难，然近今诸学在社会者进步彰彰，历史岂永不为科学乎！

---

① 乐士骅，即英国哲学家洛克。

② 砼德，即德国哲学家康德。

③ 壳马托，即法国哲学家孔德。

④ 蔻霍富，即基尔霍夫（Kirchhoff, Gustav Robert，1824—1887），19世纪德国物理学家。曾任海德堡及柏林等地大学教授。与化学家本生（R. W. Bunsen）一起确立光谱分析理论，发表基尔霍夫定律，利用光谱分析法发现铯和铷两种元素，解释太阳光谱中的夫琅和费线。著有《数学物理学讲义》。

⑤ 傅兰温霍傅尼，即夫琅和费（Fraunhofer, Joseph von，1787—1826），19世纪德国物理学家，天体分光学的创始人。改进了消色差望远镜，发明衍射光栅，率先对太阳光谱中的吸收线作了系统的研究，被称为夫琅和费谱线，奠定了光谱学的基础。

第三章　价值

斯宾塞曰：

> 或询汝昨日邻家狸奴产否，汝则答之。此其知识无价值者也。汝所言者虽为事实，一无所用，生活行为，不及影响。欲于人生有关，当为有益之问。今用以体察历史事实，多数所得，与此正同，皆无终结难组织者。故定行谊之例，必去无益之事，而事实所要，其益在定行谊之例。

又曰：

> 真组织历史事实者，每多遗漏。历史家使人易得有益之知识，近年事也。古时记事，悉载帝王，不及人民。古帝行事，堆填满纸，国民生活，朦胧而存厥中。今则视国民之福祉，较上为重，历史家亦渐究社会进化之状态。故吾人所当知者，社会自然历史也。欲识社会生发组织之因，凡百事实，皆当研察。

斯宾氏所言，指摘古今历史误谬，可谓无余蕴矣。盖历史定义不明，易与传记相混。且历史事实及其人物之价值，标准不定，或略有用事，而揭无用者，或称扬历史上无价值之人物，而贬斥其有者甚多也。

历史事实及人物之价值，一以其质性、定义为标准而决者也。合标准者，虽背吾信仰，逆吾希望，必认为历史上有价值事实。故成大功、建巨烈者，虽吾人政教之敌，必认为历史上伟巨人物也。夫历史事实为进化事实，即所生长发达之事实也。狭言之，即涉于人间社会进化之事实也。进化事实者，连续无间者也，前之事实，后者所由以发达生长者也。前者为因，后者为果，前后之间，有生长有发达，其状态由同入异，由简入繁，故谓进化事实。

凡言宇宙状态，其事实与他无涉者，为无用事实，为无价值事实。凡百学科，多因此事及彼者也。故事实与他无涉，不列全部者，为无益学业之事。凡单独孤立之事，无用于科学，亦无用于历史。

惟历史事实之特色，在于生发进化，通上下，贯古今，要非孤立而干系他事，非单独而胚胎他事者。即其大事实亦然。祁莱所谓"孕妊力"，可为历史事实之价值之标准。精言之，则历史范围存于社会进化之范围者，概为历史事实。凡事实属此范围，合其标准者，皆为历史上大事实而有价值者。不然，任何愉快有味，不可列于历史，而无价值者也。帝王史传非无价值，战争记事非全具文，要观其于社会进化上有关系焉否耳。

判断历史人物之价值，其标准亦同。古来英雄豪杰之定义，不一而足。"胜千人者谓英，胜万人者谓杰。"《史记》注释之定义也。"男子不能流芳百世，亦当遗臭万年。"晋桓温之定义也。孟子曰："大人者，不失其赤子之心者也。"文中子曰："自知者英，自胜者雄。"虽然，是皆难为历史人物之标准也。何则？历史上有价值者，非必圣贤，私德不修之恺撒，不可谓非历史上人物也。基督曰："尔等有无大欲者，可为人仆。"斯言也，于判断历史人物之价值，较前数者为优，以含蓄社会之要质故也。私德虽高，而公德不足感化社会，则于历史上无价值。私德虽有阙，而公德有关社会之进化，则不害为历史上有价值之人物也。亚蔻马[①]与陶渊明，虽遁世入山，其著作遗世，天下风靡，倾动社会，不可于历史略过也。反之，而小亚细亚之希腊人海乐莱太[②]，冀名传后世，

---

① 亚蔻马，即文艺复兴时期欧洲宗教作家托马斯·肯皮斯。

② 海乐莱太，即希罗斯特图斯。

当亚力山大诞生之夜，烧女神第挨纳圣殿[①]，身触刑戮而不悔。世界进化之上，初无影响，虽名存于今，实历史上孤立之事，不足存者也。故历史上有价值者，非仅胜千万人之谓，非仅名传后世之谓。大英雄、大博士、大美术家为历史人物，非仅为奇异也。如博言学家巴代斯[②]忘己结婚时刻，数学家架斯[③]得妻女危笃之报，而有待余抵家之答，播为奇谈。然彼等成伟大学士，非因奇谈所致。盖由专于学而凝其志意，至忘万事，尽瘁于研究学理故也。故所谓历史人物，不外乎伟大人物，其所伟大，非因其卓越于千万人，必自个人势力而胚胎数多事变，为世界进化之基者。定历史人物之价值，其标准不外乎此。

英雄之于历史大有关系，固也。但于此有二说焉。一见于揩理《崇拜英雄论》[④]，以大人为人世造物者，世界大事业为大人所存思想之显见者。即世界历史，仅为大人之传记也。一则马壳莱于《读理登论》[⑤]言之。据所陈说，似大英雄、大博士之效力，皆属虚无。彼以崇拜英雄与崇拜偶像相比，曰偶像者人所造也，然人拜跪其前，若己为偶像所造。国民对英雄亦然。英雄原时代所造，然国民者以英雄造时代而崇拜之。英雄之影响社会固也，然彼因社会而获利，今特还偿之耳。夫造人者时势，而非人能造时势。使路德不生于十六世纪，而生于十世纪，岂得成宗教改革之功乎？即彼不生于十六世纪，不得言无宗教改革也。其他实例亦然。虽无歌白尼，地动说必行于世。虽无科仑布[⑥]，新世界必能发见。虽无达尔文，进化说必能风行。大人位置之系于知识进步者，若山之系于地。马壳莱云：

日有在地平线下，而其光已射山上者。一真理未显于众人之

---

① 女神第挨纳圣殿，即狄安娜神庙。
② 巴代斯，未详。
③ 架斯，即德国数学家高斯。
④ 揩理《崇拜英雄论》，即卡莱尔的《论英雄与英雄崇拜》。
⑤ 马壳莱《读理登论》，即马考莱的《论德莱顿》。
⑥ 科仑布，即哥伦布。

前，早为大智者所发见，彼等擅胜，在此而已。盖接光最先，迄反射始止者也。然无彼等助力，其光亦得射于卑下之地。

马氏之喻言果真，则大人之发见真理者，仅较众人少早；而众人接光时期，不系于大人之有无。以虽有反照日光之山岭，平地接日光之时不加早；无山岭，平地接日光之时不加迟也。

顾马氏所言，实悖真理。时势有造人，有不造人。盖人之始生，非具知识备道德者，皆由社会而得者也。故大人者必生于大国民之中。有希腊人民，而后有苏格拉第、亚力山大。有罗马国民，而后有希碎洛[①]、恺撒。孔子生于支那，而不出于美利坚之土人中。基督生于罗马，而不生于阿非利加[②]之野蛮内。盖英雄虽能动时势，变社会，实则造英雄者在于国民。故斯宾塞曰："大人能造社会之前，社会必造大人。"信哉言乎！若马氏之说，则取其一而失其二矣。

弥儿于《名学》[③]末篇，平论英雄大家之效力，以社会之进步系其影响。曰：

> 常人虽有性格之差，其全体皆属平均，初无效力。然非常人物居要地者，无论何世皆不相平。若有匹敌于绥米斯托枯[④]、路得[⑤]、加里斯恺撒[⑥]而全平均者，无妨为他绥米斯托枯、路德、加里斯恺撒，能力相同，性情相反，而永存也。

又曰：

---

① 希碎洛，即西塞罗。
② 阿非利加，即非洲。
③ 弥儿，即穆勒。《名学》，即《穆勒名学》。
④ 绥米斯托枯，即地米斯托克利。
⑤ 路得，即路德。
⑥ 加里斯恺撒，即优利乌斯·恺撒。

或谓奈端^①不生，而与相类者勃起。虽世望奈氏之哲学甚殷，终不能比肩同盛。此非不佞所敢信也。夫成就继续，原非常人所能。虽然，苟才劣奈氏者数人，次第继起，承前续后而追踪进步，不难成奈氏一人所为也。然奈氏所为最微之进步，已需智力秀出者矣。夫达人者，非仅为光之射自他方，而登山巅所望得者，实为登山巅而发者也。盖不登山巅，则光不至平地。哲学及宗教涉此因者甚多。虽然，世若无苏格拉第、柏拉图、亚里大德勒，岂尔后二千年间无哲学乎？岂又二千年后仍无哲学乎？世若无基督及使徒保罗，岂基督教无以存乎？诸如此问，昭然易解，世人亦无容疑矣。

然由伟人之影响而左右之者，在定运动之速力。夫决社会进步之有无，多系大人之存否。虽希腊及基督教之欧洲，欧洲信奉是教诸国。金亦谓其历史时期由此进步，若穆罕默德不在，岂得由阿拉伯而亚依孙纳^②，而威乐爱斯^③，而巴古特德^④，而谷尔唐^⑤，以生驾李夫^⑥等穆氏门人。乎？盖人类进步，任何法，任何级，由个人者绝少，故以此而人心之组织有确然之序焉。一真理，非先解他真理，不得解。一发明，非先为他发明，不得为。社会之一进步，由其性质，每较他进步或先或后。

巴笃尔《文明史》^⑦言之如左：

今由人所不知之事，而大思想家以著。专心注意于一目的，得先人类之进步，而创一宗教或哲学，后果之生，每极要重。虽

---

① 奈端，即牛顿。
② 亚依孙纳，即伊本·西拿。
③ 威乐爱斯，即伊本·路西德。
④ 巴古特德，即巴格达。
⑤ 谷尔唐，即科尔多瓦。
⑥ 驾李夫，即哈利发（khalifah）的音译，意为"继承者"、"代理者"。此处注为"穆氏门人"，误。
⑦ 巴笃尔《文明史》，即巴克尔所著《英国文明史》。

然，吾人披览史书，虽滥觞新说，归之个人，要其终多由人民受传播者。一宗教或哲学传之国民，为时太早，不能取信当时，则必待人心熟受之时，始得如石投水。其例之多，学者所知，无烦赘述也。凡科学、神道，无不有殉教者，彼实被污辱甚而致死耳。盖彼之才识，远胜当代之人，社会之受其所传真理者，未得充分进步，故致是。旋而人间进化，日向前途，不数世而是等真理目为寻常，历时未几，竟为天然之真理，虽蚩蚩之辈，无以驳诘。呜呼，岂不可惊哉！

伟人所以成败之因，一在于此，而社会进步必由其巨烈丰功。美国博士周登固斯[①]最近《社会学》结论曰：

> 热心社会者，即由社会所赋之惠泽，加息利而返报之也。后日伦理教育之兴，当凭此理。夫人格者，存于一己之中，非与个人共亡，而实欲万古不朽者也。故造人之社会，以世递嬗而受变化。而斯业之至高重者，以世有天才卓绝，阐明夫人所未知之学，勇敢有力，独立于人所未蹈之地，能思能行，为之鼻祖，热心爱人，于污辱苦痛之中，开精神生命之活路，即少数者之力是也。人类多数，于日用要需，得以超逸其上，而生息于自由光明之大气中者，彼之力也。

由此观之，伟人之价值可谓大矣，其真理征之历史事实而明矣。至个人与社会之关系，将详论于次章。

---

① 周登固斯，即美国社会学家吉丁斯。

第四章　历史与国家

历史者，即研究社会人类进化之阶级及法则者也。要之，即研究社会进化之阶级及法则者也。今日进化之社会，不外人间，故所究亦不出乎此。

历史者，进化之谓也。虽然，社会之外，人类别无进化，故所谓人类之历史，必读社会之历史。而人类与社会之关系更有深远者，不明其理，则历史之价值不能判然。

十七、十八世纪之学者，谈天然与人间，较多于社会与国家。盖当时社会，贵族、僧侣跋扈极甚，国家在政府，而政府外无国家。故欲正其弊，必破坏社会，归之天然，再造国家，而建其适于人生者。此美国独立、佛国革命所由起也。自十八世纪以来，思想丕变，其言为人当成社会之前，天然具完全之人格，生而有自由，生而有权利，上下无别，皆得独立平等。

千七百七十六年六月十二日，北美黄结尼亚州议会①宣言权利如左：

> 凡人之平等、自由、独立，本于天然，握定一固有之权利。斯权利者，入此社会，即应享受，任何契约，迄其子孙，不得剥夺。权利者何？即有生命及自由，得特守财产，且享所得之幸福及安全诸事是也。

---

① 黄结尼亚州议会，指美国弗吉尼亚代表会议。

千七百七十六年七月七日，美国宣告独立文①曰：

吾人所欲达之目的，试举其真理如左。凡人者，平等铸就，彼苍实赋以不可夺之权利。不可夺之权利云何？追求生命、自由、幸福诸事是也。

千七百九十三年，佛国革命之宣言人权书②曰：

社会之目的，在共享福祉，设立政府，要使尽人得享自然固有之权利。

所谓权利者，即平等、自由、保安财产是也。

凡人者，在法律之前天然平等。

自由者，不侵他人权利，即人人得为所欲为，其基本为天然，其标准为正义，其保障为法律，其道德之界，为"己所不欲，勿施于人"。

由此可知，十八世纪之思想，在使人类及其天类性观念高尚。然谓人类当成社会前，天然享定一之权利者，哲学及历史，所并非也。所谓天然者，非属过往，而实为后来社会之理想。此之著效，征之欧美诸国改良进步之事，由前世纪以迄今日者可知也。虽然，离社会，人类之性格必阙；非然者，于学理为误谬，于历史为悖事。苟人类天然为自由平等，则社会之旨，及在减杀自由，消灭平等，而较天然者反为堕落之状。果然，则历史之价值，止在叙人生之悲剧，不得为学者所仰慕矣。

以榛狉之民，为天然享自由者，前世纪之诗所想象也。本世纪之自哲学证明其谬者，德之哲学家海辞也（千八百二十一年）。自法律论定

---

① 美国宣告独立文，即美国《独立宣言》。

② 佛国革命之宣言人权书，即法国《人权与公民权宣言》。

权利为其成果者，英之法学家亚斯登①也（千八百二十八年）。而希腊硕学亚里大德勒②，于纪元前四世纪已明此理。其言曰：

> 人者，天性乐政治之动物也。人人恒具此性，非属偶为矫揉。苟其性无国家主义者，非人类也。

又曰：

> 孤立者每难自足，有如各部之于全体焉。然则不能生活于社会，或自足而无藉社会者，非神即畜也。

亚氏之意，盖以人存社会之中，非国家之生活不能尽人之性。离社会之个人，恰如离躯体之手足，不得独有生命。英之历史家开梅巴③能述其义曰：

> 人之存也，以为国家之一人，且有可存之目的。非为国家一人者，则不得久存于人间。

斯宾塞谓社会为有机体者，非千八百六十年事乎？然千八百二十年，海飙著《法理哲学》，已说国家为有机体。谓人类之德性，自国家而始现始成。故人为国家之一人，始有人格。然则社会之生活，实辩明其目的耳。浸假于《历史哲学》，更据史而演述斯理，以论证天然之状态，为朴鄙、强暴，人类因国家始得自由。其言曰：

> 世界历史所宜注意者，仅林林之众构成国家者耳。盖由此可

---

① 亚斯登，即英国法学家约翰·奥斯丁。
② 亚里大德勒，即亚里士多德。
③ 开梅巴，即英国历史学家肯布尔。

知国家之为超然绝对，旨义自由，其存本之一己。且知人类之可贵，亦因以生也。

国家理想与上帝同，故虽国家以前，得以确定其状态，达历史之目的。

界说初定，误谬即来。所谓国家为自由之实现者，实于斯学之例为矛盾者也。人之生固天然自由，然以社会及国家之便，不得任意肆恣，绝无制限。

制限固由社会及国家而生，然仅制禽兽之感情，粗野之本能耳。

为是者非他，便于意识自由，及达之之期望，得由以成耳。

美国政治家贝尔鸠斯[1]之说，能明其义。曰：

大球之上，人类之间，国家组织外，古来之自由不存。野蛮自由，实生专制及奴隶，而自助之方，由国家创设法律督护者，与之迥异。盖人类非以自由始，由文明而始得之。

英国哲学家顾灵[2]，据伦理而为之说曰：

或曰国民者，仅为个人聚合体而已。斯言之谬，人人共知。然其致是之由，实在"而已"二字，以个人尽得为国民，有道德及精神之格。盖其意谓个人降生，即具所需之格而成国家，不知个人道德，一俟夫习俗、制度、法律，培植国民者而有也。

又曰：

无社会则无人格，是故无人格者，不能达己目的，不得存于

---

① 贝尔鸠斯，即美国政治学者伯吉斯。
② 顾灵，即英国哲学家托马斯·希尔·格林。

社会。自知社会者，人之互认其人格及其利益者也。

然则互认一己之目的，仰藉他人之意志者，即无人格，不得存于社会。

由前述社会人格所由成之理，而反言之，其理亦同。

人格者，社会生活所必需也。社会生活之于人格，犹言语之于思想。言语先系乎能思想，然有生以来，思想仅由言语而显。人间社会先系乎有人格，即先系乎各注意于一己，及生计改良之图，而达一己之目的。然人格所获之益，在交际之间，各求便人，认其目的，且认相互之要求。

史学及伦理上人格，于人己利益初无大异，即计社会公福，由以定一己之行操者也。故顾灵断言曰：

个人不能自铸良知，所因铸者，必须社会。

盖所谓良知者，必认人己共通之利益，因公利公福，必置人己之私益于不顾。如是则善，不然则否。故良知者不能生发于社会之外。

夫禽兽虽生而为禽兽，人则不能生具人格。禽兽与同类相离，不失为禽兽，孤栖群居，于动物格初无少异。盖禽兽之社会，不外各禽兽之聚合而已。若人类则不然，成社会则为人类，离社会则无人格。故英国政治家李记[①]曰：

人者非仅自然之生物，半由法律、宗教铸就者也。

要之，人类必具二格，一为动物格，一为人类格。动物格虽生而禀赋，人类格无不或径或迁，受社会之赐。前者自然之生物，后者社

---

① 李记，未详。

会之生物也。即人因家庭之感化，学校之训迪，国家之历史、制度、文学、美术，社会之风俗、习惯、宗教、道德，而始有人类格也。故人成社会，虽有人类之格，离人类则渐失之。若将诸多要质，人所因社会而得者悉数屏除，则所遗绝少，仅存身心之自然力耳。断绝一人社会之关系，则所余皆归乌有。无父子、夫妻、兄弟、姊妹、朋友、子弟、上下，不复具人格。盖有伦常，始有人格。故生人者父母，造人者社会也。谓人类当社会以前，天然有权利、自由者，非十九世纪哲、科二学所认也。前世纪孟德斯鸠言曰：

> 余读德希德斯①之《日耳曼风俗志》，不胜惊叹。今始知英人政治旨义，得之日耳曼人。美哉斯制也，不料其发明自森林也。

然观今世政治家贝鲁鸠斯②，其言如左。曰：

> 人皆重日耳曼人之自由，实则其间甚乏组织力也。彼杀克生③日耳曼人种之一。自德氏记述时，迄并于加尔帝国④之代，其政治一无进步，有明效大验，无容疑也。

观古代日耳曼人，居森林而具野蛮自由，自一世纪德氏时，至九世纪加尔大帝⑤之世，八百年间之进步可知。所谓森林中自由，无道德价值者也。欧洲近世之文明，由日耳曼人种榛狉初启者，受罗马文明之感化而始唤发者也。英人得宪法之自由，为英史之成果，初非胚胎于日耳曼森林者。且以野蛮状态为自由者，属前世纪思想，今则社会学发达，知

---

① 德希德斯，即塔西陀。
② 贝鲁鸠斯，即伯吉斯。
③ 杀克生，即撒克逊人。
④ 加尔帝国，即查理曼帝国。
⑤ 加尔大帝，即查理曼大帝。

野人状态不得为自由矣。英国人类学家赖朴葛于《文明原论》^①有言曰：

> 榛狂之徒，无适而得自由，盖于全球之上，彼其生活繁杂，而每制于恶习奇禁特许故也。

自由天然来乎，非也。然则何自来乎？曰：自由者，由国家法律而生者也。无法律则为野蛮之境，优胜劣败之世。必如贝尔鸠斯言："强者专制，弱者奴隶，何自由之有？"十七世纪陆克有言："无法律则无自由。"信哉言乎！

不仅自由为然，即权利亦非存于天然者。前世纪法学家巴顾斯德^②分权利为二种，一为绝对权利，一为相对权利。绝对权利者，与社会及国家无涉，由人类之格而为个人所有者也。相对权利者，由社会而生者也。然今世法学家非之。亚斯登曰："法律无非创成之权利。"霍伦得^③谓权利有道德及法律二种，而定道德者之义如左。曰：

> 人不能专恃一己之能，其影响他人所事，实借社会之舆论及势力焉。

定法律者之义曰：

> 人自国家之允准扶持，始得制驭他人。

二者所释，非存于绝对，亦非一人独有，实由社会而生发，由国家而完美者。若爱威克^④则释权利为借法律而受保护之益者矣。

---

① 赖朴葛，即约翰·卢伯克。《文明原论》，即其所著《文明起源与人的原始状态》。
② 巴顾斯德，即英国法学家布莱克斯通。
③ 霍伦得，即英国法学家霍兰德。
④ 爱威克，即德国法学家鲁道夫·冯·耶林。

要之，道德上权利者，不以己力保己益，由社会之舆论势力而固者也。欲以己力保己益，遇才高智优者失之矣。如人生未有权利之时，即优胜劣败，人类不知何为权利之时是也。社会之舆论势力不能保己益，使巩固以成立，盖社会之舆论漠然且易变故也。故法律之权利，要使社会设政府而成国家，政府制法律，而定人民应享利益之类之限，以公共势力保护之而成立。自知道德上之权利，未得为正确也。

　　"以势力为权利"，古格言。由前说而益明。盖权利虽基道义，非仅因道义而存，无势力则一日不能立。惟其势力非私人之势力，实社会国家之势力，由强有力者而成立者也。而强有力者之势力，不外社会国家之势力。然则服他人之权利者，服社会之势力也。而服势力者，果恐怖否乎？英人督倪朔伯[①]谓："权利为变形之势力。"然则势力将如何变形而为权利，又将如何屈于势力，而脱奴隶之性质乎？曰：社会各人服是势力者，自信为社会之共利，一己之私福，且识为道德所当为，义务所当尽，故势力变形而为权利，胁迫之服从化为道德之服从。顾灵自哲学释其理正同，曰：

　　　　分解权利，便于两面并观。一则个人要求基于理性，无所牵掣，得用其能者。一则社会认上者之要求，授所求之权力也。

　　又曰：

　　　　人者，社会之一人。且社会各人，认知公私福祉外，不能有他权利。由所认之福祉，得任意而行者，即伦理所指之人格也。

　　卢骚[②]所述真理亦同，曰：

――――――――――――――――――――

① 督倪朔伯，未详。
② 卢骚，即德国哲学家海尔曼·洛采。

权利者，非天然势力元质及野兽所保有也，惟智力能悟，良知能守者始克有之。

又曰：

人所本于天然者，仅有肌肤及精神之能而得用之耳。其用之之权利得之社会，此通例也。且人于社会，具用其能之分而操其权，又通例也。

盖国家非一朝而生，今有野蛮社会，不成国家者，有无酋长者，有战争时推择酋长者，有常设而绝无实权者。巴比亚土人[①]为平和之蛮民，不知何为战斗，社会有纷议，则长老循成例裁决，别无酋长。斯之社会未有政府，不足称国家。虽然，社会者全承认财产所有之权利者也。然则国家成立以前，自然成社会者，发生权利明矣。但无社会则权利不能成，离社会则权利不能存。国家未成以前，有家族、种族之社会组织可考而知也。是之社会虽未足称国家，其中自有舆论、习惯、制度，以定各人之义务、权利。例如家族之制，即社会之存于国家以前者也。父之权利，夫之权利，当国家以前，即为家族之社会既发生者。虽然，国家成立以后，家族仅为国家之一部耳。

家族者，非离国家而存，亦非存于国家以外。今者父之权利、夫之权利，自国家而享受，即各人能尽国民义务者，国家赋之此权利也。故今日受权利于社会者，与受于国家同，盖离国家无社会，国家外亦无社会也。

要之，人类必有社会始为人世，离社会则不得为人。社会者，组织整顿为国家者也。不发生主权，非完全社会也，不极力保证权利，则不能授人民巩固之权利。故人有社会，始得为人，在国家始得为完人。社

---

① 巴比亚土人，即巴布亚土著。

会因国家，始达其目的；人为国家生发，始成人之品格，达人之目的。国家者，社会之社会也，社会组织之进化完备者也，人间社会之最高者也。虽今后社会难臆断其进化，终难脱国家之范围，纵世界归一，后日万一有之，然仅为世界一国家，不失国家之特质。

社会、国家与人类关系如是，而研究社会、国家之进化，即史学主题也。仅究往事，非史学之分也。其要在研究人类之如何养成其品格，得有自由权利，其目的在研究社会进化阶级及法则。其价值非仅实利，非仅美术，实为伦理，以读稗史、军记、物语之心而修史学者，未知历史之价值也。夫人类者，非自然之产物，实历史之成果也，社会、国家者，亦历史之成果也。无历史，则人类仅有动物之格。历史价值之大，职是故也。

第五章　历史与地理

历史与地理，如精神与肌肤之关系。"健全之精神，必具健全之肌肤。"千岁不磨之格言也。真确之历史，亦于健全之地理而始见。寒、热二带，历史之人种不存。国都要邑，有关历史者，多在中带。欧洲大都属寒带者，仅俄京圣彼得堡、瑞典首府士笃恒 [①]、挪威京都克力提尼亚 [②] 耳。盖寒热极端之地，人类之精神天然窒塞，不能发动。亚里大德勒曰："人得迫切要求之后，始克注意公众之事，高尚之行。寒热极端之地，天然需要迫人太急，每至不遑他顾。故历史荟萃之区，在北半球之中带。"

北半球有亚细亚、欧罗巴、北亚美利加三大陆，南半球有澳大利亚、阿非利加、南亚美利加三大陆。北三大陆皆大，合计方二千二百五十万余里。南三大陆皆小，合计方一千六百五十万余里。前者之形状复杂，多港湾、内海、半岛及附属之岛屿。表面亦复杂，而有山脉、高原、平地之不同，且有互相交通之便。后者之形状单纯，而少港湾、内海、半岛及附属之岛屿，且各相隔，不能交通。北半球大陆专属中带，南半球大陆专属热带。人类若仅为动物，则南半球当胜于北半球。盖动物者自南北极进中带，至热带而益备。故动植物之世界，南半球概为旺盛，是天然之例也。人类者反此例者也。盖人类进化之要，不仅物质之势力，并系精神之势力。动植物之完全，于热度及他势力，补助物质生命之强盛者有比例。人类之完全，多由知识及道德进步发达之

---

① 士笃恒，即瑞典首都斯德哥尔摩。

② 克力提尼亚，即克里斯丁亚那（Christiania），为挪威首都奥斯陆的旧称。

度。故自两极向赤道，生物恒赴完全，征之人而见其不可行也。温度酷烈，时使精神睡眠，人性板滞，天然之势力过盛，而压倒人之精神，使不得竞争。反之而寒气酷烈，时萎缩人之精神，天然之竞争急激，而优游从事学术之时绝无。故热带之人，天然之富过分而少进步；寒带之人，似贫家之子，无发达之余裕。中带则不然，有四时之变迁，有寒热之代谢，每需常动，动必获报。此历史所以起于北半球，而不起于南半球也。

土地之高下，大关历史之发达。用以区别土地，分为三种：（一）高原，（二）平原，（三）海滨是也。

（一）高原　中部亚细亚，自里海、黑海之间，阿拉伯及阿非利加拜拜莱之沙漠[①]，南亚美利加之巴拉圭及获里纳[②]，皆为高原。高原适于畜牧，牧民随水草而移徙，其财产为家畜而非土地，族长政治之行，虽为国家之形体，然所谓族制政治，于同族联合外，不能成社会。虽时生成吉思汗及泰买伦[③]等野蛮英雄，究不能成巩固定一之国家。

（二）平原　有河流则土地丰饶，如黄河、扬子江之于支那，印度河、恒河之于印度，夏弗来梯斯[④]、退枯里斯河[⑤]之于巴比伦，尼罗河之于埃及，其最著者也。农业行而有土地之权起，族制制度一变而为封建制度，巩固定一之国家爰以成立。支那、印度、加尔地亚[⑥]、埃及等构成大国，历史文明者即在于此。

（三）海滨　本地理而观河海，则分离土地，古所由以立一国天然之境界者也。虽然，自历史而言，往来交通之便，莫如河海。故海谞曰："善播扬诸物者，莫水若也，惟山使之分离耳。"欧人自十五世纪以来，虽隔海之美洲及印度交通日繁，而亚、非两洲与之连络者，其内地

---

① 拜拜莱之沙漠，即非洲巴巴里沙漠。
② 获里纳，即奥里诺科（Orinoco），南美洲北部委内瑞拉的主要河流。
③ 泰买伦，即帖木儿大帝。
④ 夏弗来梯斯，即幼发拉底河。
⑤ 退枯里斯河，即底格里斯河。
⑥ 加尔地亚，即迦勒底（Chaldea）。

反甚疏远。南、北美自派乃买海峡①以毗连，亚、非、欧三洲有地中海，虽似相隔，然西亚细亚为西洋文明之起原地者，悉藉其流通。

海者起人无限之感想，发人活泼之气象者也。土地者使人土著不离，生种种之系念烦累。海者使人逍遥，于系念烦累之外，思想、行动，纵意所为，虽航海之目的在于利益，然得之之便，却使抛去利心，以冒财命之险，而使航海者之精神勇敢旷达。盖海上贸易者，利心与勇气，智虑与胆略，互补偏弊，有所必要。是古来滨海人民，所以较内地者富于活泼进取气象，每同一人种而为独立之国民也。如腓尼基之于犹太，葡萄牙之于西班牙，荷兰之于德意志是矣。同为希腊人种，而有衣乌尼亚②及独林人③之别，同为东洋国民，而有支那与日本之别，亦由是耳。文明虽起埃及及西亚细亚之平原，其发达实自滨海人民腓尼基、希腊二种之力。且近世罗马瓦解后，进文明最速者，垂海之意大利也。十五世纪新世界发见以来，西欧诸国接海面者，骎骎入文明之域，而俄独居列国之后，非由海上交通之不便哉？试较大陆诸地，非洲专在高原，亚有高原、平原，欧有高原、平原及滨海之地，而兼具地理之三要质焉。欧洲虽面积最小，其海岸线实较他大陆为长。

亚细亚

面积 17210000 方里

海岸线 36000 里

阿非利加

面积 11500000 方里

海岸线 17000 里

北亚美利加

面积 9000000 方里

---

① 派乃买海峡，即巴拿马地峡。
② 衣乌尼亚，即爱奥尼亚人。
③ 独林人，即多里安人。

海岸线 43000 里

　　欧罗巴

　　面积 380000 方里

　　海岸线 19500 里

　　亚洲面积，较欧洲五倍有奇，然其海岸线之长不及一倍。欧洲面积，居非洲三之一，然其海岸线之长过之。欧洲大陆，少距海五百里之地，反之而非洲大陆，半逾此数，所谓内地者，多距海千里之外。其大沙漠以北，为欧洲之阿非利加，接地中海。古代虽开文化，要较他洲为迟，由地势太劣故也。使海岸线稍短，有河流便于舟楫，亦足相偿矣。如亚洲有退枯里斯、夏弗来梯斯、印度河、恒河、雅鲁藏布江、扬子江、黄河、黑龙江等大河，便于交通。南美有乌里囊①、亚马孙、拉富拉太②等，北美有圣陆轮斯③、哈慈孙④、米岁岁菲⑤及米斯里⑥等诸大河，便于舟楫。乌里囊之通航，殆达恩台斯山麓⑦。亚马孙及其支流，有航路万里。拉富拉太约千三百里之间，三百吨之船得驶行上下。米岁岁菲三千里，米斯里四千里间，得为轮舟航路。反之而非洲虽有尼罗、肯谷⑧、乃意浴⑨、柴马别⑩四大河，一无交通之便。瀑布急流虽多，不能自河口行于内地。且大沙漠横亘于南、北非洲之间，绝其交通，而大陆四之一属于热带。自知其文教难开者，实由天然之形势不便也。亚洲地理虽似

---

① 乌里囊，即奥里诺科（Orinoco），南美洲北部委内瑞拉的主要河流。

② 拉富拉太，即拉普拉塔河。

③ 圣陆轮斯，即圣劳伦斯河。

④ 哈慈孙，即哈得孙河。

⑤ 米岁岁菲，即密西西比河。

⑥ 米斯里，即密苏里河。

⑦ 恩台斯山麓，即安第斯山脉。

⑧ 肯谷，即刚果河，亦称扎伊尔河。

⑨ 乃意浴，即尼日尔河。

⑩ 柴马别，即赞比西河。

欧洲，然雪山之大，非阿尔魄士①之比，西藏之高，非排坏里亚②之比。印度为亚之意国，殆实大陆之半岛者也。虽东北有澳大利亚，非如北非之接欧洲，而印度洋非地中海之比，东西南北，别为乾坤，不适文明兴起之竞争。波斯、印度间大道，仅有备斯乌③一路，亚力山大以来，军队通行常由此道，而揩霸尔高原④与西亚细亚相隔绝。虽支那、印度间交通之路，亦不便于军事、商业。盖雪山险道，有高至万八千尺者，帕米尔高原，夏尚冰结，由海而外，陆路交通之便殆无有也。亚细亚虽有平原，起农业，开国家文明之基，然各地孤立，实生反对保守之风，惟我独尊之习。地理不便，故无交通，无交通故无竞争，无竞争故无进步。所以亚细亚虽为文明之起原地，不能为开发地也。

西亚、南欧、北非之中央，有地中海焉，使三大陆近接连络。国家文明起于平原地者，移于滨海之民，交通贸易，殖民战争，凡便于社会竞争者，麇集于地中海。亚洲西部，面地中海，接欧、非二大陆，故其文明传于希腊、意大利、迦太基。及罗马并吞地中海诸国，其大将恺撒逾阿尔魄士，征服谷尔之地⑤，文明所播，实开移于西欧之端。及科仑布发见新世界，遂流于南、北两美洲。而文明西渐之原，一在地中海。使此海在亚洲，则文明东渐，发见新地殖民属邑之伟业将归亚人。故地理之于文明，较人类之异同尤重大也。况非洲基尼亚⑥之地，禽犬、土人共墨，则人种之同异，亦地理之结果乎？

以地言欧，不过亚洲之半岛耳。其地形不如亚之巨，特各部相接，便于交通，有高原，有平地，有海滨，山脉河海之经界复杂，而成数多之国民，使之适于竞争。惟气候寒冷，起文明为不适。言纬度，则南欧

---

① 阿尔魄士，即阿尔卑斯山。

② 排坏里亚，即巴伐利亚高原。

③ 备斯乌，即白沙瓦（Peshawar），巴基斯坦北部城市。

④ 揩霸尔高原，即喀布尔高原。

⑤ 谷尔之地，即高卢地区。

⑥ 非洲基尼亚，即西非沿大西洋的几内亚（Guinea）地区。

当日本之奥羽①，佛国当北海道②，英国当桦太③，然以大西洋之温潮，自墨西哥湾转而东北，暖西欧诸国之气候。且非洲大沙漠，传热于南欧。故欧洲气候，较亚及北美之东部为温。其土地、气候，非天然生发文明者，惟适于发达增进他方所生者耳。

夫文明发生之始，非生计余裕之所不能，而生计余裕之所，非气候温暖、地味丰饶之地不可。所以自古迄今，文明不起于寒地也。亚、非、美三洲之地，文明所生，皆属暖带，且在湿热调和、地味丰饶之所，若埃及之尼罗，加尔地亚之夏弗来梯斯、退枯里斯，印度之恒河，支那之黄河、扬子江诸地是也。

如上所言之地，皆气候温暖，且沿河流平原而丰饶之区。美洲有二国，不由河流而自生文明者，北美之墨西哥、南美之秘鲁是也。科仑布发见以前，南、北美既进于文明之域者，仅此二国。而墨西哥之北境当北纬二十一度，秘鲁之南鄙当南纬二十一度半，皆属热带。

古代无母财，故文明所生之地，必富于天然之惠泽，丰于劳力之报酬。而土地之丰饶，尤藉湿热之调和。地之多湿热二气者丰饶，而少湿热二气者贫瘠。新世界大河皆在东而不在西，指西方言。乐开山脉④横截东西，恩台斯山脉偏于西部，故南、北两美之大河，无一入太平洋者。反之而东部有数多大河，自知湿气亦偏东部。然热气则反之，虽湿气在东，而热气在西。东西两海岸温度之异，不仅新世界为然，旧世界亦然。即同一纬度，而欧之西岸较亚之东岸为温，如北美之西岸较其东岸为温。夫滔滔潮流，有自赤道直下、由东奔西者，科仑布所发见者也。此其因由南、北冰洋及赤道热流之潮，温度有差，及地轴之自东转西也。即太平洋之潮，触亚、澳两洲间之群岛，北转而达台湾，逾日本

---

① 奥羽，即日本本州东北端奥羽地区。
② 北海道，日本第二大岛，为四主岛中最北的岛屿。
③ 桦太，即库页岛，18世纪中叶后俄日相继侵入，俄占北部，日占南部，俄称为萨哈林岛，日称为桦太岛。
④ 乐开山脉，即落基山脉。

而流东北，至美之海岸，南转而达加里福尼^①，复合赤道之潮。大西洋之潮亦然，至墨西哥湾及揩里皮亚海^②，为大陆所遮，因倒流出太平洋之口，循富禄里大^③海岸而北转，近哈斯太斯岬^④，而与北海之寒潮相接，东流而达欧洲西岸。其北流及苏格兰、腊威^⑤，使寒气暖和之最著者也，如是则北半球之热流，自新旧两世界东岸而向其西，故欧洲与北美之西岸，较之亚洲与北美之东岸为温。是故于北美之热湿二气，仅墨西哥为和。大陆之一方鲜温热，一方乏灌溉，土地之苦瘠，亦妨世界之进步者。至十六世纪，始受欧洲文明之流风。然土著于北纬二十度以北者，无文明之发达。至北纬二十度以南，则大陆之形忽小，而达于派乃买海峡，故墨西哥为文明荟萃之区，而其地形有与埃及加尔地亚仿佛者。何则？大陆之形狭，东西两海岸相近接，全国之地味、气候类于岛屿，虽无大河，湿气不乏，近赤道，热气亦多。北美之兼此而和调者，仅墨西哥。十五世纪科仑布发见以前，北美之文明者，亦仅墨西哥。以同一之因，生同一之果，史学有明证矣。

南美情事与北美不同，若持大陆东岸较西为寒之例，则东岸不适于南半球矣。夫赤道之北，东较西寒，赤道之南，东较西热。盖南冰洋之寒潮，达南半球大陆之西岸，而其东岸为热潮所至故也。故南美之地，湿温二气，集于东部。此南美之土所以概为丰饶，不仅热带地也。而土著文明所以不起于南美者，无他，湿热过度，虽动植物之繁生堪诧，而天然者压倒人事，使无发达之余地故也。如南、北冰洋及赤道地之潮，由温度之异而生潮流，故南北两极及赤道地之空气，由温度之异而大生动摇。且据地轴东转之理，而热潮西奔，空气亦由以大生动摇，赤道之地有贸易风。贸易风者，当北纬二十八度至南纬二十八度之地，岁有定

---

①　加里福尼，即美国加利福尼亚州。

②　揩里皮亚海，即加勒比海。

③　富禄里大，即美国佛罗里达州。

④　哈斯太斯岬，即哈特勒斯海角。

⑤　腊威，即挪威（Norwy）。

风，自东北或东南来者也。斯风也，涉大西洋而达南美东岸，含水蒸气而来，故时降大雨，以恩台斯山岭之阻，不能达其西，而其水蒸气悉入巴西，此巴西所以天然繁盛，世界无双也。惟其过于繁盛，人类被天然所压，无开发之余地，幅员面积虽等欧洲，空为野蛮巢窟而已。葡人发见以来，历年四百，虽频渐欧洲文化，然仅限东岸，不达内地。内地状态，今与四百年前殆无大异，森林深而农业不进，虫害甚而收获不举，山高而登临无道，河大而航渡无由，此巴西所以不起文明也。

巴之西有秘鲁国焉，大陆纬度相同，而地形大异。盖巴西不仅居热带之温度，自亚马孙为世界第一大河。与他水流及贸易风之大雨，重蒙灌溉，天然之丰饶过度，妨人类发达之目的。而秘鲁则包恩台斯山东之高原，及濒太平洋海岸之土地，虽恩台斯之西，无雨兼无树木，然其东部当亚马孙上流者，多雨多林，南冰洋之寒潮，达其西岸而和其温度。且本前述之理，灌溉之度，莫如巴西。而南美中之地，温湿和合适度者，仅一秘鲁。而亦仅秘鲁为南美之国，当欧人西渡以前，固有文明发达者也。

由此观之，墨西哥与秘鲁之文明，与埃及及加尔地亚古代之文明，渊源不异，由天然之恩泽，而文明之程度亦略同。

以上所言，专主文明之关物质者而言，然其天然影响，本之精神者亦非小也。天然之象过大，使人心怒怖，想象力过敏，而理性收缩，阻人心之发达，妨文明之进步。反之而天然之象，中和不过，则人类不为天然所压，自信力发达，不怖天然之大，反爱其美，不远而反接之，多谋试法，制天然之势力，而达人生之利用。由此而观五洲，则亚、非、美之较欧，其景象堪惊怖者恒多。不仅永存之山川河岳为然，即地震、暴风、疫疠，不时而发者，欧亦不如他洲之甚。欧洲前日精神之文明，对天然而多恐怖，宗教之发达较科学为大，迷信之势力较义理为强。秘鲁、墨西哥、埃及所崇之神灵，无人形又无人情，印度亦然。及希腊兴，而群神始具人形，美丽娴雅，始使宗教可爱而不怖者发达。故亚洲之文明，要使人神距隔，希腊之文明，要使人神近接，而开近世科学之源者，即希腊也。

虽同居欧洲，而天然之象亦颇影响文明之精神矣。欧洲之火山、地震最著者，为南部二大岛，意大利及西班牙、葡萄牙西、葡一岛。也。而欧人之迷信最深，僧侣之势力最强者，亦莫此三国若。且天然景象每开发人之想象理性，故三国仅生绝等之美术家，而不出伟大之科学者，其故可知也。但意国称近世文明之故土，近日科学史上虽有伟人，然较所出之美术家，则瞠乎后矣。

要之，欧洲前日之文明，于物质则本天然之惠泽者多，于精神则想象力之发达较道义为大。天然之惠泽多，则其进步有限，不能驰踪逞志。然欧洲之地仅恃天然，不生文治，故亚、非所渐染之文明，必自人力而维持。是以欧洲文明多需人力，维持文明多赖人功，人功止，文明退，而勤劳勉力，为增进文治之大因。彼亚、非之文明虽本天然，而欧之文明多由人力，其所维持之力，即为增进之机可知。且气候寒冷，而奖励人功之效亦甚大，况自列国文明之竞争，孰敢纵意妄为，独立守旧乎？此欧洲文明所以不易衰也。

虽然，欧洲之文明非亚洲（埃及于历史亦属亚洲）者不得发。欧人忘己治化得之亚洲，而漫讥亚洲之文明，悖于义理。以之为神权政治、专制主义之本土，而轻侮之，非也。二者为历史所必需也。社会学之例曰："物有本末，事有终始，知所先后，则近道矣。"夫人间社会，首在脱野蛮自由之习，职是之由，国家必先定政府，励行法律，以维持平和秩序。故社会进化之第一期，首必先举全力巩固主权，以防外忧内乱，任何法，任何力，无所不可，要先以威力立制裁，使服从法律。夫恶法律不如善法律，然恶法律愈于无法律；恶政府不及善政府，然恶政府愈于无政府。社会进化之第一期，仅有法律，仅须政府。任何法律，无所不可，其善恶非所择也；任何政府无所不可，其优劣非所问也。欲达其目的，故政府握国家之全权，万事得由主权而干涉人民。压制政府较无政府为善，个人之自由权利，固非所知。国家之主权，无古今内外之别，要为社会之最上权而至高者，于法律无所任责，而称为神权者，非极言也，其旨仅在于达国家之目的，全人民之福祉耳。且亚洲实生世界之三大宗教（佛教、基督教、回回教），有大功于国家之建设者，历史上显焉者也。

由是知亚洲之神权裨益世界者，由神权下所生发之文治，即现今欧美所由胚胎者也。盖欧美现今之文明本之罗马，罗马之文明本之希腊，而希腊之文明实本之亚洲（包埃及而言）。正不仅古代之文明藉亚洲，即近世之文明亦大藉亚洲也。近世文明之要，首基督教，次罗马法律，三希腊之文学、美术、哲学，四支那隋唐之文明。首之要质，元出自亚之犹太，由罗马人而传播欧洲，至三、四要质，则中世经阿拉伯人而入欧洲也。近世欧洲文明之原，自十四世纪得罗针盘及火器之法，并十五世纪前半印行术之发明，世人之所知也。然此三者，非欧人所发明，实自支那经阿拉伯人入而为近世文明之基者也。今日欧美之文明发达非常，究明者不一，有输于亚者，是直将昔日之文明惠泽，由亚传欧，加息而还之耳。亚固德欧，欧安可不德亚哉？

社会进化之第一期，压制为社会所必需，文明所必用，非仅亚洲，即近世欧洲亦然。彼欧之抗拒帝王神权政治，而人民有自由之权利者，自前世纪之终，迄现世纪之始，初见于史。亚史所阙，非因神权而为专制之史，仅在束缚于神权专制而不能脱，习俗相沿，不知所止耳。盖社会进化之第一期必需压制，亚、欧二洲，皆所必要。虽然，为时有限，过限则不仅无需，且生损害。压制所必要者，在内使人民爱平和，重秩序，遵法律。人民既爱平和，重秩序，成自治之习，则政府干涉之法律渐少，必存个人自由之范围。惟最初范围，不妨稍狭，然随人文之开发，必加扩张，确定政府及自由之范围。不仅禁政府他侵，且禁政府自侵。盖社会进化之第二期，不仅秩序，而需进步，而使社会进步之方，在于法律内令个人自由，并使自由之动力加于社会。斯宾塞有言曰："人事有绝对为恶，相对为善者；有绝对为善，相对为恶者。"如专制与自由是也。专制虽绝对为恶，然于社会进化之第一期，不可不言善。自由虽绝对为善，然于社会进化之第一期，不可不言恶。亚史所短，在据国家文明之基础，不入社会进化之第二期，而其原多由古代无人力统摄之事，仅藉天然。欧史之所长，在逾社会第一期而入第二期，而其事实，由美国独立、佛国革命以来，为最近百年之大象耳。历史上地理影响国家文明之事，今后仍未止也。如英国为今盛大之邦者，由其国有四面环海之利，及国内煤铁之富。其煤之供给，称为英国命脉者也。二十五年前，阿马斯伦顾[①]卿宣言，英国煤层有尽藏之虞，觊荣斯[②]以为焦眉之问题。尔后千八百六十六年，政府至设委员，使之调查。五年之间所报告者，断定消费之量，苟自现今而论，可供千二百年。然户口增加，需用亦大，由其增加而比例之，仅得三百六十年。使英国当中古时，则其海军之命脉，贸易之泉源，不出四百年而涸竭，其灭亡可翘足而待。然现今英国，不仅本部，有加拿大，有印度，有澳大利亚，且不仅供煤之领地，与美同盟，又利支那内地之开拓，而仰其无尽藏之供给。则英之存亡，未得遽以本国之煤之供给而论定也。如是而人智之发达，学术之进步，及世界交通之便利，益制天然阻碍，而于古代文明不立之地，使有兴起之向矣。然则俄之向君士但丁[③]与夫太平洋之不冻港而突出者，非仅为鲸吞虎噬，并兼世界之谋，实地理之阻碍，大妨其财政之发达及文明之进步，而其后日之开发，在得交通之便，开内地之富源。惟至全亚铁道布，电信通，往来自由，则虽喜马拉[④]之高，不足遮支那、印度之交通，帕米尔之高原，印度之内地，与东西洋相通，而亚细亚亦为文明竞争之场矣。要之，古代之文明虽系地理，而近世之文明赖之者其少，是则文明之果，而人力足制天然故也。顾自后来人智之进步，虽非洲之沙漠，北极之冰原，自文明之力而利用于人间，非无日也。

---

① 阿马斯伦顾，即威廉·阿姆斯特朗爵士（Armstrong, William George, Lord, 1810—1900），英国工业家和工程师、发明家。发明改进水力起重机和后膛炮。曾任英国科学协会主席。

② 觊荣斯，即威廉姆·斯坦利·杰文斯（Jevons, William Stanley, 1835—1882），19世纪英国经济学家、逻辑学家。曾任伦敦大学教授，提出边际效用价值论。著有《煤炭问题》、《逻辑基础教程》、《政治经济学理论》、《科学原理》等。

③ 君士但丁，即君士坦丁堡。

④ 喜马拉，即喜马拉雅山。

第六章　历史与人种

人类者，未成一国之称也，非仅国家由之以分，且所称人种之区别，亦大影响于历史之上者也。抑人类之起原，为书契前之事，虽科学未能全解。至人种之数，各家之说不一。或谓二种，或谓三种，砬德[1]分为四种，霸彭湃厚[2]分为五种，派富亨[3]分为六，亨达[4]分为七，亚葛希[5]分为八，或十一，或十五，或十六，或二十二，或六十，而柏尔古[6]分为六十三。虽常以白、黑、黄、赤四色区别人种，然赤色人种为黄者之一派，不足独立。然则谓白、黑、黄三色人为人类之原种，亦难免有异论也。或有以黄色人为原种者，以其言辞之单音语，及进文化之早。且人体外皮必含黄色，而黄为七色之原。然是说不足证也。又谓黑

---

① 砬德，即康德。

② 霸彭湃厚，即布鲁门巴哈（Blumenbach，Johann Friedrich，1752—1840），德国解剖医学家、生理学家和人类学家。曾任哥廷根大学教授。运用比较解剖学，根据颅骨大小，把世界人种分为五大人种，即高加索人种（白色人种）、蒙古人种（黄色人种）、马来亚人种（棕色人种）、埃塞俄比亚人种（黑色人种）和阿美利加人种（红色人种）。著有《比较解剖学手册》、《自然史手册》等。

③ 派富亨，通译布丰（Buffon，Georges Louis Leclere，1707—1788），18世纪法国博物学家、进化论的先驱者。曾任法国皇家植物园主任、皇家博物馆馆长，为法兰西科学院法兰西语文学院院士。后迁居英国，被选为皇家学会会员。与人合著《自然史》36卷。

④ 亨达，即普里查德（Prichard，James Cowles，1786—1848），亦译波里哈德、布里奇特，英国医师和人类学家。爱丁堡大学医学博士。主张将世界人种分为七种。曾任英国人种学会主席。著有《人类体质史研究》、《人类自然史》、《调查研究文集》等。

⑤ 亚葛希，即路易斯·阿加西（Agassiz，Jean Louis，1807—1873），19世纪美籍瑞士博物学家和地质学家。曾任瑞士纳沙泰尔大学教授，美国波士顿大学、查理斯顿大学和哈佛大学教授。从事冰川活动和绝种鱼类的研究。主张人种多元说。著有《关于鱼化石的研究》、《冰川研究》、《美国博物学论文集》等。

⑥ 柏尔古，即伯克（Burke），亦译布尔克或柏尔克，19世纪英国人类学家。达尔文著《人类的由来及性选择》第七章中，曾提到其将人种分为六十三种。

人生时，其色未黑，丝登①地一年而黑，下埃及三年而黑，由此而言，则黑色者非原种也。但据最近之学说而论，则现今之人皆杂而非原种，以诸人种之特质多混故也。如非洲黑人，头骨长而腮突出，肌肤甚黑；瑞典人为偷通种②之最白者，而头骨之长与黑人同，所异者仅腮不突出，而肌肤白耳。亚之蒙古人，广头骨，腮不突出，肌肤色黄；哇人头骨虽广，颊骨突出，而肌肤色白。由此观之，今之人种其特质相混明矣。

据人类学家斐尔罅③、巴洛加④及谷里⑤诸氏之说，则广头骨者较长头骨者为高。今世人种最下者，如澳地利亚⑥、达斯马尼亚⑦、拜巴⑧、威斯带⑨、霍斯登托⑩、博斯结孟⑪诸人及印度土人⑫，皆长头骨也。反之，而缅甸、支那、日本及中欧之人，皆广头骨也。亚斯揩太亚人⑬当七千年前，于加尔地亚开古代文明之端绪者，属广头骨种，而赛米慈顾人⑭等由彼受文明，而传之亚尼恒人⑮者也（指波斯、希腊、罗马人等）。纯偷通旧种，性质勇敢而智力钝拙，德人之才智，实自南方广头种而来。而今之英人，非长头骨，非广头骨，而实中头骨。欧洲之头骨最长者，孙庚德纳维亚人⑯也。而近世之文明，专在德意志、佛兰西、意大利、英吉利，彼皆受广头骨种之影响者。然则所谓广头骨种，较长头骨者为

① 丝登，即苏丹（Sudan），非洲东北部国家，首都喀土穆。
② 偷通种，即条顿人种（Teutoni 或 Teutones），相传为古代日耳曼族的一支，另说为克尔特人的一支。后亦泛指日耳曼人及其后裔。
③ 斐尔罅，即德国病理学家、人类学家微耳和。
④ 巴洛加，即法国人类学家白洛嘉。
⑤ 谷里，即法国人类学家加洛林。
⑥ 澳地利亚，即澳大利亚人。
⑦ 达斯马尼亚，即塔斯马尼亚人。
⑧ 拜巴，即巴布亚人。
⑨ 威斯带，即维达人。
⑩ 霍斯登托，即霍屯督人。
⑪ 博斯结孟，即布须曼人。
⑫ 印度土人，指扣达人。
⑬ 亚斯揩太亚人，即阿卡德人。
⑭ 赛米慈顾人，即闪米特人。
⑮ 亚尼恒人，即雅利安人。
⑯ 孙庚德纳维亚人，即斯堪的纳维亚人。

高明矣。

虽然，人种之问题，学术上犹未定也，故据人种而说历史甚难。人种虽自人类之容貌、肌肤、骨骼而立区别，附异名，然外此而推求其义，学者未之知也。英国名人莱侪孟①以比代数中之未定数，用之研究之目的无不可，然未足以说明他事也。

亚洲较欧，文化先开，果在人种否乎？欧人多数，不仅与印度、波斯同其语根，且同祖先，然其文明之进后先不同者，难以明矣。榛莽初启，不仅循名核实之风未行，蚩蚩人民，多为怠惰，仅求生活。至十七世纪之初，即日本德川氏②操全权于关原之际，英无尺寸领土于欧洲之外，英人夸言航海、殖民、制造、贸易，为世界独构之雄国者，必有航海、殖民之天才，贸易、制造之本能，然非世传之质性，自杀克孙③时代以迄于今，不过此二百年事耳。可知今日英人之特质，为历史之果，非其人种特质成今日之英史也。其史学名家祁莱平论英之发达，而言如左。曰：

> 吾人之占领美洲，非仅发见其空虚者，非欲使船舶之移送殖民于美者多于他国也。盖吾人非由他强国既占此地者，并吞之也，然于移殖有竞争者，于关系有先吾人者，佛国是也。
>
> 事关北美者，即此是也。当钳姆斯一世④（一六〇三至一六二五）特许黄结尼亚⑤及新英吉利⑥时，佛人⑦于其北方设亚

---

① 莱侪孟，即英国语言学家、人种学家莱瑟姆。
② 德川氏，指德川家康（1542—1616），他在 1600 年关原战役（美浓关原，在今岐阜县）中打败丰臣秀赖一派，掌握全国大权。1603 年任征夷大将军，创建江户幕府。
③ 杀克孙，即撒克逊人。
④ 钳姆斯一世，即英国詹姆斯一世。
⑤ 黄结尼亚，即美国弗吉尼亚州。
⑥ 新英吉利，即新英格兰（New England），美国东北部一地区。
⑦ 佛人，即法国人。

克淡①及加拿大二殖民地。且威廉泌②自加而斯二世③（一六六〇至一六八五）时，特许彭雪贲尼亚④之顷，佛人拉洒⑤发见新地，自大湖之边，取道而溯米岁岁菲之源，泛舟于河，下其全流，而抵墨西哥湾，遂开佛国殖民地，所谓路易齐亚纳⑥者。千六百八十八年革命时，即二次之百年战争时。英、佛于北美之关系有如是者，英国沿东海岸由北而南，多富盛之殖民地，然佛国有圣乐伦斯⑦及米岁岁菲二大河流焉。当前述革命时，以迄其后，政治预言家较二国之前途，观二河之利，必不料后之北美属英而不属佛矣。

当是时也，不仅美洲为然，即亚洲亦佛、英比肩并进，读史者所当究心者也。英商之并吞印度奇矣，然谓吾英首倡斯议，殚力实行，非也。倡征服印度之谋，熟虑而深考之者，始自佛人；知其事之可行，求为之之方者，佛人也；为之而稍有成效者，佛人也。佛人之于印度，较之在美，尤先英人。英之于印度，居佛人下，故力争上位，以奋死自卫之精神夺之。

祁莱以英国新、旧两世界胜佛国之因，由于人种之优劣，以英、佛地势及其成果，而生两国政策之异同。其言曰：

西班牙、佛兰西与英之地势不同，两国虽关心欧洲之竞争，而英则区区三岛，恒得独立，故英实近接新世界。若属之彼者，新、旧世界之属，可随意而为，无外逼之不得已也。于西意无属土，于日耳曼无牵掣之姻，其联交亦惟所适从，无逼也。（下从略）

① 亚克淡，即阿卡迪亚（Acadia）。
② 威廉泌，即美国宾夕法尼亚州的创建者威廉·宾。
③ 加而斯二世，即英国查理二世。
④ 彭雪贲尼亚，即美国宾夕法尼亚州。
⑤ 拉洒，即法国探险家拉萨尔。
⑥ 路易齐亚纳，即美国路易斯安那州。
⑦ 圣乐伦斯，即圣劳伦斯河。

佛国失新世界之因，由分国力于扩张殖民与征伐欧洲二政策。试自千六百八十八年，迄千八百十五年，一较其七大战争，知具二目的，英、佛间有一目的，佛、德间又有一目的。二目的之生，由于佛国之二政策，而因以受害者亦佛国也。当英国具一目的，为一战争时，佛国因二目的而为二战争。贾泰孟[1]在日耳曼言征服美洲时，识佛国力分之谬，又且馈富兰大理[2]金，使佛耗力于日耳曼，此美洲佛属所以无防御落英手也。虽拿破仑亦乱其计谋于新、旧二世界之间，彼固欲屈服英国，恢复属邑及己国之损失于印度者。既征服日耳曼，不能不讨俄罗斯，慰其心者，在自日耳曼击英商业，且得由俄而达印度也。

英国之不乱意于两目的也如是。自十五世纪败佛以来，连累于欧洲国际政治者绝少。而拿破仑觊觎皇位，又保威斯德卫尼亚之约[3]，自其大陆政策，斥英于欧，而英亦表其不立于欧。故英恒自由，而商业发向新世界，经年而厥利判然。不如西、西班牙。佛必持欧洲之霸威，又不如荷、荷兰。葡、葡萄牙。西必于己土竭力竞争而保有威望，故于殖民地进步静谧，不受妨止干涉、逼令引去之虞。要之，矫矫五国，因新世界而竞争者，当初殖民事业多盛，若其胆略才智超出他邦者，惟归于旧世界系累最少之一国。指英国而言。

祁氏所言，实卓识名论，不刊之语也。佛之史家路益[4]亦就英、俄之膨胀而立论，与此颇同。曰：

<hr />

① 贾泰孟，即查塔姆伯爵威廉·皮特（William Pitt, 1st Earl of Chatham, 1708—1778），18世纪英国政治家。辉格党人，人称老皮特。1756年受命组阁，任国务大臣兼下院领袖，位同首相，主持外交和军事。为七年战争重要的组织者之一，先后在欧洲、印度、非洲和加拿大发动战争，取代法国的统治，为英国争得海上霸权。1766年又组织新阁，封查塔姆伯爵。

② 富兰大理，即佛兰德尔（Flanders），位于今法国北部、比利时西部一带。

③ 威斯德卫尼亚之约，即威斯特法里亚和约。

④ 路益，即法国历史学家恩斯特·拉维斯。

前世纪之末，欧洲可分为三，即中西二部，英国及俄国也。诸国属第一地者，战争不断，终使他二国受其益。近时英国之扩张属邑，日增一日，有谓其将以之成一帝国者。俄之竭立于拓地，亦年进一年，其麦田、葡萄园，加谷物、葡萄之供，其人民之繁殖力与其土地之繁殖力相匹敌，新奇之产，输入即用，信爱国家之心益以巩固，其成就寂然静谧，而有秩有序，仿佛彼苍，不言而治。且欧洲大陆之骚扰，无一非英、俄之益。佛、德之合战，佛、意之误解，使英国之海权以固。亚尔柴斯问题[1]，俄国得二倍其兵力。中部之列强，使欧洲两翼发达有如是者。

然则英、俄今日之膨胀，不必自人种而说明，其全乘地利时机，断可知矣。据人种而言，则德人优于俄人，英、佛皆非纯偷通人，又非纯开尔托人[2]也，人种有何优劣乎？但中欧诸国，常急于逐鹿中原，虽着手于拓地殖民之事，而或须保独立，或必争霸权，故其政策常分二途，而至失其海权，夺其属邑。虽十五世纪之末，发见新世界者为西班牙，然与佛空争于大陆，使属邑之财富消耗，本国之元气沮丧。先西国而从事拓地殖民、海上贸易者，葡萄牙也，然十六世后半纪，为西班牙所并，自由失而海外之领地见夺于荷兰。当十七世纪，荷兰握世界贸易之大权，佛于北美及印度，亦较英为得势。然十八世纪，英国凌驾荷、佛，掌握海权，非因当时海军遽增势力，由彼两国争于中欧，注意陆军，使海军较英薄弱故也。佛之于北美及印度大失势者，当十八世纪之中叶，与俄、奥连合而欲分割普鲁士，战争七载，不遑外顾之时也。英、俄两国乘中欧之争乱，进易战，退易守，故利则进，不利则退，于他国不知之时，渐得蚕食欧洲以外，无足怪也。

养成国民特性之因，不一而足。一物理上之因，二生理上之因，三

---

① 亚尔柴斯问题，亚尔柴斯即阿尔萨斯（Alsace），为法国东北部地区及旧省名，隔莱茵河接连德国。1870—1871 年普法战争后同洛林一起割让给德国。

② 开尔托人，即克尔特人。

社会上之因。本土地、气候而说者，属第一因者也。衣乌尼亚之海[1]，古今无异，然有于昔而焕发希腊之文学，有于今而不能生一顾满[2]。罗马之风土气候，二千年来未闻大变，然古代之罗马人磊落勇敢，今代之罗马人狡猾卑怯。且同时同地，雅典人则巧智而风习优美，希伯斯人[3]则钝愚而质性孤寂，亦可异矣。据人种之势力以释历史者，求其理于第二因者也。虽然，生理上遗传足以说史至何限界，实大疑问也。习俗虽为第二性，其果有第一性与否，未定也。故人种及遗传者，学术上未定数也。虽物理与社会所不能说者，可归于人种及生理之遗传，究之据人种之遗传而说明历史，未足真切也。但他因所不能说之事，暂归之未定因，而称为人种或遗传耳。

　　人类者，非仅由生理及人种之遗传，有国民特质之遗传焉，即言语、制度之关系人种，而遗传祖先之经验者也。一家断绝，一种灭亡，其知识及道德上之成功，不消失于世界者，谓之世界之遗传。教育者，遗传社会特质于个人之法也。法律、行政、制度、文物，无非社会遗传之机键也。天主教徒，守无妻主义者也。然任何国民，任何人种，自有不可争之性质。故孟德斯鸠曰："僧侣者，不亡之家族也。"且夏孟[4]有言："恺撒之第十联队及佛国之擘谷太队[5]，由乱杂人民组织者也。然苟立志欲为军中精旅，则舆论自认之矣。"拉墨葛[6]、斯宾塞流之进化家，多重生理之遗传，而达尔文、威斯孟[7]流之进化家，以自然淘汰为动物进化最重之法。知生存竞争，大影响于动物及人间之进化也。人类之进化较禽兽为大，开明人之进步较蛮颛者为著，其全系于世界遗传力之有无多少，亦可知矣。

---

① 衣乌尼亚之海，即爱奥尼亚海。

② 顾满，即古希腊诗人荷马。

③ 希伯斯人，即底比斯（Thebes）人。

④ 夏孟，即英国哲学家、经济学家休谟。

⑤ 擘谷太队，由法国北部皮卡尔迪（Picardie）省人组成的军队。

⑥ 拉墨葛，即法国博物学家拉马克。

⑦ 威斯孟，即德国生物学家魏斯曼。

若今欧美文明诸国，其民之能力、质性，本之人种之能力、生理之特质，仿之亦徒劳矣。然彼所以养成国民之性，发达今日之文化者，实存于言语、文章、教育、制度、文物等历史之结果，社会之遗传。十九世纪之东洋国民，安可不奋起哉！

第七章　历史大势

所谓历史哲学者，即本哲学思想而揣摩历史大势也。鸠力概[①]（一七七二——一八二九）称为"历史之精神及理想"。鸠氏哲学本之宗教，其历史哲学以人类之堕落为基原者也。夫人受自由意志而生，则其前途具上进与堕落之二道，若择第一道，得享清福，然不幸而择第二道，则方寸间二意战斗，自此而陷于堕落与竞争，其问题言明原始复归之状态者，乃鸠氏之历史观也。

古代希腊及罗马诗家，称人间最初为黄金时代，次为白银时代、黄铜时代、黑铁时代，次第堕落，而迄今日。成者每冀复古黄金时代，志在进化，不足怪也。

自此而揣摩历史大势，全觉其非。人心之不平，社会之争乱，列国之竞争，蛮颟之状态，无非堕落之象，不足证黄金时代之存在也。蛮野人种，难知其若何战争，虽有平和亲切之蛮人，彼境决非可羡。或天然境遇甚酷而乏食物，不许人类群居，不须构成社会，建设政府。或天然之惠泽甚厚，而劳动无须，逸居安眠，不知人生之竞争，而得生存。然是皆例外之情况，非人间之常态，且为人间之理想，非可揭之实事。若实论历史大势，进化论最足为历史之根据也。生存竞争之果，人类自禽兽之域，进野蛮而更达文明，而进化说者言世界之进步与人类之希望，固非堕落说所能及也。

鸠氏之历史哲学，叙人间堕落者也。谓人间若不堕落，则历史不生，恢复之望，今日非无，然使世无历史，岂非人间之幸福？此厌世历

---

① 鸠力概，即德国语言学家施莱格尔。

（世）〔史〕^①观也。反是而海辔（一七七〇——一八三一）之历史哲学，全以进步发达之理想而成。由其说，则历史者，人间之发达也。人间之发达者，自觉之进步，且实成一己之智能者也。夫人间者，历史之主题，而有形之天然者，历史之剧台也。知天然，制天然，以供人间之用而变化之，人事中最要者也。最后目的在知己克己，以实成一己。海辔称为自由，盖自知自胜为精神自由之本义故也。由此而言，历史者，自由意识之进步也。自由非存于天然，足矫天赋自由说之谬。人仅于社会即国家。得有自由，得明国家之理想矣。而谓东洋历史，其自由仅存于上帝及君主，希腊与罗马存于少数人民，日耳曼人种由基督教之感化，而存于万民。然所谓东方及希腊之区别未确。盖东方之自由，非在虚渺想象之上帝，仅限于少数之贤执政，多数人民固驭之如小儿也。至希腊及罗马之自由，不仅限于君主一人，圣贤二三，实公民之享此自由者，组成社会。然所谓自由人民者，仅居社会之少数，而多数则或为奴隶，或半奴隶也。至近世基督教文明之世，人皆享自由之权，不假外助之力矣。

海辔之历史哲学，于开发十九世纪思想有大势力，无可疑也。国家、个人关系，本有机而观察，发挥社会之意义、国家之理想，今世纪于彼受大惠焉。其所阙者，在以历史仅为连续之状，且专自主观观察，于客观社会之进化不能说明。佛之加马达^②（一七九五——一八五七）者，社会学之鼻祖也，谓历史上有三大例，即社会必经神学、哲学、实学三时代。此说虽为加氏新得而传于世，然千七百五十年，慈伦谷^③于巴黎索耳彭大学^④讲义既述于前。曰：

> 当物质相互关系未知之际，是等状况之因生于无形，颇类有

---

① 据文意改。

② 加马达，即法国哲学家孔德。

③ 慈伦谷，即法国经济学家杜尔哥。

④ 索耳彭大学，即索邦大学，法国巴黎大学前身。

知识而实践者然。人无一己之干涉，以为凡百事物，具存特有之神，恐怖、希望之念，于人世最为有力，至人民相习尊教而崇拜之。夫群神者，有力而完美之人也。但所生时代，文化各不同，而人间真确完美之思想亦因以异。故多少群神，其力与完美之度亦异。然自哲学家兴，而稗史、小说之妄诞为之发觉。惟不能实通万有之历史，而妄欲据所谓本性及能力，虚渺之谈，以明天然之情况，至实为何物，不能说明也。然哲学家之推论，每与实践者无异，至观察物体相互之机，而别设假定说，若夫自数学而启发，由经验而证明，抑亦挽近之事也。

慈伦氏既述人间智识之进步有三级，亦如加氏以之为历史根本之例，为组织哲学之基，惟不广推之于社会事实耳。而人间知识之进步，约经加氏所称之三级，其事实可证也。

第一期即神学时代也。谓宇宙万物，本之神灵，一如人生肌体，本之精神。最下者为拜物教，即以外物皆为神灵之时也。次为拜星教时，渐以经多神教之时。多神教者，当神学时代之第二期，渐而归一神教。而思万有之状，为神意之结果时，即为科学起源之余地。盖思万有非受统于定一之因果，而有自由自在之作用故耳。然此时人类不过崇拜物质（拜物教）及英雄（多神教）而已。

第二期为哲学时代。不言群神，而言空虚之理；不言奇迹，而言物质之性。谓万有状况非本神意，实由物质固有之因，本体之果，或称阴阳，或称元质，空说之时也。哲学思想于第一之神学时代既已发生，进拜物教为多神教，归多神教为一神教，宗教达进化之极，使人出神学思想之外。然自人心探索事物之元本，而渺无一得，于是实学之时代以出。

第三期为实学即科学。时代。不道空言，始论实理，专自观察、试验、归纳、概括之方，而研究现象秩序，利用之而增进人类福祉者也。

夫究宇宙之本原，非人智之所及，试之第二期而失败，以属无用事耳。第三期在巩固事实之基础，建设科学，制万有之能，使为世界进步之动力。

加马氏以三级为哲学说，非确实无疵者也。何则？神学时代非全无哲学思想，且科学思想不存，人类难以生活。人间知识之进化，有秩有序，其最初哲学不外宗教思想，虽实际知识亦因以发。人智渐开，最初哲学不足慊其意，更生新哲学。名第一期之哲学曰宗教亦谓神学。者，轻蔑之耳。第三期之实学，非与哲学异类，惟其推论之方较前正确，研究所得较前合理，且多实益耳。为实学或科学之名者，仅明其与前代哲学，异其优劣而已。

加马氏尝据三大例，以说社会之变迁。虽然，是仅足以明人性知识发达之级，非得以之说构造社会之变化，本人性之发达者也。斯宾塞更据观察、实验，阐明进步之理，名为进化法，以说社会构造之发达变迁，使社会之基础大以巩固。盖彼实据有机之例，而说变迁之理，本社会之成长、构造、发达、营养、分配、督制，以补海、加二氏之阙者也。

斯宾氏又别社会二组织，一名尚武社会，一名产业社会。夫防卫与生殖，共为社会所必须而不分者。然二者关系由社会而大异，有防卫于社会最为发达，而生殖仅由以存者，亦有生殖于社会最为发达，而防卫仅由以成者。要之，一则长干涉束缚之制，一则长自由放任之制者也。

斯宾氏所谓社会二组织者，实不外社会进化之二级。夫社会之性质，由其状态而定者也。国民建设之时，社会不得不尚武，丁男皆为兵卒，国民即静谧之军队，军队即发动之国民，其终不得不为束缚干涉之制。至后世而社会之状态一变者，由各自殖业，发达自由制度耳。顾欲观社会进化之级，与夫历史哲学，则周登固斯之《社会学原理》，美矣备矣。

溯之古代，则社会之组织基于族制，政治之组织亦基于族制，国家不过为家族之大者耳。当时国家非仅为政治组织，集同居处同言语之人民，实为族制组织，集同种族同血统之人民而构成者也。至近世而国家、土地关系最密，不问行政上族制之如何。故社会学家慕尔根①云："古来仅有二种政治，一自族制关系统摄人民，一自土地关系统摄人民。"而周登固斯纠其谬曰：

> 据文字而释，上二说为正确。盖昔政府行政之基为族制关系，今政府行政之基独在领地。然本政府之形体而区别之，以观察人间社会，则古今领土及种族之观念正无不同也。

且自古代族制主权之国，至近世领土主权之国，其间更有封建时代。周氏定古有三种政治，而正慕氏之说，且明封建制度于历史上之位置。夫古代社会，族制组织也，然互相攻击，互相防守，古所必须，于战争则将帅最要，而能将者自得社会之敬信，遂为君臣。故封建组织较族制组织尤为有力，过此则为领土主权之政治组织矣。

据周氏之说，则政治社会之达此度者亦经三级。埃及、巴比伦等之文明，经第一级而不克达第二级。希腊达第二级，而不克完成。罗马亦不能达第三级。而近世国民，全达第三级矣。

夫当国民建设之时，社会之互为交际，敦笃友谊者绝少，四方野蛮人种竞争国民，向之防战，有不容缓。故社会之势力，首备政治之统一、军事之组织，以维持安全。政治之统一、军事之组织既成，而社会渐臻安固，则人民元气发泄表现，悉向新奇，强迫制度因尚武政策而设者，悉行除革，以得身心之自由，使社会之秩序与自由之进步，同藉法律之改良，而国民入宪法发达之时代。埃及、巴比伦诸国经第一期，不及入第二期而亡。希腊虽达第二期，未及颁定法律而灭。罗马虽能颁定法律，不能维持自由之精神而亡。故希腊虽达第二期，不能完成而止。罗马虽脱第二期，不及达第三期而止也。要之，古代文明不固者，多由蛮颛人种竞争国民，盘旋四绕，故常不能脱覆亡之祸。

---

① 慕尔根，即美国人类学家摩尔根。

近世日耳曼种，半由内部之发达，半渐希腊、罗马之文明。自五世纪迄十三世纪，经前述之第一级，其间实完备封建组织，成近世政治组织第一期者也。十四、五世纪文艺复兴，十六世纪宗教改革，十七世纪英国革命，十八世纪美国独立、佛国革命，至十九世前半纪英之自由贸易，欧之宪法自由，无一非破社会之强迫，或虚名，或实行，无不变社会之构造。欧洲之外，野蛮之徒治化未进，故近世文明无半途灭亡之患，巩固之文明爰起，而政治社会得达第三级也。今欧洲诸国莫不完政治之进步，个人之自由以法律保护，而社会势力发泄更有新者，入文明第三期，经济进步，伦理发达。人注全力于殖产，而富之生殖、析分、消耗，为社会大问题，多数人民于人生幸福及人间生计之理想，得释其义。故周氏正斯宾氏分社会为尚武及产业之谬，谓政治社会经逾三级，甲为尚武时代，乙为宪法自由时代，丙为经济伦理时代。乙者，自甲至丙之间转迁过渡者也。如是则正确之历史哲学，基于社会进化之序，而智识之进步，亦从加氏三大例，而个人品格之发达，使斯宾氏之说益臻完备。

　　今世物质文明之膨胀，蒸汽之完成，实为大机械制造之时代。本世初半纪，轮船、铁道、电报之发明，富之生殖，运输交通，益增其便，产业时代，旷古未有也。自宗教改革以来，至佛国革命以后，封建时代之武士道德，宗教、政治之自由，每为阻碍，历史所见，宁不符慈氏堕落说乎？夫一利一害者，人事之常也。社会进步非纯幸福，当强迫制度推行之际，虽无自由，无进步，无智愚、贫富之别，然一旦斯制弛解，而为自由竞争之世界，则智者益智益富，愚者益愚益贫。若夫知识之进步，原不待消耗而得者也。然进步须努力，且多愁闷，而社会之进步，常有消耗苦楚以偿之。自新法、新器而受益者，观旧式之破坏，不能无愁闷，彼犹有识有财，速于趋时应势者也。反之，而愚贫者乏应变之能，不克维持其业，生涯堕落，每至不克恢复。故社会一方进化，一方退化，一方上进，一方堕落，进步愈急，其反动愈重。正如行军迅速，弱卒倒地者接踵也。自杀、发狂、犯罪、卖淫诸恶日行，一方则为旷古未有之暴富，岁岁增加，而贫民状态，日急月迫，破坏社会之秩序，停止社会之进步，其危有如是者。试一观社会，虽文化时或沉沦，然于后来社会，未必不为其大进步之动机。若彼学术之进步，工业之发达，运输交通之便利，实奖励富之生殖析分者也。然同时贫富、智愚之悬隔，必激人情之反动，公私善举不可不兴也。盖由此人情反动，非社会大兴伦理主义，则自由竞争之结果，智愚、贫富之悬隔，不破裂社会不止。故欲救进步之弊、社会之苦，鳏寡孤独之徒必须周恤，鄙吝悖谬之见务须除尽，必锐力以扩充教育之事、慈善之举，盖社会之道德意义，即社会成就道德之改革也。富兰斯登勒骚者[①]，主社会主义之山斗也，其《欧洲近世史观》有不可不参考者。谓欧洲中世，社会之势存于地主，盖封建时代以农业为要故也，由是而田奴、骑士、君主之阶级以生。殖产、商业、制造进步，而母财大家以起，终颠覆封建之制，易其君臣而为中等社会雇主、工人。当时社会生产事业，其目的不以个人需要，一方市场，实以世界市场也。佛国革命亦主此以定法律者。由是而第三级实占政治之势力，易中世有地权利而为近世有财权利，而佛国人民之公权，以纳税为本。为之近世史第二期。第三期之社会，其要质为工人，彼其人向无资产，然于后来社会，将有相续之资产。彼等主义，即人类之主义也，盖劳动者非一级，而即为人民故也。顾有社会殖富者，专恃农工业，而政权归地主者，封建时代是也。虽然，殖富者不仅土地，不仅母财。虽有土地，虽有母财，不加劳力，不能殖富，况母财又为过往劳力所得者乎！富之生殖，必需土地、母财、劳力三者并行，而劳力尤为最要。然古今社会，富之析分不公，多归于地主、母财家，而工人仅足身家之糊口而已。社会自经济之发达，劳力之所需益多，而文明之进步，使劳力者自觉其价值及其权利，此必然之势也。故经济上进步，知必与道德上进步同急，今后社会不使沉沦破坏者，一由后来社会道德之进化可知也。

---

　① 富兰斯登勒骚，即德国社会主义思想家斐迪南·拉萨尔。

以上所论，纷纭迁变，关于社会之构成者也。今将据国际及地形论之，使学者得窥历史大势之全豹焉。

国家之组织，自古代族制主权，越中世封建主权，而达于近世领土主权者也。其社会与社会之交际，不外战争与平和，非交战国，即同盟而中立之国耳。大并小，强并弱，皆使社会成长发达者也。而封建制度，为古代数多族制社会，渐合而为统一国家时所经者也。任何社会，始多仇视他人，操戈称兵，交战无已，故内部必构成社会，盖敌视他社会者，不得不胞视本社会也。如斯而竞争日烈，内部巩固者得获胜克敌，成渐强逐大之社会。此其法虽古今不同，或以战争服敌，或由平和并人。但中世封建时代，国家之中吞并最烈，故卒成统一之国，而近世国际政治以见。封建时代，战争盟约，诸侯与诸侯有之，诸侯与帝王有之，均势之竞争，一行国内。自国家统一，国际之竞争发轫，一方同盟，一方为反对，所谓国际之关系也。试征之欧，十五世后半纪，列国为封建割据之时，竞保单独孤立之势，而英、佛、西班牙三国归于统一，于是列国并起，以有今日。今则国际之关系甚繁，欧洲中原，有德、奥、意三国同盟，又有俄、佛二国同盟以反对之。且自世界大势而观，陆权强盛之俄，与海权威大之英有竞争焉。其言虽无实验，然自通世界而生国际系统，无可疑也。后日大陆，国际联合之生或未可知，欧、美、亚诸国由大陆之关系，及其利害所以异，必有各成系统者。如美以古巴岛事与西班牙起衅，欧洲大陆诸国概助西班牙，美洲列邦概助美国，英者三岛西垂，不属欧陆，多领土于美洲，故亦助美。亚之支那、日本、朝鲜，向皆孤立，今有渐接而为系统之征。如是于列国之间，生连衡合纵，本从来形势，而扩充日后范围，将生欧洲系统、美洲系统、亚洲系统等，而见大陆政策时代、大系统竞争之世纪焉。

且据地理而观，亚洲者，文明之起原地也。而其文明概沿河流而生，故揑尔利斯得①派之地理家称为河流文明时代，尼罗河之于埃及，退枯里斯、夏弗来梯斯之于叙利亚及巴比伦，印度河、恒河之于印度，黄河、扬子江之于支那是也。欧洲者，文明之发达地也，其发达专自地中海之便利，故地理家称为内海文明时代。十五世纪以前，世界万国历史，仅由此而无进步，如地中海、波罗的海之于欧，阿拉伯海、印度洋之于西亚，黄海、日本海之于东亚，莫不皆然。至十五世纪之终，亚、非、欧之文明，各沿内海而成长，以地中海为中心，而巴比伦、纳爱培②、阿恒地潢③、耶路撒冷、亚力山台亚④、加尔塞⑤、雅典、罗马、君士但丁诸名都府，棋布星罗于沿岸。而首动摇其中心者，罗马英杰恺撒也。其逾阿尔魄斯西北，征服各尔人⑥归罗马也，祁塞洛⑦氏为古今名学家第二。曰：“阿尔魄斯山其陷没矣，诸神设是以防意大利，今无所用矣。”夫恺撒之越此山，不仅扩罗马版图于西北，终使文明西渐，动地中海之中心，移之大西洋者，彼实开其端绪者也。中世以降，自十字军及阿拉伯、蒙古诸人，欧亚之交通频以繁矣，罗针盘、印行术、火药、制纸术，为支那文明所得者，传于西洋。至十五世纪之终，而科仑布发见美洲，复斯古泰加马⑧回航非洲，地中海于历史始失其价值，意大利衰而文明移于西欧。西班牙、葡萄牙崛起，荷兰继之，英、法从之，文明遂渡大西洋而传之美，地理家所谓大洋文明时代者也。至十八世后半纪，大西洋为西洋文明之中心，恰如地中海之于古代史及中世史，巴黎、伦

---

① 揑尔利斯得，即德国地理学家卡尔·李特尔。

② 纳爱培，即古代亚述首都尼尼微。

③ 阿恒地潢，即古叙利亚首都安条克。

④ 亚力山台亚，即埃及北部港市亚历山大。

⑤ 加尔塞，即迦太基（Carthage）。

⑥ 各尔人，即高卢人。

⑦ 祁塞洛，即西塞罗。

⑧ 复斯古泰加马，即瓦斯科·达·迦马（Gama，Vosco da，1460—1524），葡萄牙航海家。1497 年奉葡王之命率船自里斯本出发，绕过非洲南端好望角，次年到达印度西海岸。此后又于 1502、1524 年二度通航印度。由此开辟了欧洲绕过非洲南端直达印度的新航路。

敦、亚孟斯德①、亚德芙②、钮约③、博斯登④、飞洛德飞⑤等名都府，悉竞兴于大西洋两岸。而于十八世后半纪，自贾富丁顾兹⑥探检航海以来，实世界文明之中心点显移于太平洋之征也。自十六世纪复斯古泰加马印度回航以来，泰西之文明由好望角而进东洋；千八百五十四年，美国水师提督巴力⑦东渡日本，使之开港，且促朝鲜开国交通；客岁美、西之战，美军征略飞律宾群岛⑧，则泰西文明越美洲而达东洋。四百年来，始东西分道而至，西洋之新文明得与东洋旧文明国相接触，后日太平洋之价值可知矣。且竞争者，世界进步之大力也，竞争之频繁猛烈者，进步之所因以急激伟大者也。欧有欧诸国之竞争，美有美诸国之竞争，非有欧诸国及其土人之竞争。而后日之亚，不仅亚洲诸国民之竞争，欧美皆将与之竞争者也。二十世纪历史之伟观在于亚洲大陆，更无容疑也。大西洋文明之时代，渐一变为太平洋文明之时代，谓南北美、亚、澳三洲之运系于太平洋，非诬言也。虽世界文明亦可因太平洋而决其全否。盖世界文明非仅由少数白人之进步、一二大陆之开化而完成，必由六大陆之并进，全人类之竞争者也。历史之终局，为文明普及宇内后之事，后之历史人种，决不限欧美诸国人民。托马斯挨路乐⑨《欧美近世史》，为世界最后之作，谓近世史后，有将来历史，欧美人种，为世界最后之历史人种。其论欧美人种之任，虽堪嘉许，然未足以归结史学也。岂若乐霍尔⑩所谓："历史者，示人以始，不示其终。"正确而近实乎！要之，现

---

① 亚孟斯德，即荷兰首都阿姆斯特丹。

② 亚德芙，即比利时城市安特卫普。

③ 钮约，即纽约。

④ 博斯登，即波士顿。

⑤ 飞洛德飞，即费拉德尔非亚（Philadelphia），亦即美国费城。

⑥ 贾富丁顾兹，即英国航海家詹姆斯·库克船长。

⑦ 巴力，即马修·培理（Perry, Matthew Calbraith，1794—1858），一译佩里，美国东印度舰队司令官、海军准将。1853 年 7 月率领 4 艘军舰驶入江户湾（今东京湾）。次年，再率舰队抵达日本神奈川，胁迫幕府与美国签订《日美亲善条约》，后又追加签订了《下田条约》。日本由此向西方开放。伊藤博文在其登陆处书有"北米合众国水师提督培理上陆纪念碑"。

⑧ 飞律宾群岛，即菲律宾群岛。

⑨ 托马斯挨路乐，即英国教育家和历史学家托马斯·阿诺德。

⑩ 乐霍尔，未详。

世纪之初，欧美人之历史思想有二谬。一为历史之始，仅有六千年前之事。试观古代及东洋传说，不足破其谬乎！一为历史将终。是说也，怪异非常，每使古欧美人心摇动，然实无所据也。地球之年代虽少，必六千万年以上，而人间遗迹亦有自万年以达十万年者，可知世界之终局、人类之末期，前途固甚远也。

第八章　历史研究法

第一章释历史有三义，一为客观事实，二为主观理会，三为翻究所理会者于客观也。史学问题，一在如何使历史理会，合其事实，二在如何使所得者见于客观。而释此问题者，历史研究也。是学实为一科，特称为史学，亦无不可也。

客观事实既消灭而不存，存于世者仅其迹耳。人于一时一处外不能有知，往古事实，仅由其遗传者而理会之，后来事实，在想象其现今者之倾向之结果而豫察之。人类之知觉虽限于一时，其知识则由记诵及希望，于往古、未来得扩其范围也。

往古事实永久消灭，非得研究者也。为历史研究资料者，非往古而实现存事物也，即自吾人之官感所得直觉者也。过往之事实虽灭，其事实之可记可迹者，有实物存焉，若学者熟究之，足略知往事而理会之矣。历史与他科，于此皆同，特研究之难易在资料之精粗耳。

客观事实不仅实有前后之关系，即空亦有前后、左右、上下诸关系也。然主观理会不能一时悉具，由其始末及他关系，顺次连续而理会之，则客观事实之于思想，正如实之有前后之关系耳。是以客观事实，具前后、左右、上下者，自主观思想理会之，有化为直线之患。是盖不仅于史学为难也，而就历史研究之特别困难而论，富礼孟[1]之言如左，曰：

今夫绝对确实，不能由良史而得者，不待深思即可悟也。余尝一较其人，最主张吾人之学而从事焉者，则吾人就此，实立甚不

---

[1]　富礼孟，即英国历史学家弗里曼。

良之地者也。地学家者每有证释岩石之谬，然岩石之物，非错谬虚伪者也。若历史家，则不仅有证释记录之谬，即记录之物亦有错谬虚伪者矣。据成文之记录，更思确实，有甚难者。今使任何人，试征一己之征验，虽有生以后，人皆思己为何人，然不能确知，其知之者，无异于知古史也。虽任何人就己所知，得言己为两亲之子，彼信其然，无异信威廉胜王[①]之上陆于海西[②]。其信之者何也？有足凭信者在也。

又曰：

谚曰："二人目击一事，观察每有不同。"如一大战事，目击者所记，往往各殊，盖彼就战之所要而观察异也。故有二言虽不矛盾，而于事物有互异者。虽同一事物在前，而入目者未必同也。不仅视力之差违，所立之异位。征之物理而然，其他意义，多有然者。自人心倾向之相异，目击者或感此，或感彼，故所述虽无矛盾，至其事物之关系，轻重大小之比较，则有所大异焉。

虽使目击者所述皆真，客观事实究难实写。盖目击者虽智能毕具，不能外主观之感觉而别记也，故其记相续相连，仅为前后之次耳。虽然，事实非同时共发，其因非仅由前一事也，现今事实，由往古及同时者所得也。记实者，直线也，又数直线之平面。事实者，如立方形，具长广厚，有前后，有左右，有上下者也。史学果在活发往事，必不能达其目的矣。虽然，其目的幸非是也。植乐爱逊[③]曰：

---

① 威廉胜王，即征服者威廉一世（William the Conqueror，1027—1087），英国国王，1066—1087 年在位。原系法国诺曼底公爵。1066 年，渡海侵入英国，在黑斯廷斯（Hastings）登陆，击败英王哈罗德（Harold），自立为英国国王。
② 海西，古为西羌地，地处青藏高原北部、青海省西部，因在青海湖以西，故称。曾是中西文化交流的重要通道。
③ 植乐爱逊，即德国历史学家德罗伊森。

凡实验之研究目的，统摄于基础事实者也。而基础事实，五官所不得径知者，不可为研究之目的。历史研究之基础，非过往事物，盖过往之事物已消矣，其所恃者，仅事物之所记所存及所遗者耳。总之，今存之事物为历史研究之基础耳。

然则历史目的，非研究往古之事物，在取其过往之行为、事（爱）〔变〕①之遗纪存于今者而研究之耳。从其遗纪，每使往事复现，较写真尤有确者。正如动物家王横②，由一片遗骨，测知古动物之全体，至后日发见而证其实耳。其于历史，非无此例也。英国高门宄③之史，误谬杂出，一扫二百余年之弊，使为名世豪杰者，克拉益④之功也。如是而历史研究所得，使古人往事复活，然其复活者，非肌体、情感悉当原人原事也。往古事实，难使毫厘毕肖，毫厘毕肖者，非历史之理想也。自知历史目的，非过往而实现今。祁莱曰：

> 以余观于历史，过往者，现今之良释也。然不佞极论之，何也？无他，本文置注释之前，现今置过往之前。喻言固为有益，特当可喻之时则然。古今相对相比，则兴味多，不知现今，则兴味乏矣。

知古者，实所以知今也。知古非所必须，而知今实为急务，盖不知今，无以存于世也。然欲知今，不可不知古。何则？古者今所自出也。加马达⑤曰：

---

① 据日文原文校改。

② 王横，即欧文（Owen, Richard, 1804—1892），19世纪英国解剖学家、古生物学家。曾任皇家外科医学会比较解剖学及生理学教授，大英博物学部主任。著有《英国化石爬行动物的历史》、《脊椎动物解剖学》、《牙体形态学》等。

③ 高门宄，即克伦威尔。

④ 克拉益，即卡莱尔，著有《克伦威尔传》、《奥列弗·克伦威尔的书信与演说》。

⑤ 加马达，即法国哲学家孔德。

甚哉，读史非局促一今者也。不究今日流动诸原质，虽穿凿事实，不能明现今之状态。政治家虽须观察政治，然限于现今、近古，仍无益也。仅究现今，适导之误耳。何则？称扬一时显明之状况，以为本根，则将以其权力、制度、教说，属衰运者妄为盛运，且将混淆其主要及附见之事实。故救其弊，在以哲学解往古。盖不比较往古全部，不能判然，上溯时代，不远而早止者，其过误明矣。政治家之欲说明现今世态，而不溯前世纪以上者多矣，然其理想最富者，有观察前世纪以上者焉。虽然，哲学家究理，进十六世纪前者稀矣。故欲知革命时代之终者，无其时实际全部之概念。虽然，实则其全部尚不过暂时状态，由社会运动之级而见者耳。

知古之必要如是。一时代非一时代所生，非仅前时代之果，实合前时代、前前时代及其以上时代而成全者也。是以人间社会与下等动物异，社会学与生物学异，历史与博物志异也。植乐爱逊之说，意味更深。其言曰：

人类者，仅于道德组合中，发达其人类品格者也。构成人类者，道德之潜力也，此潜力活动于彼中，而彼又生存于潜力中焉（道德组合为家族、人民、国家、宗教等之结合）。

由个人之中，有建设构成之作用，且随其作用以发达，故人类实为创造道德世界者也。无道德组合，无成长发达，则人类之事业，如积微水虫之壳而为山。无连续之意识，则人类之事业无成果，如风之吹于沙原。无目的、无意识、无辨证天道之历史，则其连续者仅为循环运动，徒劳往返而已。

历史研究之目的，非使陈迹昭著，惟在撮拾现存者，由以发见真理，而说明现今，豫察将来，以知人类社会之起原、之进化、之目的耳。就往古事实，而得绝对之确证虽难，然任何科学皆不能得，以历史研究陈迹，谓较他学难凭，谬矣。盖历史者非研究陈迹，而实摭拾其现存者，而研究今世也。较他学不确者，以史学之复杂，非如他学之单纯也。其于意味，有较他学确实者焉。吾人生当今世，可信太阳千年以前、千年以后之出没。虽然，天文家得说其理，固不能确实非常。盖今日通达天文，不外人类之经验之知识，而为合理之信仰，至经验所不及，知识所不达者，不可得而推论也。且太阳出没，仅知其情状，而其由何动机，向何目的而动，恐千秋万岁，无由知之。至人事则不然，即数千年前之事，苟其迹尚存，则其动机其目使生发者，可得而知也。考古学、人类学似地质学，而较之多兴味者，职是故也。

历史研究之法，在发陈迹而批释之，其例与地质学无大异。富尔德[①]颇能言之，曰：

> 凡诸科学研究过往事物者，每以现今作用之因说明万事。地质学者，最先以地球面变化之因，归之外部势力之干涉，且归之暴烈元质，无经验者之激动者也。茫茫宇宙，今日显然作用之诸因，大抵足明其状态，而益归其状态于是等因，科学之倾向也。试以远镜观天，虽最远二星中，自可见其势力，与彼势力之统摄诸游星运行属太阳者，正相同也。由光线分析法，得见北辰彗星之中，有蒸气、金属存焉。且就过往地球及球中状态而观，其理由多符今世，彼混杂之妄谈，虽自历史初代下传，多由蚩蚩者之精神想象而生者也。彼之机键，可观今世孩提及蛮人而得其征。不待神明之干涉者，非仅美术，历史亦然。

前世纪哲学家夏孟所述之理颇同，曰：

> 各国民各时代人类之作用，都属相同。人性者，其则例运用，

---

① 富尔德，即英国历史学家弗劳德。

今犹不变，人所共知也。同一之动机，每生于同一之作为，同一之事，自同一之因而生。若名利、私爱、虚夸、友情、宏量、公共精神，皆有所限，而混合以分布于社会之中。自开辟以至于今，人类之一切作为谋议，此实为其渊源者也。欲知希腊、罗马人之志向生计乎，能学英、佛人之气质作为可矣，就后而观，多可转用之于前者也。凡人类之时及地类此者，则其历史上新奇之事前后多一辙也。

甲 发见

历史研究首在发研究之资料，其事即历史技师所为也。世仅以此为史学家，谬矣。虽然，彼不为，则历史之批释无其资料，不异击空。故历史研究之基础，以发资料为第一，如矿夫深穿矿坑而采掘金属也。

史料有三：甲者，自往古时代所欲研究而理解者，遗以至今者也，称为遗物。乙者，人类就往古事实而理会之遗纪也，称为记录，又特称为史料。丙者，具前二者之实物也，称为纪念物。

（甲）遗物 遗物不藉后代之记录而存者，厥有四种：（一）因人工而存者，或为技术，或为美术，如道路、水道、古坟等是也。（二）构成植乐爱逊所谓道德组合者，如风习、惯例、法律、政令、教律等是也。（三）凡足表示当代人民之思想，于其知识之状态及用之之方略示端倪者，如格言、文学、神话等是也。史书为时代所生者，亦得附焉。（四）业务之书类，如信函、商票、保藏公文等即是。

以上所述，非因记录而为者，皆当时社会以实用及其他目的而作，本人性之自然而无意生长发达者也。如言语亦为一遗物，历史必要之资料也。

（乙）纪念物 遗物者兼记录者也。此之所该，非仅人作，自实用及其他主义便于记忆者而成，所谓纪念碑者是也。多数美术品、墓铭、赏牌、货币、军器、姓名、称号、分界石标之类皆属焉。

（丙）记录 记录者，特称史料者也。即就陈迹而构成人所已理会者，以便于记诵而传者也。史书、年代志、口碑及他便记诵者是也。

文字未造之时，记录存于言语上，谓之口碑。口碑今用不溥，逾二代不足为史料。奈端谓："口碑有八十年至百年之信用。"汪尔纳[1]谓："红印度人百年以上，无确实传记。"古代历史家霸里比乌[2]叙己生前二十年以上事，勉傍前代之事实目击者而已。

结绳治国之时，口碑尚矣。今虽不如文字之信用，亦未可概斥也。二者之间，非其种类之别，惟于信用异耳。虽为文字，非考证、评论之后不足凭。虽为口碑，由考证、评论所得，足依赖者不少。巴古[3]曰："文字之发明，不仅损记诵之力，减口碑之效，实使诈伪传于后世，而害历史者也。"其言虽过，足矫世人妄信记录之弊矣。"尽信书则不如无书。"孟子之言，亦同此意也。南洋诸岛之蛮人，近今数世纪前之事存于口碑，挽近之偶证其事者不少（泰衣乐[4]《人类学》第十五章）。日本之《古事记》，希腊顾满之史诗[5]，元存于口碑者也。顾满诗中之人物及话言皆实，其言当时之社会，列国之形势，地中海船舶之情况，最足信者也。如言某铠值牛若干头，足知当时通货为家畜。近时小亚细亚古都旧址之采掘，其就兹乐亚马[6]而足证讴歌事迹者恒多。德依德秘密之教[7]行于谷尔[8]者，存之口碑，教徒须费二十年而记诵之，可知口碑确实，不让记录也。列国古代历史，大都此类，惟不及顾满为确耳。故口碑存定一之言辞，最为正确，诗歌、圣语、祝词之类是也。顾满之诗、德依德秘密之教，得因以存焉。

---

① 汪尔纳，未详。

② 霸里比乌，即古希腊历史学家波里比阿。

③ 巴古，即巴克尔。

④ 泰衣乐，即英国人类学家爱德华·泰勒。

⑤ 顾满之史诗，即荷马史诗。包括《伊利亚特》（*Iliad*）和《奥德赛》（*Odyssey*）两大史诗，相传为盲诗人荷马所作。均为 24 卷。前者叙述特洛伊战争最后一年的故事；后者叙述特洛伊战争后，希腊英雄、伊萨卡岛国王奥德修斯（Odysseus）在海上漂流 10 年，经历种种艰险，最后回到家乡与家人团聚的故事。是欧洲最古老的长篇叙事诗。

⑥ 兹乐亚马，即特洛伊城。

⑦ 德依德秘密之教，即德鲁伊特教。

⑧ 谷尔，即高卢。

记录有二种：（甲）者，专为主观，充溢夫想象、感情，备历史资料而兼他用者也。古代物语、史家乐歌等，充溢夫想象、感情者也。裁判所、议会等之演述，公法之诸书类，皆备史资料而兼他用者也。

（乙）者，专主客观，确合事实者也。有多而不相续者，有分类而编成者，且留意于记录之目的，得以判定其意义。盖记者操笔著书，其目的实多歧异，或为一己，或为他人，或为一人，或为数人，或为众人，或为当时，或为后世，或为教诲，或为欢娱，或为利益，随其目的，观察不宜相同。

总之，记录者有原记录，有传承记录。自他原史料而传承者。传承记录之可贵，全系于原记录，有原记录失，而仅存传承记录者，斯时虽为传承记录，其贵与原者同。

古史家以口碑及记录外无资料，故思收集比较，窜改而演述之，以为正确之历史。至于近世，虽遗物、纪念物亦视为历史资料而研究之，史学始确，而骎骎乎日进矣。历史者，究人间社会之进化者也。书契以前，所谓有史前时代者，言辞所用，多无文俗之殊，不得为无历史也。彼特无雅驯之记录存于文字耳。且旷古时代，有口碑足传者，据其遗物足以确知其事，正不得谓有史以前无历史也。

人类学家所谓石器、铜器、铁器三时代，虽非仅有史前之事，然由其遗物，有史前之事足以证知。且博言家比较万国语言，使历史所论范围扩大者，世人之所知也。穆孟孙[1]曰："语言者，于所发生时代，示其文化之真之机者也。"自英人征服印度以来，欧西学者始知梵语。千七百八十六年，英人加恒斯[2]倡言梵语、希腊、腊丁、日耳曼、开德[3]诸语，其类似者语根多同，实自同原母语而出者。海辂谓足扩张史界，岂诬言哉？故由是可证印、欧之人原为同种。且自博言学，而记录不存、口碑不传之事，加之历史，不可谓非言语之赐也。所谓遗物、纪

---

① 穆孟孙，即德国历史学家特奥多尔·蒙森。

② 加恒斯，即英国梵文学者、东方学家威廉·琼斯。

③ 开德，即克尔特语。

念物、记录者，各有所用，自研究之目的而不同。遗物者虽得使人确知古代纤细之事，然散逸多断片，或偶然而发见者也。故三料之中，不得偏一也，但历史研究之方，在乎无所泥，无所拘，敷延资料而扩充之。其法：（一）阐发。（二）连络。整理事实之始终，结合适宜之关系，则前后相生，有层出不穷之妙。（三）类推。同生同，异生异，故事之始同者终必同。以此推之，虽不中，不远矣。（四）假定。如观古墓规模宏壮，即知古代社会之秩序。资料者各为歧异者也，虽有连续，实多间断，不补其阙，则历史之事实不全，而欲使之全，必用假定说。

发见者，评论之基也，发见及评论者，申释之基也。虽然，三者之用不同，然必藉他共用，不能分也。

乙　评论

评论者，非径论历史事实也。历史事实由复杂之意志而成，而其意志或相同，或互异，且与其时代共消，今所存者不过其迹之可征者耳，故谓之历史之资料。

此之资料既发见者也，且证明古之意志成就是料者也。评论之要，在注意于现存之资料与夫古人之成就是者之意志，于其间判定其关系。评论之方，自其关系而定者也。

（甲）资料真伪之评论研究遗物、纪念物者，人类、博言、考古诸学所当务也。若评论记录而鉴别之，则别为一科，称古典学，即征之外而鉴定记录及他书之真伪者也。若征其内而评论古书之真伪正确者，则为高等评论。

（乙）资料变化之评论资料之无变化者，研究其所传之原物。有变化者，研究其变化之因。观史料经历之时，得以知其有变化与否，比较其先后形状，足知其变化之级焉。

（丙）资料确实之评论资料虽为不变而传之原物，未可定为确实也。资料之证果符合于事实与否，属别问题，固无论矣。即就此而言，有疑问如左。（一）材料虽非伪物，且可存而不变，于人间经验上，得有否乎？（二）人间经验上虽得有之，于当时之情势，得乎否乎？（三）当时情势虽得，于古人之意志观察，殖是资料者，其动机、目的关系，有所掩蔽否乎？（四）上之动机、目的关系虽无掩蔽，于古人判决，得避妄诞否乎？

历史辨证之例，专关之记录者也。其例云何？在知一切证据，与其事为同时，或据真确口碑，自同时人传出者。总在溯其原委，穿凿证迹，不欺后世。盖必证人与事实同时，得目击其事，或得正确原记录者。孙觉芬之《亚纳皮希》①、霍里巴斯之《历史》②、恺撒之《谷尔战记》③、顾伦敦之《英国反乱史》④，皆本一己之识者也，然虽同时历史，藉著者以外之证据者必多。

凡事实具上二要者，历史上必可信无疑也。虽然，谓不具二要者不足信，于是有异论矣。加伦握理路意⑤强为二要之不具者不确，曰："内部有遗漏之证，其事可疑矣。即其内部有缜密之证，亦不能保其事亦若此也。"又曰："欲证事之显现，每不足补外部举证之缺。"史家若用斯例，则各国史中抹杀者甚多。要之，内部有缜密而无反对之证者，即足信也。记录所当注意者如下：（甲）著者叙事之质之料何若？（乙）当时思想影响著者何若？（丙）记者由教育、品格及特殊倾向而铸就人类何若？而记者之诚、记事之确不与焉。记者虽诚，记事未必确；记事虽不确，记者未必诈伪，是研究宗教史者最宜注意者也。

---

① 孙觉芬，通译色诺芬（Xenophon，约前430—约前355或354），古希腊历史学家、作家。苏格拉底的弟子，曾为将领参加远征，到达黑海。著有《远征记》、《希腊史》、《苏格拉底回忆录》等。《亚纳皮希》，即其所撰史著《远征记》（*Anabasis*）。

② 霍里巴斯之《历史》，即古希腊历史学家波里比阿所著《通史》（亦称《罗马史》）。

③ 《谷儿战记》，即《高卢战记》。

④ 顾伦敦，即克拉伦登（Clarendon，Edward Hyde，1609—1674），17世纪中期英国政治家、历史学家。查理一世时曾任财政大臣，英国革命时流亡欧洲，斯图亚特王朝复辟后，任查理二世枢密顾问官和大法官。著有《英国大叛乱和内战史》。《英国反乱史》，即克拉伦登所著《英国大叛乱和内战史》。

⑤ 加伦握理路意，日文原文作サー・ラコージ・コルンウヌス・メユーウヲス，未详。

确实口碑，历时而消磨者也，记录之功，在无此弊。然世有谓口碑记录之证，皆历时而消磨者，英之数学家顾葛来祎[1]是也。彼由此例而悬想，虽基督教之证据，不能无尽时，斯时也，宗教衰，世界之末至，彼用以计算人世之终。而佛之天文家拉巴拉[2]曰："印行之术，足以救遗忘固矣，然今日确实之事，历时既久，疑义生焉。"虽然，是极端之说，不可谓不谬也。记录历时久远，不足消磨其真，惟古远记录，究其所出及著者恒难。若口碑则人授人，口传口，自易失其原形，非可同日论也。然多历年所，易失本真，虽属记录，亦有足虑者。（一）记录果为真实事否？（二）记录以字句添削而疑生。当雅典及马加仑[3]人争色拉朋岛[4]，乞斯布多[5]为调停，而贤者索伦[6]窜改顾满之诗，谓雅典人实获胜焉。宗教之书，此类颇多。纵无实事，而文字之誊写，刷印之误脱，在所难免，自知古书保管所不可少也。

惟今世史家习惯，亦不可不察。海洛德斯[7]、史葛德[8]、史仑馨[9]等古代史家，作适时之演述，编入历史，其于确实，信无所欠也。自宇内史祖霍里巴斯[10]一破斯习以来，近世史家虽无此弊，惟于释事实，明人心，时多逾越事实。且政党政治之世，一注意于历史家党派及其主义，则可（续）〔读〕[11]者少。夏孟之《英史》[12]，多偏于杜仑主义[13]，英旧党民。马壳莱

---

① 葛来祎，即英国数学家约翰·克雷格。

② 拉巴拉，即拉普拉斯。

③ 马加仑，即麦加拉。

④ 色拉朋岛，即萨拉米岛。

⑤ 斯布多，即斯巴达。

⑥ 索伦，即古希腊政治改革家梭伦。

⑦ 海洛德斯，即古希腊历史学家希罗多德。

⑧ 史葛德，即雅典雄辩家、教育家伊索克拉底。

⑨ 史仑馨，即古希腊讽刺作家卢奇安。

⑩ 霍里巴斯，即古希腊历史学家波里比阿。

⑪ 据日文原文校改。

⑫ 孟夏之《英史》，即休谟所著《朱利安·恺撒入侵至1688年革命的英国史》。

⑬ 杜仑主义，即托利（Tory）主义。

者多偏于徽辈主义①；英新党民。米德福德②之《希腊史》，偏于贵族主义，顾乐托③者偏于民政主义，苟不注意而读，则谬矣。伦阁④所谓历史家无比类者，此弊是也。

前述之事，颇为复乱，评论之要，欲就复杂事之现存者，而使人领略要点，弥缝扩阙，而提撷纲领，其不能亦明矣。评论所得，虽与事实无违，未得为历史事实也。欲明资料之真伪正确，则更须用申释，以得历史事实之要领。故评论所得，仅与人适当之料，置之适当之地，而为申释之基耳。

丙　申释

人之运用一身也，有运用之机焉，有使机运用之筋焉，有动筋之意志焉，有统治意志之目的焉。历史上事实虽大，要不外人间之事，故得自四点观察而申释。（甲）原因、结果之申释；（乙）关系、情事之申释；（丙）心理之申释；（丁）当代理想之申释。

（甲）原因、结果之申释使过往事实复现于吾人思想间者，史学之要务也。然过往事实非单独孤立者也，由前因后果而生者，故亦须释之。即使评定之事，以前因后果而联合，且使往古复杂之事稍现于人心之中，因当时之关系而复综述也。材料多者，仅用证明法而足，材料少者，须类推法。类推法者，自已知事而推未知也。且资料为断片，而事实有旷阙者，使连络适当，必藉假定法也。

（乙）关系、情事之申释甲者，就事实而释其直接因果者也。乙者，释当时情事生厥事实者，所谓间接原因也，不释则不能得历史事实之要领。思足利尊氏谋叛之本末及其心术，虽为可憎，然察其当时情事，则

---

① 徽辈主义，即辉格（Whig）主义。
② 米德福德，即英国历史学家威廉·米特福德。
③ 顾乐托，即英国历史学家乔治·格罗特。
④ 伦阁，即德国历史学家兰克。

必大改其观察。且不明其情事，则于尊氏反逆而成功，楠氏忠诚而失败之理，不可以得，空发天道是非之叹。而须申释之情事如左。（一）凭空情事，地理是也。得明古代文明之起原者，多在地理，支那、印度、埃及、加耳地亚等夙开文明者在此，罗马并合意大利而统一地中海周围者，亦在此。信长①、秀吉②崛起尾张③，而统一天下者，职是故也。（二）涉时情事，时势是也。（三）外感情事，即物质及道德上情事感之于外，使日习而不自知，助事实之生者是也。当时之舆论偏僻流行，人情民心之倾向，于历史事实皆玉成之。

（丙）心理之申释历史事实一系于人生意志，故于历史必释当世人物之心性、意志也。特大人豪杰为代表时代者，又具转移时代之力，解明其心性，因得确释历史事实，故为释史所不可阙。然事之成，非仅由一人意志。历史之因社会势力而动，如万有之因天然势力而旋，凡此势力之中，人莫不与。所谓人者一世，名者万世，未足尽其意也。一人之生命精神，永为社会之生命精神，历史人物遗名后世者，于社会势力参与其大者耳。实则圆顶方趾者，莫不皆然，虽大人豪杰，不过为社会生命之要者耳。以社会之生命、历史之精神，仅属大人豪杰之传记，谬矣。

虽然，大人豪杰者代表时势，且力能陶铸时势，确释其心理，为解明其时代者所必需也。谓穆罕默德为诈伪者，不得说明回教蔓延之状，然从来史家，每为穆罕默德、高门岜为诈伪及伪善者，坐不知心理解释之过也。如于日本开国际之井伊直弼④亦然。

---

① 信长，即织田信长（1534—1582），日本战国时代末期武将。尾张（Owari，现爱知县）人。为尾张国大名（领主）。1568年拥足利义昭入京都，再兴幕府，后又逐之，推翻室町幕府。曾遣丰臣秀吉攻毛利氏，统一大半国土。后被部将明智光秀所杀。

② 秀吉，即丰臣秀吉。

③ 尾张，日本古国的名称，辖区包括知多半岛在内的整个名古屋地区。位于日本本州岛的中南部，今爱知县的东北部。

④ 井伊直弼（1815—1860），日本德川时代幕臣。井伊直中第十四子，袭封彦根藩（在今滋贺县）藩主。1858年就任幕府大老，未经朝廷批准，便同美国订立通商条约，又同荷、俄、英、法缔结条约，总称安政条约，激起尊王攘夷派不满。后在樱田门外被水户、萨摩两藩武士刺死。

（丁）理想申释　剖析历史人物之心理虽要，未得窥全豹也。读史所当研究，不仅史中人物之心意也，其社会心理所胚胎唤发历史人物者，不可不研究也。亚力山大、恺撒、穆罕默德、高门訖、拿破仑、赖朝、秀吉等，皆于历史上有大思想者也，其思想大抵表当时社会理想者也。罗马共和末季，意大利及其国外人皆为平等，而国家基础巩固者仅意大利，故得拓地略邑，辟属土而为帝国者，势也，恺撒者代表此社会理想而成功者也。曹操云："汉乎，汉即我也。"路易第十四①曰："国家乎，国家即朕也。"拿破仑云："革命乎，革命即我也。"前后如出一口，皆代表当时社会及其理想，足证其统摄社会之人心势力者也。各人意识虽旋现旋消，然使之成长发达教育而陶冶之者，社会通常之人心也。社会意识者，各人意识所由生；而各人意识者，又社会意识之要质也。个人心理学虽要，然社会心理学亦不可漠视也。夫社会理想耸动各时者，实成当时历史之真理者也，而所谓历史事实者，仅为其显现后果耳。社会理想之申释，即补个人心理分解之不足者也。

其释上四种也，有二法。一以社会为凡诸要质使之成立者，即历史要质也。其间有自然之连络、定一之关系。一以社会由诸要质之动静，而有成长发达盛衰消长者。一则横观社会于平面，一则纵观社会于流动。故一为静状观察法，一为动状观察法。动状观察法有二，一则自今溯古，一则由古及今，二者之用心无所异。自今溯古者，分析其后果而归之前因，故用分解法。自古及今者，于一事之生发他事，研究其状态，故用综合法。历史之方同时并用二者，全不分离者也。人每意通常历史，自古及今，然本心理而言，则历史实自今溯古。虽分解、综合，原同其用，然所云历史之方，多属分解，而由今溯古者，较自古及今者为多。

发见资料者，一技术也，评论者，一科学也。至申释则别需哲学思

---

① 路易第十四，即路易十四（Louis XIV，1638—1715），法国国王。路易十三之子。1643—1715 年在位。1661 年亲政后，曾宣称"朕即国家"，加强中央集权的专制统治。

想者也，所谓具史眼者，即在于此。而历史解释，哲学家未足尽之，故欲具史眼，必须美术思想。夫历史以人为主题为目的者，当叙奸雄事迹，而仅憎恶之，未足为善史家也，必具同情之感。当究物质原因，学者未能无情，每以不可言者用之研究，况于察人事乎！故判断事实之有无，当如科学家研究物质之状况；论其是非得失、存亡成败，当如明法官判断巨案之平允。翕伦^①不言乎，"世界历史者，世界之法庭也"。然则史家者，法庭判决之法官也。仅能责人，未为高手，必思我若生其人之时，处其人之地，遇其人之事，当若何应变，可以全身。是不仅于人物为然，于制度文物亦然。如由今日而观其制度，觉实反于人情，然曾通行于社会者，必合于当时也。故于今日情事虽需排斥，然不深究其因于历史，多不能得正确之释。而为之之方有三。

（甲）如雕工搜集各料，而使古人物、古制度毕显于今。飘飘欲活，表里左右，观察无遗，要以肖其真像为归。

（乙）如画工，不仅有一人一物之真，且确描其位置，比较历史之表里，正其位置之远近，区划其明昧而写其真相。夫画术与写真异，善画工较写真师为高，历史家而仅录事实，非善者也。

（丙）者，合甲、乙二方，变通用之者也。历史由人生行事而成，其间之可歌可泣者不少，仅如雕师、画工，未足尽其情也。而确尽其情之方，当如俳优歌曲，不仅如生其人之时，处其人之地，遇其人之事，且须入其人之思想、感情、精神、意志，身为其人代表而真写之。又须别历史之主客，叙事实之端绪，进行之阶级，盛衰之波澜，后果之康乐，而使事变昭著。不仅于人物为然，即于研究制度文物，一国一时，亦莫不然。

故真史家者，必具科学、哲学、美术三家之格者也。夫人间之社会，伦理之社会也，组织社会之团体者，道德团体，有道德目的者也。曰家族，曰土地，曰国家，曰世界，皆具道德目的者也。社会之目的实

---

① 翕伦，即德国剧作家、诗人席勒。

存于此，则历史之目的亦不得求之道德范围外也。有志于真史家及善读史者，必加意于甲、乙、丙三方，而养成其品格，正其心，立其诚，往古事迹不为凿空构立，庶乎不愧屋漏，无惭古人也乎。

史
学
原
论

日本　浮田和民　著
闽县　　刘崇杰　译

闽学会丛书之一

第一章　历史之特质及范围

历史之意义有四：

第一　客观意义。

第二　主观意义。

第三　记录意义。

第四　史学意义。

第一意义，历史上事实之谓也。

第二意义，理会历史上事实之谓也。

第三意义，既理会其事实，复以客观绎之为记录者是也。

第四意义，史学之谓也，以记录及其他遗物比较而研究之，解说历史上之事实者也。

第一意义、第二意义两者相合，始成历史上事实，不可须臾离。然亦有偏于主观或客观者，如洛切[1] 所著《小宇宙》中之历史论，则以客观意义说之；伯琨[2] 之《劝学论》，则以主观意义说之；德雷鲜[3] 之《史学原理》，则兼两意义而有之。

第三意义乃事实之记录，故可以为史学材料。然历史所以成一学问者，在第四意义。历史与史学，因意义之广狭为区别，盖历史意义有四，史学意义则一也。

欲知历史之特质，下历史之定义，必先从历史之客观方面察之，欲讲研究历史之法，必从主观方面察之。

---

[1]　洛切，即德国哲学家海尔曼·洛采。

[2]　伯琨，即英国哲学家培根。

[3]　德雷鲜，即德国历史学家德罗伊森。

世所谓历史者，事实之杂记也，又有谓以记事为目的者也。真正历史则反是，盖事实之范围比历史为广。历史者，特记某项事实，解释某项事实，即解释历史之特质也。世有以某项事实为过去者，不知二者各有不同。斯黎[①]曰："过去之事，不属于历史范围者固多。现在之事，属于历史范围者亦不少。"科学上所谓现象，非依时日，乃依种类者也。若历史以综记世界所有之事为主，则历史非单一之科学，乃归纳诸科学之基本也。然以科学言之，历史只考究某事实现象而已。其特殊之现象，无论处何时，皆可理会为历史者明矣。历史之事实非专属于过去者，无待言矣。

宇宙间之现象一经转瞬，无不属于过去者，故过去之事多有不属于历史范围。欲明斯义，须知有二种之现象。

现象者何？事物之变迁是也。其变迁有为循环之状，有为进化之状。

变迁之中有一定时期，周而复始者，谓之循环现象，四时之推移，天体之运行是也。

变迁之中又有从其顺序，而生长发达者，谓之进化现象，人类社会、生物界皆有是象。

凡循环不已者，属于天然。无循环不已之象而生长发达者，属于历史。

天然者为一定法则所支配，故可依其法则而周转之。历史则有进化法则而支配之，径向目的而进者，即其特质也。

万事万物，有在空间，有在时间。天然属于空间，历史属于时间。

以天然而观宇宙，一定不变，万古不易，完全无缺，其状如圆圈。

以历史而观宇宙，生长发达，进步不已，进退升落，无有定则，其状如螺纹。

以天然而观宇宙，固极完全。以历史而观宇宙，尚在生长发达之中，不至终局，历史不能完结。凡关乎天然现象，循环者屡，故易于

---

① 斯黎，即英国历史学家西莱。

观察，且便于模拟状态而考验之。历史则无是便。所谓关于天然科学完全无缺，关于历史科学未抵完全者，职是故也。历史事实，进化之现象也，凡生长发达之现象，皆为历史事实。凡不生长发达之现象者，虽可为科学之材料，不足为历史上事实。

一定时期之中，虽有生长发达，而一达其时期，又有复始之象者，亦为循环现象。动植物之生长发达，虽有一定顺序，而一达时期，又复其始，是则一生一死，亦不免此循环之现象也。

自客观而察历史，历史非限于人类之事，凡进化之事物，皆可为历史之主目明矣。然方今历史之主目，专在人类，以记载人类所行及其经验之事为目的者。盖因万物之中进化之大者，莫人类若。故历史之意义虽不限于人类，而特专注人类之历史也。

西洋学者有欲扩张历史范围，以包含地球上所起之事物者。又有谓无机世界之作用，宜如人类之生活，同属于历史者。夫万有之间，进化现象皆可包于历史，而人类之事，非为进化现象者，则不能也。顾人类亦动物也，一生一死，无非循环现象，肉体固无进化之理，而其心灵有无进化，尚颇费解。拔克[①]曰："古来人类天性之能力，未见有进步之证也。"吾谓脑髓、心意之天然能力，虽似随文明之进步而发达，其实非也。从古代野蛮之域，以进现今文明之世，进步速力可谓极矣。而拔克则曰，此乃境遇之进步，社会之发达也。夫人类之天然能力，其数若质，古今文野无有差异。不特四肢五官之数若质，古人今人、野蛮人文明人毫无优劣之别。即如智、情、意之天性，未闻现今文明之人，有古人、野蛮人所无之能力也。虽能力之大小强弱，固有不等，总括而平均之，则古今无有优劣之别。是人类之天然能力，乃一定不变者也。古人所无之能力，今人亦无之。知识有进步，智力无进步，道德有进步，德性无进步。知识及道德之进步，皆属于社会境遇之进步也。今日吾人固能知希腊人所不知之事，为其所不能为之事，然吾人天性之能力，果胜

---

① 拔克，即英国历史学家巴克尔。

于伯拉图①、亚里士多德诸人乎？不特不能胜之，即谓无有能及之者亦可也。吾人之胜于彼等者，不外时势之侥幸，社会之恩泽耳。夫人类天性之能力，其为随文明之进步积渐增长乎？文明人所以异于野蛮人者，其为天然能力有优劣之别乎？此固学者所迟疑莫决也。吾谓使文明国孩童，无有教育知识，无受社会感化，无沾文明恩惠，将与野蛮国之孩童无所差别。质而言之，谓孩童皆是野蛮人也可。故曰，人也者，一生之中，出野蛮以进文明之境者也。如视人类，亦一动物，则其进化已达极点，更无进化之理。然以社会之动物而观之，则万物之中，最善生长发达而进化者，莫人类若。其肉体、心意之天然能力，固无进化，而社会因分业之结果，协同之成绩，于智识于道德于组织，皆有进化之状。故言历史，必谓为人类之历史，言人类之历史，必谓为社会之历史。要之，历史之特质在乎变迁进化，变而复变，进而更进。后事之发达生长，倍于前事，前事因也，后事果也，前后之间，生生不已。其现象则由单而复，由简而繁，由异而同。其范围则属于进化现象者也。夫进化之范围虽不限于人类，而他事物进化之程度与趣味，则无过于人类社会者。可知历史云者，特言人类社会之进化也。

---

① 伯拉图，即柏拉图。

第二章 史学之定义

学问之特质、范围，以定义为根据者也。史学定义所以未经一定者，因其特质、范围颇有异论，爰举二三学说以考究之。

希腊学者泰奥呢西亚[1]曰："历史者，以模范所教之哲学也。"英国文豪马可黎[2]曰："历史者，诗与哲学所混合者也。"然二者不过形容历史特质之一部分。盖历史者虽可谓以模范所教之哲学，或诗与哲学所混合，然二者未必尽可为历史也。

哈米尔敦[3]曰："历史者，时间现象之记录也。"然历史上事实，不偏在于时间或空间，乃合二者之现象也。且有非历史现象，而于时间继起续发者，如四时推移，天体运行是也。

格维纳斯[4]曰："历史者可谓为政治历史。"富黎曼[5]曰："历史者，过去之政治也。政治者，现在之历史也。"其言历史与政治有密接关系，可谓适当。而以此为历史全体之定义，又嫌其隘。盖历史之范围，不限于政治上之事也。

卡莱[6]曰："世界历史乃大人之传记。"此说非尽无理，然不如谓世界历史，乃大国民之传记较为适当。大人与历史之关系，次章当详述之。

耳那德[7]曰："历史者，社会之传记也。"此定义较卡莱所定，尤近

---

① 泰奥呢西亚，即古希腊历史学家狄奥尼修斯·哈利卡纳苏。
② 马可黎，即英国历史学家马考莱。
③ 哈米尔敦，即英国历史学家汉密尔顿。
④ 格维纳斯，即德国历史学家格维努斯。
⑤ 富黎曼，即英国历史学家弗里曼。
⑥ 卡莱，即英国历史学家卡莱尔。
⑦ 耳那德，即英国教育家和历史学家阿诺尔德。

真理。据耳氏之说，传记乃记个人生活之状，历史则记社会生活之状。传记与历史，固自有判，以其目的有公共与个人之别也。夫社会固藉个人组织以成，但既成之后，个人之间则又有共同之生活。故历史云者，必谓为社会之历史。凡文学社会之历史，商业社会之历史，宗教社会之历史等，皆非一个人之生活，乃众人组织社会之生活也。如但论一二大人，而置社会公共之事迹于不问，则可谓之传记，不可谓之历史。传记为个人之历史，历史为社会之传记。既曰历史，则国家之生活为历史之主题固矣。国家乃社会之最高尚者，凡百社会所倚赖之一大社会也。单提历史，不附以形容之词，则必视为国家之历史。历史之广义，为凡百社会之传记，其狭义则为政治社会或国家之历史。夫代表国家者，政府也，政府之大权往往在君主一人，以致历史所记，特君主一人之事，与传记无有差别，斯读史者不可不知也。

谓历史为社会之传记，特比喻之语，不得为真正定义。耳那德以为：“有公共普通之目的意义者，方得谓之历史，否则为传记。”其说固是。惟非先说明社会传记之义，终难发挥历史之真义也。

斯宾塞曰：“有实际价值之历史，可称之为记述之社会学。史家职务，首在述国民生活之状，以供社会学者比较之用，俾得确定支配社会现象之法则也。”又曰：“吾人所要真知者，乃社会之自然历史。”斯氏以为从来历史，不外帝王之传记，于实事毫无裨益，且社会学亦无受其影响。可知斯氏所下定义，实指社会之自然历史，或记述之社会学而言也。

德国哲学者赫格[①]曰：“道理支配世界之说，可为史学之基础。其理发于空间者，谓之天然，发于时间者，谓之历史。”赫氏于学术界进化说未起之前，能倡此说，可谓卓见。

历史之定义，在考察历史事实之特质。夫生长发达进化之现象，历史之事实也。历史之事实，既必含进化之性质，故有进化之现象，即有

---

① 赫格，即黑格尔。

历史，历史不必限于人类及社会之事也。夫宇宙之间，有天体之进化，有地球之进化，有动植物之进化，总称之为万有之历史，固无不可。惟万有之中，进化之最著明者人类也，而人类中进化之最著明者社会也。耳那德所谓历史为社会之历史，固属至当。

以广义言之，历史有二种，曰万有历史，曰人类历史。以狭义言之，历史者乃人类之历史，研究人类历史之学，谓之史学。故历史虽有广狭二义，而史学仅有其一。史学之定义维何？曰研究人类进化之顺序及其法则之学也。虽然人类肉体、心意之自然能力，本无进化之证，前所谓进化者，社会之生活也。故史学者，考究社会进步之顺序及其法则之学也。盖下等动物虽有成社会者，而其所谓社会之本能，殆无进化之象，一定不变者也。

人类历史果能成科学与否，异论滋多。而其根据有三。第一说谓："人有自由意志，人类之学故难成立。"不知意志之自由，非无限度，非无法则，统计学早已证明。意志之发作也，必有理由，其理由则根于人类之天性，社会、天然之境遇。故意志虽自由，而其动机已有限度，法则从而支配之，而后致历史为科学，夫何不当之有？苟人类意志之作用，知识不甚完全，则历史亦难乎达于科学之地位矣。盖历史及社会之事，非特关个人之意志，而实关众人意志之作用也。欲以历史为完全科学，不特须个人心理学之成立，社会之心理学尤须成立也。

第二说谓："人类过去、现在之事甚难明证，如汉呢拍[①]事迹，非据其敌人所传，别无可考。"研究历史，固有如是难处，究亦未必皆然。其中虽有以人力不能证明者，如个人之心术，单独之事实。而凡称为历史上社会上之事件，概可证明之。如吾身为我父母所生之事，不外据于传说而已。单独之事实，随生随灭，不留遗迹。而社会进化之现象则不然，其事实多有遗迹，若依科学之方法证明之，尤属易事。

第三说谓："历史之事实进步无限，故探究其公则，要费无限时

---

① 汉呢拍，即汉尼拔。

日。"此史学所以视他学较难达于完全之域也。然而非谓要至世界末劫之日，始能发见其公则也。曩昔视历史为一种美术，惟记过去之人物、社会之景象，其范围则限于有史时代及文明社会，当时社会进化之顺序，尚难知之，况历史上之法则乎？使研究历史者，无古今文野之别，特就人类社会进化之迹而观察之，则史学终有成完全科学之日矣。惟其不然，此历史所以视他学瞠乎其后者也。总而言之，其现象复杂，不易支配于单一法则之下，故前述史学之定义，特从其目的及理想而言。雪朋厚威^①曰："历史乃合理之知识，不得为科学。"盖有一定法则，能以数理证明之者，方为科学，历史则犹未达于科学之地也。

然今日以科学论断历史之成立与否，未免左计。史学固非不可与生物学、心理学、人类学、社会学，并臂进步而成立者。索克拉德^②尝谓："考究天文、物理者，无用之事也。是为神明所支配，非人智所能及。人之本分，惟知有义务而已。"十七世纪英国洛克曰："物质之分子，极乎纤细，究非观念所可及，物理学未必有成立之日。"今则物理学已完全成立矣。十八世纪康德曰："心理学断难成立。"今则亦将成立矣。十九世纪前半期，庚德^③唱言："天体之化学的成分，决非人智所可考及。"而今诘荷^④、弗兰温荷呢^⑤则分析日星化学之构造矣。人类社会之学固以复杂，难于成立，而观近来社会诸学之进步，则历史之成科学未必无其时也。

---

① 雪朋厚威，即德国哲学家叔本华。
② 索克拉德，即苏格拉底。
③ 庚德，即法国哲学家孔德。
④ 诘荷，即德国物理学家基尔霍夫。
⑤ 弗兰温荷呢，即德国物理学家夫琅和费。

第三章　历史上之价值

斯宾塞曰："有告之曰，邻猫昨日生子。夫事实则事实矣，与吾人之生活毫无关系，一无用之事实也。"以此标准检查历史事实，则庶乎其近矣。又曰："真正历史事实，历史之书多缺焉。往时无论何事，皆帝王所为，而无与于人民。故过去历史，多载帝王之事，国民生活之状，仅朦胧于其间。而今则民贵君轻之理已渐发达，历史家亦以考究社会进步为事矣。"斯氏指摘从来历史缺点，可谓无有余蕴。历史定义未判之前，历史、传记之界往往混淆，无标准以定历史事实与人物之价值。以致每略有用之事，而揭无用之事，不应扬之人物而扬之，不应斥之人物而斥之。

定历史事实及人物价值，一以历史特质之定义为标准。苟与标准相符之事，纵为吾人所不信仰、不希冀者，不得不认为历史上有价值之事。又依此标准称为历史上成功之人，纵为吾人政治、宗教之敌，亦不得不认之为历史上伟大人物。

学问也者，因一事而说他事者也。凡与他事无有关系者，不得编入全体组织之中，故单独孤立之事，科学上不言之，历史上亦不当言之。

历史事实之特色，在乎有生长发达进化之象，连贯以往、现在、将来之数者。或多与他事有关，或为他事所由生，非单独孤立者也。斯黎之言曰"孕妊力"者，检定历史事实之价值，独一无二之标准也。凡在历史范围内，与此标准相符者，皆有历史上事实之价值。否则，虽有兴趣，而且愉快之事，概归无用。故帝王史传及战争之事，非尽无价值者，但视其与社会进化之关系如何耳。

古来英雄豪杰之定义，不一而足。"智过万人者为英，过千人者为俊。"《淮南子》[①]之言也。"男子不能流芳百世，亦当遗臭万年。"晋桓温之言也。孟子曰："大人者，不失其赤子之心者也。"文仲子曰："自知者英，自胜者雄。"数者定义，皆从伦理而下，然难以为历史人物之标准。盖历史上有价值之人物，不必皆为圣贤，如不修私德之该撒[②]，不可谓之非历史上伟大之人物也。基督曰："欲为大人者，须为公仆。"此说胜于前者数说，以其含有社会之要素也。夫私德虽高，公德不足感化社会，不得谓之有价值。私德虽薄，公德足以感化社会，即可谓之有价值。土马斯阿坚比士[③]、陶渊明诸人，隐居不出，著书售世，以至风靡天下者，固社会之有势力，历史上必不可忽之。小亚细亚希腊人赫罗斯土烈塔士[④]，为欲传名于后世，特于亚历山德王[⑤]诞生之夜，火女神大亚那之殿[⑥]，身受刑戮而不悔。然于社会进化毫无影响，其名虽至今尚存，而历史上则无之。可知历史上有价值之人物，非以其能超越千万人之上，留名于后世，特以其能生数多事变，为社会进化之原力也。故即大英雄、大学者，号称历史之人物，而以个人论之，则毫无足异。如博言学者布条斯[⑦]，忘记结婚时刻。数学者高斯，闻妻子危笃之报，犹曰："待余来诸。"此类奇谈，非为其人而传之，特以示其研究学问，有如是专心热诚也。

英雄与历史大有关系，固矣。但论断此事，本有二说。其一则卡来之《崇拜英雄论》[⑧]也。卡氏谓："大人乃人类界之造物。世界大事业，不外大人理想之发现。世界历史谓之大人传记，夫何不可？"其一则马可黎之论也。马氏以"崇拜英雄，譬诸崇拜偶像。偶像为人所造，而

---

① 《淮南子》，西汉淮南王刘安及其门客著。卷二十《泰族训》作："故智过万人者谓之英，千人者谓之俊，百人者谓之豪，十人者谓之杰。"

② 该撒，即恺撒。

③ 土马斯阿坚比士，即文艺复兴时期欧洲宗教作家托马斯·肯皮斯。

④ 赫罗斯土烈塔士，即希罗斯特图斯。

⑤ 亚历山德王，即亚历山大大帝。

⑥ 女神大亚那之殿，即狄安娜神庙。

⑦ 布条斯，未详。

⑧ 卡来之《崇拜英雄论》，即卡莱尔的《论英雄与英雄崇拜》。

人拜跪之，反为偶像所造。国民之于英雄，有类乎是。英雄为时代所造，国民造英雄、时代而崇拜之。英雄之于社会非无关系，然此特将由社会所得之本，加以利息以还之耳。夫造人物者，时势也，造时势者非人也。使路德不生于纪元十六世纪，而生于十世纪，其宗教改革岂能成功？十六世纪纵无路德，宗教之改革安得免之？不特宗教然也，何事非然？虽无珂保尼加士①，地动说必行于世。虽无哥仑布②，新世界必至发见。虽无达尔文，进化说必大行"。马可黎又曰："太阳未上地平线，其光已照诸山。是犹真理未之显于众人前，已为大人发见。大人所胜于众者，特接光较先，因以反射之也。故大人之发见真理，特稍先于众人；众人接光之时，则不关乎大人之有无。盖山之有无，平地接日光之时，不因之为迟速也。"按马氏之说，仅取真理一端，而其他端则置诸度外。时势有造人，有不造人。人之生初，知识无有，道德无有，其有之也，全赖社会之恩惠。故大人必生于大国民之中。有希腊人民，而后有索克拉德、亚历山德。有罗马国民，而后有斯薛罗③、该撒。孔子不生于米洲④土人之中，而生于支那；基督不生于非洲野蛮之中，而生于犹太。可知英雄虽能动时势，造社会，而造英雄者则国民也。斯宾塞曰："社会造大人，而后大人造社会。"可谓至言。

米卢⑤曰："世界哲学，必待饶顿⑥或与饶顿相当者出，始可以显。设有学者数人，天才虽逊饶顿，吾固不敢谓其不能逐次进步，为饶顿之所为。然而第成饶顿事业中之最微末者，已须智力超群之人矣。夫智力超群之人，千亿万人中难得其一，况更有出乎此者乎？若世无索克拉德、柏拉图、亚里士多得⑦，吾恐其时至今二千年，自今以后二千年，哲

---

① 珂保尼加士，即哥白尼。
② 哥仑布，即哥伦布。
③ 斯薛罗，即西塞罗。
④ 米洲，即美洲。
⑤ 米卢，即约翰·穆勒。
⑥ 饶顿，即牛顿。
⑦ 亚里士多得，即亚里士多德。

学终不发见。若无基督，安有基督教？是理固人人所知也。"

米氏又曰："社会状态有无进步，多视大人生存与否。基督教之在欧罗巴，其所以进步，或有他种之原因。然如回教者，苟无穆罕默得[1]，安有阿拉比鸦[2]、亚维仙那[3]、阿威雷士[4]、巴格达德[5]、加黎夫[6]诸人继其后乎？又如有真理于此，因他真理之发明，而始发明者。社会之进步亦然，其顺序方法，因其性质以别。"

巴得《文明史》[7]有言曰："大思想家具先见之明，委身创立一事，以结重大之果。然其理高深，未合国民程度，不能取信于人，以为目前之用，甚至创立之人，蒙垢致死，其理几于坠失。迨人心渐次开发，始视为真理，久之而视为寻常之事，又久之竟视为天然之理，虽至愚极钝之人，亦莫不知之矣。"

历史与大人关系如是之密，则历史新说之起原，固不可不归诸个人。然而新说所结之果，则不可不归诸人民，盖两者乃相须而相成者也。

美国学者吉典格[8]之《社会学》结论有曰："组织社会之人，宜以社会所赋恩惠，加利息以还诸社会，此理实为将来伦理教育之起点也。夫人格非与肉体共生死，乃欲进于长生不朽之界者。故社会虽能造就大人，而大人亦能转移社会。所谓大人者，必具超群卓绝之才，勇敢直前之气，穷人所不知之事，入人所不履之地，污辱苦痛，无所顾虑，为思想界、实行界之鼻祖。人类多数得生息于自由光明之空气中者，无非受其赐也。"

由是观之，伟人价值可谓大矣，其真理可于历史上事实征之。

---

① 穆罕默得，即穆罕默德。

② 阿拉比鸦，即阿拉伯。

③ 亚维仙那，即伊本·西拿。

④ 阿威雷士，即伊本·路西德。

⑤ 巴格达德，即巴格达。

⑥ 加黎夫，即哈利发（khalifah）的音译，意为"继承者"、"代理者"。

⑦ 巴得《文明史》，即巴克尔所著《英国文明史》。

⑧ 吉典格，即美国社会学家吉丁斯。

第四章　历史与国家之关系

历史者何？考究社会进化之顺序及其法则之学也。今日能进化者，只人类之社会而已。

历史者进化之谓，人类于社会之外无有进化，故曰人类之历史，即社会之历史也。然人类与社会之关系，更有亲密于此者，苟不明之，则无以显历史之价值。

十七、八世纪学者之言曰："与其谓社会，不若谓天然界；与其谓国家，不若谓人间。"当时社会，贵族、僧侣非常跋扈，国家即政府，政府之外若无国家。故欲匡救其弊，惟有破坏社会，重建国家，以达人类生活之目的而已。此米国①之独立、法国之革命所以起也。十八世纪之思想，以为人于成立社会之前，天然已具完全人格，并有自由权利，无治者、被治者之别，而皆独立平等者也。

一千七百七十六年六月十二日，北米哇狄尼耳州②议会所发《权利宣言》曰：

凡人因天然而平等、自由、独立，有一定固有之权利。此权利一经公认，无论如何契约，不得从其子孙剥夺之。是即人类所应享有保持之权利也。

一千七百七十六年七月七日，米国之《独立宣言》曰：

---

① 米国，即美国。
② 哇狄尼耳州，即美国弗吉尼亚州。

凡人立于社会，皆是平等，造物赋之以不可夺之权利。其权利维何？即享受自由、幸福，保持生命、财产是也。

一千七百九十三年，法国革命之《人权宣言书》曰：

社会之目的，在求公众福祉，所以设立政府，俾人人得自由，使用其固有之权利。是等权利，即平等、自由、保安财产是也。

凡人依天然及法律而为平等。

不侵他人权利，而为己之所欲，谓之自由。天然为其根本，正义为其标准，法律为其保障，"己所不欲，勿施于人"，即道德之限界也。

十八世纪思想，谓人之天性本有高尚观念。虽然人类于社会成立之前，天然状态已有一定固有权利之说，其在历史上、哲学上，均不得当。所谓天然之状态，非过去之实在状态，而实将来社会之理想状态。其理想确有成效，征诸十八世纪以迄今日所促欧米诸国改良进步之事可知矣。然人离社会，其性格始克完备之说，于学理已属误谬，于历史事实亦适相反。若谓平等、自由出于天然，而社会者侵害自由、消灭平等之具也。是社会反为堕落之状态，历史惟叙人间悲剧，不得为希望之学矣。

野蛮人于天然状态而得享有自由，特十八世纪诗歌所想象耳。千八百二十一年，德国大哲学家赫格以哲学证明此思想之误。千八百二十八年，英国大法学家奥斯亭[①]又从法律上考究之，以为权利乃法律之结果。然亚里士多德则于纪元前四世纪，已揭破是理矣。

亚里士多德曰："人者，天性政治之动物也。孤立之人不能自存，盖个人为全体之一部分，不可稍离全体也。夫不能生活于社会及不必藉社会而生活者，其惟鬼神禽兽乎？"

---

① 奥斯亭，即英国法学家约翰·奥斯丁。

亚氏之意，盖谓人非生存于社会之中，以为国家之生活，不能全人之天性。个人离社会，犹手足去躯体，不能独生。

英国历史家坚濮略[1]述亚氏之意义曰："人为国家之一分子，然后能存，且必有可存之目的，否则不能为人。"

斯宾塞曰："社会者，有机体也。"其说出于千八百六十年。然赫格于千八百二十一年著《法理哲学》，已言国家为有机体。人类之道义与性，因有国家然后能表现，然后能成就。人为国家之一分子，始成人格。社会的生活乃其目的，非其方便。从历史上宏衍此理，则天然之状态，实为邪暴之状态，盖人类之自由，原由国家成也。

赫氏曰："世界历史可以供吾人观察者，惟组成国家之人民而已。国家之最终目的，在乎实行自由。有国家而后有自由，是故人类之有价值，惟国家是赖。或谓吾人于国家成立以前，已有确定历史之目的。然是说与所谓有国家而后有自由之理大相径庭。人因天然而自由，一入社会国家中，即有社会国家之势力以制之。夫天然之自由制之固难，而不制则万万不可也。

"社会国家不能无限制，然其所限制者，不过邪慝之情、粗暴之力，故限制二字，实保护真正自由之道也。"

米国政治学者伯鲁这[2]之言曰："其在地球之上，人类之间，除组织国家外，无有自由。野蛮之自由，专制与奴隶所由生也。惟为国家所限制，法律所监督，而后有真自由，夫自由固自文明出也。"

英国哲学家谷林[3]曰："或谓国民者，特个人之聚合体耳。盖道德上精神上之资格，皆具于个人之中。其说诚是。然个人所以成为国民者，亦惟赖有习惯、法律、制度而已。"

谷氏又曰："无社会则无人格，无人格则不成社会，二者之说本自相因。然则社会之为社会，固有人格者互相承认，以保护彼此之利益也。

---

[1] 坚濮略，即英国历史学家肯布尔。

[2] 伯鲁这，即美国政治学者伯吉斯。

[3] 谷林，即英国哲学家托马斯·希尔·格林。

"夫欲以互相承认为目的，及以己之目的待遇他人者，非行于有人格之人之间，则社会断不能存。

"人格者，社会生活之要件也。社会生活之于人格，犹言语之于思想。言语必藉思想而生，思想亦必藉言语而达。人类之社会固借有人格之能力，然实成其能力，使完具人格而生活于社会之中者，则不必他求，在互相承认而已。"史学上、伦理上所谓人格者，彼此利益要相同等，盖即注意于公益，而决自己之行为也。

谷林又曰："个人无良心，良心必因社会而生。"所谓良心者，为公益而牺牲私益之谓也。能是则善，否则为恶。故良心不能在社会之外而生长发达者。

禽兽生初，即为禽兽，而人生之初，未必即有人之资格。禽兽与同类离，犹不失为禽兽，故无论孤栖群居，动物之资格殆无所异。禽兽之社会，不过个个禽兽之聚合而已。人类反是，在社会则成人类，离社会则失人类之资格。英国政治学者栗矢[①]曰："人者，非特自然之生产物，且为法律、宗教所造者也。"

人类有二种资格，一为动物之资格，一则为人类之资格。动物资格，人类生初莫不有之，人类之资格，无非社会所赐，此天然生产物与社会生产物所以有别也。人因家庭感化，学校教育，及国家之历史、制度、文学、美术，以至风俗、习惯、宗教、道德等之渐渍，始有人类资格，苟离社会则失之矣。今若从一人之性格中，将其所受自社会者悉行消除，则所余殆仅心身之自然能力而已。故人苟与社会之关系悉行断绝，即不能为人而生存于世。父子也，夫妇也，兄弟也，朋友也，治者、被治者也，无此关系，安有人格？生人者父母，造人者社会，人所以有人之资格者，其在此乎。

孟德斯鸠曰："读塔师达[②]之《日耳曼风俗志》，可以知英国人之政

---

① 栗矢，未详。
② 塔师达，即塔西陀。

治上观念实日耳曼人所传受也。"

伯鲁这曰："古代日耳曼人之自由固属可敬，而无如其组织力甚乏。盖日耳曼人种中所称为盎格鲁撒逊①者，迄于为卡罗帝国②吞并之时，其政治未尝有进步焉。"

古代日耳曼之人，于日耳曼森林之中，虽有野蛮人自由，而自第一世纪塔师达之时，以迄第八世纪卡罗大帝③，凡八百年间，未尝见其进步。其所谓森林之中自由，未有道德之价值。欧洲近世文明，虽由日耳曼之野蛮，之受罗马文明之感化，因而开发。然英国人宪法上之自由，实英国历史之成果，非传自日耳曼森林之中。夫谓野蛮人之状态极其自由，固十八世纪思想之倾向，今者社会学发达，人人知野蛮状态决不得称自由也。

英国人类学者撒蒋拉布克之《文明起原论》④有言曰："野蛮人无论所处何地，皆无自由，其居恒生计既极困难，且往往因不便之习惯，奇怪之禁令，而生无限之拘束。"

自由非从天然而来，果何从来乎？无他，在国家之法律耳。盖无法律即属野蛮，弱肉强食，无所不至。伯鲁这所谓"强者之专制，弱者之奴隶，又何自由之有？"洛克所谓"无法律则无自由"，此诚不易之理也。

不独自由然也，即权利亦然。布拉克斯顿⑤分权利为二种，一为绝对权利，一为相对权利。绝对权利，与社会国家无有关系，各人仅以其资格所有之权利也。相对权利，从社会上种种关系所生之权利也。而今之学者则不信此区别矣。奥斯亭曰："权利必由法律而成。"何兰⑥曰："权利有道德上、法律上二种。道德上之权利，以社会之舆论支配他人之行为。法律上之权利，一人以国家之承认支配他人之行为。二者皆非

---

① 盎格鲁撒逊，即盎格鲁一撒克逊人（Anglo-Saxons）。
② 卡罗帝国，即查理曼帝国。
③ 卡罗大帝，即查理曼大帝。
④ 撒蒋拉布克，即约翰·卢伯克。《文明起原论》，即其所著《文明起源与人的原始状态》。
⑤ 布拉克斯顿，即英国法学家布莱克斯通。
⑥ 何兰，即英国法学家霍兰德。

绝对，不能为个人所有，实因社会而生，藉国家而成者也。"叶琳格[①]
曰："惟为法律保护之利益方谓权利。"要而言之，道德上之权利，其保
护利益不以己之势力，而以社会之舆论及势力也。夫欲以己之势力保护
己之利益，则势力有优于己者，己之权利即因以坠失。盖以自己势力保
护自己利益，乃在生人未有权利之时，社会舆论漠然无定，优胜劣败以
外，不知权利为何物也。社会设政府而成国家，政府以法律确定人民，
各有应享利益之种类及其分限，复以公共之势力保护之，于是则法律上
之权利于以成立。如道德上之权利，尚不得为正确之权利也。

由此观之，"势力即为权利"，可谓适当之理也。夫权利虽本于道
义，然不能离势力以存。特其所谓势力，非私人之势力，乃社会国家之
势力也。故服从他人之权利，即服从社会之势力。然其所以服从势力，
是否出于恐怖，则不能无疑焉。英吉利德呢梭布[②]曰："权利者，变形之
势力也。"然其势力何以变为权利，服从势力何以得脱奴隶之性质，此
又不能无疑焉。社会人人果知服从势力，乃社会公共之福，即各人真正
之福。凡于道理上有当从之义务，则势力即变为权利，胁迫之服从即化
为道德之服从矣。

谷林又从哲学上而论之曰："分解权利之性质，宜从两面观察之。
一即个人基于理性，要求其自由使用之能力也。一即社会承认其要求，
许之实行其权力也。"又曰："人有当为社会一分子之权利，又有认明公
同福祉之权利。其意思行为之能力，即所以成伦理上之人格也。"

洛切曰："权利者，非在保天然界之势力，而在保其应有之权利
也。"又曰："凡人于天然界，惟有肉体上、精神上之能力及其使用之状
态。然使用之权利，舍社会无由得之。其所以得之者，惟在社会之承认
之而已。"

国家之生也，非一朝一夕，至今尚有野蛮社会，不成为国家者，或

---

① 叶琳格，即德国法学家鲁道夫·冯·耶林。

② 德呢梭布，未详。

并无酋长，或仅于战时推举酋长，或虽设酋长，而毫无酋长之实权者。此类社会，无有政府，固不足名为国家。而其财产之权，确能保护，可知国家成立以前，社会果能组成，权利亦可发生。惟其发生既赖社会，故离社会亦不能存焉。其在国家未组织之前，家族、种（类）〔族〕[①]诸社会已经组织，尽人所信。是等社会虽不足称为国家，而其中自有舆论、习惯、制度等，规定各人之权利、义务。及社会既成为国家，则无社会、国家之别。如家族者，在国家成立之前为一社会，至国家成立之后，则为国家之一部分。譬诸父权、夫权，国家成立以前，固早已发生之矣。

家族非能独存于国家，又非存于国家之外者。父权也，夫权也，其有之也，亦惟恃乎国家。此即国家依国民当尽义务之条件，而使各人得享有其权利也。故谓权利为社会所赋者，与谓为国家所赋者，其实一也。盖离国家则无社会，国家之外并无社会也。

人类在社会，始得为人，离社会则非人。社会经组织整顿，而成为国家，惟主权如不发生，其社会仍未抵完全之域。故不能十分保证权利，即不能与人民以巩固之权利也。人在社会，固得为人，然必须有国家，始得为完全之人。社会成为国家，然后达社会之目的；人为国家之人，然后达人之目的。国家者，社会之社会也，社会之组织进于完全之域也，人类社会之最高等者也。此后社会纵极进化，总不脱国家范围。将来世界即归于一，国家之特质终不能灭，盖可合世界而成为一国家也。

社会、国家之于人类，其关系有如是之密，则考究社会、国家之进化者，即史学之主题也。史学目的，非徒探索过去之事实，必须研究人类，何以养成其品格，得有其自由、权利也。其价值非在实利，非在美术，而在伦理者也。如以读小说、杂志之法而治史学，则不得谓其能知历史之价值也。夫人非自然之生产物，乃历史之成果，社会、国家亦然。苟无历史，人亦惟有动物之资格而已。噫，历史之价值不亦大矣哉！

---

① 据日文原文校改。

第五章　历史与地理之关系

　　历史之于地理，犹精神之于肉体也。"健全之精神，必寓于健全之肉体。"真正之历史，必生于利便之地理，其理一也。于历史有关系之人种，不能产于寒带、热带，故在历史中重要之国都，多在温带。欧洲大都之在寒带者，惟俄之圣比得堡^①、瑞典之苏脱核隆^②、那威之苦里斯采^③而已。极寒之地，人类精神为天然束缚，不能发动。亚里士多德曰："人必养生之道已足，而后有高尚之思想。寒带之地，天然之势力迫人已甚，使人不能他顾。是以真正历史舞台，必在北半球之温带也。"

　　北半球大陆有三，曰亚曰欧曰北美。南半球之大陆有三，曰澳曰非曰南美。北半球大陆地方广大，计二千二百五十万余英里，地形复杂，多港湾、内海半岛及附属之岛屿。又有山脉、高原、平地，大陆之间，犬牙相错，便于交通。南半球地方狭小，仅一千六百五十万余英里，港湾、内海半岛及附属之岛屿又复甚少，位置隔绝，不便交通。北半球大陆专属温带，南半球大陆专属热带。夫使人类亦如他动物，则南半球地理当优于北半球。何也？热带动植物比温带为优，温带又比寒带为优。故动植物之旺盛，概在南半球，此不易之天则也。惟人类则反是。人类进化之要素，不仅在物质而在精神。动植物之盛衰，与热度高低为比例。人类则不然，其进步发达，恒赖乎知识、道德，此人类、物类趋向之道所以不同也。夫酷热之地，使人精神睡倦，无活动之气，不能与天然之力相竞。严寒之地，使人精神萎缩，与天然力相竞又复太甚，曾不得少

───────────

①　圣比得堡，即俄国首都圣彼得堡。

②　苏脱核隆，即瑞典首都斯德哥尔摩。

③　苦里斯采，即克里斯丁亚那（Christiania），为挪威首都奥斯陆的旧称。

休。热带之人，天然之富过度，故无进步，寒带之人，犹贫家之子，无有余裕。惟居温带者则不然，有四时之变迁，寒暑之往来，常要动作，苟能动作，必得报酬。以故历史不起于南半球，而起于北半球也。

土地之高低，于历史之发达大有关系。因其高低可别为三种，高原、平原、海滨是也。

高原　中部亚细亚里海、黑海之间，亚剌伯①、亚非利加之巴梨沙漠②，南亚米利加之帕拉格维、倭里那哥③诸地，皆高原也。高原之特质适于牧畜，牧民逐水草而居，故其财产不在土地，而在家畜，所行族长政治，虽类国家，而血族之外，别无结合社会之道。虽有成吉斯汗④、帖木儿野蛮之大英雄者出，不能成一巩固之国家也。

平原　有河流则土地丰饶，黄河、扬子江之于支那，恒河、殑伽河⑤之于印度，天弗里士河⑥、台格利斯河⑦之于巴比伦，尼罗河之于埃及，皆其最著明者也。农业盛行，人皆自有土地，族制制度一变为封建制度，巩固一定之国家于是乎立。支那、印度、埃及、加耳特亚⑧所以能组织大国，历史文明所以能隆盛者，实此平地所使然也。

海滨　从地理上观之，河海似为隔离土地之用，古昔立国，往往藉此以为自然之境界。然自历史上言之，便于交通往来，莫如河海。赫格曰："水使万物连通，山使万物阂隔。"其言善矣。欧人十五世纪以来，与隔海之亚米利加、印度交通日繁，而与土地毗连之亚细亚、亚非利加内地，反疏远如故。南、北米之相连，赖有巴拿巴地峡，亚细亚、亚非利加、欧罗巴三洲，于地中海似相隔绝，而安息⑨之所以为西洋文明之

---

① 亚剌伯，即阿拉伯。

② 巴梨沙漠，即非洲巴巴里沙漠。

③ 倭里那哥，即奥里诺科（Orinoco），南美洲北部委内瑞拉的主要河流。

④ 成吉斯汗，即成吉思汗。

⑤ 殑伽河，即印度的恒河（Ganges）。

⑥ 天弗里士河，即幼发拉底河。

⑦ 台格利斯河，即底格里斯河。

⑧ 加耳特亚，即迦勒底（Chaldea）。

⑨ 安息（Parthia），亚洲西部的古国，领有伊朗高原及两河流域。此指西亚细亚。

起原地者，端赖地中海也。洋海能使人起无限之感想，发进取之气象。陆地则使人附着，以生种种之系累。滨海之人，思想、行为无所罣碍，虽航海者志在求利，而当其初时，却须先去求利之念，赌其生命、财产，以冒危险，故精神因勇敢而愈高。古今海滨之民、陆居之民虽为同种，而活泼进取之气判然不同。卒之成独立之国者，多海滨之人也。腓尼西亚之于犹太，葡萄牙之于西班牙，荷兰之于德意志，皆是故也。同是希腊人种，而有埃倭尼亚人^①、独利安人^②之别，同是东洋国民，而有支那、日本之别，无非海为之也。文明虽起于埃及、安息，而发达之者，则腓尼西亚、希腊两人种之力也。近世罗马帝国瓦解之后，其最先进于文明之域者，厥惟伊太利^③。十五世纪新世界发见以来，沿海西欧诸国骎骎日进，独俄罗斯瞠乎其后，是皆海上交通便与不便之故也。以此数大陆而比较之，亚非利加之特色在高原，亚细亚之特色在高原及平原，欧罗巴则兼有高原、平原、海滨之三者也。欧罗巴面积最小，而其海岸线之长则冠诸大陆，爰揭表以示之。

亚细亚

面积 17210000 英方里

海岸线 36000 英里

亚非利加

面积 11500000 英方里

海岸线 17000 英里

北亚非利加

面积 9000000 英方里

海岸线 43000 英里

欧罗巴

---

① 埃倭尼亚人，即爱奥尼亚人。

② 独利安人，即多里安人。

③ 伊太利，即意大利。

面积 3800000 英方里

海岸线 19500 英里

　　亚细亚面积，五倍欧罗巴，而海岸线不能倍之。欧罗巴面积仅有亚非利加三分之一，而海岸线则反过之。欧罗巴陆地之距海，罕有过五百英里者，而亚非利加多有过千英里者。亚非利加大沙漠以北，接近地中海，古代文明已经开发，可称为欧罗巴之亚非利加，而全洲竟不能开化者，亦其地理之势使然乎。然海岸线虽短，若有舟楫之便，亦可相偿。亚细亚之台格利士河、天弗里士河、恒河、殑伽河、布喇吗匏都河[①]、扬子江、黄河、安母路河[②]，南米之倭里挪哥河[③]、亚麻逊河[④]、拉布拉打河[⑤]，北米之圣罗陵河[⑥]、哈得逊河[⑦]、米士斯必河[⑧]、密斯黎河[⑨]，皆便交通之大流也。其倭里挪哥航路，将达安德山之麓[⑩]。亚麻逊及其支流，船舶可行一万英里。拉布拉打河约千三百英里间，可以行三百吨之船。米士斯必、密斯黎两河，可以行轮船者约有三四千英里。而亚非利加则不然，其地四分之三位于热带，虽有尼罗、康哥、尼叉、潜比四大河[⑪]，而交通之路一无有焉。瀑流湍急，舟楫不能远达。内地且有大沙漠横断洲之南北，以绝交通。其所以不能进于文明之域者，天实限之。

　　亚细亚地势虽似欧罗巴，而雪山之大，不能比于阿尔布士[⑫]，西藏

---

　　① 布喇吗匏都河，即布拉马普特拉河（Brahmaputra）的音译，为南亚大河，上中游即中国西藏境内的雅鲁藏布江，下游称布拉马普特拉河。

　　② 安母路河，阿穆儿河（Amur）的音译，即黑龙江。

　　③ 倭里挪哥河，即奥里诺科河（Orinoco）。

　　④ 亚麻逊河，即亚马孙河。

　　⑤ 拉布拉打河，即拉普拉塔河。

　　⑥ 圣罗陵河，即圣劳伦斯河。

　　⑦ 哈得逊河，即哈得孙河。

　　⑧ 米士斯必河，即密西西比河。

　　⑨ 密斯黎河，即密苏里河。

　　⑩ 安德山之麓，即安第斯山脉。

　　⑪ 尼罗、康哥、尼叉、潜比四大河，即尼罗河、刚果河、尼日尔河、赞比西河。

　　⑫ 阿尔布士，即阿尔卑斯山。

之高，不能比于巴巴利亚①。印度半岛虽可称为亚洲之伊太利，而与隔海澳洲相离，不若欧洲与北米之接近，而印度洋又非地中海之比，其东西南北，各自成一小天地，无以起文明之竞争。波斯、印度之间，惟有波舍露②一路可通，亚历山德以来，军队通行，多由是路。而卡布儿之高原，又使之与亚洲相隔绝。支那、印度之间，更无一路可适用于行军、通商者。雪山之险路，高自一万尺至万八千尺，而帕米尔高原，夏日结冰，海路以外，无可交通。以故亚洲虽有平原可以兴农业，而开国家文明之基，然各地孤立，故有保守之习，成惟我独尊之风气。地势暌隔，故无交通，无交通故无竞争，无竞争故无进步。亚细亚所以为文明起原之地，而不能为文明进步之地者，此故也。

亚细亚之西，欧罗巴之南，亚非利加之北，位其中央者有地中海，使三大陆互相毗连。平原地所起之文明，即可移之于海滨，凡交通、贸易、殖民、用兵，一切有便于人间社会之竞争者，无不萃集于地中海。亚细亚之西，面地中海而邻欧、非二陆，故其文明传诸希腊、伊太利、卡薛止③。及罗马并吞地中海诸国，其将该撒越阿尔布士之山而征郜罗④，文明遂渐移诸欧罗巴之西。至哥仑布发见新世界，又输入之于南、北亚米利加。文明西渐之因，岂非地中海为之中心乎！使地中海而位于亚细亚，则文明必东渐，发见新世界之伟业，将成于亚细亚之人矣。以此知地理之关系于文明有更重大于人种者矣。考亚非利加基呢亚⑤地方，禽兽亦若土人之黑，可知人种之异同，亦多因于地理。

就地理上言之，欧罗巴不外亚细亚之附属半岛，幅员不及亚细亚之广，各部衔接，便于交通，有高原，有平原，有海滨，山脉河海经界殊杂，故分为数多国民，互相争竞。然其气候寒冷，不能发生文明。以

---

① 巴巴利亚，即巴伐利亚高原。
② 波舍露，即白沙瓦（Peshawar），巴基斯坦北部城市。
③ 卡薛止，即迦太基（Carthage）。
④ 郜罗，即高卢。
⑤ 基呢亚，即西非沿大西洋的几内亚（Guinea）地区。

纬度计之，南欧罗巴与日本奥羽同度，法兰西与北海道同度，英国与桦太同度。大西洋温暖潮流，由墨西哥湾反转而向东北，使西欧诸国气候以暖。亚非利加大沙漠，又播其暖气于南欧。故欧罗巴气候，较诸东亚尤为温暖。而其地势气候，不足自造文明，却宜受他方之文明而发达之也。

文明发生之始，必在得天独厚之地，盖即气候温暖、物产饶足、谋生便易是也。古今文明所以不起于寒地者，固非徒地势使然，抑亦地气使然也。

虽然亚米利加有不赖乎河流，而文明能自然发生者，北米之墨西哥、南米之秘鲁是也。此二国进于文明之域，却在哥仑布发见米洲以前，墨西哥北境在北纬二十一度，秘鲁南部在南纬二十一度半，皆位热带者也。

古代之人，无有资本，故发生文明之（文）〔地〕^①，其天然界之惠泽，必不可不厚，劳力之报酬，必不可不丰。土地之湿热，必相调和。盖热湿气之多量与否，土地之肥瘠系之。新世界落基山脉、安底斯山脉^②，皆偏向于西部，故其大河皆在东部，无一有注于太平洋者。以故湿气亦偏在南米东部，而热气却在北米西部。东西海岸，异其温度，不独新世界然也，即旧世界亦然。欧罗巴西岸与亚细亚东部，其纬度虽同，而欧暖于亚。昆仑布因两冰洋与赤道大洋，其潮流之寒暖，及地轴自转之理，发明潮流之行，由赤道之下，自东而西。于是始知太平洋之潮流，触于亚、澳两洲间之群岛，北转而达台湾，掠日本，东北流以至于米国海岸，南转而达卡里佛尼亚，复与赤道潮流相合。大西洋之潮流亦然，其流至墨西哥湾、伽利卑晏海^③，为大陆所遮，不能出太平洋，乃回

---

① 据日文原文校改。
② 安底斯山脉，即安第斯山脉。
③ 伽利卑晏海，即加勒比海。

流沿福罗梨打^①海岸，而北至赫的拉^②，与北海之寒潮相接，东行而达欧罗巴西岸。其北流者则及苏格兰、诺威^③，使寒潮因而温暖。由是观之，赤道下之热流，其行于北半球者，先西部而后东部，故欧罗巴及北米之西岸，暖于亚细亚及北米之东岸也。北米湿热最调之地，厥惟墨西哥。此墨西哥所以独优于大陆，而在十六世纪之前已有文明也。以此观之，同一原因必生同一结果，史学之上本有其例也。

南米之状态与北米大不相同，北半球东岸寒于西岸，南半球之适相反。南半球之寒潮，达于南半球诸大陆之西岸，而其东岸则赤道潮流所至，故赤道以南，湿气热气皆集于东部。南米东部丰饶之地，所以不仅一热带地方已也。然则文明不起于南米者，其故何也？无他，湿热气过度，动植物过度繁殖，人力反为天然界所压，不能开发其天性也。

夫南北两极与赤道之下，其空气之温度有差，以生风圈，犹南北两极与赤道之下，其潮水之温度有差，以生潮流也。空气之簸动，亦如赤道潮流，因地轴东转，而流诸西。其于赤道地方所谓贸易风，由北纬二十八度而至南纬二十八度，一年之中，非吹自东北，则起于东南。贸易风亘大西洋，而达南米东岸，风中含有蒸气，故时降雨，而蒸气为安底斯山所阻，不能西行，而悉灌溉于巴西，此巴西在天然界中，所以极环球无比之繁盛也。惟其繁盛太过，人类转为天然界所压，而不能发达其天性，以致面积与欧洲相等，徒委为野蛮人之巢穴也。自葡萄人^④发见以来，殆将四百年，虽时欲以欧洲之文明运于其中，而其文明达于东岸，内地之现状，殆与四百年前无异。森林盛而农业不兴，虫害甚而收获不举，山高无由登，河大无由渡，此巴西所以不能发生文明也。

巴西之西有秘鲁者，同在一大陆，同在一纬度，而地理上形势大相向背。巴西既处热带温度之方，复有世界第一大河亚马逊及其他诸

---

① 福罗梨打，即美国佛罗里达州。

② 赫的拉，即哈特勒斯海角。

③ 诺威，即挪威。

④ 葡萄人，即葡萄牙人。

河流，又有贸易风之大雨，重重而灌溉之，天然力过盛，却阻人类之发达。秘鲁则跨安底斯山以东之平原，及太平洋海岸之地，安底斯山之西，殆无降雨，又无树木，而其东部为亚马逊河之上流，雨量足而有森林，南冰洋之寒潮达其西岸，调和其温热之度，然灌溉不若巴西之甚。故南美中温气湿气，最为会合适度者，厥惟秘鲁一地。秘鲁于欧人入南美以前，文明早已发达者，职是故也。

墨西哥、秘鲁之文明，实与埃及、加耳特亚①古代之文明同一渊源，故其天然界之势力，文明之程度亦略相类。

以上特言物质之文明，而自精神之文明言之，则与天然界之关系亦颇广大。凡天然之景物过于伟大，使人生恐怖之念，想象力过敏，而理性力以缩，皆所以阻人心之发达，妨文明之进步也。使天然之景物得乎中和，则人类不为天然所压，自信之力既生，非特不怖天然力之盛，而且爱其美而接近之，以为种种之试验，而为人间之利用也。由此推之，五大洲中可怖之景物，则亚、非、美三洲比欧洲为多，不止山川河岳永久不变之物为然耳。如地震、暴风、疫疠等不时之现象，欧洲亦无他洲之甚。故欧罗巴前此精神之文明，多有恐怖天然之势，宗教之发达甚于科学，迷信之势力强于道理。秘鲁、墨西哥、埃及、印度所崇拜之神灵，皆非人形，无人情。及希腊之文明起，始有优美人类之群神，人乃去其从前恐怖之心而爱近之。以知亚细亚之文明，使人、神之距离远，希腊之文明，使人、神之距离近也。然则希腊所以为世界科学之源者，岂无故乎？

同在欧洲中，亦有因天然景物而影响及文明精神者。如南部二大半岛中，伊太利、西班牙、葡萄牙三国，火山、地震最为剧烈，故三国人民迷信之心最深，僧侣之势力最大。天然景物与人之想象及性理颇有关系，故三国中多产上流美术家，而少伟大之科学家。虽至近世伊太利有文明故乡之称，科学史上伟大之人物间亦有之，然以较于美术家之数，

---

① 加耳特亚，即迦勒底（Chaldea）。

实远不逮之。

总而论之，欧罗巴以前之文明，由物质上观之，多出于天然之赐，由精神上〔观〕^①之，则实藉想象之力。盖进步出于天然，本有限制，不能进而益上，此欧洲文明所以不能不取资于亚细亚及亚非利加。欧洲之文明，在人间之劳力，所以维持此文明，在人间之勉强，劳力与勉强，实促进文明之大原因。两亚文明在天然，欧洲文明在人力，观其维持文明之势力，即知其进步文明之势力矣。欧洲气候寒冷，其人不得不劳力勉强，而列国间文明争竞又最剧烈，此欧洲文明所以不至遽衰者也。

欧洲文明非得自亚洲，必不能发达，乃欧人竟忘其所自，而反讥诮亚洲，以为亚洲者，神权政治、专制主权之本土也。不知二者皆历史上所不能免，乌足以为亚洲病？"物有本末，事有终始。"社会之原则也。社会第一要着，在脱野蛮之自由，为国家者，必确立政府，厉行法律，以维持平和秩序。当社会进化第一期时，应用全力以巩固主权，而防外侮内乱，故无论如何方法，如何势力，必先以威权裁制，使人服从法律。夫恶法律诚不如善法律，然犹愈于无法律；恶政府诚不如善政府，然犹愈于无政府。社会进化之始，但求其有法律，有政府，固不暇择其善恶。此所以必操全权，以干涉人间万事，而置个人自由于不问也。国家主权为社会最上之权，此古今万国之公言，然则谓法律上无责任者，即为神权，亦何不可？要以能达国家之目的，全人民之福祉，斯已矣。况世界三大宗教皆生于亚洲，其建设国家之功，莫此为大，此又历史所公认，而无可疑者也。

亚洲神权所以有裨于世者，由其神权所发生之文明，而为欧洲现今文明之渊源也。欧洲文明出于罗马，罗马文明出于希腊，希腊文明则自亚洲来。非独古代文明得自亚洲，即近世文明，其落落大端，于无非得自亚洲。何也？欧洲近世文明之［要］^②素，第一基督教，第二罗马法

①　据文意补。
②　据下文补。

律，第三希腊文学、美术、哲学，第四支那隋唐之文明是也。第一之要素本产于犹太，经罗马人之手而传入欧洲，第三、第四之要素，经中世阿剌伯人^①之手而传于欧洲。近世欧洲文明之起原，在十四世纪时则藉罗盘针及火器，在十五世纪时则藉印刷法，是三者为欧洲文明发达之具。然所以得此三者，实由阿剌伯人间接而取诸支那，非欧人所自创也。

今者欧米文明非常发达，其输入亚洲者不可胜计，而推原其初，则欧洲固先受亚洲之文明，今日特加利息以还之亚洲而已。然则亚洲固不能不拜欧洲之赐，而欧洲亦岂可遽忘其所自耶？

压制政体在进化第一期时，为社会所必要，为文明所必要，且不独亚洲为然，即欧洲亦莫不然。欧洲当十八世纪、十九世纪之交，其帝王神权政治，未尝以自由权利与人民。盖亚洲之缺点，非在于有神权之专制，而在于不能脱神权之专制。社会进化第一期，不论何地，不能不用压制。但其压制当有期限，既达其限，而犹不去压制，则反生弊害。压制之法，在使人民爱和平，重秩序，服从法律而已。至人民既知和平、秩序，而生自活之习惯，则法律干涉之区域，即当从而缩小，使个人有范围内之自由。其初范围不妨稍狭，人文渐发达，范围亦渐扩张，于是政府之范围与自由之范围各有界限。且非独不许人民之相侵，即政府亦不得侵人之自由。盖社会进步之第二期，非专恃秩序，而在于进步，其使社会进步之法，则于法律范围内不可不留余地，以与个人自由，而增长其发动力也。

斯宾塞有言曰："凡天下事有绝对之恶，必有相对之善；有绝对之善，必有相对之恶。"专制与自由亦犹是耳。如谓专制为绝对之恶，而在社会进化第一期时，不得不谓之善。谓自由为绝对之善，而在社会进化第一期时，则不得不谓之恶。亚洲之所短，在于固守文明之初基而不能进步，以达于第二期，究其原因，则由于天然之境遇过厚，而人力支

配之事反见其难也。欧洲之所长，在于既达第一期，即入第二期，然论其事实，亦不过在近百年间，如米国之独立、法国之革命是耳。

历史上之地理与国家文明之关系，自今以后亦不能免。即如英国之强盛，系属岛国，有四面环海之利，其国又富石炭、铁矿故也。石炭实英之命脉，前此亚晤士特朗卿[①]宣言，英国石炭将有断绝之日，斯丹黎蒋士[②]以此事为莫大之忧。至一千八百六十六年，政府特设调查委员，经五年之久，始知英之石炭，若照现时用额，尚可支持一千二百年。然以实言之，不过足供三百六十年之用耳。使英国仅有本部三岛，则其海军之命脉，贸易之源泉，不出四百年即归于尽，灭亡之期，计日可待。惟今之英国，非仅本部三岛，如加拿大、印度、澳洲诸领土，所产石炭皆可资以为用，此外又与美国联盟，并开拓支那内地之利源，以供其取求。然则英之存亡，不能遽以本部石炭为断矣。由是观之，人智之开发，学术之进步，交通之利益，实可以制地理天然之阻碍，即古代所称最难开化之地，亦将有发达文明之望也。又如俄国欲出君士坦丁[③]及太平洋不冻口岸者，非独为并吞世界之野心，亦因地理之不便，大碍于经济发达、文明进步，必须得交通之便，以开内地富源。后来铁路遍于亚洲，电信相通，往来自由，则喜马拉邪山[④]之高，不足为支那、印度之阻，比儿西亚高原[⑤]，印度内地及东西两洋，互相交通，则亚洲亦为文明竞争之大剧场矣。总之，古代文明多依于地势之天然，近世文明则以人力制天然。及至人智愈进，即非洲沙漠，南北冰洋，亦可因文明之势力，而为人间之利用，亦未可逆料者也。

---

① 亚晤士特朗卿，即英国威廉·阿姆斯特朗爵士。
② 斯丹黎蒋士，即英国经济学家威廉姆·斯坦利·杰文斯。
③ 君士坦丁，即君士坦丁堡。
④ 喜马拉邪山，即喜马拉雅山。
⑤ 比儿西亚高原，即波斯高原（Persia），今称帕米尔高原。

第六章　历史与人种之关系

　　组织国家者，人类也，国家可分为种种，人类亦可分为种种，人种之别，由是乎生。其于历史之关系，无异地理。人种起原远在书契以前，非科学所能说明。第就诸学者之说，已区区不一矣。或分为二种，或分为三种，为四种，康德。为五种，布曼伯。[①] 为六种，巴弗安。[②] 为七种，韩特。[③] 为八种，亚智加。[④] 其多者乃至十一种、十五种、十六种、二十二种、六十种，其最多者分为六十三种。巴喀。[⑤] 今日通称则分为黄种、白种、黑种、红种，或又以红种属于黄种，不足独立为一种。然即黄、白、黑三大种，果足为人类之原种与否，尚无定论。或以黄种言语之音单纯，开明最早，其人皮肤必含黄色，黄色者七色中之原色也，故宜以黄种为人种之原。然是说不足取也。又有谓黑人初生之时，其色非黑，在苏丹一年，或在下埃及三年，始变为黑，故黑色人种不得为原种。据近世学说，以为诸人种皆是杂种，盖以诸人种之特质互相交也。譬诸亚非利加黑人，头骨长而腮突，皮肤甚黑；瑞典人为条顿人种中之最纯白者，而其头骨之长，与黑人同。亚细亚蒙古人头骨广大，皮肤黄色，而腮不突；丹麦人头骨亦广，而颊骨突出，皮肤白色。由此观之，所谓诸人种之特质互相混杂，可谓正确之论。

---

① 布曼伯，即德国人类学家布鲁门巴哈。
② 巴弗安，即法国博物学家布丰。
③ 韩特，即英国医师和人类学家普里查德（Prichard）。
④ 亚智加，即美籍瑞士博物学家路易斯·阿加西。
⑤ 巴喀，即英国人类学家伯克。

人类学者辉歇①、布罗加②、嘉洛黎③诸氏，谓广头骨者比长头骨为优。现在人种中最下等之澳太利人④、塔自马尼人⑤、帕毕亚人⑥、威打人⑦、忽典杜人⑧、勃只门人⑨、印度土人，皆长头骨者也。若伯吗人⑩、支那人、日本人、中部欧洲之人，则皆广头骨者也。七千年以前，曾于加耳特亚开发文明之阿加狄亚人⑪，亦属广头骨之类，沁密忒之人⑫受其文明，而传诸阿利安人⑬。言波斯、希腊、罗马诸国人。纯粹条顿之人，性质勇敢，而智力近钝，故谓德意志人系为南方广头骨之种。今之英人，头骨不长不广，间乎其中。苏侃德维人⑭，于欧洲中头骨最长者。观近世文明所以盛行于德意志、法兰西、伊太利、英吉利诸国，愈以知广头骨人种比长头骨者为优也。

人种问题，学术上未定之问题也，故以人种说明历史上事实，至为困难。所谓人种者，因人类之容貌、皮肤、骨骼等之差别，而异其名，此外更有何义，学者尚未得知。英国勒撒⑮以代数学之未定数比之，不过为研究之目的而用，而非可以说明他事实也。

亚细亚开发文明，比欧罗巴为先者，其在人种乎？欧罗巴与印度、波斯，既多同其语根，同其统系，何以悬隔如是？殊不知人之实际倾向尚未发生，仅有思想生活之倾向。英国十七世纪初年，欧洲以外，无有

①　辉歇，即德国病理学家、人类学家微耳和。
②　布罗加，即法国人类学家白洛嘉。
③　嘉洛黎，即法国人类学家加洛林。
④　澳太利人，即澳大利亚人。
⑤　塔自马尼人，即塔斯马尼亚人。
⑥　帕毕亚人，即巴布亚人。
⑦　威打人，即维达人。
⑧　忽典杜人，即霍屯督人。
⑨　勃只门人，即布须曼人。
⑩　伯吗人，即缅甸人。
⑪　阿加狄亚人，即阿卡德人。
⑫　沁密忒之人，即闪米特人。
⑬　阿利安人，即雅利安人。
⑭　苏侃德维人，即斯堪的纳维亚人。
⑮　勒撒，即英国语言学家、人种学家莱瑟姆。

尺寸领土，而其航海、殖民、制造、贸易则冠世界。夫英人有航海、殖民之才，制造、贸易之能，若自盎格撒逊①时代以迄今日，为祖宗所传来者，其实仅此二百年间事耳。是英国人种之特质，乃历史之结果，而英国之历史则非由其特质而生也。

斯黎论英国膨胀一事，最为得当。其言曰："吾英占领北亚美利加者，非为发见其空虚，非为移送殖民之船舶较他国为多，亦非为因他国既占领其地，而欲并吞之。实因法人图殖民之事业与吾英相竞争，且先吾英而行也。

"潜士一世②千六百三年至千六百二十五年。允许哇狄尼亚③、新英格兰自立之时，法人在其北方建设亚加稚耶④、加拿大二殖民地。差鲁士二世⑤千六百六十年至千六百八十五年。允许维利安⑥以朋实巴尼亚⑦之时，法人拉塞⑧以发见新地之伟功，从大湖之边，取道至米斯士卑⑨源头，经其河流，而抵墨西哥湾，路舍那⑩遂为法国之殖民地。千六百八十八年之革命，所谓第二次百年战争之时，英国于北米东海岸，由南而北，有数多殖民地，甚为繁盛。法国则有圣德罗琏⑪、米斯士卑二大河。当时政治家之言，均谓观此二河，大为法国之利，恐将来北美洲终为法国所据。且是时英、法二国，不独于美洲为然，即在亚洲，亦有比肩并进之势。英商并吞印度，固属可惊可喜之事，然发并吞之思想，行并吞之政策，又非出自英人。夫于印度之地，始有并吞之志者，法人也；始知并吞之法者，法人也；始行并吞之策而能进步者，亦法人也。法人之图印度，实

---

① 盎格撒逊，即盎格鲁—撒克逊人。
② 潜士一世，即英国詹姆斯一世。
③ 哇狄尼亚，即美国弗吉尼亚州。
④ 亚加稚耶，即阿卡迪亚（Acadia）。
⑤ 差鲁士二世，即英国查理二世。
⑥ 维利安，即美国宾夕法尼亚州的创建者威廉·宾。
⑦ 朋实巴尼亚，即美国宾夕法尼亚州。
⑧ 拉塞，即法国探险家拉萨尔。
⑨ 米斯士卑，即密西西比河。
⑩ 路舍那，即美国路易斯安那州。
⑪ 圣德罗琏，即圣劳伦斯河。

比吾英为先。吾英知识固远不如法人，然吾英以有自卫之精神，所以能与之争也。"

斯黎论新、旧两世界，英国所以胜于法者，非在人种之优劣，而在地理之关系。英、法之位置及其结果不同，故所生之政体亦从而异。其言曰："西班牙、法兰西二国，地势异于吾英，欧洲大陆之竞争，西、法二国大有关系，英则恒居独立之地。夫英岛国也，其地势之实际，本接近于新世界，故英国之地，欲属于新世界，欲属于旧世界，均可随意而择。然西班牙若无伊太利侵略之领土，又无与日耳曼结不幸之婚姻，吾想其必能与英吉利同有选择之自由焉。法人终失新世界者，实因扩张殖民、征服欧罗巴，是二者之政策同时并行，国力以分。千六百八十八年迄千八百十五年间，所起七大战争可分为两种，一在英、法之间，一在法、德之间。法国有此两种政策，以生两种战争，受其害者，自亦法国也。英国目的仅有其一，惟与一国战，法国目的有二，同时则与两国战。且坦①于日耳曼征服美洲之时，已知法国势力不能两顾，以为投资于弗利秩栗②，助日耳曼挫法国，则法国美洲领土，可不战而为吾人所有。然拿破仑亦知此策，极谋搅乱之意，欲屈服英国，恢复殖民地，及在印度所损失者。然而征服日耳曼，不能不讨俄罗斯，盖拿破仑不外欲恃日耳曼以攻英国商业，求经俄罗斯以达印度之路已耳。

"英国固守其目的，终不为法国搅乱，自十五世纪屏退法国以来，凡关欧罗巴国际政治之系统者甚少。既无觊觎皇位之人，又无保证维多利亚之条约③，虽拿破仑大陆政策，斥英于欧罗巴以外，而英国仍可自立。故英国举措自由，商业随其思想而向新世界，利益愈以发达。西班牙、法兰西有维持欧洲霸威之必要，而英无之，荷兰、葡萄牙国内纷乱，无暇外顾，故英国于新世界毫无受人干涉。总而言之，竞争于新世界，其国有五，而克成厥功者，惟与旧世界最少系累之英国耳。然其初

---

① 且坦，即英国首相查塔姆伯爵威廉·皮特。
② 弗利秩栗，即佛兰德尔（Flanders）。
③ 维多利亚之条约，即《威斯特法里亚和约》。

殖民事业未曾发达，胆量、知识、气力亦无有大过人者。"

法人濑乌斯[1]论英、俄膨胀之说曰："十八世纪末之欧洲，可分为三地，一曰中部，二曰西部，三曰英、俄。第一地，诸国之间战争不断，而第二、第三之地，却受其益。近时英国之殖民领地，日增一日，将有组织为一帝国之势。俄国之领地势力，亦渐扩张，其人口之繁殖力与土地之繁殖力相等，由外所输入之新奇产业。渐克成功，国家信用，益见巩固。可知欧洲大陆之骚扰，一无不为英、俄之利益也。夫德、法交战，伊、法失谋，英国海上之权因之巩固。阿尔沙斯[2]问题之结果，俄国兵力增至两倍。可知使欧洲两翼日以奋发者，实中部列强之结果有以使之也。"

然则今日英、俄膨胀之故，不在人种，悉在地利与机会也明矣。就人种而言，即谓德人优于俄人亦可。夫英人、法人既非纯正条顿之人，又非纯正克特之人[3]，人种上何有优劣之分？欧洲中部诸国，非不欲拓地殖民，惟于大陆，或须保独立，或须争霸权，故其政策常分两途，以至海上权利、殖民土地，多为他国所夺。第十五世纪之末，发见新世界者，西班牙也，而西班牙与法开战，虚縻殖民地之资产，剥丧本国人民之元气。先西班牙而事拓地之业者，葡萄牙也，而葡萄牙于十六世纪之末，为西班牙合并，海外领地、贸易悉为荷兰掠夺。十七世纪，荷兰掌握世界贸易之权，法国于北米、印度之势力亦过英国。至十八世纪，英国忽而凌驾荷兰、法国，掌握海上全权。其故非在英国海军扩张，实为荷法两国战于欧洲中部，注重陆军，以致海军不如英国。第十八世纪中叶，法与奥[4]、俄谋分普鲁西，交战七年，无遑他顾，其时法国在印度、北米之势力，悉皆丧失。英、俄所处之地，进可以战，退可以守，故有利则进取，无利则退守，而欧洲以外之境土遂渐为所蚕食，他国竟不之

---

② 阿尔沙斯，即阿尔萨斯。

③ 克特之人，即克尔特人。

④ 奥，即奥地利。

知也。

养成国民特性之原因有三，第一物理上原因，第二生理上原因，第三社会上原因。以气候之性质说明历史之事实者，则重于第一原因。然而埃倭尼亚之海[1]，古今无异，何以在昔时能焕发希腊之文学，而于今日不能复生一荷吗[2]？希腊有名诗人。罗马之风土气候，二千年来未闻有甚变化，何以古之罗马人磊落勇敢，而今之罗马人狡狯卑怯？雅典人、西布人[3]，同时居同地，何以一则智巧，一则愚钝？以人种之势力说明历史之事实者，即求其理于第二原因者也。然生理上遗传宜至如何程度，始足以说明之，实一至大之问题。有谓习惯乃第二之天性，然其说然否，亦莫敢决。夫曰人种，曰遗传，学术未定之数也。凡以物理、社会诸原因，不能说明之事实，归诸人种上、生理上之遗传，固无不可。然而以人种上之遗传，说明历史上事实，不得谓之真正之道，不过以他原因所不能说明之事实，暂归未定之原因，而名曰人种，或名之曰遗传而已。

人类有遗传国民特质之能力，其能力即依言语、制度，凡有关系于人种者，而遗传其祖宗所经历者也。果有此能力，纵一家族、一种族悉至绝亡，而其知识上、道德上之成功，断无消失之日，此之谓社会之遗传。教育者，所以遗传社会特质于个人也。故凡法律、政事、制度、文物，无一非社会上遗传之机关。恰都历克教会[4]之僧侣，以无妻为主义，故其遗传之特质，不得谓为生理上、人种上之法则也。然而僧侣无论出自何等国民、何等人种，皆有固定一种之性质。孟德斯鸠曰："僧侣者，不能灭亡之家族也。"晓蒙[5]曰："该撒之第十联队，法国之腓客抵队[6]，虽从人民纷乱之中所组织，而其为军中精练之兵，则舆论归焉，自能使其名实相副也。"斯宾塞流派之进化论者，注重生理的遗传，而达尔文

---

① 埃倭尼亚之海，即爱奥尼亚海。

② 荷吗，即古希腊诗人荷马。

③ 西布人，即底比斯（Thebes）人。

④ 恰都历克教会，即天主教会。恰都历克为拉丁文 Catholica 的音译。

⑤ 晓蒙，即英国哲学家、经济学家休谟。

⑥ 腓客抵队，由法国北部皮卡尔迪（Picardie）省人组成的军队。

及哇斯曼流派之进化论者，则以自然淘汰之法为动物进化之最大法则。然则生存竞争，于动物及人类之进化大有关系，可以知之矣。至于人类之进化，较著于禽兽之进化，文明人之进步，较著于野蛮人之进步者，全关乎社会遗传力之如何耳。

方今欧米文明诸国民之能力及其特质，若必从人种上、生理上而成者，则虽极力研究之，亦属徒劳。然其所以养成国民之性格，发达现今之文化者，实由言语、文章、教育、制度、文物等历史之结果，及社会之遗传也。由是观之，二十世纪之亚细亚国民，岂可不奋然而起乎！

第七章　历史上之大势

世谓历史哲学，以一种哲学思想为根本，揣度历史之大势也。邵礼格[①]常言历史之精神，又言历史之理想，盖其意谓宗教为哲学之本，人类堕落之状态为历史哲学之本。夫人既有自由意志，复有上进与堕落两途，在乎其前，若循上进之道而行，则得生存于清福之中，不幸而循乎堕落之道，则心中常有两意志相战，于是乎堕落与竞争遂为人生当然之事，问题则在宜如何始可复归原状，是则邵礼格之说也。

古代希腊、罗马诗人，称人类最初之时为黄金时代，渐降为白银时代、黄铜时代、黑铁时代。将来能否复归为黄金时代固不可知，而不能无是希望，无是思想。此则古希腊、罗马学者之说也。

余谓以此思想揣摩历史上大势，非至难之事。夫人心之不平，社会之纷乱，列国之竞争，野蛮之境遇，非无堕落状态，然黄金时代事实，则无可考证。未开人种之中，原有平和亲爱，不知战争为何事者，然而此等境遇，不足歆羡。彼其受天然界之苛酷，食物缺乏，人类不得群居，故社会可以不必组织，政府可以不必建设。且天产之物丰厚，不劳而得衣食，其无竞争固属例外，不可恃以为常。若就事实上论之，则进化确足为历史哲学之根据。人类本以生存竞争之结果，由禽兽之域递进野蛮、文明之域，进化说于社会之进步为人类之希望，此固非堕落之说所可企及也。

邵礼格谓："人类若不堕落，历史不生。今日虽犹有恢复之之望，但使从古并历史而无之，岂非人类之至幸乎？"其历史哲学，实人类堕

---

① 邵礼格，即德国语言学家施莱格尔。

落之历史也。是为厌世之派。而赫格之历史哲学则反是，专以进步发达之理想组织之。据赫格之说，历史即人类之发达，人类之发达即自觉之进步，实行自己之手段也。夫人者，历史之主题也，有形天然者，历史之舞台也。知天然，制天然，以供人类之利用者，人类进步所必不可缺者也。然徒曰制天然，犹非人事之最重要者，惟知己制己以成己者，斯为终极之目的，然后可谓自由。盖自知自胜为精神自由之本义，历史即自由知识之进步也。东洋历史，惟以上帝、君主为有自由，希腊、罗马历史，惟以少数人民为有自由，日耳曼人种受基督教感化，则以万民皆有自由。赫格此说颇为透彻，惟其所谓东洋与希腊、罗马之别，尚非确论。赫格所谓东方有实现自由之能力者，非上帝则数为政者，其多数人民仅为其统御而已。至于希腊、罗马，以此自由不限于一人君主及少数贤明之人，凡公民全体皆有享之之能力，以组织社会。然社会之中，所谓自由人民，其数甚少，多半仅有奴隶、半奴隶之资格。近者为基督教文明之世，人人始知有享自由之权利也。

赫格之历史哲学，其开发十九世纪之思想大有力量。如以有机观察国家与个人之关系，发挥社会之意义与国家之理想者，皆其所倡也。惟其尚有二三缺点，赫格单以历史之现象为连续，且其观察偏从主观侧面，于客观之社会有何构造之进化则未说明。庚德者，社会学之鼻祖也。庚德定历史上三大法则，以为社会者必经过三时期，曰神学思想，曰哲学思想，曰实学思想。此等学说，世人固共认为庚德所发明，实则庚德以前有督高[1]者，于千七百五十年在巴黎索榜大学[2]演说之言曰："当未知物质事实关系以前，以为生成物质现象之原因，皆吾人之外。有无形而有知识者所使然也。迷信深，则恐怖、希望之念生，恐怖、希望之念既生，则崇拜之风炽。群神者，不外最有力最完全之人也。人类之思想，随时代之开化既有所异，故群神之力与其完全之度亦有所异。

---

① 督高，即法国经济学家杜尔哥。
② 索榜大学，即索邦大学，法国巴黎大学前身。

至哲学者发明其谬说之时，所谓万有历史尚未通晓，欲以本性、能力诸抽象之语，说明天然之现象，而又莫得其确，故其误谬之处，与主群神之说者几无所异。夫察物体相互之作用，而设一切之假定说，以数学启发之，以经验证明之，实起于挽近者也。"

督高又谓人类知识之进步有三阶段，其适用之方，犹如庚德以历史根本之法则，为组织哲学之基础，非广用诸社会全体之事实也。

第一期为神学思想之时代。宇宙万物，恃乎神灵作用，一如人类肉体之作用，无一非精神之结果。其最下等者，谓之拜物教，即视外物为神灵之时代也。次为拜星教之时代，次为多神教之时代。多神教为神学时代之第二期，其终则归于一神教也。当此时代，诸科学所以不能表于世者，因是时之人，谓万事万物非有一定因果，乃自由自在之神意作用。故当时之人，惟知崇拜物质（拜物教）与崇拜英雄（多神教）二事而已。

第二期为哲学思想之时代。前尚群神，今则易为空论；前尚奇迹，今则易为物质。盖谓万有现象非神意之作用，乃出于物质固有之因果，以阴阳或元素说明其理也。此等思想一发生于神学时代，遂使拜物教进为多神教，又进为一神教，宗教进化既达极点，人心乃脱神学思想以外。至人心欲达诸事物之本元，而不能达之之时，即实学思想时代之开始也。

第三期即实学（即科学）思想之时代也。以实理易空理，以观察、试验、归纳、概括等法，考究现象之顺序，利用之以增进人类福祉之时代也。夫考究宇宙之原因及其目的，非人智所可及，而第二期竟漫然为之，所以不能奏厥功也。第三期乃于牢固事实之基础，设立科学，制万有势力，以为社会进步之动力焉。

庚德所谓三大阶段，就哲学之说而论，其不完全也固矣。盖神学时代非全无哲学思想，亦非全无科学思想，若无科学思想，人类不得生活于世。观人类知识进化之顺序，可以知人类最初之哲学，不外宗教思想，其实际知识亦以此思想为根据。人智愈开，宗教之缺点愈多，新奇哲学由是乎生。其称第一期之哲学为宗教或神学者，不过轻贱之辞耳。即第三期实学，亦无异于哲学，惟较前代哲学推论之方尤为正确，所以称实学为科学者，特示其异于前代哲学，优于前代哲学而已。

庚德曾以三大法则论社会之变迁，然此三大法则，固与人性知识发达之顺序无所背驰，而以之说明人性全部之发达，社会构造之变化，则又不能。斯宾塞以观察、实验阐明进步之理，名曰进化之法，据此理以说社会构造之发达变迁，俾社会学之基础尤得巩固。斯宾塞又以有机体之原则，说明发达、营养之机关，分配、督制之机关，为成长构造社会之法，以补赫格、庚德二氏之缺点。

斯宾塞又分社会组织为二种，一为尚武社会，一为产业社会。防卫与生产，共为社会之必要，非可全然分离。然二者关系因社会而异，有时防卫机关最为发达，而生产机关特为防卫机关而存者，有时生产机关最为发达，而防卫机关特为生产机关而存者。盖重防卫机关，则使干涉束缚之制度发达，重生产机关，则使自由放任之制度发达也。

斯宾塞所谓二种社会组织，即社会进化之二阶段也。夫社会性质，因其状态以定。国民建设之初，社会本须尚武，丁年男子皆为兵卒，国民即平居之军队，军队即发动之国民，其干涉束缚之制，实出于不得已。泊至后世，社会状态一变，其作用自趋于产业，自由制度亦渐发达。凡此皆社会进化之顺序及历史哲学之观察，吉典格所著《社会学原理》说之綦详。

回溯古代社会之组织，实始于族制，故政治之组织亦以族制为本，国家者不外一大家族耳。当时组织国家之人，非徒同一土地、同一言语，实同一血统之种族也。至于近世国家与土地之关系极密，无论族制如何，行政上皆不过问。社会学者迈干[①]之言曰：“古来政治惟有二种，一以族制关系支配人民，一以土地关系支配人民。”

吉典格曰：迈干之说，“如其文字解释之，诚为正确。政府之行政

---

① 迈干，即美国人类学家摩尔根。

根本，在昔则由于族制之关系，今也则惟在乎领土。虽然从政府之形体区别之，以观察人类之社会，则无不以古今领土之观念，与乎种族之观念，合而为一者。"

吉典格又谓："古代族制主权之国家，变为近世领土主权之国家，其间尚有封建时代存焉。"吉典格因博引其时历史，以正迈干之说。夫古代社会，乃族制之组织也，当时人类之所必要者，则在互相攻击，互相防守。故于战争之时，将帅最为重要，有将帅之才者，自为社会所敬服信用，而推戴之为君。封建组织之势力，较大于族制之组织，领土主权之组织，实封建组织所由迁也。

据吉典格之说，即政治社会亦须经过三期。如埃及、巴比伦之文明，仅经第一期，而不能达第二期。希腊既达第二期，而尚未完成。罗马则将脱第二期，而终不能达于第三期。能达第三期者，实始于近世之国民也。

国民建设之时，各社会之间殆少平和之交际，野蛮之人种及敌国之人民，日以战争为事，故社会之首着，在设备政治上、军事上之组织。至政治上既归统一，社会渐获安固，人民之思想益进，所有尚武政策、强迫制限，悉行裁撤，以享心身自由之权。凡欲社会之秩序，与自由进步永久相辅，首在改良法律，此所谓宪法发达之时代者也。埃及、巴比伦经第一期，而不入第二期。希腊至第二期，而不能完成法律之发达。罗马法律虽已发达，而不能维持健全之自由精神，盖古代文明未至巩固，常不免为蛮民及敌人所覆灭也。

近世日耳曼种族，内因民族发达之结果，外吸希腊、罗马之文明，自第五世纪至第十三世纪，即其经过第一阶段之时也。其间封建之组织甚为完备，政治组织之第一期亦以完结。第十四、五世纪之文学复兴，十六世纪之宗教改革，十七世纪之英国革命，十八世纪之文化及米国独立、法国革命，以至十九世纪英国自由贸易之运动，欧洲大陆宪法自由之运动等事，无非破坏社会之强迫制度，批评之建设之，社会之构造因以一变。故近世欧洲文明，不至为野蛮力所搅乱，其社会变迁之顺序遂达完成，而无半途灭亡之患也。文明既已巩固，政治社会之进步遂入第三阶段矣。今也欧洲诸国政治上进步概达极点，个人自由为法律所保护，社会之势力将更向新方面，而进文明之第三期，即所谓经济上、伦理上进步发达之阶段也。夫人人注意于产业，生财、分财、用财诸端，遂为社会之大问题，至人生之幸福、生活之理想，何以能实成之问题，尤为人人所欲解释者。此斯宾塞二种社会之说，而吉典［格］[1]以为不然也。政治社会凡三阶段，第一尚武时代，第二宪法自由时代，第三经济伦理时代。所谓第二者，即由第一以达第三之过渡之时代也。然则历史哲学，以社会进化之顺序为本，而知识上之进步，则可从庚德之所谓三大法则，若个人品格一经发达，则斯宾塞之说更为完全矣。

方今物质的文明大为膨胀，蒸气机完成以来，为机械制造之时代。十九世纪初半期，轮船、铁道、电机相继发明，生产、运输、交通益见其便，其产业之丰，为古今所未有。宗教改革、法国革命以后，封建时代之武士道德，宗教上之自由，政治上之自由，渐至颓败，历史之现象殆与邵礼格之堕落说相符矣。夫有一利即有一害，人事之常。社会进步非徒纯正幸福而已，当强迫制度流行之时，无自由，无进步，智愚、贫富亦不甚悬隔，此制一弛，而成自由竞争之世界，智者愈智而愈富，愚者愈愚而愈贫。物质上、知识上之进步，无代价而可得者，其得之也，要努力与忍苦，而其资本劳力往往有因社会进步而为牺牲者，固势所必至也。凡因新法、新机械发明而受利益者，旧式虽至破坏，不甚为苦，盖有知识有资本者，能应时处势，即行变更之法。无智力无资本者，既乏顺应变化之能力，不能维持其地位，终至堕落而不能起。是则社会之中，在此有进化，在彼即退化。在此有上进，在彼即堕落，进步之度愈急，进步之代价亦愈重。其状如行军然，速力愈激，弱卒之倒毙者亦愈多也。自杀、发狂、犯罪、奸淫诸恶，日以流行，古今未曾有之暴富者，日以加多，贫民之状态，亦日以穷迫，社会之秩序进步，似将

---

① 据文意补。

破坏停止，不知是即将来社会大进步之动机也。学术进步，工业发达，运输交通，便而且灵，既可以奖励生财分财之方，且贫富、智愚悬隔过甚，人情因之反动，公私慈善事业自勃然而兴。夫人情反动之时，社会伦理苟不大发达，则自由竞争之结果，智愚、贫富之悬隔，终至破坏社会而后已。故欲减进步之代价，去社会之苦痛，必不可不发恻忍慈善之心，而加以锐敏之术，教育制度须极普及，慈善事业须大发达，社会之道德意识亦因之大改革。腊撒①者，以经济伦理为社会之主义者也，所著《欧洲近世史观》，说之甚详，学者不可不参考也。欧洲中世，社会之势力在有土地者，盖封建时代农为产业之主，此田奴、骑士、君主之阶级所由生也。产业进步，工商亦渐进步，大资本家勃然而生，其结果遂使封建制度颠覆，君臣关系变为中等社会之佣主与自由劳动者之关系。是时社会之生产事业，其消场不注目于一人一地，而注目于全世界。法国之革命，实不外革此事实，而与以法律之效力也。由是政治上势力乃为第三阶级所握，中世土地之权利，一变为近世资本之权利，即法国人民之公权，亦以租税为基本。此即所谓近世史上之第二期也。其在第三期，社会之要素是为劳动者，将来社会中，此阶级之人必承受一切资产。所谓劳动者，人民是也，其主义即人类之主义也。顾生社会之财，专赖农工，则政权归有土地者，是为封建之时代。专赖工商，则政权归有资本者，是为平民之时代。然虽有土地，有资本，若无劳力，财终不生，况资本为过去劳力之结果乎！故土地、资本、劳力为生财三要素，而劳力尤其重者也。扩观古今社会，分财之道甚不公平，有土地者有资本者，皆无限量，而供劳力者，仅得糊一身一家之计。然社会经济愈以发达，劳力之需要亦愈以多，则劳力者自知其价值与其权利所在，亦将起而相争。故处经济进步之时，道德之进步尤不可缓，然则后此社会果至沉沦破坏与否，一视社会道德之进化为如何耳。

以上为构成社会历史之大势也。若就国际上、地理上之关系，以

---

① 腊撒，即德国社会主义思想家斐迪南·拉萨尔。

观历史之大势，更详论之。自古代族制主权之国家，经中世封建主权之国家，以迄近世领土主权之国家，社会与社会之交际，惟有战争、平和二者而已。非交战之国，即为同盟国、中立国，大并小，强食弱，渐促社会之生长而发达焉。封建制度，为古代数多族制社会将合为一统国家过渡之时代也。无论何等社会，其始也，视他社会皆为仇敌，若无与缔和约者，皆视为交战之国，是为内部构成社会所必要之条件也。盖凡属他社会者，视为仇敌，则属于我社会者，皆得视为同胞，社会与社会相竞争，内部能一致巩固者遂获胜利。迨征服他社会，渐成一强大之社会矣。其法或因战争，或因同盟，古来固无所异。但中世封建之时，其现象呈于国家之中，一统之业遂成，近世国际之政治实始于是。当封建时代，战争同盟，诸侯与诸侯之间有之，诸侯与帝王之间亦有之，均势上之竞争，乃行诸国内焉。至国家统一，国际上之竞争复始，此有同盟，则彼必有反对之同盟，所谓国际关系由此生矣。其例征诸欧洲，则十五世纪后半期以前，为列国封建割据之时代，其后英、法、西班牙三国归一，列国并起，遂至有今日之状态。今也国际关系极其复杂，欧洲中原，有德、奥、伊三国同盟，又有反对之俄、法同盟。若从世界大局观之，在陆上扩张势力之俄国，与在海上扩张势力之英国有所竞争，似甚可怪，不知其间自有国际系统在焉。将来欧罗巴列国、亚米利加列国、亚细亚列国，或各因其大陆关系，而异其利害，以各成系统。即如米洲合众国，因古巴事件与西班牙构事，欧洲大陆诸国概表同情于西国，新世界各国固无不表同情于米，而在欧洲不属于大陆，且于新世界有许多领土之英国，亦表同情于米也。亚细亚从来单独孤立之支那、日本、朝鲜、暹罗诸国，亦有渐相接近，以成一系统之势矣。夫列国之间，合从连衡，乃从来之形势，自今以往，范围更广，欧罗巴系统、亚米利加系统、亚细亚系统将次发生，大陆政策之时代，大系统竞争之世纪将不久而可见矣。

又从地理上观察历史之大势，则亚细亚为文明起原之地，其文明大概沿河流而发生，故可称为河流文明之时代，如尼罗河之于埃及，台格里士河之于阿西利亚，夭弗里士河之于巴比伦，殑伽河、恒河之于印度，黄河、扬子江之于支那皆是也。欧罗巴乃文明发达之地，其发达专恃地中海之便，故可称为内海文明之时代。十五世纪以前，世界万国之历史，未尝有逾此程度者，如地中海、伯惕克海^①之于欧罗巴，亚剌比亚海^②、印度洋之于西亚细亚，黄海、日本海之于东亚细亚，无不皆然。至十五世纪之末，亚细亚、亚非利加、欧罗巴之文明，沿内海踵接成长，其中最盛者，如西洋以地中海为中心，巴比伦、尼乃伯^③、安朵克^④、这鲁沙连^⑤、凯罗^⑥、亚力山德^⑦、卡塞止^⑧、雅典、君士坦丁诸名都，皆沿岸罗列。而使其中心摇动者，实自罗马英杰该撒始。该撒征服阿布士山^⑨西北之郜罗人，归国之时，斯薛罗^⑩曰："阿布士之山今可以崩，诸神为防意太利而生此山，而今已无用矣。"该撒之越阿布士山也，不徒充扩罗马版图，且使文明西渐，以大西洋代地中海为欧洲文明之中心点矣。中世以降，因十字军之影响，亚剌伯人、蒙古人之媒介，亚欧交通渐至频繁，支那文物如罗针盘、印刷术、火药、制纸等法传诸西洋。洎至十五世纪之末，哥伦布发见西大陆，哇士高德加吗^⑪回航亚非利加，而地中海始失其历史上价值，文明移诸西欧，意太利以衰，西班牙、葡萄牙勃然而起，荷兰继之，英法继之，文明遂渡大西洋而传诸亚米利加，所谓大洋文明之时代即此时也。自是至十八世纪后半期，

---

① 伯惕克海，即波罗的海。
② 亚剌比亚海，即阿拉伯海。
③ 尼乃伯，即古代亚述首都尼尼微。
④ 安朵克，即古叙利亚首都安条克。
⑤ 这鲁沙连，即耶路撒冷（Jerusalem）。
⑥ 凯罗，即埃及首都开罗。
⑦ 亚力山德，即埃及北部港市亚历山大。
⑧ 卡塞止，即迦太基（Carthage）。
⑨ 阿布士山，即阿尔卑斯山。
⑩ 斯薛罗，即西塞罗。
⑪ 哇士高德加吗，即葡萄牙航海家瓦斯科·达·伽马。

大西洋乃为西洋文明之中心，巴黎、伦敦、安士帖丹①、安特威布②、纽约、博斯敦③、非喇德喜野④诸名都，星布其两岸者，一如古代及中世时地中海沿岸之位置也。十八世纪后半期，卡不亭克⑤航海探险以来，世界文明之中心点已有将移于太平洋之兆。当十六世纪哇士高德加吗回航印度之后，泰西文明绕喜望峰⑥而入东洋；一千八百五十四年，米国水师提督璧梨⑦至日本、朝鲜，催其开港；数年前米、西开战之结果，米军略菲律宾群岛，泰西文明乃越新世界而达东洋。于是四百年来东西分路前进之西洋文明，始得与东洋文明旧国相接，将来太平洋价值之大，殆有不可思议者矣。夫竞争者，所以进步之势力也，竞争激烈，所以速其进步，而抵于伟大之原因也。在欧洲有欧洲诸国民之竞争，在米洲有米洲诸国民之竞争，在非洲有欧人与土人之竞争。则将来亚洲之竞争，固不特吾亚诸国，彼欧米之人亦将相竞而来。是二十世纪历史上之伟观，胥在吾亚大陆无可疑矣。大西洋文明之时代，既将变为太平洋文明之时代，即谓南米、北米、亚细亚、澳大利亚诸洲之运命悉系于太平洋可也，即谓世界文明抵于完全与否，胥视太平洋文明之发达如何亦无不可。夫完成世界文明之事，非可偏赖白种中一小部分之进步与乎二大陆之开化，盖必须六大陆并进、全人类竞争，而后可睹其成功也。历史末劫，在文明普及宇内以后，将来历史人种，决非为今日欧米国民所独有。土吗士尔呐德⑧有曰："欧米近世史为世界最后之历史，近世史之后，无有历史，欧米人种为世界最后历史之人种，欧米国民之责任实为重大。"其言过于诬妄，不足以为归结史学之用。罗合⑨之言曰："历史

---

① 安士帖丹，即荷兰首都阿姆斯特丹。
② 安特威布，即比利时城市安特卫普。
③ 博斯敦，即波士顿。
④ 非喇德喜野，即费拉德尔非亚（Philadelphia），亦即美国费城。
⑤ 卡不亭克，即英国航海家詹姆斯·库克船长。
⑥ 喜望峰，即好望角（Cape of Good Hope），旧译喜望峰，位于南非西南端。
⑦ 璧梨，即美国东印度舰队司令官马修·培理。
⑧ 土吗士尔呐德，即英国教育家和历史学家托马斯·阿诺德。
⑨ 罗合，未详。

之开始与其终局，均非吾人所得知。"此说较近正确。十九世纪初期以前，欧米人之历史思想有最误谬者二，一谓历史之始，仅在六千年以前，一谓历史末劫，即在近今。皆毫无根据之说，其谬不待言。盖地球年代至少可经六千万年，人间遗迹可历一万年以上，至于十万年，是则世界之终局、人类之末期，尚不知其所底也。

第八章　研究历史之法

史学问题，第一在何以使历史之理会得与历史之事实符合，第二在何以使此符合之结果实现于客观上。夫解释此问题，即考究历史之法也。是为科学之一，故称之曰史学。

客观之事实所存于世者，特其遗迹而已。凡人仅能知现在之事，所谓过去之事实，不外就遗迹之存于现在者，从而理会之，将来之事实，不外想象现在事实之倾向或其结果，从而豫察之。然则人类知觉虽限于现在，亦可藉记忆、希望之力，扩张范围于过去、未来也。

过去事实既已消灭，虽欲研究而不可得。然可以为研究历史之材料者，要特现存之事物，为吾人感官所得直接者是也。然则历史之学，与他科学毫无所异，而其所异者，在研究之难易、材料之精粗而已。

客观事实，不徒于时间有前后之关系，于空间亦有前后、左右、上下之关系。主观之理会，则不能同时包含此两者，而以其原因、结果及其他一切关系，顺次而理会之者也。故客观事实，于主观思想之上，宛若惟时间有前后之关系而已，是盖不独史学有此困难也。

富黎曼曰："虽有最良历史之证据，亦不能探究至真至确之事实。盖无论何等证据，误谬诈伪常不能免。考究历史，较诸考究地质，尤为困难。地质家解释岩石之证据，固未必尽无误谬，而岩石为物，则非可虚伪者，历史家记录之证据，不特解释之者有错误虚伪，即所谓记录者，固先已有错误虚伪矣。吾人虽谓某某等事，较成文记录为可据，其实亦不得遽视为真确。何也？即就吾人一身所经验者言之，凡人生初，不能自知为何许人，其知之也，无异知过去历史之事实。且人不能以一己知识，自信己身为何人之子，其信之也，无异信维利安胜王^①登边斯之陆之事^②耳。无他，其知之信之，不过依吾所信赖之人之言也。"

富氏又曰："二人观察一事，必不相同。譬诸交战之事，记者数人，所记之事，即成数种。实际虽无矛盾，而所记事物之关系则不能无异。故虽同一事物，均在目前，目击者所视不能皆为一致。盖视力有参差，位置有别异。且不独外物如是，即人心倾向，亦各不同。故同为一事，一人留意于此点，一人留意于彼点，所报事实虽略相同，而其关系之轻重大小，则又不能无异也。"

证人所传纵无讹谬，客观之历史终不能得其真实记事者。虽有天亶之才，亦不外就主观之感觉，记其前后之顺序而已。然事有同时共发，其原因不限于目前一事，现在事实，或即过去之事及同时他事之结果也。记事如直线，为平面，事实则如立方形，有前后，有左右，有上下。若欲使历史学目的，必令过去事实复现于今时，则终不得而达之。犹幸历史之目的，不尽在是也。

德雷鲜^③曰："实验之研究者，为其目的基础之事实所支配者也。凡非显明直接、为五官所得知觉者，皆不足为研究之目的。其基础事实，非属过去，盖过去事物虽已消灭无存，而记忆及遗物犹是在吾目前，故可为历史研究之基础也。"

然则历史之目的，非研究过去之事物，特研究过去之行为及遗纪所存者也。过去事实，每有因其遗纪，复现于吾人之前者。动物学者倭鸢^④，以一片遗骨，恢复过去动物之全体，终至有以证其实际者。历史上非无其例，如英国史二百余年间所误称为奸邪之克林威尔者，终得削其丑名，而称为真正豪杰，此非该莱尔^⑤之功乎？虽然历史研究之结果，

---

① 维利安胜王，即征服者威廉一世。

② 登边斯之陆之事，指 1066 年威廉一世渡海侵入英国，在黑斯廷斯（Hastings）登陆，击败英王哈罗德（Harold），自立为英国国王之事。

③ 德雷鲜，即德国历史学家德罗伊森。

④ 倭鸢，即英国解剖学家、古生物学家欧文。

⑤ 该莱尔，即英国历史学家卡莱尔。

固可复活过去之人物事实，而其所复活者，则不能及原始之完全。夫过去事实，终非绝对所可复活者，欲绝对之复活者，非历史之理想也。历史之目的，谓其在过去，不如谓其在现在也。

斯黎曰："过去为现在之最良注释也。惟注释之前，当置本文，过去之前，当置现在之事。譬喻之辞，最为有益，比较古今之事，最为有味。虽然，不知今者则不如是也。"

欲知过去者，即欲知现在者也。过去可以不必知，而现在则不可不知，不知现在，不能生存于现在。然而过去为现在之母，故欲知现在，尤不可不知过去也。

庚德曰："若不依研究历史之法，查定现在活动诸元素之价值，虽极意研究事实，仍不能说明现状。故政治家观察政治，而置往事于不问，则时运之盛衰，事件之轻重，终不能知之。夫欲匡正斯弊，宜用哲学以剖解过去之事。盖比较之法，苟非推论过去之全部，则必难明晰。"

过去之不可忽，既如是矣。夫一时代者，非一时代之产物，亦非仅为前时代之结果，乃前数代以至前百数十代之结果也。此人间社会所以异于下等动物，历史所以异于博物志，社会学所以异于生物学者也。

德雷鲜曰："人类也者，惟于道德组合之中，以发达其品格者也。构成人类，道德最有势力，此势力活动于彼中，而彼又生活于此势力之中也。个人之中，有建设构造之作用，随其作用而发达，故人类为创造道德之世界。其道德组合若无进步，若无发达，即无历史，则人类之事业，无异以细微水虫之壳为山也。此西洋寓言，意谓不坚固也。若无连续之意识，即无历史，则人类之事业，无异于风吹沙漠。此西洋寓言，意谓散乱也。若无目的及最高目的之意识，证辨天道之历史，其连续则仅为循环之运动，周而复始耳。"

历史研究之目的，非属绝对，在复活过去之事实，而取其事迹之遗存于今者，发见其真理，说现在而察将来，以求知人类社会之起原及进化之目的也。夫过去之事难得确证，不独历史学界然也。若以历史为研究过去事实之学，较他学尤不确实，则又不然。盖历史非研究过去之事实，乃研究现在之事实，即所谓过去遗迹之存于现在者也。惟其所以不能如他学之确实者，以其复杂，不若他学之单纯也。然亦有较确于他学者，宇宙成立，必如今日之谓者，不外为人类所经验，知识所推知者，而其经验所未到，知识所不达者，则不得推论之。吾人仅知太阳出没之现象，而其出没也，以何动机，有何目的，恐千万载之后，亦无由知之。人事则不然也，纵数千年以前之事，遗迹若存，其事所生之目的、动机，可得而知。是故考古、人类二学，虽似地质学，而其趣味则多于地质学也。

弗鲁特[①]曰："宇宙之间，现今所显然作用诸原因，概足以说明万有之现象。故凡研究过去事物之状态，须就今日作用诸原因以说明之，是为通常之例。而欲以现象归于此等原因，夫亦科学之倾向也。此考究地质学者，所以不藉外部势力之干涉，及暴烈元素之激动，为地球表面所生变化之原因也。以望远镜之精，始知二重星之中，亦有支配诸游星运行之势力。以光线分析之法，始知彗星之中有蒸发之气，有五金之类。由此推之，则过去地球之状态，其中作用活动有与今不相符者，其不足信也固矣。错杂怪谈，虽由历史初代以传于吾人，而其说明，可于无知之人，就其精神想象中而发见之。是则不受神明干涉者，不独一美术，即历史亦何莫不然。"

晓蒙曰："各国民各时代之人类作用，胥是一致。人性于其原则，于其运用，古今无异，此说固世所称许也。同一动机，常生同一行为，同一原因，常生同一结果。凡功名、贪欲、私爱、虚夸、友情、度量、公共精神，皆混合于种种程度，分布于社会之中。古今人类之间，其一切行为，及企业之渊源，无不得而观察之。欲知希腊人、罗马人之感情倾向生活之道，要察法人、英人之气质、行为，以后者推察前者，鲜有不当。然则人类无论于何时何地，既无差异，历史安有新奇之事乎？"

---

① 弗鲁特，即英国历史学家弗劳德。

第一　发见

研究历史，要先发见研究之材料，是即历史技师之事业也。世人每以从事于此者方为史学家，然而误矣。盖虽有材料，不加批评、解释仍属无用也。

史料有三种：一遗物，二纪念物，三记录。

遗物可分为数种：（甲）道路、水道、古坟等是也。（乙）风俗习例、法律、政令、教育是也。（丙）凡足表示当代人民之思想、知识之状态及作用者，如格言、文学、神话、史书是也。史书亦时代之产物，故属于此。（丁）有关业务之书类，如信札、字据、公文等类是也。

以上皆当时社会为实用而创作者，及为人性自然之要求，无意而成长发达者，其史固非以记录之目的而为之。言语亦一遗物，历史上不可缺之资料也。

纪念物者，乃遗物兼有记录之性质者也。以便于实用与记忆而成者，非仅人为之谓也。如纪念碑、志铭、赏牌、货币、军器、姓名、称号、界牌是也，美术品中多属焉。

记录又称为史料，如史书、年代志、口碑，凡所资为记忆者是也。

书契以前，记录皆存于言语，所谓口碑是也。口碑之在今日，信用甚薄，经二三代，即不足为史料。饶顿谓："口碑信用，至多不过百年。"俄乃[1]谓："赤色印度人，无有百年以上正确之传说。"古代历史家波里表士[2]谓："生前二十年之事，宜接连述之，以质前代目击其事实者。"

书契以前，口碑之价值固不必如前所云。即于今日，亦不必因文书之有不足信，概行排斥也。究二者之间，非有种类之别，惟信用之程度有差耳。文书也，口碑也，非经考证、批评之后，皆不足凭。拔克谓：

---

[1]　俄乃，未详。

[2]　波里表士，即古希腊历史学家波里比阿。

"文字之发明也，不徒有害记忆之力，毁口碑之效，且使诈伪之说便于永久流传，以致历史大蒙其害。"此说虽近于偏，然或亦可救世人妄信记录之弊。孟子曰："尽信书则不如无书。"亦此意也。南洋群岛野蛮人之中，有数世纪以前之事实犹存口碑，其例不少。日本《古事记》、希腊《何吗诗史》[①]，始皆存于口碑者也。何吗诗中所载人物传说，虽非实事，而当时之社会，列国之形势，地中海船舶之状态，最为可信。如云某铠值牛几匹，可知当时通货系用家畜。近时小亚细亚古都旧址，一经采掘，足以证土罗安[②]所讴歌之事实者，闻亦不少。郜罗流行之笃垒得秘教[③]，皆在口碑，僧侣记忆其教事实，须费二十年之工，可知口碑本不亚于记录也。列国古代历史，概属此类，惟间有不及何吗之诗者。然口碑若成一定言辞，尤为正确，诗歌、《圣经》、祝词皆其类也。此《何吗之诗》、笃垒得之秘教，所以得保存之故也。

记录有二种。其一专属主观，以想象、感情，及历史上之事实以为材料，而使用于他目的者也。古语、古乐、古歌，裁判所之词讼，议会之演说，及关乎公法之文卷，皆属于此种。其二专属客观，符合正确之事实者也。惟其中有种种之别焉，或有错杂无章，或有分门别类，或有使人注意其目的，而知其意义者。或有为己之便于记忆者，或有为一人、为数人、为众人而为者，有为现代为后世而为者，有为教训而为者，有为快乐而为者，又有为利益而为者，因种种记录之目的，史料之观察因之以异。

总之记录有二种，一原始记录，一承继记录。然第二种之价值，尽包含于第一种中，原始记录至于亡失之时，仅存承继记录，则承继记录自有原始记录之价值。

古来史家，以为口碑记录之外，无有历史之资料，极力收集之，比较之，删改之，衍释之，以成正确之历史。至于近时，遗物、纪念物亦

---

① 《何吗诗史》，即《荷马史诗》。

② 土罗安，即特洛伊城。

③ 笃垒得秘教，即德鲁伊特教。

为历史之资料，而史学始有骎骎进步之象。历史者，考究人间社会之进化也。谓书契以前为有史以前之时代，特便宜取用之语，非真谓无有历史也。有史以前，记录不以文字，且有并口碑亦不传于今者，然以其遗物，亦可确知其事。是故有史以前，不能谓之无历史也。

人类学者所谓石器时代、青铜器时代、铁器时代，虽非限于有史以前之事实，而因遗物以知有史以前之历史，亦一善法也。博言学者比较万国言语，以开拓历史上之新世界，此固世人所知。孟森[1]有言曰："言语者，表示其发生时代文明之程度之写真若机关也。"印度为英国征服，梵语传于欧洲。自千七百八十六年，英人沙维利安蒋士[2]倡言，梵语之根与希腊、拉丁、日耳曼、克特[3]诸语之根皆出于一。印度人与欧洲人本为同种之说于是乎定，博言之学于是乎立。赫格称之为新世界之发见，夫岂过言乎！至于记录不存、口碑不传之事，增入历史，不知凡几，固皆言语之赐也。曰遗物，曰纪念物，曰记录，皆随研究之目的而异其价值。遗物之存，虽可知古代详细之事，然多散乱错杂，及为偶然所发见者。故三种资料中，不得偏恃其一。盖研究历史，在博求其资料之法也。一为探索发见法。二为结合法。以整理事物之位置，联合适当之关系，借二事以发见他事也。三为类推法。同生同，异生异，同一原因，必生同一结果。以此类推，虽不中，不远矣。四为假定说法。譬诸见古坟之位置整然若一，可以知古代社会之秩序。资料有连续者，有不连续者，如不补充其事实及事实之旷阙，不能全历史之事实，其全之也，要赖假定说。

发见为批评之本，发见、批评又为解释之本。三者作用，非可分离，必要共同一致也。

---

① 孟森，即德国历史学家特奥多尔·蒙森。

② 沙维利安蒋士，即英国梵文学者、东方学家威廉·琼斯。

③ 克特，即克尔特语。

第二 批评

批评者，非谓直接批评历史之事实。历史事实为复杂意志之结果，而其意志或相一致，或相冲突，与时代共消失，仅存遗迹于今者，谓之历史之资料。

资料既经发见，即可证其产此资料之人之意志。批评之法，在判定现存资料与产之之人之意志，而求其所存之关系也。非以此法，则关系无由定焉。

甲 关于材料真伪之批评

研究遗物、纪念物，为人类学、博言学、考古学所职掌。批评记录，鉴定记录，别为一科之学，是谓古文书学，即以外部征候，鉴识记录、文书之真伪之学也。若夫以内部征候，批评古文书之真伪邪正确否者，则谓之高等批评。

乙 关于材料变化之批评

材料之传于今日，有无随时间之变化，不可不研究之。以比较前后之状态，而知其变化进步之顺序也。

丙 关于材料确实之批评

材料虽是真正原物，以传于今，犹不得即据以为信。其材料与事实果否符合，犹有数问题，今列之如左。一、材料纵非假伪，又无变化，其果为人间经验之上，所应有之事与否？二、人间经验虽为必有之事，而当时之情形，实有其事与否？三、虽实际有之，而产此资料之古人意志，及其观察之动机、目的关系，果在于此否？四、即无以上之动机、目的关系，古人观察判断，不甚周密，欲其确实亦难矣。

历史证据必须出于事实发生之时，或从其时人口碑以传于今者。而其探究之法，必须至于穷无可穷之地。该撒之《郜罗战记》①、喀拉连顿

---

① 该撒之《郜罗战记》，即恺撒《高卢战记》。

之《英国反乱史》^①等类，虽多出于一己见识，然其藉著者以外之证据亦复不少。

就记录所当注意者：一、察著者所述之事，其实质材料如何？二、察当时流行之思想，有何影响于著者？三、察著者品学及特殊之倾向，有何特出于人？盖记者之诚实与记事之正确，不能一例。有时记者诚实，而记事不确，有时记事不确，而记者未必为诈伪之人，是为研究宗教史者不可不注意之要点也。

口碑信用，随时间之过去渐至消磨，记录则无是弊。世人往往有以口碑记录，皆随时间过去，渐至消磨。法国星学者拉布腊士^②谓："印刷之术虽行，今日所称为确实之事，经年累月，必至阙疑。"此说亦未免太过。夫文书价值，非随时代变迁以至于消磨者，惟历久之文书，颇难明其出处，以品评著者之信用。口碑以人传人，以口传口，渐至失其真，记录则异是。惟所记之果为真实与否，及其字句之有无增减，又不无可疑。如雅典与麦格剌^③争夺沙拉米士岛^④，要请斯巴多^⑤为之调停之事，索朗^⑥曾于何吗诗中增加字句，作为雅典获胜。宗教上之文书，多有其例。即使无有此事，而誊写、印刷之际，究难免其无有误脱也。

现今史家之习惯，又不可不察。古代史家赫罗杜脱士^⑦、斯吉德^⑧、路斯安^⑨诸人，以为演说合于时宜者，以编史中，于信用无所损害。自史家鼻祖布利标士^⑩一破此说，近世史家虽无前弊，而事实之解释，人心之解剖，时有太过之弊。且处政党政治之世，史家之党派及主义，读

---

① 喀拉连顿之《英国反乱史》，即克拉伦登所著《英国大叛乱和内战史》。
② 拉布腊士，即法国天文学家拉普拉斯。
③ 麦格剌，即麦加拉。
④ 沙拉米士岛，即萨拉米岛。
⑤ 斯巴多，即斯巴达。
⑥ 索朗，即古希腊政治改革家梭伦。
⑦ 赫罗杜脱士，即古希腊历史学家希罗多德。
⑧ 斯吉德，即雅典雄辩家、教育家伊索克拉底。
⑨ 路斯安，即古希腊讽刺作家卢奇安。
⑩ 布利标士，即古希腊历史学家波里比阿。

史者尤不可不注意之。如晓蒙之《英国史》[1]，偏于脱黎主义[2]，马可黎则偏于回格主义[3]；密特安得[4]之《希腊史》为贵族主义，格劳特[5]则为民主主义。兰喀[6]之所以为独一无二之历史家者，为其无是弊也。

史料有何要点，有何旷阙，当从而考究之，此即批评是也。批评之后，虽为事实，而犹不得为历史之事实。必须察其史料，果是真确纯正，再为解释之，而后历史事实之要领，庶可以得。故曰批评之结果，实以适当之材料，置于适当之位置关系，以为解释之基础也。

第三　解释

吾人之运用肉体，有运用之机关，有运用机关之筋节，有主使筋节之意思，有支配意思之目的。历史之事，不外人间之事，故可为四种解释。一、原因、结果之解释；二、关系、事实之解释；三、心理之解释；四、当代理想之解释。

甲　原因、结果之解释

吾人之思想，复活过去之事实，史学之要务也。过去之事实非单独孤立，前有原因，后有结果，故吾人思想亦须解释此因果之关系也。材料若能充实，单以证明之法足矣。若不充实，则要类推之法，即从所已知之事，以推所未知之事。资料若是断片，事实与事实之间有所旷阙，则为连络之，是谓假定之法。

乙　关系、事实之解释

第一，就事实中而解释其直接之因果也。第二，解释事实所生之时

---

① 晓蒙之《英国史》，即休谟所著《朱利安·恺撒入侵至 1688 年革命的英国史》。
② 脱黎主义，即托利（Tory）主义。
③ 回格主义，即辉格（Whig）主义。
④ 密特安得，即英国历史学家威廉·米特福德。
⑤ 格劳特，即英国历史学家乔治·格罗特。
⑥ 兰喀，即德国历史学家兰克。

之事，所谓间接原因者也。足利尊氏谋叛之原因、结果及其心术，固属可憎，然察其当时情形，则品评之方不可不改。若此事态不明，终无以知尊氏之所以反逆成功，楠氏之所以忠诚失败也，所要解释之事如左。

一、关乎空间之事，即地理是也。

所得说明古代文明之起原者，多在地理，支那、印度、埃及、加耳特亚凤称开发文明之地，无非恃于地理，罗马统一伊太利，以伊太利统一地中海周围之区者，亦半由其位置也。

二、关乎时间之事，时势是也。

三、关乎方便之事。

凡当时之舆论、习惯、风气、人情、民心之倾向，皆为生历史事实之方便也。

丙　心理的解释

历史上之事实，无一不与人间意志有关系，故必解释历史人物之心性、意志。大人豪杰代表时代，旋转时代，最有势力，剖明其心性，以解释历史上之事实，尤不可缺者也。盖事之成也，不徒赖一个人之意志。历史因社会之势力而动，犹万有因天然之势力而动，凡此势力之中，固无人不与焉。所谓人生有限、名誉无穷之说，其意义尚属未尽。盖个人之生命精神，即为社会之生命精神，以传于永远，历史人物所以遗名于后世者，特参与社会势力之分量较大于众人耳。然则大人豪杰不过社会生命之一要素，若曰社会之生命、历史之精神，仅为大人豪杰之传记，则大误矣。

大人豪杰有代表时代、改造时势之势力，则解释其心理作用者，实为解释其时代所必要者也。从来历史家动称穆罕默得为诈伪之人，以致回教蔓延之象不得证明，此实坐不知心理解释之法也。

丁　理想之解释

解剖历史人物之心理虽为必要，而所以生产历史之人物，唤醒历史之人物，则在于社会之心理，亦不可不研究也。亚历山德、该撒、穆罕默得、克林威尔①、拿破仑、秦始皇、丰臣秀吉诸人，实有历史上大思想之人也，而其思想大抵代表其时社会之理想也。罗马共和时代之末期，伊太利人与伊太利以外之人（顿）〔颇〕②为平等，国家之基础不置于伊太利，而置于全帝国之上，该撒实代表其时社会之理想，克成厥功者也。曹操曰："汉即吾也。"路易第十四世曰："国家即朕。"拿破仑曰："革命即吾。"无一非代表当时社会及其社会之理想，以支配人心势力者也。各人之意识虽一时表现，又复消灭，而使其意识成长发达，教育之，陶冶之，遂为社会一般之人心。社会意识者，个人意识之母也；个人意识者，社会意识之要素也。能动各时代社会之思想、观念、理想，即构成各时代历史之真理者也。历史上之事实，不外社会思想、理想之结果及其现象也，社会理想之解释，即补个人心理分解所不足之处也。

解释以上四种，其法有二。一以成立社会诸要素之间，所有自然之连络、一定之关系而解释之。一以成立社会诸要素之动静，因而生成发达盛衰消长者而解释之。前者是为横观社会，后者是为纵观社会。前者谓之静观之法，后者谓之动观之法。而动观之法又有二种，一由今溯往，一由往及今，二者心意之作用各有不同。由今溯往，为分析结果，归着于原因者，故不得不专赖乎剖解之法。由往及今，为研究一事所生之他事者，故不得不专赖乎综合之法。二者作用相须相成，不可须臾离也。通例历史研究之方法，谓为由往及今，而从心理上之作用言之，毋宁谓为由今而往。其实攻史之法，宁谓为分解之法，由因而果，固多于由果而因也。虽然，发见材料者，一技术也，批评者，一科学也。解释者，哲学之思想也，所谓史眼，即在此点，及美术之思想也。夫历史以人间为主题为目的者，无论叙何等奸雄之事迹，徒有疾恶之心，尚不得谓有历史家之资格，盖不可不设身处地，而为之一思其故也。夫研究物质之要素，犹不可不表同情于物，而况人间之学乎！判事实之有无，当

---

① 克林威尔，即克伦威尔。
② 据文意改。

如科学者之研究物质现象，评事实之是非得失、存亡成败，当如明练法官判断重大事件。锡涅尔①不言乎，"世界之历史，即世界之法庭也。"是则历史家可谓之判官矣。然而惟能责人，非明练之判官也，必须设身处地，思以应变求全而后可。是不独对人物然也，对制度文物，亦莫不当然。譬诸在今日反常之制度，而曾经流行于社会，则其为社会所必需也明矣。如专事排斥，不寄同情，鲜有得正当之解释。兹就观察之三手段而说明之。

第一手段，如雕刻之人，搜集种种材料，使过去之人物、制度，有复生之态。其雕刻之时，必从表里左右以观察人物、制度也。

第二手段，如画工然，不仅研究一个人一事物之真像，且须正确而写其位置之方法。即较历史之表里，以正位置之远近，别历史之光暗，以写景象之真相之倾向也。故徒记录事实，不得谓之真正史家也。

第三手段，合第一、第二手段，更加以活动手段是也。历史上之事实，实为有血气者之行为，故仅有雕工、画工之精神，尚有未尽。譬诸真正俳优之演剧，不徒若生其人之时代，处其人之地位，遇其人之事件，且当有其人之思想、感情、意志，为其人之精神，以代表其人物，模写其位置也。此所以要别历史之主位、客位，而叙事实之发端，进行之段落，盛衰之波澜，终局之团圆，以明事变之本末也。此不独于人物当然，即研究制度文物及一国时代之事实，亦犹是也。

然则欲为真正之历史家，固不可不具科学、哲学、美术学三家之资格也。然人间（社）之〔社会〕②，即伦理之社会，组织社会之种种团体，即道德之团体。曰家族，曰地方，曰国家，曰世界，皆有道德上之目的也。社会之目的既存于道德，而历史之目的亦不可于道德之范围外求之也。吾愿世之欲读史者，欲为历史家者，养成品格，匡正意志，并用以上三手段以解释过去之事实也可矣。

---

① 锡涅尔，即德国剧作家、诗人席勒。
② 据日文原文校改。

史学通论

日本　浮田和民　著

武陵　　罗大维　译

进化译社藏版

史学通论序

稽我支那，上下五千年，纵横九万里，社会久且烦，幅员广且大，以此而成历史，宜不知陈篇累秩，具如何壮观也。而支那方无史，或曰：恶，是何言也？以支那立国，易姓二十有四，其间为悲剧、为惨剧、为喜剧、为乐剧者不知凡几，无姓无事，无事无纪，方长吾人之目线，竭吾人之脑力，不足以偿其代价，何得云无？曰此而曰史，吾言诚谬矣。西哲有阅吾史者曰：支那之不能发达进步，支那之史不能辞其为一种原因也。支那史非不浩博，非不赅贯，第皆为一家一人之事而已，初无及于社会之全体者也。此而谓之为一人小传也可，谓之为一家族谱也可。而西哲卡兰儿①又有言曰："历史者，英雄之传记也。"英雄者个人也，个人之传记方为历史，我支那史方记一家一人事，何得以绝对论之耶？不知卡氏所论英雄之个人，非我支那史所记个人之英雄，英雄之名同，英雄之实异。世苟欲见真历史，欲组织真历史，其亦致意于此篇也可。译者志。

---

① 卡兰儿，即英国历史学家卡莱尔。

第一章　历史之特质及 [①] 范围

历史之意义有三：

第一，客观意义。

第二，主观意义。

第三，通常意义。

第一，谓历史上之事实也。

第二，就其事实而理论之。

第三，就客观之事实，更以主观之理论，入于客观而记录之，是即通常所谓历史之书也。

第一意义与第二意义，二者不可分离，必相合而始成为历史上之事实也。然学者往往偏于一端，或专注于客观的一面而观察之，或专注于主观的一面而观察之。如罗且 [②]Lotze 之《小宇宙》Mikrokosmus 历史论，其意义则偏注客观而专言历史上之事实。又贝根 [③]Bacon 之《劝学论》Adlvancement of Learning，则又专以主观的意义说历史。至德伊生 [④]Droysen 之《史学原理》Historik，乃兼用两意义者。

欲知历史之特质，下历史之定（意）〔义〕[⑤]，不可不先于历史之客观的一面而观察之，以客观的为历史性质之最要，知此斯可以知历史性质之所以然矣。

---

① 原作"及其"，现据目录及日文原本校改。
② 罗且，即德国哲学家海尔曼·洛采。
③ 贝根，即英国哲学家培根。
④ 德伊生，即德国历史学家德罗伊森。
⑤ 据日文原文校改。

通常所谓历史者，记事实也，此种历史专以记事实为目的。然历史非记事实者即为历史，又非以所有之事实皆记之为目的，以事实之世界较历史之世界为广，此种历史所记之事实，不过以合于此种历史之性质者而单记之已耳。

知此一种事实，即知通常历史之性质。或有谓此种事实，即属于过去之事实。而西列[①]Seeley曰："以余观之，凡属于通常历史之事实，不可概认之为过去者。以今日为现在，昨日即为过去。"此种事实，欲毕举而归之于历史，斯罄南山竹有未能尽之者。是历史之事实，非专属于过去，即以现时之现象，其所属于历史者为犹多。又就科学言之，现象不以日计，而以种类分。若以历史为世界所生起，万事万物皆不能离为主题，则历史非一种科学所可限举，凡所有之科学无不可归纳之。若以历史亦为一种科学，则宜就现象以定其种类，是何事实为属于历史者而明晰之。是其事实不专属于过去之现象，亦不专属于现在之现象，惟在研究史学者所自理会而明晰之者也。

就以上西列氏言观之，是以历史为专属于过去之事实者，诚大谬矣。以宇宙间之现象，一在过去，一为现在，过去者为现在之母，现在者却又非过去之子。要而言之，过去与现在均非完全现象之事实，且现象之瞥眼者，无不属于过去，是过去事实，其不能属于历史范围者自多。若欲明此，非先明过去与现在二种之现象不可。

宇宙之间有二种现象，其现象何哉？即事物之变化是也。而其变化有为循环之状者，有为进化之状者。

变化之中，有一定时期存焉，至达其时期，周而复始，是之谓循环的现象，如四时变迁，地体运行〔是〕[②]已。

变化之中有一定顺序，从而生长之发达之，是之谓进化的现象，如生物界及人类社会之现象是已。

---

① 西列，即英国历史学家西莱。

② 据文意补。

凡往而复返之现象，属于天然。至往而不返，又从而生长之发达之，此种现象属于历史。

天然者有一定之法则统辖之，从其法则，自得循环的现象。至历史则支配于进化之法则者也，其性质为往而不返，循其所向之目的，自进步而不止焉。

万事万物可以二语赅之，一曰横观世界，一曰纵观世界。原书为一曰在空间，一曰在时间。空间、时间之字，恐尚未熟于我国人之眼线，爰易之。凡自此至彼，自远至迩，世界上无不相同者，谓之横观世界。自过去至现在，自现在至未来，凡事以时而异者，谓之纵观世界。但天然者专属横观世界，历史者专属纵观世界。

以天然观宇宙，则宇宙一定不变，万古不易者也。故甚完全，可以一圆圈形譬之。以历史观宇宙，则宇宙有生长有发达，日日进步而不断者也，故不完全。且其进步又非一直线，有前进亦有退却，有升进亦有坠落，故可以螺线状譬之。

以天然观宇宙，既完全矣。以历史观宇宙，则今尚在生长发达之中，犹未完全，至其终局，宇宙无完结之历史。盖观于天然者，虽往而复返，其粗表似一圆圈形，究其衰微，则仍不出为一直线。如今日之日轮之对于地平线上者，犹复昨日之日轮似矣。然问其今日轮对之次，即昨日之次乎，抑为今日又一次乎？同此日轮，其行次又进一次。以此究之，不谓之天然，不谓之历史，而同谓之进化，是较切当。然是理也，杪且精，确且博，非今可以一语破吾人数千年之妄信。权以属天然者，为完全之科学置辩之，而以关于历史者，为不完全之科学先明之。

历史的事实为进化的现象，非循环的现象。何以谓之为进化的现象？有生长有发达是也。此种现象斯为历史的事实，反之而不生长不发达，是非进化的现象，乃为科学之材料，不可以之为历史上之事实。

设问于一定时期中，亦有生长有发达，至达其时期，则复其始，斯亦谓之为循环的现象，抑否乎？答曰：是盖如动植物，有一定顺序，而生长发达，及达一定时期，又复其始。兹当宇宙间仅为直线之理未全明，则此种动植物之一生一死者，固不免谓之为循环之现象也。

如是以客观的观历史，则不可以人间之事尽限之于历史，必为进化之事物，始可以为历史之主题。然通常历史之主题，复不以概记人间所行及其经验为目的，何耶？无他，万物虽同为进化，而其中之大者，莫及于人。故历史之意义虽不尽限以人间之事实，而于人间有意味者，即可以为历史之意义也。

欧洲学者尝欲扩张历史范围，举凡生起于地球上之事物，若一个人，若一国民，凡为人类之生活，以及无机世界之作用，罔不属之历史。夫万有之物而带进化现象者，以历史包含之固可，若反此即为人类之事，而无进化现象者，亦不得概包含于历史。盖人类虽为一个动物，而其一生一死，究不免为循环之现象，即人之肉体，其生长亦有止期，犹不得谓之为进化。惟其心灵中之所谓"巴剌克尔"[①]者，斯可谓之为进化，证之以古来人类天性之能力进步而可见。以文明之进步，随脑髓而发达，学者未见其确证，遂又以为心意有自然的发达。考自古代野蛮之域，以至现今文明之世，其进化有非常进步者。其"巴剌克尔"无非由于社会的境遇之进步而发达焉。至人类之自然的能力，若以其数与其质言之，则古今同一，谓之为文野平等，自无不可。如四肢五官之数与质，古人与今人，野蛮人与文明人，其优劣正未有等差也。至其智、情、意三者之天性，则有现今文明人与古代野蛮人之别。若古人之有能力者，其逊于现今文明人远甚。其能力之有大小强弱，于人之天性即有不平等，若欲平均其大小强弱，则益见古今进化优劣之级。何则？古人谓人类之自然的能力为一成不变者，今人则不谓然。今人所有之能力，为古人所不能及，而古人之所谓能力，今且糟粕弃之。如今人之智识，较古人之智力为进步，今人之道德，较古人之德性为进步，是可证也。至今人之智识与道德之进步，无不属于社会的境遇为进步。难者曰：如此言，毋乃薄古人为已甚。如昔时希腊人，已能知今日吾人所知之理，

---

① 巴剌克尔，即英国历史学家巴克尔。此处译文有误。

为今日吾人所为之事，则其天性之能力，又何见薄于今人乎？曰：此益可证进化之理焉。希腊人之天性能力，无一非得时势之侥幸，与社会之恩泽而发达之。初何见自然的能力，为一定不可变化也。是以文明之进步，随人类天性之能力而渐次增长，而人类天性之能力，又必由社会的境遇而启其文明。试以文明国之小儿譬之。文明国之小儿，幼受教育，得社会之感化，蒙文明之恩惠，于此而以野蛮国之小儿与之较其程度，其间不有大相径庭者乎？同此一小儿，初无野蛮、文明之别也，迨以社会的境遇各异，其现象乃异。故人不可不脱野蛮之境遇，而入于文明之境遇。又人无不出于野蛮境遇之中，而后入于文明者。又人亦为一个动物，不过较诸他动物之进化为最早耳。是以人类较诸他动物，其进化已可为达其极点。即以社会的动物观之，万物之中生长发达，亦以人类为最大。其心意之自然的能力，发达于社会，现分业之结果，暨协同之成绩，其知识其道德大相组织，有永久生长发达进化不已之状势。故言今日之历史，必玩索人类之历史而后可，言人类之历史者，必玩索社会之历史而后可。要之，历史之特质在其事实之变迁进化而已。其事实又非孤立，乃前后相连络。前所生长之事实，其发达即在于后，前之事实为原因，后之事实为结果，前后生长之间，有发达而无断绝。其现象自单迁复，自简入繁，自同入异。而历史之范围，究不外乎此进化的现象之范围。故其范围又不可仅限以人类，如他之事物而有进化者，亦不可漫焉置之，惟视其进化于人类社会有兴味否。以是所谓历史者，特求有意味于人类社会之进化可知矣。

第二章　历史之定义

大凡学问之特质及其范围，为学问定义之根据。从来史学无一定之定义者，以其学问之特质及其范围无一定，故古来学者之说历史定义者甚为繁多。

卒于纪元前七年顷，希腊最名高之学者丹阿利沙[①]曰："历史者，以例教哲学也。"又近时英国之文豪马克[②]曰："历史者，诗与哲学相混合之谓也。"是等言历史之定义，暨形容其特质，均谓为适当。何则？历史与以例教哲学者大相违，凡以例教哲学者，可为断言之非历史。又历史者非诗与哲学之混合，是诗与哲学之混合者，亦不得谓之为历史。

哈米尔顿[③]曰："历史者，述叙'纵观世界'次第连续的之现象也。"第历史上之事实，虽属于"纵观世界"之现象，至"横观世界"之现象，亦有足为历史上之事实，是又不可不明辨之。且"纵观世界"之现象，亦有不足为历史者，如四时之变迁，天体之运行是也。

格尔维拉[④]曰："历史者，解释政治也。"夫利曼[⑤]曰："历史者，过去之政治也。"西列之言与夫氏同。此谓历史与政治有亲密之关系，似为切适。然谓此即为历史之定义，犹为狭隘，未足以尽之。何则？历史之范围非孤立者，是不可仅限以政治上之事实。

加兰尔[⑥]曰："世界之历史者，大人之传记也。"此说乃为悖甚。夫

---

① 丹阿利沙，即古希腊历史学家狄奥尼修斯·哈利卡纳苏。
② 马克，即英国历史学家马考莱。
③ 哈米尔顿，即英国历史学家汉密尔顿。
④ 格尔维拉，即德国历史学家格维努斯。
⑤ 夫利曼，即英国历史学家弗里曼。
⑥ 加兰尔，即英国历史学家卡莱尔。

世界之历史，谓之为大国民之传记亦为失当，矧私之于一二人乎？惟英雄有关系于历史之事实，斯为历史所记载耳。

亚尔诺尔德^①曰："历史者，社会之传记也。"以此为定义，较诸加兰尔之言为近理。亚氏又曰："传记者，记个人之生活；历史者，记社会之生活。"传记与历史之所异存乎此。一为关于个人之利益、志望为目的，一为关于公共之生活、利益为目的。凡社会虽因个人组织而成，至已为社会，则有各个人共同普通之生活存，即于个人的志望、个人的利益之外，更有公共之志望、公共之利益之谓也。考究历史者，即视乎此。故言历史者，不可不玩索社会之历史，如文学社会之历史、商业社会之历史、宗教社会之历史等。是皆非观于一个人之生活，其组织此种社会，要皆意味于众人之间，而有共同普通之要素存。若为历史之主题者，单就个人之事迹而发见之，初与社会公共不相关，是谓之为传记也可，谓之为历史也不可。晰言之，则传记者，个人之历史也；历史者，社会之传记也。举凡社会之生活，无不属之于历史。是国家之生活，固不可不为历史之主题。何则？国家者，社会中之最高尚者也，为凡百社会所依赖之社会。故言历史，又不可不玩索国家之历史。所以于历史之广义，须意味凡百社会之传记，于历史之狭义，须意味政治社会，即国家之历史。而代表国家公共的生活者，乃政府也。政府之大权又往往存于君主一人之手，于是传记与历史产生混淆，历史所记，动为君主之传记而止，历史之本色，至此乃尽失矣。虽然，历史与传记之间，判然有经界存，其间有决不可混乱者。

谓历史为社会之传记，此语究为喻言，未可谓之为真正之定义也。是将谓历史无真正之定义乎？而亚尔诺尔德乃为传记与历史而确定其区别曰："在公共普通之目的。若有公共普通之意义者，虽属一人之事件，亦可属之于历史，而不限以传记。"盖历史者，不出于个人的利益，个人的目的，个人的行为，而以公共普通之生活为要，即公共普通之行

---

① 亚尔诺尔德，即英国教育家和历史学家阿诺尔德。

为、目的、利益是也。然此仅说明社会传记之意义，犹未足发挥历史之真义也。

斯宾塞尔[①]曰："有实际的价值之惟一历史，可称之为记述的社会学。而可为史家最高之职务者，在述叙国民之生活，为比较社会学供给其材料，以总辖社会的现象，确定其究竟之法则与便益。"又曰："吾人所宜真知者，为社会之自然的历史。吾人欲明社会之如何生长，非理会其如何组织、如何便宜之事实不可。"又曰："从来普通之历史，仅为帝王之传记而已。非必于实际上绝无益处，惟求其于社会学上有何等光彩，则无有也。"由是观之，斯宾塞尔之历史的定义，乃为社会之自然历史，即所谓记述的社会学者可知矣。

德意志之哲学者黑智儿[②]，以"道理统辖世界"之真理为史学之基础，又以开发于横观世界之道理，谓之为天然开发；于纵观世界之道理，谓之为历史。黑智儿之史论，虽知哲学者亦难骤解。何则？是时学术界之进化说未明，其以"开发"为历史之特质，谓之为卓见也亦可。

惟历史之定义，以定历史的事实之特质为要。历史的事实，凡生长与发达，举所谓为进化的现象，故历史的事实，必以带进化的性质为要。以是进化的现象之所存，即历史之所存。若天体之进化，地球之进化，动物之进化，植物之进化，群谓之为天然之历史，似无不可。第万物中进化之最著明者为人类，而人类中进化之最著明者为社会。故如亚尔诺尔德言，欲言历史，不可不玩索社会之历史，似为至当之事也。

以广义言历史，斯有二种，一为天然之历史，一为人类之历史。以狭义言历史，则历史者仅为人类之历史，故史学必考究人类进化之顺序及法则，始可下以定义。第以关于人类者而言，其肉体及心意之自然的能力进化最早，无迹可证，今日人类之所以进化者，要皆为社会之能力。故史学者，必须又于社会以考究人类进化之顺序及法则，始可谓之

---

① 斯宾塞尔，即斯宾塞。

② 黑智儿，即黑格尔。

为史学。以简单言之，则谓能考究社会进化之顺序及法则即为史学，亦无不可。何则？下等动物能成为社会者虽多，至其所谓社会的本能，殆无进化之征候，似为一定而不变，则不谓之为社会，亦无不可也。

历史得谓之为科学否乎？就此问题，异论者甚多。异论之根据有三。

第一，人类有自由意志。欲研究人类之学者，不可不成立此意志，然甚困难。良以人类意志之自由，非无限之自由，又非无法则之自由，其自由之权限，统计学曾证明之。夫意志之发作，必有理由存乎其中，而其理由乃基于人类之天性及社会天然之境遇。故意志之有自由，势非人所能强制者。设其意志之动机出于有限，且有法则统辖之，是即使历史为科学，亦无或碍。虽然，人类意志之关于作用者，其知识每多不完全，故欲使历史达科学之地位为甚困难。何则？历史者乃关于社会之事，非仅关个人之意志，且个人意志之作用，常与众人意志之作用相反。故欲使历史为完全之科学，非仅视个人的心理学之成立，必俟社会的心理学之成立而后可。

第二，以人类过去现在之事实证明之，其间有不完全者甚巨。譬之罕利巴尔[①]所叙敌人传，究为何等史传乎？是又研究历史所甚困难者。人类之事，大概如斯。且欲以人力证明之，则不能仅证明个人之心术，势非以各个单独之事实，与历史上社会上之事件概明之而后可，似此则未免烦难。虽然，史学之目的乃在社会进化之大现象，若以科学的方法证明之，则有非难者。

第三，历史上之事实者，非循环的现象，乃为无限之进步也，故欲发见其法则，要在无限之纵观世界。是今日之史学，较诸他学为不完全之一理由。而欲发见社会进化之顺序及法则，非至世界终极之日不可。然俟河之清，人寿几何也？如从来历史，不过为一种美术而已，其内容单写过去之人物及社会之光景，且其范围单记录时代，匿置历史上之法则而不顾，且不知社会进化之顺序。若以社会学之一科研究历史，则记

---

① 罕利巴尔，即汉尼拔。

录不能仅及时代，必就时代中人类社会进化之痕迹，以观察古今文野之别，然必将来史学之定义成立，始可言此。若现今历史所述之理由，较他科学为不完全者远甚，是今之历史，较他之科学为卑贱者不为无故。且其现象复杂，不可以单一之法则支配之，故前章所述，欲下史学之定义者，非以史学之目的及理想而下之不可。

学宾哈维尔①曰："历史者，为有合理的知识之科学也。"科学之意义，有一定之法则，以数理可以证明之，故历史未达科学之地位，不可谓之历史。

于今日而欲预计历史之成否，则必视史学与生物学、心理学、人类学、社会学等共有进步，始可断其成立。昔时梭格拉底②考究天文、物理，人谓之为无用之事，是其神明所统辖支配，非人智所能及。人不知以本务为义务，故不能以一学而思惟之。第十七世纪英国之陆克③，知物质分子之微细，以其非苦思力索不能达，乃殚精竭虑，以求物理学之成立。今物理学不已完全成立乎？第十八世纪之康德，不以心理学之困难，而必欲成立之。今心理学不亦已成立乎？人类社会学虽极复杂，其成立亦极困难，然以近来关于社会之诸学益益进步，则能使历史为永远科学之理可知矣。

---

① 学宾哈维尔，即德国哲学家叔本华。
② 梭格拉底，即苏格拉底。
③ 陆克，即英国哲学家洛克。

第三章　历史上之价值

斯宾塞尔曰："或告人曰，汝邻家之猫，昨日生子。此种语谓之无知识不可，然为无价值之知识也。又谓之非事实亦不可，然为无用之事实也。此种无价值之知识、无用之事实，于生活上之行为，毫无影响于裨益，即谓之非知识非事实亦无不可。今试验历史上之事实，多为邻猫生子之事实，是又有何影响与裨益及于社会乎？"

又曰："欲组织历史之真事实，非历史家具有真知识不可。旧之历史，其所叙过去时代中几人为帝，几人为王，惟以一帝一王之事实填充于史面全部，其于国民之生活，仅朦胧存之于里面而已。今世人为观念势力所动，渐重国民之福祉，历史家亦渐知以社会进步之现象为事实，而后人始知人生如何生长于社会中，而理会其组织之理由与便益于吾人之事实。"

据斯宾塞尔氏所评，其指摘从来历史家妄信之缺点，可谓无余蕴矣。历史之定义，于斯乃为判然。盖从来之历史，屡与传记混其经界。且以历史的事实以定历史的人物之价值为标准，或省有用之事实，而揭无用之事实，或称扬历史上无价值之人物，而贬斥有价值之人物，如此例者为甚多。

于历史上之事实及人物之价值，一不可不以历史之特质与定义为标准而定之。苟符合此标准之事实，乃反对吾人之信仰，逆行吾人之希望，吾人亦不可不承认为历史上有价值之事实。又照此标准而为历史上成功之人物，乃为吾人之宗敌或政敌，吾人亦不得不承认之为历史上伟大之人物。夫历史的事实者，进化的事实也，即有生长有发达之事实也。以狭义言之，关乎人类社会者为进化的事实。进化的事实即连续的事实，前之事实为生长，后之事实为发达，前之事实为原因，后之事实为结果。而所谓前因后果之间，有生长有发达，其现象自同入异，自简进繁，故谓之为进化的事实。

凡宇宙之现象，已说明于上。其他无关系之事实，均为无用之事实，无价值之事实，举不可编入全体之组织中，以其无益于学问上也。以是凡单独孤立之事实，属之科学者无用者，于历史上亦然。

历史的事实之特色，在有生长有发达之事实，在连结过去、现在、将来之事实。为转言曰，历史的事实非孤立之事实，乃于他事实有关系之事实；非单独之事实，乃能产出他事实之事实。如历史上之大事实，多于他事实有关系，多能产出他事实。西列氏谓之为"孕妊力Preguancy"，此可以定历史的事实之价值，为惟一之标准。要而言之，历史之范围者，存乎社会进化之范围，属此范围之事实者，即可为历史的事实也。在此范围内，且与前述之标准符合之事实者，斯可为历史上有价值之大事实。反此之事实，即为如何愉快，如何有兴味，举不得属为历史之事实，以其对于历史，为无价值之事实也。然于帝王之史传，非必全无价值，战争之记事，非必全为无用，要惟视其社会进化上有如何关系，以定其取舍乃可也。

欲判断历史的人物之价值，其标准亦与前言同。古来之英雄豪杰之定义不一。"胜千人者谓之英，胜万人者谓之杰。"此《史记》注释者之定义也。"男子不能留芳百世，亦当遗臭万年。"此晋桓温之定义也。孟子曰："大人者，不失其赤子之心者也。"文仲子[1]曰："自知者英，自胜者雄。"此自伦理上而下以定义者也。虽然，欲以此而为历史的人物之标准，尚戛戛其难也。何则？历史上有价值之人物〔不〕[2]必非圣人非贤人。使私德不修，即西查尔[3]亦不得为历史上伟大之人物。基督曰："尔等欲成为众中之大人，不可不为众人仆。"据此定义以判断人物之价值，

---

[1] 文仲子，日文原文如此。

[2] 据文意补。

[3] 西查尔，即恺撒。

似较胜于前数者。何谓？以此定义含蓄有社会的要素故也。又私德虽如何高尚，而公德不足以感化于社会，仍无价值于历史上也。其私德虽有所欠，而公德有影响于社会之进化，谓之于历史上有价值之人物亦无不可也。如亚克母比 ①、陶渊明等，虽离人遁世，而以其著作显，至风靡天下，是有势力于社会，不可于历史上轻置之。反之者，如小亚细亚之希腊人黑伦斯列他 ②，欲传名于后世，于亚力山大大王 ③ 诞生之夜，烧女神达伊亚拉之圣殿 ④，致身被刑戮而不悔。其名至今虽存，其事实之影响究无及于社会进化上，此所谓历史单独孤立之事实不足存也。故于历史上有价值之人物，非惟胜千万人之谓也，亦非惟名存后世之谓也。大英雄、大学者、大美术家，其能以一个人而为历史的人物者，以其影响所及，原不仅为一个人。博言学者布德乌 ⑤，忘自己结婚之时刻。数学者加乌斯 ⑥，得妻女病笃报，答曰："且待余来。"二人皆为伟大之学者，而为是奇谈。非奇谈也，是殆注热凝意于学问，万事胥忘，惟尽瘁以研究学理已耳。故所谓历史的人物，为伟大之人物。其所以为伟大者，非惟卓越于千万人，必以其个人的势力，产出多数之事变，而为社会进化之原动力。欲制定历史的人物之价值，而出此标准外不能也。

英雄者，固有大关系于历史之事实。第就此事实，有二种见解。一为加兰儿之《英雄崇拜论》⑦，谓"大人者，为人类界之造物者也。世界之大事业，本存于大人之心中，而不外其思想之实现。即世界之历史，单谓之在大人之传记中而已"。一为马歌列之《德兰鼎论》⑧，马歌列以崇拜英雄，较之于崇拜偶像，谓偶像本为人所造者也，而人乃跪拜之，是人自崇拜所自造之物也。国民之对英雄亦然。英雄本为时代所造者

---

① 亚克母比，即文艺复兴时期欧洲宗教作家托马斯·肯皮斯。
② 黑伦斯列他，即希罗斯特图斯。
③ 亚力山大大王，即亚历山大大帝。
④ 女神达伊亚拉之圣殿，即狄安娜神庙。
⑤ 布德乌，未详。
⑥ 加乌斯，即德国数学家高斯。
⑦ 加兰儿之《英雄崇拜论》，即卡莱尔的《论英雄与英雄崇拜》。
⑧ 马歌列之《德兰鼎论》，即马考莱的《论德莱顿》。

也，而国民为造英雄、时代之人，乃崇拜英雄与崇拜偶像者何以异是？英雄之影响有及于社会上，谓之为得之于社会者，倍其利息而返之于社会，未为不可。而又有论"英雄造时势，时势造英雄"二语，若相毗连，循而索之，难得其端。以英雄造时势言之，使路德不出于纪元后第十六世纪，而生于第十世纪以前，问路德能成改革宗教之功否乎？则英雄似有为时势所造者。以时势造英雄言之，使第十八世纪而无路德之人出，能定其宗教之必改革乎？则时势似又为英雄所造者。于他实例，莫不为然。使歌白尼之时，而无歌白尼之人出，地动之说未必行于世。使哥伦布、达尔文之时，而无哥伦布、达尔文之人出，新世界当亦难必其发见，进化说当亦难必其唱行。大人者，诚有关于知识之进步者也。其位置于社会，如大地之有山焉。马哥列有曰："太阳犹在地平线下，其光已照于山上。真理未显现于众人之前，已早发见于大智者。山下与众人，非终不能接光而知真理也，不过为迟为后，而山上与大人为最先最早已耳。"此马哥列之比喻果真，则大人之发见真理，不过早于众人而已，不能为多也。而众人得接光之时期，谓之无关于大人也可。顾马哥列之说，究有误谬混淆于真理也。人能造时势，时势尤能造人。盖人之初生，非即具有知识备有道德也，其具有知识备有道德，非生后而沾濡社会之恩惠不能得。故大人者必生于大国民之中。有希腊人民，而后有梭格拉底、柏拉图、亚理士多得。有罗马国民，而后有西塞仑[1]、西查尔。孔子出于支那，而不出于亚美利加之土人中。基督生于罗马帝国，而不生于亚非利加之野蛮中。英雄虽能动时势，能改造社会，而能造英雄者，乃在国民。故斯宾塞尔曰："大人虽能造社会，而社会犹不可不造大人。"是无可疑之真理也。若马歌列之说，则仅取真理之一端，其余真理胥度外视之，谓之为不完全之论也可。

米尔《论理学》[2]之末篇，以公平论说英雄、大学者之效力，以社

---

① 西塞仑，即西塞罗。

② 米尔《论理学》，即穆勒《名学》。

会之进化为彼等之势力。巴克尔之《文明史》论之尤详，而以社会之进步，必为伟人之功绩，尤为不可颠扑。美国学者格底格[①]氏最近著述《社会学》之结论曰："社会的实在者，即人类以社会所赋与之恩惠，添以利息而返报之社会者也。将来伦理教育之起点，不可无此真理。夫人格者，生存于自己，与个人的生活均不可死灭，且须进入人类不朽之生活。此种事业，有至高至重之价值，有超群卓绝之天才，以人未之知，故勇敢人亦不能蹈其地而独立，由于未能及思想上、实行上而新开一功能也。伟人则不然，热心爱人类，往往于污辱痛苦中，开精神的生命之活路，即少数者之势力是也。多数人类，因得以生息于自由光明之空气中。"由此观之，伟人之价值亦可谓大矣。而其真理，征之于历史上之事实，已了如指掌。更就其个人与社会之关系，详论之于次章。

---

① 格底格，即美国社会学家吉丁斯。

第四章　历史与国家

历史之定义，在于社会考究人类进化之顺序及其法则。何则？今日所进化之社会，不外于人类之社会故也。

历史者，进化之谓也。人类于社会之外无进化，故谓人类之历史，必须意味社会之历史。而人类与社会之关系更有深远者，不明乎此，不能判然于历史之价值。

第十七世纪及第十八世纪之学者，分社会为天然、为国家、为人类。当时之社会，贵族及僧侣跋扈甚，国家即在政府，政府以外无国家。一时欲匡正其弊害者，不能不破坏此社会，而归之于天然，再造国家，使人类达生活之目的，建设适应之必要。此美国之独立及法国之革命所由起也。泊第十八世纪之思想，人于社会咸享天然之状态，自然具备完全之人格，初生即有自由，即有权利，无治者、被治者之区别，各个人皆能为独立能为平等焉。

一千七百七十六年六月十二日，北亚美利加哇尔基尼亚州①议会宣言权利曰："凡人天然为自由、独立、平等，而有一定固有之权利。人有此权利于社会，如据有契约，不得及其子孙而剥夺之。即各个人于社会，能享有生命、自由，能得持所有之财产，能享有幸福安全之方便之权利是也。"

一千七百七十六年七月七日，美国独立宣告文②曰："吾文能明真理，即各个人能造平等，各个人不可夺个人造物赋与之权利，即个人应

---

① 哇尔基尼亚州，即弗吉尼亚州。
② 美国独立宣告文，即美国《独立宣言》。

追求生命、自由、幸福之权利是也。"

一千七百九十三年，法国革命之《人权宣言书》曰："社会之目的，在各个人咸有之福祉，社会中之设立政府者，为使人全其自然的固有之权利，得使用自由。是等之权利，平等、自由、保安财产是也。自由者又不可侵犯他人之权利，乃为能为其己所欲为之能力。其基本为天然，其标准为正义，其保障为法律，其道德界限，为'己所不欲，勿施于人'之格言。"

是第十八世纪之思想，就人类及人类之天性，有高尚之观念者可知。虽然，人类于社会前即在天然之状态，享有一定之固有权利，其于哲学上及历史上，不免有或误谬。以其所谓天然之状态者，非过去实在的状态，乃将来社会之理想的状态，是又不可不知。而其理想与效力，自前世纪以来以至今日，欧美诸国之改良日有进步，征诸事实，可以明矣。然使人类离于社会，则其性格为不完备，于学理上必多误谬，于历史上之事实必或相反。第人类若非天然之自由、平等，社会将灭杀此自由，消灭此平等乎？若此，是社会之状态较之天然之状态，谓之为堕落之状态也可。则历史之价值，止叙人世之悲剧，而不足为希望之学矣。又野蛮人具天然之状态，似亦有享有自由之观念。于现世纪能从哲学上证明此思想之谬误者，为德意志之大哲学家黑智儿（千八百二十一年）。又从法理上考究权利、论定法律之成果者，为英国之大法学者亚威谦①（千八百二十八年）。而希腊之硕学亚理士多得于纪元前第四世纪，即刊破此真理。曰："人者，天性政治的动物也。"其意盖以人生存于社会中，不能不为国家的生活，又不能不全其天性。若个人离于社会，殆如手足之离其躯体。斯宾塞说明社会为有机体之真理，千八百六十年事也。虽黑智儿于千八百二十一年著《法理哲学》，谓国家为有机体，人类之道义性，因国家而始实现，又因之而始成就。故人始有为国家一员之人格，辨明所以生活于社会之目的。寻有《历史哲学》，更于历史上

---

① 亚威谦，即英国法学家约翰·奥斯丁。

敷演此理，明天然之状态，为不正之暴力状态，论证人类之在国家，始实成自由。其言曰："有人民而形成国家，世界始因之而有历史。人民有组织国家之心意，历史始因之而有目的。人民有组织国家之现象，历史始因之而有事实。"美国政治学者巴尔嗟^①氏说明此意曰："人类在地球上，除组织国家外，无或事实。野蛮者生专制与奴隶而创设国家，更为野蛮法律，以保守其专制奴隶之事，以助其野蛮之自由，以禁文明之自由。而能创设文明之国家者，自为此反对也。"英国哲学者格林^②曰："国民者，为各个人聚合体而已。其语非有大谬误也。其有大谬误者，为'而已'二字。以其语意似为已尽，不知国民之不仅于聚合，犹有生存、独立、聚合后，犹须备道德上及精神上之资格在。盖个人欲入于国民的生存，则必备是等之资格以来，以结存国民的生存与观念。国民虽非以个人而成，究必以个人而积成。苟个人仅与各个人相聚合，而不胎成制度、法律之能力，以至延于各个人，则又焉能形成此国民乎？"格林氏又曰："社会者，有人格者也。无是人格，即无存于社会之能力。吾人之不能存于社会者，殆由于不知存于社会之真理也。有是人格，则能入于社会而存于社会，而为社会所承认，而能为社会承认公享社会之利益。"又曰："人格者，为社会的生活之要件。欲生活于社会，而必需人格，犹言语之必有思想。思想为言语之能力，言语而苟无思想，则其言语也必无足意味，言语之有能力，惟思想实成之也。人类于社会亦然。人类于社会而无人格之能力，则其于社会也必无足意味。故必各个人改良自己之生活，理会自己目的之能力，而后其所形成之社会始足意味。"格林氏又断言之曰："个人不可不造自己之良心，苟不造自己之良心，必不能生存于社会。"盖良心者为各自相互共通承认之利益，此共通之利益，即为共同之福祉。若自己于他人有一个之利益，势不可不牺牲自己以供其利益。如是则为善意识，否则为恶意识。故良心在社会之中，不可不有生长有发达。

---

① 巴尔嗟，即美国政治学者伯吉斯。
② 格林，即英国哲学家托马斯·希尔·格林。

夫禽兽初生，虽为禽兽，而人之初生，非即有人之资格也。禽兽与同类不相离，固不失为一禽兽，即孤栖而不群居，当仍不失其动物之资格，以禽兽之于其社会，不过为众禽兽之聚合而已。若人类则不然，能为社会者为人类，不能为社会者则无为人类之资格。故英国政治学者利气哈[①]曰："人非自然之单生产物也，半为法律及宗教有意识之作用所造成者。"毕竟人类之资格有二种，一为单动物之资格，一为真人类之资格。单动物之资格者，于人之初生时即有之，迨有真人类之资格，则其直接间接无非为社会之所赐。前者为自然之生产物，后者为社会之生产物。盖因家庭之感化，学校之教育，国家之历史、制度、文学、美术，社会之风俗、习惯，宗教、道德等，始得有人类之资格者。人类之得为社会者，以其有人类之资格也，若离社会，则必渐次失其人类之资格。试以一人之性格，于其所负于社会之要素，而悉除去之，其所遗果有几何乎？则其所存，仅有心身之自然的能力而已。又使一个人悉断绝其社会的关系，则其一人所存，必皆无所属矣。如父母、夫妇、兄弟、姊妹、朋友、子弟等，无不有治者与被治者之关系，亦无往而非人格。有是等关系之人，始可谓之为有人格之人。故生人者父母，而造人者不可不谓之为社会。

人类于为社会之前，在天然状态中享自然权利，有自由思想，此已为第十九世纪之科学及哲学者所不承认。前世纪孟德斯鸠有言曰："阅他西他[②]之《日耳曼风俗志》，有使人可惊叹者。吾人不知英国政治上之观念，自日耳曼人传受而始发见。"古代之日耳曼人，在日耳曼之森林中为野蛮的自由，自第一世纪他西他之时，至第九世纪加尔大帝之世，凡八百年间，其进步之速有甚可骇者。以日耳曼人知所谓森林中之自由，为无道德的价值，乃受罗马文明之感化，以唤发欧洲近世之文明。英国人得为宪法上之自由，使成英国历史上之果者，无非传自日耳曼森林中。抑野蛮人自由之状态，于前世纪虽为思想之倾向，今日社会学发

---

① 利气哈，未详。
② 他西他，即塔西陀。

达，已决明野蛮人之状态之非自由。英国人类学者兰博克①氏之《文明起原论》曰："野蛮人无往而能自由，其于世界中到处，日日复杂之生活，为最不便，何也？以其习惯往往不能为法律所特许。"自由者非来自天然，然则何自而来乎？无他，自由者生于国家之法律者也。何则？无法律斯为野蛮之境遇，斯为优胜劣败之世界。巴尔嗟有言曰："无法律则强者乃为专制，弱者斯为奴隶。是人无法律，载胥溺于不自由中。"第十七世纪之哲学者陆克曰："无法律，无所谓自由。"陆氏又常争天然之状态为战争之状态之真理。

非独自由为然，即权利亦非存于自然。前世纪之法学者富兰克令②分权利为二种，一为绝对的权利，一为相对的权利。绝对的权利者，无关系于社会与国家，各人单有各人之资格，单有各人之权利而已。相对的权利者，从社会上种种关系所生之权利是也。今代法学者，不以此区别为是。亚乌斯谦③曰："以严密言之，则权利非法律所创成。"贺尔兰德④谓权利有生于道德上者及法律上者之二种，其所下道德上权利之定义曰："一人不以自己之势力为权利，而以社会之舆论与势力为权利，是为他人行为影响所及之能力也。"其下法律上权利之定义曰："一人以国家之同意及助力为权利，是得统辖他人之行为之能力也。"二者均非存于绝对的，亦非为单独的个人的，乃生起于社会，因国家而始成立完全。耶林格⑤单解法律之权利，谓："法律者，为保护利益者也。"

毕竟道德上之权利，不以自己之势力保护自己之利益（生命、财产、自由等），乃以社会之舆论与势力，其权利始能成立。若不以自己之势力保护自己之利益（生命、财产、自由等），则即使自己之势力处于优劣，亦将失其权利。而以社会舆论所基之势力保护自己之利益，其权利恐亦未能巩固。何则？以社会之舆论漠然且易变化也。故法律上之

① 兰博克，即约翰·卢伯克。
② 富兰克令，即英国法学家布莱克斯通。
③ 亚乌斯谦，即约翰·奥斯丁。
④ 贺尔兰德，即英国法学家霍兰德。
⑤ 耶林格，即德国法学家鲁道夫·冯·耶林。

权利，社会必设政府以成为国家，政府乃以法律确定各自有正当利益之种类及分限，而政府保护公共之势力于以成立。故以严密言之，道德上之权利，未足为正确之权利也。

"势力者，权利也。"此格言之理，前已解明之矣。盖权利者不外乎基于道理与正义，而又非单存于道理与正义也。人离势力，固不得一日成立。然其势力又非私人之势力，乃为社会国家之势力，是强者之势力，谓之为因最强者之势力而成立也可。惟强者与最强者之势力，均非外于国家之势力，然则服从他人之权利，即服从国家之势力也。然则其服从势力，不将生恐怖服从之疑问乎？英人德梭尔勃①曰："权利者为势力之变形。"顾势力也，何以为权利之变形乎？屈于势力而服从之，不又将生不脱奴隶的服从性质之疑问乎？无他，人为社会之一员，人之服从于社会之势力者，即为社会公共之福祉也。各自觉为真正之福祉，服从此势力，为道理上至当之事。有道理可服从之义务，知势力即为变形之权利，服从此势力，服从此权利，均为服从利己之福祉。是始为胁迫的服从，终且为道德的服从也。

盖国家者，非一朝俄然而生者也。今之不为国家者，有野蛮社会，或未有酋长之类，或惟于战争时推选酋长，或常有之，而绝无实权。拍勃亚岛②之亚拉夫土人③，所谓为平和野蛮人，不知战争为何物，其社会有纷议，长老等因祖先之习惯以裁决之，别无所谓酋长。此社会也，未有政府，未足冠以国家之名称。然则国家未成立以前，自然成为社会，自然发生社会之权利也明矣。但此种社会，不能成十分之权利，以其仅有家族、种族之事实，而无道德、法律之组织，故不能具有十分权利也。是等社会虽不足称以国家，其中亦自有舆论、习惯、制度等，以规定各人之义务与权利。而社会既为国家，则社会与国家无区别。譬之家族之制，自无国家以前，已自成为一社会，父之权利、夫之权利，此种

---

① 德梭尔勃，未详。

② 拍勃亚岛，即巴布亚岛（Papua），又称新几内亚岛（New Guinea）。

③ 亚拉夫土人，即巴布亚土著（Papuan）。

家族之社会，于国家以前已自发生。至国家成立以后，家族乃为国家之一部分，非独立于国家之中，亦非存于国家之外。今父之权利与夫之权利，包含家族，为完全社会。即因国家而享有之权利，即为国民所应尽之义务，国家中之此等权利，使各个人咸得享有之，故今日吾人所谓从社会所赋与之权利，与所谓从国家所赋与之权利同。盖离国家者非社会，又非于国家之外而别有社会也。

毕竟人类者，有社会始得为人类，离于社会之人者，不得谓之为人类。组织社会而整顿之，斯为国家，为国家而不能发生主权，犹不得谓之为完全之社会。其不能发生主权者，以其不能十分保证权利，与不能巩固人民之权利也。故人有社会，始得为人，有国家始得为完全之人。人能达社会之目的，为国家的生活，始能成就为人之品格，达为人之目的。国家者，社会之社会也，社会也，而组织完全之，乃进化于国家，是国家为人类社会之最高等。今后社会，无论其为如何进化，犹不能脱国家之范围。自兹以往，于万斯年，世界或归于一，亦自成其为一世之国家而已，究不可失国家之特质也。

社会及国家对于人类所有之关系为如是，而考究社会及国家之进化，斯为史学之主题。若单探索过去之事实者，不能为史学之目的，是殆如骨董家，爱玩古物而珍重之，则仅发见过去之事，实非史学之本职也明矣。史学之要，在研究人类如何能养成人类之品格，得有人类之自由及权利，史学必在研究社会进化之顺序及法则，亦不离此目的。史学之价值者，非单为实利的价值，又非单为美术的价值，乃在真为有伦理的价值也。惟以（独）〔读〕[①]小说、军记、物语之心修史学，其不能知历史之价值，可为决言之。夫人类非自然之产物，实为历史之成果，社会与国家，乃为历史之结果。无历史，则人类仅有动物之资格而已。欲求其于历史上有大价值，则有未能也。

---

① 据日文原文校改。

第五章　历史与地理

历史与地理之关系，如精神与肉体之关系。"欲精神健全，必先求肉体之健全。"此陆克氏之格言也。真正之历史，亦与此同，有健全之地理，而后健全之历史始得发达。历史的人种，初不存于寒带与热带也，有关系于历史之国都地位，多在于中带。欧洲寒带所属之大都，仅俄京圣彼得罗堡①及瑞典之首府斯特克破尔②、那威之都肯斯卡拉③而已。在寒热极端之地，人类之精神为天然所窒息，不能发动，故历史之真正舞台，在北半球之中带。

北半球之面积上，有亚细亚、欧罗巴、北亚美利加三大陆。南半球之面积上，有奥大利亚、亚非利加、南亚美利加三大陆。北三大陆较为广大，合计有二千二百五十万余方里。南三大陆较北为小，合计有一千六百五十万余方里。北半球之形状复杂，有港湾，有内海，有半岛，并多附属之岛屿。其表面亦为复杂，有山脉，有高原，有平地，且三大陆互相位置，便于交通。南半球之形为单纯，虽亦有港湾、内海、半岛，而附属之岛屿为少，且三大陆之地位各自相隔，不便于交通。北半球之三大陆专属中带，南半球之三大陆专属于热带。人类若单为动物，则言南半球者，可不必进言夫北半球。何则？动植物者，自南北极进于中带，自中带进于热带，随进而随益进步。故动植物之世界，概旺盛于南半球，是即天然之法则也。惟人类则反此天则。盖人类进化之要素，非仅物质上之势力，并有精神上之势力之故也。动植物之完全，以

---

① 圣彼得罗堡，即俄国首都圣彼得堡。
② 斯特克破尔，即瑞典首都斯德哥尔摩。
③ 肯斯卡拉，即克里斯丁亚那（Christiania），为挪威首都奥斯陆的旧称。

热度之强盛及其他物质的生命刺激势力之强盛为比例。人类之完全，以多知识及道德之进步发达为程度。故自两极以向于赤道，为生物赴于完全之法则。人类则于此为不宜适。温热酷烈之地，使人之精神睡眠不能活动，是盖天然之势力，以温度压倒人之精神，人欲向天然竞争而不得。反此者为寒气酷烈之地，使人之精神萎缩，天然对人之竞争为尤急激，而人亦对之为死活之争而不止。热带之人过于天然之富度，而无进步；寒带之人似贫家子，求为发达而无余裕。中带则不然，有四时变迁，寒热代谢，常动不已之必要，得此常动之必要，而又无酬报之望。故历史之起于北半球，而不起于南半球者，职此故也。

且土地之高低，于历史之发达亦大有关系。而土地高低之区别亦有三种，即（一）高原，（二）平原，（三）海滨是也。

（一）高原　中部亚细亚，自里海以至黑海之间，及阿剌比亚①、亚非利加巴尔巴利之沙漠②，南亚美利加之拍拉格维③及威诺科④地方，均高原也。高原之特质宜于牧畜，牧民逐水草以移居，其财产为家畜，非土地，行族长政治，无国家之形体，所谓为族制政治者，于血族一致之外，无结合社会之要素。其间虽时生野蛮的英雄，究终不能成为巩固一定之国家。

（二）平原　此种土地夹有河流，地质为丰饶，在支那者有黄河有扬子江，在印度者有因达斯及康基斯河⑤，在巴比伦尼亚⑥者有攸夫列气斯⑦及丹格利斯河⑧，在埃及者有拉伊尔河⑨，其生计之最明者。为农业，

---

① 阿剌比亚，即阿拉伯。

② 巴尔巴利之沙漠，即非洲巴巴里沙漠。

③ 拍拉格维，即南美洲巴拉圭（Paraguay），南美洲中南部国家。此指巴拉圭荒原。

④ 威诺科，即奥里诺科河（Orinoco）。

⑤ 因达斯及康基斯河，即印度河（Indus）和印度的恒河（Ganges）。

⑥ 巴比伦尼亚（Babylonia），古代两河流域南部地区之称。又分为两部分，北为阿卡苏，南为苏美尔。相当于今伊拉克从巴格达到波斯湾一带。

⑦ 攸夫列气斯，即幼发拉底河。

⑧ 丹格利斯河，即底格里斯河。

⑨ 拉伊尔河，即尼罗河。

土地所有权起，族制制度一变而为封建制度，爰成立为巩固一定之国家。支那、印度、埃及等之组织大国家，其历史及文明日赴于隆盛者，即在此平地。

（三）海滨 以河海而自地理上观之，其土地分离，伊古因之，以立一国自然之境界。而自历史上言之，其交通往来之便，无过于河海。故黑智儿曰："水斯为一致，惟山为分离。"欧罗巴与亚美利加及印度，中隔于海，欧罗巴人乃即借海运通之力，与亚美利加及印度交通，日入于频繁。亚细亚与亚非利加、欧罗巴，虽似有地中海相隔，而亚细亚乃为西洋文明之起原地，此即被地中海之恩泽也。

海者能起人无限之感想，能使人发挥活泼进取之气象者也。土地者使人安于土著，而生种种系累。海则在是等系累之外，纵人之思想与行为，航海者之目的虽在利益，而有时放掷利益之念，冒危险以赌财产与生命，以航海者之精神为勇敢且高尚也。海上贸易之必要，于有利益之念外而加以勇气，于智虑之外而加以大胆。此古来海滨之人民，所以较之内地之人民富于活泼进取之气象者也。同一人种也，而海滨人民所以得先为独立之国民，如非尼西亚①之于犹太，葡萄牙之于西班牙，荷兰之于德意志是也。同一希腊人种也，而有安约尼亚人②及德利安人之别，同一东洋之国民也，而有日本与支那之反对，亦莫非此故。纪元以前，埃及起于西亚细亚之平原，其发达也，乃为海滨人民非尼西亚及希腊两人种之力。又近世罗马帝国瓦解后，最速进于文明者为意大利人。而第十五世纪新世界发见以来，接于海面之西欧罗巴诸国骎骎日进于文明之域，独俄罗斯见后于列国，是皆因海上交通之便与不便所生之结果也。又以大陆上比较之，亚非利加之特色专在高原，亚细亚有高原、平原之反对，欧罗巴之高原、平原均与海滨之土地相交，乃兼有地理上之三要素。欧罗巴于面积为最小，而其海岸线则延长于诸大陆。今为各洲

---

① 非尼西亚，即腓尼基。
② 安约尼亚人，即爱奥尼亚人。

较之，而列表如左。

> 亚细亚
>
> 面积 17210000 方里
>
> 海岸线 36000 里
>
> 亚非利加
>
> 面积 11500000 方里
>
> 海岸线 17000 里
>
> 北亚美利加
>
> 面积 9000000 方里
>
> 海岸线 43000 里
>
> 欧罗巴
>
> 面积 3800000 方里
>
> 海岸线 19500 里

亚细亚之面积，五倍于欧罗巴有奇，而其海岸线之延长，不能足其一倍。欧罗巴之面积，不及亚非利加三分之一，而其海岸线之延长过之。欧罗巴之大陆，距海五百里者甚鲜，亚非利加之大陆，半在此以上，其内地距海一千里以上者甚多。亚非利加之大陆，在大沙漠以北，称为欧罗巴的亚非利加者，接于地中海，于古代已开文明，其余亚非利加之大陆，为最不进于文明，以其大劣于地理上之组织故也。设其海岸线延长，有河流以便舟楫，其进退亦足以相偿矣。亚细亚有他伊格利①、攸夫列气②、因达斯、康基斯、布拉马勃拉③、扬子江、黄河、

---

① 他伊格利，即底格里斯河。
② 攸夫列气，即幼发拉底河。
③ 布拉马勃拉，即布拉马普特拉河。

亚母尔^①等大河，适于交通。南美有威诺科、亚夫省^②、拉勃拉达^③等，北美有塞特兰令^④、巴德省^⑤、米西西比^⑥、米知利^⑦等诸大河，便于舟楫。威诺科河航路，殆达安爹斯山^⑧之麓。亚马省^⑨及其支流，有航路一万里。拉勃拉达河约航路一千三百里，容船约可三百吨。米西西比三千里，米知利四千里之间，均为耐火轮船之航路。亚非利加适反于此，虽有拉伊尔^⑩、根歌^⑪、拉伊觉尔^⑫、查母比基^⑬四大河，无一便于交通者。何则？其河多瀑布急流，且远于内地。又南、北亚非利加中断有大沙漠，绝其交通，而大陆四分之三属于热带。其不能开文明者，实其受于天然之恩惠者薄也。

亚细亚之地理上虽似于欧罗巴，而雪山之大，非亚尔布斯^⑭比，气柏托^⑮之高，又非巴乌利亚^⑯比。印度称为亚细亚之意大利，而又成为半岛之大陆，虽有澳大利亚洲，而非北亚非利加之接近于欧罗巴，印度洋有异于地中海，为人所共认，东西南北，各为乾坤，文明竞争之不起，殆亦有故也。柏尔西亚^⑰与印度之间大道，仅有拍西亚威^⑱一路，

---

① 亚母尔，阿穆儿河（Amur）的音译，即黑龙江。
② 亚夫省，即亚马孙河。
③ 拉勃拉达，即拉普拉塔河。
④ 塞特兰令，即圣劳伦斯河。
⑤ 巴德省，即哈得孙河。
⑥ 米西西比，即密西西比河。
⑦ 米知利，即密苏里河。
⑧ 安爹斯山，即安第斯山。
⑨ 亚马省，即亚马孙河。
⑩ 拉伊尔，即尼罗河。
⑪ 根歌，即刚果河，亦称扎伊尔河。
⑫ 拉伊觉尔，即尼日尔河。
⑬ 查母比基，即赞比西河。
⑭ 亚尔布斯，即阿尔卑斯山。
⑮ 气柏托，即西藏（Tibet）的音译，指西藏高原。
⑯ 巴乌利亚，即巴伐利亚高原。
⑰ 柏尔西亚，即波斯（Persia），今伊朗（Iran）。
⑱ 拍西亚威，即白沙瓦（Peshawar），巴基斯坦北部城市。

亚历山大以来，军队之通行，常经此一路。而加布尔之高原[①]，与西亚细亚相隔绝。支那与印度之间，无军事上、商业上便宜交通之路。雪山之险，高在一万尺以上，广过于一万八千尺，而巴米尔之高原[②]，夏尚冰结，自海上而外，陆路无交通之便者。亚细亚虽有平原起农业，开国家文明之基，而各地孤立，生反对保守之气习，陷惟我独尊之弊风。地理于交通不便，故无交通，无交通故无竞争，无竞争故无进步。是亚细亚仅为文明之起原地，而不能为开发地之有由来矣。西亚细亚、南欧罗巴、北亚非利加之中央，有地中海，接近三大陆，遂移平原国家之文明于此海滨民，交通、贸易、殖民、战争等，凡便于人类社会竞争之为者，一集之于此地中海。亚细亚之西部，面为地中海，其他接近二大陆，故其文明传于希腊、意大利、加尔塞基[③]。罗马并吞地中海诸国，乃移文明于西欧罗巴之端。至哥仑布发见新世界，遂输送文明于南、北两亚美利加。而文明西渐之原因，无一不在于地中海。若使此地中海之文明东渐，则发见新世界成殖民之伟业者必归于亚细亚人。以地理之有关系于文明，并于人种之异同有重大者，亦可见矣。况亚非利加之格尼亚[④]地方，其禽犬亦如土人之黑色，人种之异同，岂非为地理之结果耶。

以地理上论欧罗巴，其地形不如亚细亚之伟大，不过为亚细亚之半岛，惟其各部连结，便于交通，有高原，有平原，有海滨，山脉河海之经界复杂，使多数国民适应于竞争。然气候寒冷，不能为起文明之适当。以纬度言，南部欧罗巴当日本之奥羽，当法国之北海道，当英国之桦太。因大西洋之温暖潮流，自墨斯哥湾[⑤]转向东北，以使西欧诸国之气候入于温暖。又亚非利加之大沙漠，传其热气于南欧。故欧罗巴之气候，虽不若东部亚细亚，而比之北美之东部则甚为温暖。而其土地、气

---

① 加布尔之高原，即喀布尔高原。
② 巴米尔之高原，即帕米尔高原。
③ 加尔塞基，即迦太基（Carthage）。
④ 格尼亚，即西非沿大西洋的几内亚（Guinea）地区。
⑤ 墨斯哥湾，即墨西哥湾。

候，两不能为生自然文明之程，惟适应于他方之文明，一旦发生而进步之也。

夫始为发生文明者，不能不有天然恩泽有余裕之地，且不能不有生活有余裕气候温暖、地味丰饶之地。是以自古至今，文明不起于寒地。故亚细亚、亚非利加、亚美利加发生自然之文明者，均在暖带，且在湿热相和合、地位丰富之土地，如埃及之拉伊尔地方，加尔爹亚^①之攸夫列气及特格利斯^②地方，印度之康基斯地方，支那之扬子江及黄河地方是也。

凡是等地方，均气候温暖，且为沿河流平原丰饶之土地。惟亚美利加非河流而能发生自然之文明者有二国，一为北美之墨西哥，一为南美之弼尔^③是也。南、北两亚美利加，当哥仑布未发见以前，而已进于文明之域者，惟为此二国。而墨西哥之北境在北纬二十一度，又弼尔之南境在南纬二十一度，共属于热带。

古代之时，为无资本时代，故古代起文明之地，其富于天然恩惠者，不可不有力，以报酬其丰饶。而土地之丰饶，又在湿热之相和合。湿气与热气多量之土地为丰饶，湿气与热气少量之土地为贫瘠。新世界之大河皆在东部，不在西部，是以新世界东西两断，偏在于罗克山脉^④及安爹斯山脉^⑤之西部。故南、北两亚美利加之大河，无有有注于太平洋者，反之者为东部有多数之大河，以是湿气亦偏存于东部。

南亚美利加之热气，乃反对于北亚美利加，即湿气虽在东部，热气反在于西部。东西两海岸之温气异度，匪独新世界为然，即旧世界亦然。同在一纬度，而欧罗巴之西岸与亚细亚之东岸为温暖，是以北亚美利加之西岸温暖于东岸。夫赤道直下，自东奔西之潮流，为哥仑布发

---

① 加尔爹亚，即迦勒底（Chaldea）。
② 特格利斯，即底格里斯河（Tigris）。
③ 弼尔，即秘鲁（Peru）。
④ 罗克山脉，即落基山脉。
⑤ 安爹斯山脉，即安第斯山脉。

见之事实。其原因为南、北两冰洋与赤道直下之大洋，其潮水之温度有差违，以地轴自东转西故也。即太平洋之潮流，触亚细亚及奥大利亚之群岛，北转达台湾，掠日本而流于东北，达美国海岸，南转达加利斐尔尼亚①，复合于赤道之潮流。大西洋之潮流亦然，自墨西哥湾至加利比亚海②，出太平洋口为反流，沿罗利达③海岸，近哈铁拉斯岬④，接北海寒潮，东流达欧罗巴西岸。其北流经斯哥托兰德⑤及诺尔维伊⑥，以缓和其寒气，以是温暖赤道之潮流，属于北半球，去新、旧两世界之东岸，向于西岸，是故北亚美利加之温热与湿气，仅见调和于墨西哥地方。其外大陆，或欠温热，或乏灌溉，土地欠丰饶之原因，亦妨于社会之进步。故至第十六世纪，欧洲始输入文明之要素，而北纬二十度以北，所以无土著文明之发达也。而至北纬二十度以南，忽然大陆之形状缩小，仅达拍拉马之地峡⑦，是墨西哥文明之中心点，其地理恰如埃及之加尔爹亚地方。何则？大陆之形状缩小，则东西两海岸相接近，全国之地味、气候为岛屿，无大河，欠湿气，而近赤道，故亦〔不〕⑧乏热气。北亚美利加于此二要素，为一致和合，不仅为墨西哥地方为如是。而北美洲于第十五世纪哥伦布发见以前，其固有之文明，亦不仅为墨西哥地方。以同一原因，无论土地之远隔，人种之异同，其所生之结果必一也，以之证明史学上之原，则可以知矣。

南亚美利加之情事，与北美为异，在赤道之北者，自西而寒于东，在赤道之南者反之。盖反南冰洋之寒潮，达于南半球诸大陆之西岸，其东岸却为赤道潮流之所至，故南亚美利加之湿气与温热集于东部。是南美之东部，不仅为热带地方，其土地且丰饶也。而土著之文明方不起于

---

① 加利斐尔尼亚，即美国加利福尼亚州。
② 加利比亚海，即加勒比海。
③ 罗利达，即美国佛罗里达州。
④ 哈铁拉斯岬，即哈特勒斯海角。
⑤ 斯哥托兰德，即苏格兰（Scotland）。
⑥ 诺尔维伊，即挪威（Norwy）。
⑦ 拍拉马之地峡，即巴拿马地峡。
⑧ 据文意补。

南美也，何故？无他，湿热过度，则动植物繁生，人类被天然压倒，使人之天性不能发达。夫南北两冰洋与赤道之潮水，因温气异度而生潮流，南北两极与赤道地方之空气，因温气异度而生空气之大动摇。又因地轴东转之理由，赤道之大潮流乃奔于西，亦因此理由，空气大动摇于赤道地方，而有贸易风。凡自北纬二十八度，涉南纬二十八度，年中或吹于东北，或吹于西南，风无一定吹。此贸易风涉大西洋，达南美东岸，含水蒸气以来，故时时有大雨降，而不能达安爹斯山岭以西，其水蒸气悉灌溉于布拉基尔[①]，是以布拉基尔之天然界，天下无能及其繁盛者。惟其繁盛有余，且过于伟大，而人类遂为天然所压倒，无开发其天性之余地，殆使等于全欧洲面积之土地，空为野蛮人巢窟。自葡萄人发见以来，既垂四百年，其间频输入以欧洲之文明，其光明仍止于东岸，不能达于内地。今内地之状态，犹与四百年前无异，森林深茂，农业不进，虫害甚厉，收获不举，山高而无可登之道，河大而无可由渡，是布猎基[②]文明之所以不起也。

布拉基[③]之西有所谓弼尔国者，与布拉基在同一大陆，同一纬度，而其地理上之形势有大异。布拉基处于热带之温度，复受世界第一大河亚马省之河流与贸易风之大雨之二重灌溉，天然丰饶，因以过度，却有妨害于人类发达之目的。弼尔国者，在安爹斯山之东，有高原而濒于太平洋，包含海岸之土地，安爹斯山之西，殆无雨降，亦无树木，然安爹斯山之东部，居亚马省河之上流，时有雨降，复有伟大之深林，南冰洋之寒潮达其西岸，以缓和温热。又前所述之理由，其灌溉之度，不如布拉基之甚。南美中温热温气会合，能调和而适度者，亦无过大地方，惟有一弼尔而已。故自欧罗巴人渡南美以前，其能发达固有之文明者，亦惟为弼尔一国土也。

是墨西哥及弼尔同为古代文明之起原，其得天然之恩惠与其文明之

---

① 布拉基尔，即巴西（Brazil）。

② 布猎基，即巴西。

③ 布拉基，即巴西。

程度亦略相似。

以上专以关于文明之物质的方面言之，而其对于精神的方面及天然之影响亦颇为大者。天然之光景过于伟大，斯唤起人心恐怖之念，想象力过敏，则理性收缩，遮人心之发达，妨文明之进步。反之而天然之光景中和，不伟大则人类不为天然所压倒，能自然发达其自信力，不怖天然之大，反爱其美，不远于天然，反接近之，因种种试验，以制天然之势力，达人类之利用。以此点而观察五大洲，于亚细亚与亚非利加、欧罗巴、亚美利加等，可怖之光景甚多，不仅如山川河岳等为永久不变之光景，而地震、暴风、疫疠等不时之现象为尤可怖。此种可怖之现象，在欧罗巴之大陆者为尤多。于是欧罗巴以前之精神的文明，多对天然而倾向于恐怖，自科学与宗教大发达，始以道理之知识，强制迷信的势力。于弼尔于墨西哥于埃及，其所崇拜之精神，无人之形，亦无人之情，于印度亦然。及希腊之文明起，所崇拜群形，始有优美之人类的形貌，始发达可爱，而不恐之宗教。故亚细亚文明之倾向，人与神距离甚远，希腊文明之倾向，乃缩少其距离，而与神人相接近，故开近世科学之源者，即希腊也。

欧罗巴洲之天然的光景，其影响及于文明之精神的侧面者，为火山之光景，地震之现象。此种光景与现象，最著明于欧罗巴洲中南部之二大半岛，为意大利、葡萄牙、西班牙三国。而欧洲人民之迷信最深，僧侣之势力最强大者，方在此三国。且天然之光景有关系于想象及理性之开发者，亦在此三国，以欧洲不仅生第一流之美术家，且生伟大之科学者之事实而知之。第意大利虽称近世文明之故乡，其近世科学史上所生伟大之人物，较之所出之美术家则为甚少。

要之，欧罗巴以前之文明，于物质的侧面，多为天然之恩惠，于精神的侧面，实因道理与想象力而大发达。第天然之恩惠多，则于文明上无甚进步，故欧罗巴因天然之恩惠多，而为不能生文明之地位，及输入亚细亚、亚非利加之文明，必以人力维持之。以是而欧罗巴之文明，多以人类之劳力为要，而维持其文明，多以人类之勉强为要，不出于勉强，则不能维持其文明，而人类之劳力及勉强，所以为文明进步之大原因也。

　　然欧罗巴之文明，先原得于亚细亚（埃及于历史上属于亚细亚），进步而发达之者也。而欧罗巴人乃忘己之文明为负于亚细亚者，而漫讥亚细亚之文明为反于道理，谓亚细亚为神权政治、专制主义之本土，以轻侮亚细亚。是不知二者乃为历史上之必要，而漫相讥嘲也。"物有本末，事有终始，知所先后，则近道矣。"此语斯为社会学上之原则。为人类社会之第一要件，在先脱其野蛮的自由之性情习惯，进为之先设国家，确定政府，励行法律，以维持平和秩序。故社会进化之第一期，为社会之第一要件者为秩序。先宜举全力以巩固主权，若遇外敌之攻击，尤在首靖内部之叛乱，有如何方法，不可不有如何势力，先以威力立制裁，使脱野蛮的自由，以服从于法律。夫恶法律固不如善法律，然恶法律犹愈于无法律；恶政府固不及善政府，然恶政府犹愈于无政府。社会进化第一期之必要，单在有法律，有政府。首有法律，其善恶非所急择；首有政府，其优劣非所急问。盖欲达社会进化第一期之目的者，出于法律，而法律之出而持之者，乃在政府，故政府有掌握国家全权之权。然政府不过有万事之主权，因事而断行之，非能干涉人民之必要也。是以压制政府虽善于无政府，至个人之自由与权利，则非压制政府之所知。第论国家之主权，则无古今内外之别，胥为社会之最上权，有至高之权能，若谓之为法律上无责任之神权，则诬言也。要只在达国家之目的，全人民之福祉而已。抑亚细亚生世界之三大宗教（佛教、基督教、回回教），于建设国家上诚有大功，是为历史上不可不言之事实也。

　　亚细亚之神权，其有何裨益于世界，使文明发生其神权下，由溯现今欧美文明之渊源可以知之。盖欧美现今之文明渊源于罗马，罗马之文明渊源于希腊，而希腊之文明实渊源于亚细亚（含埃及言）之文明。且不仅古代之文明有负于亚细亚，即近世之文明亦有负于亚细亚。何谓？以近世文明之要素，第一为基督教，第二为罗马之法律，第三为希腊之文学、美术、哲学，第四为支那隋唐之文明是也。第一之要素原属于亚细亚，自犹太产出，经罗马人手传播于欧罗巴，第三、第四之要素，中世经阿剌比亚人手以输入欧洲。近世欧洲文明之起原，所行于第十四世纪顷之罗盘针及火器之用法，并成就于第十五世纪前半期之发明印行术。此三大发明，均非欧洲所发明，乃经阿剌比亚人手自支那而输入之，实为近世文明之三大基本。今日欧美于文明上为非常发达，为种种发明，其文明之原因，无非自亚细亚而输入之者。昔时自亚细亚传于欧洲之文明，欧洲荷其恩泽，乃添其利息以返济于祖地。亚细亚宜向欧洲谢以受之，欧洲亦宜不忘向亚细亚之所负也可。

社会进化之第一期，压制之手段为社会之必要，亦为文明之必要，匪为亚细亚之必要，亦为近世欧罗巴之必要。何则？欧罗巴于前世纪之终，现世界之始，始去帝王之神权政治，而承认人民有自由权利。亚细亚史之缺点，乃基于神权，不仅在专制之历史也。以其有神权专制政治之时，固有神权专制之政治，乃其时已过，而不能脱神权专制政治之羁绊。是只知压制之手段为社会进化第一之必要，为亚细亚之必要，为欧罗巴之必要，而不知其必要自有程度，经过其程度，不仅为非必要，且生有害之结果。夫压制之为必要者，乃使内部人民爱平和，重秩序，生服从法律之习惯也。迨人民既爱平和矣，重秩序矣，自治之习惯亦已成立矣，则于法律上宜收缩政府干涉之区域，以立个人的文明之自由范围。最初立此范围似可或狭，至人文渐事开发，则不可不随其开发以扩张其范围，遂以确定政府之范围与自由之范围。使政府不至侵涉他人，且使政府不至侵涉自己，暨或放弃自己。盖社会进化第二期之第一要件，非在秩序，乃在进步，而使社会进步之方法，即在法律之范围内，与个人的自由之余地，并在加社会自由的发动之势力。斯宾塞尔有言曰："于人事有绝对者为恶，与相对的为善；又有绝对的为善，与相对的为恶。"如专制与自由，即有此二意义存焉。专制乃绝对的，固于人事为恶，然在社会进化之第一期，则不能不谓之为善。自由乃相对的，固于人事为善，然在社会进化之第一期，则不能不谓之为恶。亚细亚史之所短，在仅据其国家文明之基础，而不能进于社会进化之第二期，而其原因乃为不能脱古代之习惯，暨多安于天然之境遇也。欧罗巴史之所长，在既经过社会进化之第一期，遂能进于社会进化之第二期，而其事实，如美国独立、法国革命之事实，不可不谓之为最近百年间之大现象。历史上地理之影响有及于国家文明上者，今而后无足为之过计矣。何则？以学术益进步，则人智益开发，人智益开发，则人力足以制地理天然之不利益。古代文明之成立，多因其土地之利益而兴起，而于地理上有不利益者，则必妨其经济之发达及文明之进步。虽然，亚细亚全洲既布铁道，电信相通，得往来自由，故比马拉亚^①之高，不能遮支那、印度之交通，虽有拍尔西亚之高原^②，亦不能阻印度之内地与东西两洋相通。是古代之文明，多依赖于天然之地理，而近世文明，则无事依赖。此即文明之结果，使人力可以制天然也。顾将来文明之结果，如亚非利加之沙漠与北极之冰原，或因文明之势力，亦有为人类利用之时焉。

---

① 比马拉亚，即喜马拉雅山。
② 拍尔西亚之高原，即波斯高原（Persia），今称帕米尔高原。

第六章　历史与人种

　　所谓人类者，非仅组织一国，亦非仅分种种之国家，于组织一国暨分种种国家之外，又有所谓人种之区别，其影响及于历史上有甚大者。抑人种之起原，为书契以前事，当科学未十分发达，不能说而明之。至人种之教，学者说之，亦无一定。或有谓为二种者，或有谓为三种者，康德分之为四种，布曼伯分之为五种，巴科安①分之为六种，韩特分之为七，亚加智分之为八，或有以为十一者，或有以为十五者，或有以为十六者，或有以为二十二者，或有以为六十者，以至或有以为六十三者而止。至通常所区别之人种，则为四大人种，曰黄色人种，曰白色人种，曰黑色人种，曰赤色人种。内所谓赤色人种者，即黑色人种之一派，不能为独立人种。而黄色、白色、黑色三人种，似可谓之为人类之原种矣，然亦不免有种种之异论。或有以黄色人种为原种者，以其言语为单音，且有最早进于文明之事实。又谓人体外皮之色素中，必含黄色，而黄色又为七色中之原色。是等说固不足为证论。第黑人生时，其色非即黑色，生于斯丹②地方者，一年后而始黑，生于埃及地方者，三年后而始黑，以此事实观之，是黑色人种不能为原种也明矣。但最近之学说，谓现在诸人种，群为杂种，均非原种。何则？以诸色人种混杂而居故也。譬之亚非利加之黑人种，头骨长，腮突出，皮肤甚黑；又如瑞典人为条顿人种中之最纯白者，其头骨长与黑人同，但有腮不突出，惟皮肤甚白之不同而已。亚细亚之蒙古人，头骨广，腮不突出，皮肤为黄

---

① 巴科安，即法国博物学家布丰。

② 斯丹，即苏丹（Sudan），非洲东北部国家，首都喀土穆。

色；唯人头骨亦广，颊骨突出，而皮肤白。由此观之，现在诸人种之特质相混交可了然矣。

人类学者威尔确乌①、加罗利②诸氏，谓头骨广与头骨长者属于高等。而现在人种中之最下等者，为亚乌斯特利亚人③、他知马尼亚人④、拍勃亚人⑤、威达人⑥、合挺特人⑦、博斯嗟曼人⑧，及印度森林中之土人等，皆为长头骨。反之者为巴尔哥人⑨、支那人、日本人，及中部欧罗巴之人民，皆为广头骨。七千年以前，加耳特亚开古代文明端绪之亚加特亚人⑩，亦皆属于广头骨种，塞密忒人⑪等，以彼所受文明传之阿利安人（指拍尔西亚、希腊、罗马人等）。纯粹之条顿人，其性质勇敢，其智力似近于钝，以德意志之天才，其种亦自南方广头骨种来，而尔铁尔⑫、格铁⑬等属之。而现今之英人，非长头骨，亦非广头骨，乃属于中头骨。欧洲之最长头骨者，为斯康爹勒威安人⑭。近世之文明，专属于广头骨种之影响，如英吉利、德意志、法兰西、意大利诸国，莫不多属于广头骨种者，而长头骨种之事实似较少也。

然人种之问题，究为学术上未定之问题，故欲因人种以说明历史上之事实，为甚困难。人种者果何谓乎，抑以人类之容貌、皮肤、骨骼等立以区别，附之异名，至其含蓄有如何意义，学者未之知也。英国著名

---

① 威尔确乌，即德国病理学家、人类学家微耳和。
② 加罗利，即法国人类学家加洛林。
③ 亚乌斯特利亚人，即澳大利亚人。
④ 他知马尼亚人，即塔斯马尼亚人。
⑤ 拍勃亚人，即巴布亚人。
⑥ 威达人，即维达人（Veddahs），旧译"吠陀人"。
⑦ 合挺特人，即霍屯督人。
⑧ 博斯嗟曼人，即布须曼人。
⑨ 巴尔哥人，即缅甸人。
⑩ 亚加特亚人，即阿卡德人。
⑪ 塞密忒人，即闪米特人。
⑫ 尔铁尔，即德国宗教改革家马丁·路德。
⑬ 格铁，即德国诗人歌德。
⑭ 斯康爹勒威安人，即斯堪的纳维亚人。

之列沙母[1]氏，比之代数学之未定数，未有研究人种之目的，必不能说明人种以外之事实。

亚细亚之人种，为先欧罗巴而开文明之人种。欧罗巴之人种，其多数同其语音，如印度与拍尔西亚之语根皆是也。亚洲之文明，一移播于欧罗巴，而欧洲即能达其高度，似其人种为优焉。而观今之白人种中，亦有文明优劣之事实，欲为说明之，甚为困难。是等非为说明地理上之影响与历史上之结果，不能说明其人种与名义也。白人种中，生有希腊人、罗马人等之别。希腊人中，更生有挨哦尼亚人[2]及德利安人等之区别。是等区别，皆因地理文明之影响与教育、宗教及传说等之感化而成也。

黄色人种、白色人种、黑色人种，此三大种皆关于血属，为生于天然本来之人种。至阿利安人种、沁密忒人种、哈密忒人种[3]等，乃为历史上之人种，非本来天然之人种。其名称为最近学者所创定，且各种之言语类似，其创设亦无甚差别。若以此判定人种之异同，而依之为标准，似未为可。何则？如美国之黑人皆用英语，其实与英人之人种异，是其例也。抑白人种中，亚西里亚、巴比伦尼亚、腓尼西亚、犹太、亚剌伯耶[4]、西峨比亚[5]等之人民及其言语，与沁密忒同，遂附以沁密忒人种之名称。其设定此名称者，乃仅据前世纪学者之圣书传记[6]。又阿利安语及阿利安人种之名称，乃出于今生存于英国之德意志大博言学者马克斯[7]氏之创意。前世纪之末，即一千八百八十六年，英人沙尔[8]氏以梵

---

① 列沙母，即英国语言学家、人种学家莱瑟姆。

② 挨哦尼亚人，即爱奥尼亚人。

③ 哈密忒人种，即含米特人（Hamites），旧译含族。

④ 亚剌伯耶，即阿拉伯。

⑤ 西峨比亚，即埃塞俄比亚人。

⑥ 圣书传记，即《圣经》的传记。

⑦ 马克斯，即德裔英国东方学家和语言学家麦科斯·缪勒。

⑧ 沙尔，即英国梵文学者、东方学家威廉·琼斯。

语、希腊语、罗甸语①、独逸语②、克尔特语等，有亲密之关系存于其间，谓其为同一之语言发生，始因之创为比较言语学一科之新学问，并合前述诸国语，同称之为阿利安语。除于欧罗巴洲中西班牙之巴斯克语③，俄国之威兰德语④，匈牙利之马基亚尔语⑤，及土耳基语⑥之外，若希腊、罗甸、条特尼克⑦、克尔忒⑧、斯兰哇尼克⑨、列次忒⑩、亚耳巴尼安⑪等诸语，悉包含于此中。又亚细亚包括之三大语言，（一）古代之梵语及因梵语而出现今十四种之印度语；（二）伯尔西之伊兰语⑫；（三）亚尔米尼亚之语⑬。是等皆属同根之言语，附之一种名称可也。然言语虽同一，究未可因之以定人种为同一。如英国西南部之哥仑哇尔⑭地方，与东方之耶塞克斯⑮地方，同用一英语，乃哥仑哇尔为克尔特人，而耶塞克斯为条顿人。又法国之布利他尼⑯用法语，而其人种与英国之哥仑哇尔人无大异。斯盖同种而异地，而语言亦因而变焉。如此例者实多，故言语之同一，不能为通例人种同一之符征。而欲以言语之一致，直判定人种之一致，知其为断断不可也。即以上所用阿利安、沁密忒、哈密忒（埃及）语诸人种，亦未能尽断之为白色人种，以其头骨之形状有差违，或有属于长头骨种者，或有属于广头骨种者，或有属于中头骨种者。此三种中，以

---

① 罗甸语，即拉丁语（Latin）。

② 独逸语，即德语（German）。

③ 巴斯克语（Basque），欧洲比利牛斯山西部地区古老居民的语言，是非印欧语系的语言，使用于巴斯克地区（西班牙东北部的巴斯克和纳瓦拉两个自治州，以及法国西南部）。

④ 威兰德语，即芬兰语（Finland）。属乌拉尔语系芬兰语族。

⑤ 马基亚尔语，即匈牙利马扎尔语（Magyar），亦称匈牙利语。属乌拉尔语系乌戈尔语族。

⑥ 土耳基语，即土耳其语（Turkish），属阿尔泰语系突厥语族。

⑦ 条特尼克，即条顿语（Teutonic）。

⑧ 克尔忒，即克尔特语（Celtic）。

⑨ 斯兰哇尼克，即斯拉夫语（Slavonic）。

⑩ 列次忒，即列托语（Lettic），亦称拉脱维亚语，属印欧语系波罗的语族的语言。

⑪ 亚耳巴尼安，即阿尔巴尼亚语（Albanian）。

⑫ 伯尔西之伊兰语，即波斯（Persia）的伊朗语（Iranian）。

⑬ 亚尔米尼亚之语，即亚美尼亚人说的印欧语系语。

⑭ 哥仑哇尔，即英格兰的康沃尔（Cornwall）郡。

⑮ 耶塞克斯，即英格兰的埃塞克斯郡。

⑯ 布利他尼，即法国布列塔尼。

长头骨种为最劣等。何则？其入文明也甚迟，知识力甚劣，又乏美术心。纯粹之条顿人种及黑色人种属之。条顿人种之最纯白者，为那威及瑞典，而二国乃非欧洲文化之中心，仅以鲁钝称于世。广头骨种则早进于文明，支那人、亚克爹亚人①、克尔特人、日本人等属之。欧洲人之勇敢好战斗，冒危险压服世界者，为长头骨种，欧洲之智力及天才如德、法、意、英人等，乃又为广头骨种。德意志者，通例称之为条顿人种之祖国，而乃与克尔特人混合者居多，是德意志又不可谓之为条顿国矣。改革宗教之路德及大文豪格铁等，为纯粹条顿人种之特质，乃不属于长头骨种。而英美人又为中头骨种之尤者焉。

如是人种之特质，不能以头骨异同之标准以定其同一，于条顿人难区别其异种，可以知矣。毕竟历史上之所谓人种者，非本来天然之人种，乃为历史上之成果而已。至人种皮肤异色之原因，学者所说，晓无一定。例如黑色人种，其何以得色黑之原因，学说者尚无定论，斯为人类学上之一大疑问题。然使黑人处亚美利加之热带地方，将亦不能免罹白人之黄热病。又使白人处于亚非利加之海岸间，其热病流行，白人必不能免于死亡，而黑人则不至受其害。是可见太阳热力之作用，与他原因有大关系也。

是以人种之差违，于本来天然之区别，其（形）〔影〕②响有间接及于历史上也。又白人种中，有阿利安、沁密忒、哈密忒之别，而阿利安人中，又有印度人、拍尔西亚、亚尔米尼亚人、条顿人、克尔特人、斯拉夫人等之别。是本来天然的人种之区别，亦非全无关系。若多意味言语之一致，意味文明之一致，意味历史之一致，斯不可不谓之为历史上之成果矣。世之历史家往往欲因人种以说明历史，其实历史上之人种，为历史之结果，非历史之原因。故从历史以说明人种为至当，若欲因人种以说明历史不得也。例如希腊之文明，其原因归之于希腊人，非

---

① 亚克爹亚人，即阿卡德人。
② 据日文原文校改。

无一理。然谓之为希腊本来天然之人种，则未为可，以希腊之人种，为阿利安人种与哈拉沁人种 ① 相合而成者也。其于欧罗巴能最先开发文明者，亦以其地理上有近于东方当时先进文明国之原因，是其先开发文明，为他人种所传播，不可谓之为其人种之结果。又罗马以其天险地利，以统一意大利，而意大利之地理，又在古代地中海文明之时代，统一地中海沿岸三大陆，为有最适当之地位，此其为罗马帝国建设之一原因也。而罗马人征服诸国民，即置之与罗马人同等之地位，复以待遇罗马人民者待遇所征服诸国民，以使之同化，故为罗马所吸收之人民，亦能与罗马人本来之人种的天才，以为罗马社会之历史的成果。是所谓罗马人种之特质，乃为罗马历史所生产，而罗马之历史，则非罗马人种所生产也。罗马社会之团结坚固，以古今第一名将罕尼巴尔 ② 之兵略不能灭之，当时罗马人忠勇义烈之名，为天下所畏怖。至其衰亡，凡卑劣、怯懦、奢侈、贪婪等不德之名，亦为罗马人所负，故北狄之蛮人，终且侮蔑之。是同一罗马人种，其建设帝国以前，暨成帝国之时，何其有光荣有价值也。其日就衰颓之日，又何其性质之堕落也。知乎此，可以明不关系于人种之清浊，乃关系于社会之结果也。

　　世人或思英、俄两国于今日为天下无比之膨胀，一为世界之武断帝国，一为宇内之殖民大帝国，互相竞争，至其原因，则未始不在于人种力也。英人种本来天然之特质，在白色中属于中头骨种，以其国民的特性而言，中世之英人非如现今之英人。盖第十五世纪新世界发见，亚非利加之回航成就，葡萄牙、西班牙两国民频从事于远洋航海、拓地殖民业之时，英国始有岛屿，尚未备海上国民之品性，与大陆诸国无异也。以其产业言，则专为农业、牧业，如制造则一任之夫兰德尔斯人，如商业则一委之德、意之人民，其武力虽有驱大陆之勇，究尚未能为海军国也。至第十六世纪，其人民尚不如现今英人之特质为实际的倾向，盖犹

---

① 哈拉沁人种，即拉丁人种。
② 罕尼巴尔，即汉尼拔。

倾向于懒惰思想的生活。而第十七世纪之初年，英国尚未有尺寸领土于欧洲以外也，而其航海、殖民、制造、贸易，已为世界独擅之雄国。于此而谓英人无航海、殖民之天才，制造、贸易之本能，固为不可，然究非其今日人种之特质，乃其祖先于二百年来所传之特质至今而始发达也。是可知英国现今人种的特质，乃其历史之结果，非其人种的特质以产出今日之英国历史也。英国有名之史学者西列氏，以公平之语，论英国之膨胀曰："吾人占领北亚美利加，非能发见其空虚也，移送殖民者之船舶，非有多于他国民也。惟吾人既占领此土地，则并吞他强国而已。""先于英国开移殖之事业者，为法人，于移殖之事业与英有竞争者，亦为法人。当嗟母斯一世①（一千六百三年——一千六百二十五年）之时，法人建设亚加德亚②及加拉达③二殖民地于其北。又查理士二世④（一千六百六十年——一千六百八十五年）之顷，法人有发见新地大伟功，取道大湖边，达米西西比源头，泛舟河水，下大河之全流，至墨西哥湾，其后直开通勒西亚拉⑤之法国殖民地一大领土。千六百八十八年之革命开所谓英法第二之百年战争，当时英、法于亚美利加之关系有如是者，英国沿东海岸自北而南，有多数昌盛之殖民地，法国有塞特罗林斯⑥及米西西比二大河流。当是时，英、法不仅于亚美利加争利益，即于亚细亚，英、法亦比肩并进。英国之商人等并吞印度，法人亦尝着其先鞭也。"以上为西列氏求英国于旧、新两世界胜法之原因，暨其人种的优劣，于地理上而知英、法之位置及其结果，同归于两国政策之异同。"一为西班牙与法兰西深系累欧罗巴之竞争，英国恒得之为独立是也。""法国之失其新世界，在分其国力于扩张殖民的政策与征服欧罗巴之政策之故也。千六百八十八年、千八百十五年之间，法国起彼之七大

---

① 嗟母斯一世，即英国詹姆斯一世。
② 亚加德亚，即阿卡迪亚。
③ 加拉达，即加拿大（Canada）。
④ 查理士二世，即英国查理二世。
⑤ 勒西亚拉，即美国路易斯安那州。
⑥ 塞特罗林斯，即圣劳伦斯河。

战争，以求达其二重之政策，故其战争也，亦有二样，法之终受害也，亦不外此二重之原因。英国则仅有单一之目的，而为单一之战征，故法国所失之利，辄为英所得。英之经年膨胀之故，于此盖可了然矣。"

又法国之史论家来乌士①论英俄之膨胀曰："前世纪末诸国战争不断之结果，遂使英国大延长其殖民领地，日有增加，以至组织现今之一帝国。俄国亦于其时增大其领地，加其势力，年为进步，其麦田及葡萄园日增加，谷物及葡萄之供给，其人民之繁殖力适与土地之繁殖力相匹敌，日输入新奇之产业，使国家信用之（盖）〔益〕②趋于巩固，其寂然安静而秩序成就，几仿佛天工之静。此何故哉？亦以欧洲大陆之有骚扰，无一非为英、俄之利益。如法、德合战，英国即因之以巩固海上权。有亚尔沙斯③之问题，俄国即对之二倍其兵力。欧洲中部之列强，于欧洲两翼之发达。非不与有力也。"以上说明今日英、俄因人种以膨胀之必要，全为乘地利与机会者可知矣。以人种上言，俄国人非能优于德人也，即英与法亦非纯粹之条顿人，又非纯粹之克尔特人，是于人种上论英、俄，又何优劣之有？第欧洲中部诸国，常急逐鹿于中原，非不着手于拓地殖民之事业也，然其于欧洲大陆，或保独立，或争霸权，故其政策常分二途，至多失其海上权，夺其殖民地而已。第十五世纪末发见新世界者，虽为西班牙，乃与法争于大陆，空消耗殖民地之富，延沮丧本国人民之元气焉。先西班牙而从事于拓地殖民、海上贸易之业者，为葡萄牙，然于第十六世纪之后半纪，为西班牙所系累，至使其海外领地及贸易为荷兰所掠夺。荷兰于第十七世纪掌握世界贸易之大权，法国亦于北美及印度拓其势力，当时英国似不能为优势，至第十八世纪，英国乃凌驾于荷兰及法国之上，而掌握海上权。此时英国之海军，非能遽加其势力，以两国相争于欧洲中部，其势力专注集于陆军，故英国之海军得逞其势力也。法国失北美大殖民地及印度之优势，在第十八世纪之

---

① 来乌士，即法国历史学家恩斯特·拉维斯。
② 据日文原文校改。
③ 亚尔沙斯，即阿尔萨斯。

中叶，法与奥、俄连合，欲分割普鲁士而骚扰于七年战争，不遑顾欧洲以外之时。然英俄两国者，乘欧洲中部之争战，进则易为战，退则易为守，故有利则进取，无利则退守，于他国不知之间，得渐逞其蚕食于欧洲以外，是亦不足怪也矣。

欲养成国民的特性，其原因非一而足也。第一有物理上之原因，第二有生理上之原因，第三有社会上之原因。因土地、气候之性质似说明之，而不能不置重于第一原因。如挨峨尼亚海①，古今无异也，乃其昔时有希腊之文学，而今不能生一贺马②尔。罗马之风土气候，二千年来未闻有大变化也，然古代之罗马人，为磊落为勇敢，今代之罗马人，为狡狯为卑怯。又住于同时同地者，曰雅典人，其性巧智，其风习优美快活，曰西布士人③，其人钝愚，其性质寒冷。是徒因人种之势力，不足以解释历史上之事实，而必求其第二之原因也明矣。虽然，生理上之遗传，必以其至何程度，始足以说明历史上之事实，为一大疑问。又其习惯，其为第二之天性，亦为第一之天性乎？是亦为未定之问题。大抵所谓人种与遗传者，要皆为学术上之未定数也。又未能说明物理上、社会上之原因，而直以人种归之，为生理上之遗传，似亦为未可。盖徒以人种上之遗传，不足以说明历史上之事实，而又未能说明其他之原因，则暂归之为未定之原因，犹较为似也。

人类若无生理的人种遗传之方法，必无遗传国民的特质之能力，此能力者，即有关于人种独立之言语、制度是也。有此能力，则一家族不至于绝断，一种族不至于灭亡，其知识上及道德上而有成功，则世界不至于消失，此之所谓社会的遗传也，此之所谓教育与社会的特质遗传一个人之方法也。故其法律、行政、制度、文物，无一非社会的遗传之机关。若加特克利教会④之僧侣，乃守无妻主义，则其于生理上、人

---

① 挨峨尼亚海，即爱奥尼亚海。

② 贺马，即古希腊行吟诗人荷马。

③ 西布士人，即底比斯人。

④ 加特克利教会，即天主教会。

种上是无遗传之特质矣。虽然，其僧侣无论其为如何国民，为如何人种，均有一种不可争之性资。故孟德斯鸠曰："僧侣者，不能灭亡之家族也。"又希攸母[①]有言曰："西查尔之第十联队及法国之比加尔德队[②]，均自乱杂人民中组织出。彼等军中无不抱精兵之观念，其舆论亦无不认彼等为精兵者。"斯宾塞尔流大置重于生理的遗传，达尔文及隈斯曼[③]流之进化论，以自然淘汰法为动物进化最重大之法则。以生存竞争为动物及人类进化之大影响，而人类自禽兽为进化，又开明人自野蛮人著其进步，其间无不有关于社会的遗传之力也。

方今欧美文明诸国民之能力及特质，无不因其人种的能力暨生理的特质，若仅事模仿其外，而不实求其人种的能力及生理的特质之所在，是罔不属为徒劳者。至彼等之所以养成国民的性格，发达现今开化之文明，其言语、文章、教育、制度、文物等之历史的结果，毕存于社会的遗传，可求而知也。第十九世纪之东洋国民，其亦有奋起者乎！

---

① 希攸母，即英国哲学家、经济学家休谟。

② 比加尔德队，由法国北部皮卡尔迪（Picardie）省人组成的军队。

③ 隈斯曼，即德国生物学家魏斯曼。

第七章　历史上之大势

世有所谓历史哲学者，基本于一种哲学思想，以揣摩历史之大势也。休列格尔[1]（一七七二—一八二九）谓之为"历史之精神与理想"。休列格尔之哲学，基本于宗教，其谓历史哲学之理由以救"人类之堕落"为根原。夫人始生，即赋有自由意志，至其前途，则或由上进之道，或横出堕落之道，人若日攀援于上进之道，则其人必存在于清福中，不幸而出于堕落道，则失其人格之苦，有难言者。此二个意志常相战于心中，而不或让，不出于上进，必出于堕落，故上进与堕落之竞争为人生之当然也，其问题即在如何得使复归其原始之状态焉。

古代希腊、罗马之诗人等，称为人类最初之状态，此时也为黄金时代，次则白银时代、黄铜时代、黑铁时代，次第堕落，以至今日。将来或又复归于古黄金时代，其能与否虽为一疑问题，而怀此种希望，抱此种思想，则可得而言也。

因此思想以揣摩历史上之大势，则如人类心中之不平，社会之争乱，列国之竞争，此皆为野蛮人之状态，即无非为堕落之状态也。第黄金时代之事实，已无证迹。未开人种中之战争，又未可知，而平和亲切之蛮人，彼等境遇亦无足羡。或处于天然甚酷之境遇，食物缺乏，人难群居，故亦无组织社会、建设政府之机会。或得天然甚厚之恩泽，无事劳动，安眠逸居，不知人生以竞争为生活。虽然，是种情形，究非人类之常态也，且以人类之理想揭示之，亦非此状态。若基于事实以论历史之大势，则进化说最足为历史哲学之根据。盖生存竞争之结果，人类者

---

[1] 休列格尔，即德国语言学家施莱格尔。

自禽兽之域以进于野蛮域，又自野蛮域更进于文明域，是社会之进步、人类之希望，非堕落说之所及也。

攸列格尔[1]之历史哲学者，为专叙人类堕落之历史。人类若无堕落，其历史必不生，是此历史非人类之幸福也明矣。此为厌世的历史观。反之者为黑智儿（一七七〇——一八三一）之历史哲学，以进步为主题，以发达之理想为组织。其说曰："历史者，人类之发达也。人类之发达，为自觉之进步，以实成自己之手段也。"夫人类者，为历史之主题，而有形之天然者，为历史之舞台。知天然则足以制天然，以供人类之利用，此为人类进步不可缺之要素。然知制天然而不知变化，则犹不可谓之为人事中最重要之事件也。以人类终极之目的，在知自己，知自己而能制之，斯始可以实成自己，此即黑智儿之所谓自由也。盖能自知，斯能自胜，能自胜，斯有精神的自由之本义。有此意义，而后历史上自由的意识始有进步。又此自由非存于天然，必人类之事实合于社会与国家，而无侵害于社会与国家，始得有此自由。东洋历史上之自由，若上帝仅赋与君主以有此自由，君主而外无与也。希腊、罗马之历史上，若仅少数人民得有此自由，而多数人民不能认识此自由也。至日耳曼人种则因基督教之感化，而万民无不认识此自由，而享有此自由也。

黑智儿之历史哲学，于开发第十九世纪之思想上有大势力，固无可疑。其观察国家与个人为有机的关系，而发挥社会之意义、国家之理想，使现世纪无不负其思想，其影响所及，亦可谓为大矣。然其缺点在单举历史之现象，不为连续的现象，且专事观察于主观的侧面，而不说明客观的于社会上有如何构造的进化是也。

法之柯母特[2]（一七九五——一八五七）为社会学之创立者，其于历史上分三大法则，曰："社会者必经过神学的思想、哲学的思想、实学的思想三大时期。"

---

[1] 攸列格尔，即施莱格尔。

[2] 柯母特，即法国哲学家孔德。

第一期即神学的思想时代。谓宇宙万物为神灵之作用，恰如人类肉体上之作用（除生理的作用），无一有精神之结果也。其最下等者为拜物教，即万物皆神灵之时代。次为拜星教时代，渐次经过多神教时代，入于神学代之第二期，遂归于一神教。于此时代，人类不过崇拜物质（拜物教）或崇拜英雄（多神教）而已。

第二期为哲学的时代。此时代以空理代群神，以物质之天性代奇迹。即知万有之现象非为神意之作用，乃物质固有之原因及本体之结果，或称阴阳，或称元素，是为架空说明之时代。此哲学的思想既因第一之神学的时代发生，自拜物教以进于多神教，又自多神教以归于一神教，爰达于宗教进化之极点，遂使人心脱出于神学的思想之外。人心既脱出于神学的思想之外，则其思想自达于事物之本原，而实学的思想之时代始因之而现出也。

第三期为实学的时代即科学的时代。此时代以实理代空，因观察、试验、归纳、概括等方法，以研究现象之顺序，利用之而增进人类福祉之时代也。若欲于宇宙之原因而研究其目的，是固非人智之所及，即穷人智以及之，亦属为无用之事，此第二期之徒事空理而终底于失败也。第三期则在坚牢事实之基础，以建设科学，制万有之势力，以为社会进步之原动力也。

柯母特三大阶段之哲学说，究未为完全之论也。何则？其神学时代非全无哲学的思想，又非全无科学的思想。如观察人类知识进化之顺序，而人类最初之哲学，即不外宗教的思想，其实际的知识，亦不外根据此思想而开发之也。人智渐次从于开发，乃知人类最初之哲学，为不满足于宗教，而更生新奇之哲学。而后人始知第一期之哲学，仅附以宗教与哲学之名，实不足为轻重也。而第三期之实学，又非与前所谓之哲学别其种类，惟较之前代之哲学，正确其推论之方法，研究其结果理性，有达于多实利实益之差违而已。

以上因柯母特之三大法则，以说明社会之变迁。虽然，其三大法则究仅基于人性知识发达之程顺，以说明社会上构造之变化也。于是斯宾塞氏基于观察、实验，以阐明进步之理，名之曰进化法，更因此理以说明社会构造之发达变迁，而大巩固社会学之基础。斯宾塞尔者盖因有机的之原则，以说明社会之成长构造之发达，暨营养机关、分配机关、督制机关等之变迁，而补充黑智儿、柯母特之欠点也。

又斯宾塞尔区别二种社会之组织，一名之为尚武社会，一名之为产业社会。盖防卫与生产，共为社会必要之事件，而不可分离者也。虽然，二者之关系究于社会上各异其趣，或于社会上防卫机关为最发达，而生产机关不免于关碍，或于社会上生产机关为最发达，而防卫机关亦不免于有关碍。以一则为发达干涉束缚之制度，一则为发达自由放任之制度也。

以上斯宾塞所谓二种之社会组织，其实不外于社会进化之二阶段也。夫社会之性质，于社会之状态固不能一定。然于国民建设之时代，固不能不为尚武的社会，如丁年男子既为兵卒，则不能分事于产业，以其职在为国民之防卫，国民自有以养之，自不能任其倾向于生产，其结果而有似于干涉束缚之制度也。至后世社会之状态一变，社会全倾于产业的作用，而自由之制度始发达焉。溯古代不仅社会之组织基于族制，即政治之组织亦根据于族制，以国家者不过因家族而扩充之者也。国家者，非住于同一之地方，有同一之语言，人人而为政治的组织也，实由于同种族之人人有血统之关系，而以族制的组织构成之也。故社会学者孟尔甘[①]曰："古来惟有二种政治，即一因族制之关系以支配人民，一因土地之关系以支配人民而已。"而格鼎格斯[②]乃先正其误谬曰："所谓因族制之关系以支配人民者，斯固为古代政府之行政的基本也。若因土地之关系以支配人民，则非为古代政府之行政的基本也。"何则？近世之领土主权的国家，实因古代之族制主权的国家发达变迁而出，此为封建制度之时代，已非草昧初开之时代也。封建制度之位置，于历史上为最

---

①　孟尔甘，即美国人类学家摩尔根。

②　格鼎格斯，即美国社会学家吉丁斯。

明晰。以古代之社会固为族制的组织，然古代人类之最大必要，乃在互相攻击，互相防守。有攻击，有防守，斯有战争。有战争，则将帅之位置为最必要，有不待言者。苟有将帅之才，则自然为社会所信用，所敬服，而君臣之关系即于斯起。是因族制的组织以流于封建的组织，为最有势力也，经过此封建的制度，而后有领土主权之政治的组织也。

据格鼎格斯之说，则政治社会未有不经过此三阶段而能成者。埃及、巴比伦等之文明，能经过其第一阶段，而不能达其第二阶段。希腊能达其第二阶段，而不能达其第三阶段，遂不能完全而止。罗马亦不能达其第三阶段。而近世之国民，能十分达其第三阶段者，究亦无几也。

夫国民于建设时代，其社会能与他社会敦友谊的交际者殆稀。以四围所处者群属于野蛮人种，借竞争之常例以证之，其防战之交际尚为不遑，又何友谊的交际之有？故社会之势力，先在设备政治上之统一及军事上之组织，以保维其安全也。政法上之统一成，则其社会为安全巩固，其人民之元气为新奇之发泄，欲成此种之社会，尤在完全其尚武政策，打破强迫的制限，以得有心身之自由，而社会之秩序亦永远随此自由以为进步也。埃及、巴比伦等诸国经过第一期，而以不能入于第二期而灭亡。希腊达于第二期，而以不能完成法律上之发达而灭亡。罗马能为法律上之发达，而以不能维持健全自由之精神而灭亡。故希腊虽达第二期，而以不能完成而止。罗马虽脱第二期，而以不能达第三期而止。毕竟古代之文明之不能巩固者，以常处于四围之野蛮人种中，遂不能脱为竞争国民覆灭之祸也。

近世之日耳曼种族，一方有内部发达之结果，一方乃吸收罗马之文明。自第五世纪以至第十三世纪，已经过前述之第一阶段，完备封建之组织，遂完结近世的政治组织之第一期。第十四、十五世纪之文学复兴，第十六世纪之宗教改革，第十七世纪之英国革命，第十八世纪之文化与英、法之革命，第十九世纪之前半纪英国之自由贸易运动，又于欧洲大陆宪法自由之运动等，无一非打破社会之强迫制度，一变社会之构造，以完了社会变迁之顺序，又途中无亡灭之患，爰巩固其文明，而使政治社会至达于进步之第三阶段。今欧洲诸国所以概完结政治上之进步，咸因法律以保证其个人之自由，而社会之势力又得为新奇之发泄也。彼等既经过此文明之第三期，乃又入于经济的进步及伦理发达之阶段。其人民全力倾注于产业，而富之生产、分配及消费等，方为社会之大问题。又多数之人民如何始得同有人生之幸福，及实成人类生活之理想之问题，亦有必需乎解释者。故格鼎格斯既正社会仅分二种，一为尚武社会、一为产业社会之误谬，而以为政治社会又须经过三个之阶段，第一有尚武之时代，第二有宪法自由之时代，第三有经济伦理之时代。第二者，因第一以移入第三，是为转迁过渡之时代也。如是真正之历史哲学，原基于社会进化之顺序。虽然，于同时知识上之进步，则必从柯母特之三大法则，于个人的品格之发达，则不可不承认黑智儿之说。若令柯母特、黑智儿、斯宾塞之说，则庶几可企于完备大成矣。

方今物质的文明膨胀，蒸气即煤气。机关之完成以来，斯为大机械制造之时代。于现世纪之初半期，蒸气船、铁道、电信器之发明，使生产益加其富，使运输交通益增其便，斯又为古今未曾有之产业的时代。封建的时代固不能不倾向于武士之道德，乃自宗教改革以来，以至法国革命之后，宗教上有自由，政治上有自由，人类乃又倾向于哲理。以历史上之现状例之，似与攸列格尔之堕落说相符合，而究非也。以一利一害者，人事之常也。即社会之有进步，亦非为纯然之幸福，如行强迫制度时，则使人不能有自由是也。盖人无进步，则人之敏钝迟速力无现象可比较，遂可免生智愚、贫富悬隔之别，若自由竞争之世界，则不能免智富者益进于智富，愚贫者益陷于愚贫之弊。夫物质上及知识上之进步，无代价，则可置论也，使有代价，则常忍牺牲的痛苦以代偿之，以进步者不仅努力为要，又以痛苦为要。譬以发明一新器械其受利益之感情，固有无限快乐，至其未发明之初，乃破坏旧式以求新发明，其痛苦之感当亦不少也。其有智识有资本者，自能迅速发见，应新时势，处新境遇之道。反之而无智力无资本者，其顺应变化之能力，不能维持其地位，遂不幸至于堕落而不能恢复。如是社会于一方有进化，于一方有退化，于一面为上进，于一面为堕落，进步之度愈急，而进步之代偿愈重。若行军然，行军之速力激甚，健卒自踊跃随进，而弱卒已倒卧于途上，以此设喻，无或异也。智富者为古今未曾有之暴富，年益加多，而愚贫者之状态，乃日赴于急迫，至有破坏社会秩序、停止社会进步之危险。是文明之进步迟，社会犹未见惨淡之状态，至文明之进步速，社会乃益见沉沦之状态。虽然，是即将来社会大进步之动机也。学术有进步，工业有发达，运输交通有便利，是必于富之生产奖励以分配之也。乃同时有贫富、智愚之悬隔，而欲不激发人情之反动，勃起公私之慈善事业，不可得也。顾以此人情之反动，而社会之伦理乃大发达，以自由竞争之结果论之，而智愚、贫富之悬隔，遂至不破裂社会而不可止，于此即减进步之代偿而社会之痛苦，犹不可少也。若欲少社会之苦痛，是非教育制度之普及，慈善事业之发达，于社会之道德的意识，以成就社会种种道德上之改革不可。关于此点者，不可不参考社会主义之泰斗拉沙尔[①]氏之《欧洲近世史观》。夫于欧洲中世，社会之势力存于有土地者，盖封建时代以农业为产业之主要，因此而生田奴、骑士及君主之阶级。洎产业、商业及制造业均为进步，而起大资本之结果，遂颠覆封建制度，而以中等社会之雇主及自由劳动人之关系，代封建的君臣之关系。当是时，社会之生产事业、个人的需要，不以地方的市场为目的，而以世界的市场为目的。如法国革命之事实，究不外法律上之效力也。自是第三阶级占政治上之势力，以近世的资本所有权，代中世的土地所有权。如法国人民之公权，以纳税为其基本也。此为近世史之第二期。而第三期之社会的要素为劳动者，从来无资产者，无此阶级，至将来社会则此为一大问题。彼等主义为人类之主义，盖劳动者非有数阶级，即同所谓人民也。拉沙尔之说也如是。顾社会生产之富，专在农业，其政权即归于有土地者，斯为封建时代。又生产之富，不仅在农业，而存于商工业，其政权即归于资本者，斯为平民时代。然亦有有土地，有资

---

① 拉沙尔，即德国社会主义思想家斐迪南·拉萨尔。

本，而亦不能生富者，其故何居？则以虽有土地，虽有资本，而不加以劳力，而富不可得生也，况资本者为过去劳力之结果乎！生产之富，必以土地、资本、劳力三者为要，而劳力尤有为重大者。然于过去及现今之社会，富之分配为甚不平，其富多归于有土地者及资本家，而劳力者仅不过糊其一身一家之口而已。社会的经济上之发达，劳力者之为必要，随之而益大，而文明之进步，愈使劳力者自觉自己之价值与劳力之权利，此必然之势也。故经济上之进步，要以道德上之进步为急，不可不知。今后不使社会沉沦，或陷于破坏之方法，一视将来历史上社会道德之进化如何，是又不可不知。

以上以关于社会构成之变迁为历史之大势。以下因国际上之关系及地理上之关系，以论历史大势呈如何之倾向也。

自古代族制主权之国家组织，经过中世封建主权之国家组织，以至近世领土权之国家组织，社会与社会之交际，有战争与和平二者而已。非交战国，即同盟国，非同盟国，即中立国，国家组织无能外乎此三者。大并小，强吞弱，次第以促社会之成长发达。而封建制度者，为古代多数之族制社会渐次相合以形造统一国家，此之谓过渡时代。凡社会之初，无他社会与之敌，是仅有平和之条约，迨已为交战国，则其构成社会之必要又有异者。何则？凡属于他社会者，敌视之，而属于我社会者，自同胞视之，如斯社会与社会，各因竞争上以巩固其内部为一致，而出其胜利，以征服他社会，渐次得组织为强大社会。其方法古即同之，或因战争以事征服，或因平和的同盟以施其合并之手段而已。但于中世之封建时代，呈出此现象于国家之中，始成就统一国家，而见近世的国际之政治焉。于封建时代之战争及同盟，非为诸侯与诸侯之间，即为诸侯与帝王之间，其竞争一行于国内。一自国家归于统一，而后国际上之竞争始兴，或一方起为同盟，或一方起为反对同盟，至生所谓国际的关系也。以欧洲例言之，第十五世纪之后半期，列国为封建割据之时代，各保其单独孤（之）〔立〕①姿势，至是时英国、法国、西班牙国

---

① 据日文原文校改。

三国归于统一，尔后列国并起，至现出今日之状态。今国际上之关系为甚复杂，欧洲之中原，有德、奥、意三国同盟，又反对此三国者，有俄、法二国同盟。又从世界之大局面以观察之，一方膨胀于陆上者为俄国，一方膨胀于海上者，有英国之竞争，初见之似不甚规则，虽然，其间自通世界以来，即生国际的系统，为无可疑之事实也。将来或生大陆的系统，如亚细亚列国、欧罗巴列国、亚美利加列国等，各因大陆之关系，各异其利害，以各成其统系。犹之北美合众国即北亚美利加洲之美利坚国。因叩巴岛①之事件与西班牙构事，而欧洲大陆诸国，乃概与西班牙国表其同情，其新世界列国，则与美国表其同情，又在欧洲而不属于大陆，乃多有新世界领土之英国者，亦与美表其同情。即亚细亚从来为单独孤立之支那、日本、朝鲜、暹罗等国，近亦渐相接近，有为一统系之征候。于是列国之间，生为合纵连横，将一变从来之形势，而广大其范围，以生亚细亚、欧罗巴、亚美利加之统系，使大陆的政策的时代，一见为大系统竞争之世纪也。

又从地理上以观察历史之大势，则亚细亚者为文明之起原地，而其文明大概发生于沿河之流，故加尔利特尔②派之地理学者称之为河流文明之时代，如支那之黄河及扬子江类是也。又欧罗巴者，为文明之发达地，而其发达专因地中海之利便，故地理学者谓之为内海文明之时代。如地中海及巴尔戎海③之于欧罗巴，亚刺比亚海④及印度洋之于西亚细亚，黄海及日本海之于东亚细亚，莫不皆然。至第十五世纪之终，亚细亚、亚非利加、欧罗巴之文明，各沿内海成长而来，无不以地中海为中心点，如巴比仑、尼勒柏⑤、安气峨克⑥、嗟尔沙列母⑦、加伊洛⑧、亚力山

---

① 叩巴岛，即古巴岛。

② 加尔利特尔，即德国地理学家卡尔·李特尔。

③ 巴尔戎海，即波罗的海。

④ 亚刺比亚海，即阿拉伯海。

⑤ 尼勒柏，即古代亚述首都尼尼微。

⑥ 安气峨克，即古叙利亚首都安条克。

⑦ 嗟尔沙列母，即耶路撒冷（Jerusalem）。

⑧ 加伊洛，即埃及首都开罗。

大利亚^①、加尔塞基^②、雅典、罗母^③、根斯挨气诺破^④等之名都府，棋布罗列于沿岸。而动摇此中心者，始于罗马之英杰西查尔。西查尔征服亚尔布斯山西北之哥尔人^⑤，使归于罗马，致亚尔布斯山至今无用。昔西查尔之越亚尔布斯山也，不仅扩罗马西北之版图，其结果也，乃使文明西渐，破除地中海之中心点，以开文明之中心点于大西洋。中世以降，十字军之影响，因亚剌比亚人、蒙古人之媒介，使亚细亚、欧罗巴之交通渐至频繁，支那文明之结果，为罗针盘、印行术、火药、制纸术等，传于西洋。至第十五世纪之终，哥仑布之发见西大陆，哇斯科德加马^⑥之回航于亚非利加，地中海始失其历史上之价值，意大利衰，文明移于西欧罗巴，西班牙、葡萄牙先起，荷兰继之，英、法从后而兴，文明遂渡大西洋而传于亚美利加，地理学者又谓之为大洋文明之时代。尔来至第十八世纪之后半期，大西洋为西洋文明之中心点，恰如地中海之于古代史及中世史者，此时有柏林^⑦、伦敦、安斯特尔丹^⑧、安特威尔勃^⑨、纽约、破斯吞^⑩、非拉德尔比亚^⑪等名都府，悉竞兴于大西洋两岸。而于第十八世纪之后半期，自卡勃沁克^⑫之探险航海以来，将来世界文明之中心点，又显有移于太平洋之征候。惟系南、北亚美利加，亚细亚，奥大利亚之运命者在太平洋，此语诚非诬也。且世界文明之完全，亦不可不谓因太平洋文明之发达，以决定其成否。盖世界文明之完成，非仅白人种中少数部分之进步，与一二大陆之开化，而即可谓之为成就也，必以六大陆

---

① 亚力山大利亚，即埃及北部港市亚历山大。
② 加尔塞基，即迦太基（Carthage）。
③ 罗母，即意大利首都罗马。
④ 根斯挨气诺破，即君士坦丁堡。
⑤ 哥尔人，即高卢人。
⑥ 哇斯科德加马，即葡萄牙航海家瓦斯科·达·迦马。
⑦ 柏林，此指法国巴黎。
⑧ 安斯特尔丹，即荷兰首都阿姆斯特丹。
⑨ 安特威尔勃，即比利时城市安特卫普。
⑩ 破斯吞，即波士顿。
⑪ 非拉德尔比亚，即费拉德尔非亚（Philadelphia），亦即美国费城。
⑫ 卡勃沁克，即英国航海家詹姆斯·库克船长。

之并进，全人类之竞争，始可谓之为成就。历史之终局，必文明普及于宇内而后可，将来之历史的人种，决不可仅限以今日之欧美诸国民。亚尔诺尔德之欧美近世史，为世界最后之历史，近世史之后，斯为将来之历史，欧美人种者，即世界最后之历史的人种也。现今论欧美人种之责任者，其说即以为史学之归结，是未知历史者，以人类而始，亦以人类而终。人类未完全，即历史不足为完全，人类未尽，即历史不得为尽。世界未至终局，人类未至末期，且竞争于新世纪者，尚不为全人类，是历史之成长发达，亿万斯年，悠悠其尚未有尽也。

第八章　历史研究法

第一章之解说，历史有三样意义，一为客观的事实，二为主观的理会，三为从主观的理会以反入于客观也。史学之问题，第一在如何使历史之理会与历史之事实相符合，第二在使此符合之结果以为客观的实现，而解释此问题者，斯为历史研究法。是殆为一科学，不可仅称之为史学也。

客观的事实既消灭而不存，仅就其过去的事实之痕迹存于世者而理会之，是将借以豫察将来之事实与现在之事实，而以想象其结果也。人类之知觉虽限于现在，然其记忆力与希望力，恒扩张过去、未来之范围。

过去之事实已永久消灭矣，非研究之不得也。而研究历史之材料，非在过去事物，乃存于现在之事物也。以吾人感官有直接之知觉，如过去之事实既归消灭，苟不记忆之，其事实虽有痕迹，究无实物也。故欲研究之，非使过去之事实再现于心中而理会之不得也。就此理观之，是历史之学与他科学无异，而有异者，乃在研究之难易与材料之精粗为如何耳。

客观的事实，不仅于纵观世界有前后之关系，且于横观世界有前后、左右、上下之诸关系也。主观的理会，不能于同时包含是等诸关系，因于原因、结果及其他关系，为顺次连续的理会之。故因主观的思想上以理会客观的事实，恒有为直线状而无变化之患。是盖不仅为史学者之困难，且于研究历史者亦有特别之困难。爰借夫利曼[①]之言以证之曰："二人同目击一事件，其谓为非一事件，诚未之有也。第其为此一

---

① 夫利曼，即英国历史学家弗里曼。

事件所感刺之情，则各有异。如合记一战事，其同目击之时，均识之为战，而不能强名之曰非战，第其视为重要之点者，则各正有在也。"知乎此，可以知研究历史者之困难矣。

研究历史之方法，在发见过去事实之痕迹，而批评之，又解释之也。

第一发见

研究历史之手段，先在发见研究之材料，无此材料，则批评与解释不能凭空以击也。故研究历史之基础，以发见资料为第一义，譬诸矿夫不深穿矿坑，不能采掘金属也。

史料有三种：第一，为自过去之时代直接以存于现在之物是也，此之（物）〔谓〕[1]遗物。第二，就人类过去之事实而理会之，以为思想之遗纪，此谓之记录，又谓之为史料史。第三，并有前二者之特质之实物是也，此之谓纪念物。

甲、遗物 Remains　是非徒存于后代之记录中，乃实有呈于耳目间者，厥有数种：（一）以人工之结果而存者，如道路、水道、古坟等是也。（二）德伊森[2]之所谓道德的组合组织之条件，如风习、惯例、法律、政令、教律等是也。（三）凡足以表示当代人民之思想，及其知识之状态与知识的作用，例如格言、文学、神话等是也。史书为时代之产物，（不）〔亦〕[3]得加之是中。（四）关于业务之书类，如通信、商务函记及一切公文是也。

以上非以记录其原来为目的，要必究其为当时社会所创作者，其能合于今之实用与否为目的，或又因人性自然之要求，而无意以成长发达之。如言语亦为一遗物，而为历史上最不可欠之资料也。

乙、纪念物 Monuments　此为遗物而兼有记录之性质者也。是种物

---

① 据文意改。

② 德伊森，即德国历史学家德罗伊森。

③ 据日文原文校改。

不仅以合于人之实用为目的，又以便于人之记忆为目的，如所谓纪念碑是也。而美术品之多数，志铭、赏牌、货币、军器、姓名、称号、分界石标之类皆属之。

丙、记录　即所称为史料Sources者是也。此盖就原来过去之事实，理会而构成之，以为便于人记忆之资料。如史书、年代志、口碑等，无非资之以记忆原来者。

当文字未发明之顷，其记录均借言语以存之，此之谓口碑。口碑之于今日，其信用甚薄，经过二代，将不足为史料。而曰刘顿[①]者，其口碑乃至有百年间之信用。哇尔勒[②]者，赤色印度人也，其正确之传说，乃至涉百年以上。又古代之历史家破利比乌[③]者，其叙述自其生前二十年顷之事以迄后连续的之事，是于过去之事实，亦有所依赖也。

于古代无文字之时代，口碑之价值必非如前所述者。现今虽文字为绝对的信用，而口碑究未可一概排斥之也。二者之间，非有种类之别，惟其于信用之程度见为异耳。文书上之事实，非出于考证，则不足为信凭。而可为考证之倚赖者，则又莫口碑若也。而口碑乌可概抹之乎！且巴克尔有言曰："文字之发明，不仅害记忆之力，减杀口碑之效力，且供伪诈传于永久之方便。是文字之发明，谓之为有害于历史也可。"是说也，虽为极端，究以世人通例之记录考之，其间无妄者殆希也。"尽信书不如无书。"此孟子之言也，其意味正与此同。南洋诸岛之野蛮人中，于现今数世纪以前之事实，胥存于口碑。日本之《古事记》，希腊贺马之史诗[④]，其原来皆出于口碑。贺马诗中之事实，其于当时社会、列国形势、地中海船舶之模式，均为最足信用者。如其言某铠也，而代价之牛几何头，是可知当时之通货为家畜也。近时小亚细亚采掘古都旧址

---

① 刘顿，即牛顿。此处译文有误。
② 哇尔勒，未详。
③ 破利比乌，即古希腊历史学家波里比阿。
④ 贺马之史诗，即荷马史诗。

之事迹，多因赤仑安^①之讴歌证以明之。行于歌尔^②人间最秘密之德内德教^③，其僧侣能记忆之，即借其口碑以传。斯则确实之口碑，有不让于记录者可知。古代列国之历史，大概类此，惟其确实有不及于贺马之差异而已。为最正确之口碑，而能保存确定之言辞者，即诗歌、圣语、祝辞之类是也。如贺马之诗，而德内德之秘密教，即得因以保存，是可以例之。

记录有二种。第一当有主观的想象，或又因感情之充溢，以历史上之事实为材料，而使用其目的者是也。如古代物语、历史的乐歌等，莫不为其想象暨其感情之充溢以出之。又如裁判所、日本听讼署。议会等之演说，有关于公法之书类等，莫不以史实为材料，以为达其目的之资也。第二专以客观的契合，而与正确之事实相符合也。第其间有不连续之事实，故其传之也，而稍有分类编成之别，于此而能留意于记录之目的，斯有判定记录意义之便益。或者有出于记者资以自身记忆之目的，或者有为他人者，其中又有为一人者，为数人者，为众人者，又或为现代，或为后世，或为教训，或为快乐，或为利益等，不可不随其种种记录之目的，以异其史料之观察。

总之，记录者有原记录与自他史料传承为记录之别。第二种之价值，全存于第一种之价值内，时或原记录亡失，而有仅存于传承记录之情势，于此情势，则传承记录亦有原记录之价值。

古来历史家于口碑与记录之外无资料，或因口碑，或因记录，而收集之，比较之，改删其形容，复演说之，以为正确之历史。近时研究遗物及纪念物，以为历史之资料，史学始立确实之基础，而骎骎以向进步之盛运云。历史者，考究人类社会之进化者也。书契以前，谓之为有史以前时代，此时代无记录也，仅用便宜之言辞，于此而谓之有历史之意义也不可。盖有史以前，非记录存于文字之时代，又非口碑传于今之时

---

① 赤仑安，即特洛伊城。
② 歌尔，即高卢。
③ 德内德教，即德鲁伊特教。

代。何则？以其有遗物，即可以确知其事实也。有史以前，又不可谓之（有）[无]^①历史。

人类学者之所谓石器时代、青铜器时代、铁器时代等，必非仅有史以前之事实，虽然，有遗物可以为知有史以前历史之证。又博言学者比较万国语言，以考究历史上之新世界之如何开拓。孟母塞^②曰："言语者，乃表示其发生时代文明之程度，是言语为其时代真实之写像，又为真实之机关也。"印度自英人征服以来，梵语始为欧洲学者所知。一千七百八十六年，英人威利亚母^③谓梵语、希腊、罗甸、日耳曼、克尔特诸语相类似，同一语根，必自同一之原本的母语出。黑智儿又谓之为发现新世界之语，此语实非诬语也。其结果以证明印度人种与欧罗巴人种为同一人种。而博言学之成立，亦不存于记录而传于口碑，且加历史以多数之事实，此而谓之非言语之赐不可也。

遗物、纪念物、记录之价值，因研究之目的而有异。遗物虽有能因之以确实知古代细微事实之功，究以其多为断片散逸，或偶然发见而已。故三种之资料中，不可仅偏倚其一。但研究历史之方法，在活用之以成敷延历史的资料，而又扩充之。其方法者：（一）搜索发见。（二）结合。整理事物之位置，结合适当之关系，因此二个事实，以发见第三之事实也。（三）类推。同者生同，异者生异，故于同样之事情，而不生同样之结果。以此原则推之，虽不中，不远矣。（四）借证。例如见古坟之位置整然，即可表见古代社会之秩序是也。资料各别，其间有连续者，有不连续者，若不补充事实与事实之旷阙，则历史上之事实将不能全矣。

发见者，批评之基本也，发见及批评，又解释之基本也。虽然，三者非有别异之作用，必使之为共同作用，而不可分离者也。

---

① 据文意改。
② 孟母塞，即德国历史学家特奥多尔·蒙森。
③ 威利亚母，即英国梵文学者、东方学家威廉·琼斯。

第二批评

批评者，非直接以批评历史的事实之谓也。所谓历史的事实，为复杂意志之结果，其意志或相一致，或相冲突，或与时代共归于消失，今且其事实上之痕迹，不过仅存于记忆上，此之谓为历史的资料。

此资料既为发见，而生产此资料者，即可以表见古人之意志。批评之要务，在存于现在生产之资料，与古人意志之间有如何之关系。而批评之方法，即因其关系之如何以判定之。

（甲）关于材料真伪之批评　研究遗物及纪念物者，乃为人类学、博言学及考古学之职掌也。批评记录与鉴识者，别为一科学，谓之为古文书学 Diplomatics，如因外部之征候，以辨其文书之真伪，此鉴识之学也。若夫因内部之征候，以批评其古文书之真伪，斯谓之为高等批评 Higher Critism。

（乙）关于材料变化之批评　材料而无变化，斯仅以其原物而传者也。若有变化，则不可不研究其变化之如何。史料之情形，其经过前后时间，随有变化，于其前后形状而比较之，或可以知其变化进行之程。

（丙）关于材料确实之批评　果为真正原物之材料，不可不下以确实之批评。此资料之证据，果与其事实符合与否，乃属于别问题。

历史的辨证之规则，非专关于记录也。其原则不可不视其同时代一切可为证据之事件，或因其传于同时代人可信用之口碑。要而言之，辨证之规则在溯其渊源，若证据人与事实同其时代，或自证人目击之，或得之从正确出处之原记录是也。如破利比乌斯之《历史》[1]、西查尔之《歌尔战记》[2] 及克兰林顿之《英国反乱史》[3] 等，多基以自己之智识，虽然，同时代之历史，其多分依赖著者以外之证据，此又为必然之事也。

具备以上原则之二要件者，是为历史上可信用之事实为无可疑。设

---

[1]　破利比乌斯之《历史》，即古希腊历史学家波里比阿所著《通史》（亦称《罗马史》）。

[2]　西查尔之《歌尔战记》，即恺撒《高卢战记》。

[3]　克兰林顿之《英国反乱史》，即克拉伦登所著《英国大叛乱和内战史》。

此二要件不备之事件，则为不确实，为知识之所不能及。苟采用此严重之规则，则各国历史中可抹杀之部分者甚多。就记录而可注意者亦有三种。（一）在视著者所叙记事之实质，其材料为何如？（二）在视著者之影响，其及于当时世上之思想为如何？（三）在视著者之教育、品格及特殊之倾向等，其所带个人的特色为如何？记者之诚实与记事之确实，自属于别问题。若记者之诚实为无可疑，则其记事必可定为确实者，若其记事为不确实，则记者之诈伪有难为之定者，是于研究宗教史上为最不可不注意之要点也。

口碑之确实者，其经过纵观世界，亦即随于消灭，而记录之功能则无此弊。盖口碑者，以人渡人，以口传口，其间或误，而原形即因之而失。若记录则丹青永垂，千古犹昭，似较口碑之功能为尚者以此也。虽然，记录之历有年所，其出处之湮远，莫得而稽，且始原著者之信否，亦难定其真实。即著者之始原出于真实，而记录相传，或字句遭添削之难，则亦难为信史。如雅典与妹加拉①争沙拉米斯岛②，乃乞斯巴达之臂助以成功，而贤人梭伦加字句于贺马之诗中，以胜利归之于雅典。宗教上之文书，此类者甚多。犹有誊写文书暨印刷文书之际，或有脱误，是亦势所不免者也。

又古今历史家之习惯，亦不可不察。此何谓也？以事实之解释，人心之解剖，时多过穿事实之弊。且政党政治之世，历史家多注意于党派及其主义。如休母之《英国史》③，偏于特利主义④，马哥列乃有黑格主义⑤之僻；又米吐阿德⑥之《希腊史》，为贵族主义，格仑特⑦乃为民政主义。读之者苟不注意，未有不陷于误谬者。

---

① 妹加拉，即麦加拉。
② 沙拉米斯岛，即萨拉米岛。
③ 休母之《英国史》，即休谟所著《朱利安·恺撒入侵至 1688 年革命的英国史》。
④ 特利主义，即托利（Tory）主义。
⑤ 黑格主义，即辉格（Whig）主义。
⑥ 米吐阿德，即英国历史学家威廉·米特福德。
⑦ 格仑特，即英国历史学家乔治·格罗特。

如上所述，斯为复杂之事实，批评之要，即取此复杂之事为资料，而看取其要点以定论之，使批评与事实之要点毋相违。若事实与批评之结果相违者，则不可谓之为历史的事实如斯，斯可以渐得历史的事实之要领矣。

第三解释

吾人之运用肉体也，有运用之机关，有运用机关之筋，有动筋之意志，有支配意志之目的。历史上之事实斯似之，何则？以历史上之事虽大，究依旧不外人类之事也，故因四个之要点，即可下以解释。而四个要点之解释者，即（一）原因、结果之解释；（二）关系、事情之解释；（三）心理的解释；（四）当代理想之解释是也。

（一）原因、结果之解释　吾人于史，必思想其过去之事实者，以过去事实为史学之要务也。然过去之事实，非单独孤立之事实，以前有原因，后有结果，而后始生出事实。吾人思想之者，亦欲以解释此因果之关系为要，即一旦经批评，即可认为正确之事实。是过去复杂之事实，吾人心中，从其当时之关系而再造之。又无十分之材料者，亦不足为证明法。然材料虽无十分，又有类推法可以行之，即因所既知之事，以推及所未知之事之方法是也。

（二）关系、事情之解释　第一者，就事实以解释其直接之原因结果也。第二者，因其所生事实以解释其当时之实情，所谓间接之原因也。不解释之，不可得历史的事实之要领，而解释此种事情之要又有三类。一、关于横观世界之事情，即地理是也。二、关于纵观世界之事情，即时势是也。三、关于方便之事情，即为物质上及道德上方便之事情是也。

（三）心理的解释　历史上之事实无一不关系于人类之意志，故解释历史者，必以解释历史的人物之心性及意志为必要。特大人豪杰者乃代表时代之人物，又回转时代之人物，为势力中之一大势力，故解剖其心性尤须明晰，若有欠缺，则不能解释历史上正当之事实。盖一事之成，非仅一个人之意志成之也。譬如万有，则因天然之势力以动，而历史则因社会之势力以动，凡此势力中，无人不与。一个人之生命及精神者，即社会之生命及精神，若为历史的人物，名遗于后世，其参与社会之势力有大分量者。于各个人，无不皆能而皆然，以大人豪杰亦不过为社会的生命之一要素也。其以社会之生命、历史之精神，而仅为大人豪杰之传记者，诚大误谬矣。虽然，大人豪杰者固为时势之代表，然又有改造时势之势力，如摩哈默德[①]使回教蔓延之现象，可以证之，是解释心理的作用，又为（改）〔解〕[②]释时代之必要也。

（四）理想之解释　解剖历史的人物之心理虽为必要，然不仅是也，以能产出历史的人物之心意，又为理想。若亚历山大、西查尔、摩哈默德、克伦威尔、拿破仑等，皆带历史上大思想之人物也，而其思想大抵于其时代以代表社会之理想而已。如曹操曰："汉乎，汉即吾也。"路易十四世曰："国家乎，国家者即朕也。"拿破仑曰："革命乎，革命者即吾也。"此三人语皆代表当时社会之理想，以支配其社会之人心及势力也。各人之意识莫不有一时现出者，第不可任其消灭，须成长其意识而发达之，教育之，陶冶之，使成为社会一般之人心。盖社会的意识者，个人的意识之母也；而个人的意识，又为社会的意识之要素也。个人的心理学之必要，即社会的心理学之必要。其各时代所动于社会的思想，莫不因其观念与理想，以构成其时代之历史的真理。夫历史上之事实，不外乎其社会的理想所显之现象，暨其社会的理想之结果，社会理想之解释，即补个人的心理分解所不足也。

以上四种解释，为成立社会之要素，即成立历史之要素。其间自然连络、有一定之关系，解释之方法，即因此成立社会诸要素之成长发达盛衰消长之间以解释之。一由横视以观察平面的社会，一由竖视以

---

① 摩哈默德，即穆罕默德。

② 据日文原文校改。

观察流动的社会。故一曰静状的观察法，一曰动状的观察法。动状的观察法有二样，一从现今以溯既往之方法，一从既往以定现今之方法，二者心意之作用有少异者。如从现今以溯既往，须分析其结果以归之各原因，故不得不为分解法。从既往以定现今，须研究其一事实渐次产出他事实，暨其成长发达之状态，故不得不为综合法。历史的方法，宜同时并用此二作用，二者相辅相倚，而不可分离者也。发见材料为一技术，批评为一科学，解释为哲学思想，所谓具备史眼者，斯存于此点。而解释历史者，又不可仅以哲学的思想为十分满足也，即欲具备史眼者，犹以有美术的思想为要。夫历史者，以人类为主题，又以人类为目的者也。如叙奸雄之事迹，若仅憎之，是未可即谓之为有历史家之资格也，必于其事迹间，审其有多少同情与否。又如研究物质之元素，学者非全能无情，然未可以其有一种同情，即谓其研究为可也。是研究物质者犹如此，矧于人类学乎！故判断事实之有无，必如科学者研究物质之现象为要；又评其事实之是非得失、存亡成败，必如明法官之判断大诉件为要。西尔列尔①曰："世界之历史，世界之法庭也。"是谓历史家为在法庭下断案之判官，亦无不可。若仅能责人，未可谓之为高手之判官。盖欲为历史家者，不可不思我若生此人之时代，居此人之位置，遇此人之事件，应如何对应之。是不独对于人物为然，即对于制度文物，亦必有同情同感之为要也。故于历史上之事实，不可任意排斥之，亦不可任意阿私之，须以同情之史眼观察之，始得正当之解释。而为此解释者，又有三个之手段。

第一之手段，须如雕像师，搜集种种材料，以为过去人物与制度之肖像。其所肖人物与制度之像，不独自表面观察之而似也，又须于背面观察之，于左右观察之，而无不似也，斯可谓为雕刻之真像。

第二之手段，如名画工，不独写出人物之真像，又须写出人物正确之位置。为历史者，即应比较历史之表面与里面，以正其位置之远近。

---

① 西尔列尔，即德国剧作家、诗人席勒。

又应区别历史之光面与暗面，以写其光景之真相。盖真正之画术为写真术，真正之画工为写真工，若历史家而仅以记录事实为事者，是不得谓之为真正之历史家。

第三之手段，乃结合第一、第二之手段，而更加以活手段也。历史上之事实，有血有泪，若仅以雕像师、写真师刻画人类之行为暨其结果，犹未能得其精神也。必如真正俳优之演戏曲，不仅置己身若生其人之时代，居其人之位置，遇其人之事件已也，又须以己心入其人之思想，入其人之感情，入其人之意志，全具其人之精神，为其为代表人物之人，以写其人之位置关系也。故为历史者，在标秉此意，以区别历史之主位与客位，叙其事实之发端，进行之段落，盛衰之波澜，终局之团圆等，犹在明白其事变之脚色为要。是不独对人物为然，即研究制度文物，一国一时代，亦无不同此意义也。

如是为真正之历史家者，在有第一科学者，第二哲学者，第三美术家之三资格为要。而人类之社会者，为伦理的社会，组织社会之种种团体，尤在有道德的团体，道德上之目的，曰家族，曰地方，曰国家，曰世界，是皆有道德上之目的者也。社会之目的，亦实存乎此，而历史之目的，亦不得求之于道德之范围外。若欲为真正之历史家，欲读真正之历史者，必加以以上之手段，而自养成其品格，自正实其意志，以之解释过去事实，然岂仅以之解释过去之事实也哉？呜呼，进于道矣。

西史通释·综论

浮田和民　著
吴启孙　译

译西史通释序

　　余译浮田和民氏所辑西史，自埃及、巴比伦古国，以至希腊、罗马方今欧洲列强之发源，下接乎近世，凡十余万言，于西方民族变迁、世运升降、废兴成败之迹，昭然若发诸蒙，其记述既详尽矣。嗟乎，古今之变诚不可以前知。方国家昌盛，典章文物灿然照烂千载，生其际者，宁谓蛮夷僬野，己所摈不与列之民，有莪然出乎其上之一日哉。而忽焉澌灭以尽，至遗教余泽，空涵照乎他族，使后之来者，追维前烈，叹声灵震耀如此，曾不以救危亡，良可哀矣。胜败亦何常之有，后先相望，不得人则声沉响绝，英材崛起，山川变色，百灵效顺，纽绝纲回，狂澜飙发，云兴赫焉，争前载之光者，指不胜屈也。意造物者故无成算于其间，而以付人之自为耳。六洲广壤与海天相接，坐供白种之鞭笞，吾低徊思之，未尝不叹嗟伟业之难期，而其精魄之强为不可及也。乌乎烈矣夫！癸卯正月记。

综　论

　　历史也者，进化之义也。故自其广义言之，凡进化之事物皆有其历史，天体、地球、动植之物，无往而非历史者。然寻常之所谓历史，则取其狭义为言，故所谓历史者，即人间社会进化之义也。盖人间社会固地球万物进化之极致，而其现象之最大者矣。是故历史一语有广、狭二义，而所谓史学，即研究人间社会进化之学也。故史学以人间社会进化为主题，其目的在研究社会之沿革，窥见进化之次第及其原理。人间社会现象最杂，今尚在进化方行之间，未能原始要终而综其大成，故史学未能完全成一科学，独就研究法言之，不得不目为一科学耳。以上历史之定义。

　　人间社会非单纯之社会，而种种社会之聚合体也，其组织最大者，是为国家。国家者，方今社会组织之最有力且完全者也，他之社会皆由以维持保护。始人间社会，无治人、治于人之殊别，无政府与社会之区分。当是时，有社会而未有所谓国家也，及治人、治于人者之分业既生，有政府与社会之分，而后始成国家。方今国家包括一切之社会、统辖一切之社会者，所谓社会之社会者也，是之谓主权之社会。叙国家之生活，考其起原、发达、变迁、衰亡，及国国之关系，是谓政治史。专就一国而研究之者，为各国史。反之，就各国相互而研究之者，曰国际史。特就政府与政府之关系而记载者，曰外交史。国家成立以前，既有人间社会，虽至于今，尚有未成国家之社会焉，谓之野蛮之世。国家成立之社会，不但政治社会而已，有家族之社会，有宗教之社会，有学术之社会，有产业之社会。其产业社会之中，又有农业社会、商业社会、工业社会等之区别。不问国家之内外，又不必以国家为中心，研究各社会之起原、发达、变迁、进化者，曰文明史。世界各国之政治及文明，非单独孤立者，其初虽似孤立，其实间接、直接各有亲密之关系。若无此关系，所谓政治史、文明史者，仅各国政治史、各国文明史而足矣。而其实不然，故必有特殊之通史，所谓世界史、万国史者是也。世界史若万国史者，非仅就各国之历史拔其粹而略述之也，若是非一种历史，集合数种之历史而已。万国史者，特殊之一种历史也。各国之政治及各国之文明，如何而为世界之政治、世界之文明，特综述而条示之，此万国史之纲要也。以上历史之种类。

夫历史之范围广阔如此，故不可以一方体论。阿洛都[①]曰："历史者，社会之传记也。"既为社会之传记，不可仅注意于社会之一部分而忘却其他部分也。弗利门[②]曰："历史者，过去之政治。政治者，现在之历史也。"夫国家者，社会之社会，而政治者，国家之运动、文明之原质、历史之标题也。虽然，不得仅以政治一端之事实，而该普通之历史，专注意于政治，多不得政治之真相者。政治史与文明史之区分，非有截然界划，研究之者，便宜以为之辨而已。嘉赖尔[③]曰："世界之历史，独大人之传记耳。"此混乱历史与传记之界，于历史之定义甚为不合。然大人者，社会进步之一大动力也，其传记，社会之变迁、进化之关系，不可不收之历史之范围。离社会则无个人，离个人则无社会，由个人方面以观察历史，亦不失为一法，顾不可仅由此方面而观察之耳。英国学者戈登斯密[④]者，分解人间进步之原质，以为历史之大别，曰道德，曰智力，曰生产之三种。是由道德、知识、产业之三者，以观察历史者也。且申言之曰："此三者虽有差别，非可分离而有密接相互之关

---

① 阿洛都，即英国教育家和历史学家阿诺尔德。

② 弗利门，即英国历史学家弗里曼。

③ 嘉赖尔，即英国历史学家卡莱尔。

④ 戈登斯密，即哥德温·史密斯（Smith, Goldwin, 1823—1910），英国历史学家和政论家。曾任牛津大学历史教授。

系。道德、知识、产业，生事之大端。"是良不谬，然生人非第由此三者成立而已。无宗教、政治、法律等要质，则道德、知识、产业举不能成立进步。故独逸哲学家鲁哲①，由五种方面以观察历史，一曰智力，二曰产业，三曰巧工，四曰宗教，五曰政治。研究历史之方法，其范围惟欲狭小，期可举其成迹，然欲发挥其真际，则所由观察之方面不厌其多也。以上历史之范围。

生人之起原在书契以前，无记录之可征，惟近世格致之学兴，由人类之遗物察知其悠久而已。支那历史家司马迁，纪元前百九十一年成《史记》。言《春秋纬》②称自开辟至于获麟，凡三百二十七万六千岁，分为十纪。巴比伦之史家比尔撒士③纪元前二百六十年。之遗书，纪元前三万七千年以前有大洪水，洪水以前十王，四十三万二千年，洪水后八十六王，三万四千年，达加特亚④正史之时代。埃及历史家马勤琐⑤纪元前二百五十年。言始祖弥尼士⑥以前，有神代、半神代及帝王时代，凡二万五千年。而西人近世之说，以《圣书》为准，仅以数千年前为开辟之时代，方今英译《圣书》，以纪元前四千四年为天地开辟人类纪元之年云。以近世学术之发明，似古代之传说为近理。据地质学及天文学者

---

① 鲁哲，即德国哲学家海尔曼·洛采。

② 《春秋纬》，纬书名。旧传孔子撰，实由汉代谶纬学者杂撰而成。三国魏宋均注。三十卷，一说十二篇。为"七纬"之一。主要以神学迷信附会阐释《春秋》经义，宣扬谶纬之学，但亦保存部分古代天文、历法、地理和神话传说资料。已佚。清刘学宠、黄奭、王仁俊等各有辑本。

③ 比尔撒士，即贝洛索斯（Berossus），一译柏洛萨斯，公元前3世纪巴比伦历史家、天文学家与预言家。巴比伦修道士，生活于安泰奥卡斯·塞留古一世时代（前280—前260年在位）。著有《巴比伦王国的历史》，为记叙开天辟地至亚历山大时代的通史。

④ 加特亚，即迦勒底（Chaldean）。

⑤ 马勤琐，即马内托（Manetho），亦译曼涅托，公元前3世纪埃及历史学家。为埃利奥波里斯的祭司，生活于托勒密王朝时代。著有《埃及史》，记叙自美尼斯起至亚历山大时期的埃及历史。

⑥ 弥尼士，通译美尼斯（Menes），古埃及法老，第一王朝开创者。亦作米那（Mena），古希腊人称之为美尼斯（Menes）。约公元前3000年统一上下埃及，建立第一王朝，建都孟斐斯城。

之臆测，地球之年代至少当在六千万年以前。或云生物起原在一亿年以前，日本以百兆为亿。地球之外壳经过二亿年至四亿年之谱，人类遗迹亦达一万年以至十万年。以上人类之起原。

千八百四十七年，丹麦地质学者弗克班墨尔[①]、动物学者斯廷士[②]、考古者俄沙儿[③]三人，应北方考古学会之招，发掘遗迹，研究有史以前之古物。尔后诸国发见太古未开人种之遗物，得象、犀、狼、熊之遗骨，往往既绝其迹。考古学者以人类所用器及其性质，察开化智识之程度，别有史以前为三期。第一期石器时代 The Stone Age，第二期青铜时代 The Bronze Age，第三期铁器时代 The Iron Age。石器时代又分二期，曰旧石器时代 The Paleolithic Age，曰新石器时代 The Neo Tclithic Age。新、旧石器时代之名，今英国人类学者兰薄克[④]之所创，而学士咸从之。新、旧石器之区别，惟石器练磨与不练磨之异，然此际地球经大迁变，其日月相距颇长，足知人类最初进化之迟也。旧石器时，穴居，无家畜，无农作物，兽皮之外，固无衣服，惟其进化地方，于石器粗刻大象、驯鹿、熊等形。佛国西南部洞穴中，发见大象 Mammoth 牙，雕其象形，此象过去之动物，非今世存者。其与人同居，云在旧石器时代初期，足知此牙及雕刻者年代之悠远。当时英国连结大陆，尚未为岛，气候比今尤寒，有极北地所栖动物。及新石器时代，英既为岛，寒亦不烈，动物种类，海陆形状，与今无异。器具练磨，制造精巧，有

---

① 弗克班墨尔，即福尔希哈梅尔（Forchhammer, Johann Georg, 1794—1865），19 世纪丹麦地质学家、考古学家。曾任哥本哈根大学矿物学教授，地质博物馆馆长，丹麦科学院秘书。

② 斯廷士，即斯廷斯特鲁普（Steenstrup, Japetus Joseph Smith, 1813—1897），19 世纪丹麦动物学家和考古学家。曾任哥本哈根大学动物学教授，动物博物馆馆长。著有《动物的世代交替》等。

③ 俄沙儿，即沃尔寨（Worsaae, Jens Jacob Asmussen, 1821—1885），一译沃尔索，19 世纪丹麦考古学家，史前考古学的奠基人之一。汤姆森（C. J. Thomsen）的学生，曾任哥本哈根大学考古学教授、哥本哈根博物馆馆长。著有《丹麦原始时代古物》、《哥本哈根皇家博物馆北欧古物图说》、《北欧考古学地图集》等。

④ 兰薄克，即英国人类学家和博物学家约翰·卢伯克。

家畜、陶器及农产物。自生业程度言之，人类既自渔猎时代、牧畜时代而达农业时代矣。次之金属之发明起，遂为青铜时代。青铜时代者，以铜与锡混合作器用之时代。最后为铁器时代，人智开发，社会进步，比石器时代有霄壤之差，方今犹铁器时代也。凡此有史前之时期，于各国年代不尽同。伊太利青铜时代，他欧洲犹在石器时代，希腊已进铁器时代。和马诗[1]中咏青铜兵器犹多，见铁器之少，希腊进铁器时代盖在此时，纪元前第十世纪以前之时也。纪元后第十五世纪，西班牙人发见嘉拉里岛[2]岛人犹在石器时代。凡由石器时代至青铜、铁器时代，其变迁由内部渐起，循序不紊。若他开化种侵入，则不复循序，急切变迁。又有至青铜时代，而石器之用尚不废，以达铁器时代者。要之，三期先后则古今一揆，无所异也。丹麦有沼泽，树木倒其中，是此国见存之木，曰山毛榉Beech。其泥淖上层有比提[3]，铁器混之；中层有沤克[4]Oak，柏类。青铜器混之；下层有派印[5]Pine，松类。石器混之。丹麦之学者由此发见三期时代之不同，而瑞西[6]湖中，亦示其遗迹甚明。以上最近五十年间，学术进步，发明传记以前历史之一端也。此外有人种学，有土俗学，有头骨学，有比较言语学，总称为人类学。于太古人间社会及方今文明社会以外，人类之状态详加剖析，以究极文明发达及其起原，其功甚伟矣。以上有史前时代。

地上人类生息虽繁，比较观之，大抵可分为三种若五种。人类学者所以为生人差别之标准，皮肤之色泽，身体之长短，四肢之平均，头骨之形状，毛发、颜面、言语之性质是也。第一高加索人种，即白皙人

---

① 和马诗，即《荷马史诗》。

② 嘉拉里岛，即加那利群岛（Canary Islands），位于大西洋上，今属西班牙。

③ 比提，即 Beech 的音译，山毛榉。

④ 沤克，即 Oak 的音译，橡木。

⑤ 派印，即 Pine 的音译，松树。

⑥ 瑞西，即瑞士（Swiss）。此指 19 世纪 50 年代在瑞士境内发现的新石器时代"湖居"（Lake Dwellings）遗址。

种，欧罗巴人、除拉布人①、费因人②、巴士克人③、匈牙利人及土耳其人。西部亚细亚人、北部阿非利加人、印度人及由欧罗巴移居米国人民，皆属之。是历史间最进步人种，称为历史第一人种。白人种中以高加索地方人民容貌最端正，北部欧罗巴人色最白，南部欧罗巴及印度人稍近黑。第二蒙古人种，即黄色人种，东部中部亚细亚及新、旧两世界极北地之人民耶士克谟人④、拉布人、费因人。属之。支那人、日本人为此人种之表率，夙进文明，于世界史有大关系，故蒙古人种亦当为历史人种。罗马帝国之亡灭，及欧洲近世史发明之三事，火药、罗针盘及印字术。非涉及东方之历史不能明也。第三耶西乌比亚人种⑤，即黑色人种，通称为阿非利加人种，阿非利加之黑人及贩奴之役输入阿米利加之黑人是也。黑人种之起原虽远在历史以前，此人种未足称历史人种，然并无衰亡之征，且益繁殖，谓此后不得为历史人种，未敢断言也。以上佛国学者寇尾夷⑥氏所分，方今采用最广，又加以其间之二种，为五大人种。一曰马来人种⑦，即澳太利亚人种，澳太利、南印度、新锡兰⑧及太平洋诸岛之土人属之。此人种由高加索人种至黑色人种，中间经过之种族也。一曰阿米利加人种⑨，即赤色人种，南、北阿米利加之土人属之。皮肤铜黑色，此人种在白色、

---

① 拉布人，即拉普人（Lapps），又称拉普兰人（Lapplanders），指居住在拉普兰（Lappland）地区的人。主要分布在挪威海和白海沿岸一带。属乌拉尔语系芬语族。

② 费因人，即芬人（Finns），北欧、东欧说乌拉尔语系芬语族语言各族的总称。包括芬兰人、卡累利人、爱沙尼亚、莫尔多瓦、马里、拉普人等。

③ 巴士克人，即西班牙之巴斯克人（Basque）。

④ 耶士克谟人，即爱斯基摩人（Eskimos），主要分布在北美沿北极圈一带地区。

⑤ 耶西乌比亚人种，即 Ethiopian 的音译，初称埃塞俄比亚人种，后称尼格罗人种（Negro），即黑色人种。

⑥ 寇尾夷，即居维叶（Cuvier, Baron Georges, 1769—1832），法国动物学家，比较解剖学和古生物学的奠基人。曾任法兰西学院教授，国务委员和内务部副大臣，法兰西科学院院士。主张将世界人种划分为三大人种，并以《旧约全书》中的诺亚三个儿子的名字分别命名为闪人种、含人种、雅弗人种。著有《地球表面的生物进化》、《比较解剖学教程》等。

⑦ 马来人种（Malays），自称"巫来由人"（Orang Malayu）即棕色人种，又称澳大利亚人种，主要分布于太平洋诸岛和马来半岛地区。

⑧ 新锡兰，即新西兰（New Zealand）。

⑨ 阿米利加人种，即美洲红色人种，亦即印第安人种（American Indians），主要分布于南、北美洲。

黄色人之间，超出文明历史之潮流。迄新世界发见之时，其中独北米之墨西哥、南米之秘鲁颇文明发达，类古埃及之开化，中央阿米利加亦有土人进化之迹。近有谓以上二者不为特殊人种，为黄色人种之一派，但马来种中，澳太利亚及南印度之土人有入黑种中者。人种之事，学者异说甚多，有以为一种者，甚有以为六十三种者。以上三大人种，久相拟以为最古之原人种，今自种类、语言、历史诸点观之，则三者皆非原人种。原人种已消灭，方今所存人种，其谊若姊弟云。是故人种之差别，有主张一元说者，谓由单一原种寖生差别，达尔文及进化论学者概主此说。有主张多元说者，谓处处有人种之中心地，生各殊之人种，阿嘉西[①]其最著大家，极与达尔文之进化论相反。前世纪之哲学者甘佗[②]虽主张一元说，又云最初之人见最初之河，或至溺死，而一元说不无可危，是又趋多元说也。又有为折衷论者，虽不从一元说，而谓人类无差别，唱人类一致之论。要之，一元、多元皆学者假定之词，并无确证，惟一元说解释方今人类之性质较合事实，于持议之间障碍少耳。太卢尔[③]云，由最黑人种至最白人种，肉体构造、心意作用皆一致，且何等人种杂糅为婚，皆得挚衍，以此知一元说为近理云。以上人种之区别。

以上人种区别，为自然种别就生人肉体及生理遗传之理，而定种别之名称，虽近世学者之创设，其实质自古代已然，世人之所共认也。据埃及古记，纪元前二千年之顷，尝募集黑人为兵。又古坟画壁[④]，知古代埃及人已揭示四大种之区别：一、赤鸢色埃及人；二、鸢色巴勒斯坦人；三、平准厚唇黑人；四、白色利比亚人。犹太古书《旧约书》。云：

---

① 阿嘉西，即美籍瑞士博物学家和地质学家路易斯·阿加西。

② 甘佗，即德国哲学家康德。

③ 太卢尔，即英国人类学家爱德华·泰勒。

④ 古坟画壁，指古埃及第十八王朝西替一世坟墓的壁画，它以不同的颜色，将人类区分为四种：第一，将埃及人涂以赤色；第二，亚洲人涂以黄色；第三，南方尼格罗人涂以黑色；第四，西方人及北方人涂以白色。成为今日将人类分成白种人、黄种人、黑种人、褐色人的嚆矢。

"耶特乌比亚人①变其肤，豹变其斑驳，汝亦得变其所惯恶事而为善。"纪元前数世纪之顷，既知黑人有一定不可变之特色矣。然历史之关系不在自然种别，以其他标准区分，以便宜称之，谓为历史人种。如言语之长成、发达亦属天定，言语多无意思、智识而自然发达者，然不得谓为全无意识而能发达者也。故言语之种别，与前述之种别大异其趣。皮肤之迁变，或纯白，或纯黑，或黄或赤，皆物质界之作用，与意识无关。至言语则全属精神界作用，非了无意识者。方今特殊言语，种类逾千，人类学者太卢尔云千种，史家务耶比②云二千。总汇之可为数类：一，阿利音语③，或称印度日耳曼语，亦曰印度欧罗巴语，前印度、波斯、希腊、罗甸即拉丁。及方今欧罗巴诸国除匈牙利、土耳其、巴士克人、费因人、拉布人、勿索尼亚人④。皆属之。方今欧罗巴语，概分为邱敦语⑤、克鲁语⑥及斯拉夫语三种。二，瑟密底语⑦，亚西里亚、巴比伦、希伯来、腓尼西亚、亚刺比亚、阿比西尼亚等国语属之。古时腓尼西亚语⑧，于地中海诸方殖民地盛行，加射机⑨其最著者。亚刺比亚语，中世从回教蔓延，为方今阿非利加北半之语，而波斯、土耳其之语皆蒙其影响。三，哈密底语⑩，亦称北阿非利加语，古代埃及语、科不其克语⑪近世埃及语。及北阿非利加古代人民之语属之。古代埃及人为此种族之表率。瑟密底及阿利音人种，其文明所愧殊多。高加索人种自言语区分为以上三种，故此外种别

---

① 耶特乌比亚人，即埃塞俄比亚人（Ethiopian），为黑色人种。《圣经·创世纪》称古实人（Cush），今译库施。《旧约·耶利米书》十三章二十三节云："古实人岂能改变皮肤呢？豹岂能改变斑点呢？"

② 务耶比，日文原文作ウエバル，未详。

③ 阿利音语，即雅利安语（Aryan），也称印欧语系。

④ 勿索尼亚人，即爱沙尼亚人（Estonians），属乌拉尔语系芬语族。

⑤ 邱敦语，即条顿语（Teutonic）。

⑥ 克鲁语，即克尔特语（Celtic）。

⑦ 瑟密底语，即闪米特语（Semites）。

⑧ 腓尼西亚语，即腓尼基语（Phoenicia）。

⑨ 加射机，即迦太基（Carthage）

⑩ 哈密底语，即含米特语（Hamites）。

⑪ 科不其克语，即科普特语（Coptic），属闪含语系含语族，由古埃及语演变而来。科普特人为古埃及人的后裔，现在埃及土著居民。

皆在白色人以外可知也。第四，邱列安语①，此称甚广漠，或谓以上三种之外，凡亚细亚、欧罗巴之语言皆属之。邱列安者，无名词、动词之变化，惟以冠词、代名词绾合之，游牧人种之语言也。名词、动词、冠词、代名词，皆文法之区别也。凡亚细亚、欧罗巴中，不属瑟密底、阿利音及支那种之语类者皆是此种，匈牙利之马疵觉人②、费因人、拉布人、勿索尼亚人、土耳其人、鞑靼人、蒙古人之语言是也。邱列安之名，学者以意定之，其界限无定。牟由勒③别之为南、北两部，北部含五种：一，通古斯克④The tungusic，由支那以北及以西之语，即满洲语。二，蒙古种。三，土耳其。四，费因尼克种⑤，费因人及匈牙利之马疵觉人等语。五，散门耶的克⑥The Samoyedic，由日耳曼海东方蔓延露西亚⑦、支那之间，行于欧罗巴及亚细亚之极北者。南部主要者四种：一，脱兰威汀语⑧，南部印度人之语。阿利音种以前之土人。二，甘几士语⑨，雪山以北及契伯特⑩即西藏。以南。三，暹罗。四，马来⑪及颇利西亚⑫。第五，支那种语，即东南亚细亚之语，含支那、印度、巴马即缅甸。及暹罗、契伯特等，威比尔⑬以日本语亦属之。第六，马来及颇利亚种⑭，马来人、马克尼西亚

---

① 邱列安语，即突厥语（Turkey），突厥语系也称阿尔泰语系。

② 马疵觉人，即马扎尔人（Magyar），为匈牙利基本居民，其语言属乌拉尔语系乌戈尔语族。

③ 牟由勒，即德裔英国东方学家和语言学家麦科斯·缪勒。

④ 通古斯克，即通古斯满语族（Tungusic），阿尔泰语系的语族之一。

⑤ 费因尼克种，即芬兰人种（Finnic）。

⑥ 散门耶的克，即萨莫耶德语（Samoyedic），属乌拉尔—阿尔泰语系。萨莫耶德人为居住在西伯利亚北部的蒙古人。

⑦ 露西亚，即俄国（Russia）。

⑧ 脱兰威汀语，即达罗毗荼语（Dravidian），印度南部、中部和斯里兰卡北部居民所说的语言。

⑨ 甘几士语，甘几士即 Ganges（恒河）的音译，指印度北部恒河地区居民所说的语言。

⑩ 契伯特，即西藏（Tibet）的音译。

⑪ 马来，即马来西亚。

⑫ 颇利西亚，即波利尼西亚（Polynesia），中南太平洋的岛群，意为"多岛群岛"，主要包括夏威夷群岛、萨摩亚群岛、汤加群岛和社会群岛等。

⑬ 威比尔，即韦伯（Weber, Albrecht, 1825—1901），旧译维贝尔，19世纪德国印度学家。曾任柏林大学梵语语言和文学教授，《印度研究》主编及撰稿人。著有《印度文学史概论》等。

⑭ 颇利亚种，即波利尼西亚人（Polynesians），指中南太平洋波利尼西亚各岛的原居民，属马来—波利尼西亚语系波利尼西亚语族。

人^①、南洋诸岛。马剌加西人^②马达加斯加岛之土人。等语是也。第七，阿米利加种，赤色及铜黑色土人之语，区别之有五百余方言，然大抵类似之语言也。第八，阿非利加种，阿非利加黑色人种之语言，亦分为多种。左方人种大别之图。

第一，耶西乌比亚人种^③，即黑色人种。甲、中央阿非利加及南阿非利加土人。乙、澳太利亚洲怕怕岛^④及南印度苦利士^⑤之土人。

第二，蒙古人种，即黄色人种。甲、支那、日本、暹罗，其余东亚细亚之人民。乙、北亚细亚及中部亚细亚，并东部露西亚游牧人民。丙、土耳其人、匈牙利人、费因人、拉布人及巴士克人（欧洲）。

第三，高加索人种，即白皙人种。

甲、哈密底种 ⎰ 埃及人
      ⎱ 利比亚人^⑥
       库希人^⑦ 居亚剌比亚及埃及南

乙、瑟密底种 ⎰ 亚西里亚人
      ⎪ 巴比伦人
      ⎨ 腓尼西亚人
      ⎪ 犹太人
      ⎩ 亚剌比亚人

---

① 马克尼西亚人，即密克罗尼西亚人（Micronesians），指西太平洋密克罗尼西亚各岛的原居民，属马米—波利尼西亚语系密克罗尼西亚语族。

② 马剌加西人，即马尔加什人（Malagasy），非洲岛国马达加斯加（Madagascar）的居民，属马来—波利尼西亚语系印度尼西亚语族。

③ 耶西乌比亚人种，即埃塞俄比亚人（Ethiopian），为黑色人种。

④ 怕怕岛，即巴布亚岛（Papua），即今新几内亚岛（New Guinea）或伊里安岛（Irian），在澳大利亚之北。

⑤ 苦利士，即库里人（Kulis），印度少数民族之一，主要分布在奥里萨邦，奉印度教。

⑥ 利比亚人（Libyan），北非利比亚的居民。

⑦ 库希人，即库尔德人（Kurds）。属印欧语系伊朗语族。主要居住在西南亚伊拉克、伊朗、土耳其及叙利亚边界地区。

丙、阿利音种
- 亚细亚之部
  - 印度人
  - 马太人①
  - 波斯人
- 希腊人
- 伊太利人
- 欧罗巴之部
  - 克鲁
    - 戈尔人②
    - 不利登人③
    - 苏国高地之人④
    - 爱兰人⑤
  - 邱敦
    - 那威人
    - 瑞典连人⑥
    - 独逸人⑦
    - 荷兰人
    - 英人
  - 斯拉布⑧
    - 露西亚人
    - 波兰人
    - 波比米亚人⑨
    - 布尔格利亚人⑩
    - 设比亚人⑪
    - 余人

---

① 马太人，即米堤亚人（Media），或译米太，伊朗高原西北部一奴隶制国家，约公元前 8 世纪建国。居住于底格里斯河以东、以北的地带。

② 戈尔人，即高卢人（Gaul）。

③ 不利登人，即布列吞人（Britons），古代英国大不列颠岛英格兰南部的克尔特居民，属印欧语系克尔特语族。

④ 苏国高地之人，即苏格兰人（Scotch），英国苏格兰地区的居民，属印欧语系克尔特语族。

⑤ 爱兰人，即爱尔兰人（Irish），以克尔特为主融合诺曼人成分长期发展而成，属印欧语系克尔特语族。

⑥ 瑞典连人，即丹麦人（Danmark）。

⑦ 独逸人，即德国人（German）。

⑧ 斯拉布，即斯拉夫人（Slavonic）。

⑨ 波比米亚人，即波希米亚人（Bohemian），主要分布在捷克斯拉夫西部地区，属印欧语系斯拉夫语族。

⑩ 布尔格利亚人，即保加利亚人（Bulgarian），由来自高加索北部的古保加尔人同来自南俄罗斯草原的斯拉夫人结合而成，主要居住在保加利亚和巴尔干半岛地区，属印欧语系斯拉夫语族。

⑪ 设比亚人，即塞尔维亚人（Serbian），主要分布在南斯拉夫的塞尔维亚、波斯尼亚—黑塞哥维那和克罗地亚等地。讲塞尔维亚—克罗地亚语，属印欧语系斯拉夫语族。

佛兰西人、西班牙人、葡萄牙人及伊太利人，由克鲁人、罗马人及邱敦人之混合，称罗甸人种，以其多受罗马人之感化故也。以上历史人种。

凡此诸种之言语，其由一原语发生，或于各地独立而成。质而言之，人类之初果有一种原语以否，此为学者之大疑问，至今未得究竟之解释。盖言语非一时发生者，以渐转移，虽今日尚得作为新语。故太卢尔云："世界语言终由一原语所发，惟搜索其原语之所由来为无益之事耳。"夫言语者，影射社会之状态者也。今日语言表今日社会，往古语言表往古社会，人类思想之发达，社会之进步，人民之教育，无一不由言语。无言语无文学，无文学无文明，故标揭言语以区别人种，历史自然之结果也。以上由言语区别人种，于历史最有关系者，第一邱列安，第二哈密底，第三瑟密底，第四阿利音。历史由此次序逐渐发达，故文明流衍，由一而二，由二而三，由三而四。文明初开，困难最大，故创始伟业，不得不推之邱列安人，阿利音种最能发达者，凡比他种后出者，辄吸收前人已发之文明也。西史记载，一若文明之事业独在阿利音人，此非历史之事实也。自然种别，如肤色之异，虽古人亦多察知。若头骨、语言之区分，则近世所创获，谓之学术之别种。盖挽近以来，西方诸国大抵皆遵信《圣书》。据《圣书》，人类始祖亚当之子孙触神怒堕落，自挪亚^①一族之外，尽付洪流。挪亚生瑟门、哈门、藉夫邪士^②三子，而瑟门之子孙居亚细亚本土，哈门之子孙蔓延埃及及阿非利加，藉夫邪士子孙传小亚细亚及欧罗巴诸地。前世纪之后半期，比较言语学大进。据《圣书》别瑟密底、哈密底及藉夫邪士底三种，以希伯来语为最古之言语，谓世界人类语言由此原语变化而生者。盖当时皆信《圣书》，以亚细亚西部为人类之起原地。及英人征服印度以来，梵语始见

---

① 挪亚，一译诺亚（希伯来文 Noah），基督教《圣经》故事人物，洪水灭世后人类的新始祖。据《圣经·创世纪》，上帝因世人行恶，降洪水灭世，命义人挪亚造方舟以避之，洪水退后，全家得救。

② 瑟门，通译闪（Shem），挪亚长子。哈门，通译含（Hamite），挪亚次子。藉夫邪士，通译雅弗（Japheth），挪亚第三子。据称为玛代人和希腊人的祖先。

知欧洲学者，于是发见一大新事实。千七百八十六年，英人威灵恩^①倡言，梵语、希腊语、罗甸语、日耳曼语及邱敦语之间，存著明类似之语根，非由普通之母语发生者不能明。昔格尔^②称之为发见新世界。由是以欧洲古今诸国之语，与印度、波斯古来之梵语及善多语^③比较研究，印度、波斯之较为古语甚明，于是以为欧罗巴人种及其语言之本土，在印度西北、波斯之北中央亚细亚云。科格箱^④之称始于千七百八十一年，独逸学者布明拜^⑤之所创，以头骨为标准者也。彼得觉尔佳^⑥人高加索地方之人民。之一头盖，以为最完，而希腊人之头骨在其次，故遂以为白人全种之名称。然近时自言语之区分言之，高加索地方之人民，不在高加索人种之数也。所谓邱列安者，本自波斯语邱兰^⑦而出。波斯人谓己国曰意兰^⑧，或曰哀兰，译言光明土也。称他国曰邱兰，译言黑暗土也。英人布里雀多^⑨一七八六至一八四八。非科格箱之称，以意兰零^⑩代之，因采用邱列安之语。近日归化英国之独逸学者牟由勒，始用阿利因语言、阿利因^⑪人种之名。梵语印度人自称曰阿利因士，阿利亚及阿亚亚拏等地，今在波斯，与波斯人自称意兰者合。梵语阿利因者，高贵之义也。以上历史人种之起原。

　　阿利因人种于白种三派中散布最广，其初跨亚细亚、欧罗巴二大

---

　　① 威灵恩，即英国梵文学者、东方学家威廉·琼斯。
　　② 昔格尔，即德国语言学家施莱格尔。
　　③ 善多语，即赞德语（Zand），也称库尔德语（Kurdish）。属印欧语系伊朗语族。主要居住在西南亚伊拉克、伊朗、土耳其及叙利亚边界地区。
　　④ 科格箱，即 Caucasoia 的音译，高加索种人，白色人种。
　　⑤ 布明拜，即德国解剖医学家、人类学家布鲁门巴哈。
　　⑥ 觉尔佳，即格鲁吉亚（Georgia）。高加索人（Caucasoia）一词由布鲁门巴哈提出，认为该族群特征以格鲁吉亚妇女的头盖骨为典型。
　　⑦ 邱兰，即 Turand 音译，在古波斯语中意为"黑暗之地"，系波斯人对 Iran（伊朗）以外国家的称呼。
　　⑧ 意兰，即伊朗（Iran）。哀兰，即 Iran 的音译，在古波斯语中意为"光明之地"。波斯人自称伊朗人，称自己的国家为伊朗。
　　⑨ 布里雀多，即英国医师和人类学家普里查德，亦译波里哈德、布里奇特。
　　⑩ 意兰零，即 Aryan 的音译，雅利安人、雅利安语。
　　⑪ 阿利因，梵文 arya 的音译，意为"出身高贵的"。

陆，至近世移居遍六大洲。西人迄今世纪之初，以《圣书》为古代正史，以希伯来为人间最初之语。至前世纪之半，得知梵语以来，由独逸学者之研究，立比较言语学，阿利因语言之称起。又凡属此语类人种，皆称阿利因人种。其中惟梵语最古，又与善多语古代波斯人语。最有亲密关系，故推断阿利因人本土当在中央亚细亚，由其本土，一部西向，一部南进，史家记载殆如事实，第一图所示是也。

至千八百五十一年，英国学者列山^①以为中央亚细亚为阿利因人本土之说根据浅薄，唱欧罗巴起原之论。近顷言语学、人类学进步，此说益占势力。夫梵语于文学之语言称最古，以方今所存之语言论之，列自自之语比梵语所出方今印度为语言为尤古，爱士兰得之语^②比方今波斯语尤古云。以方今有古格语言者为本土，仍当以欧罗巴为阿利因人之本土也。以言语关系亲密之度言之，斯拉布人最近似列自自，列自自人最近似邱敦，邱敦人最近似克鲁，克鲁人最近似罗甸，罗甸人最近似希腊。故欧罗巴之阿利因人，其关系为环结状，如第二图。惟希腊人与斯拉布人之间中断，不能直接相联络。然其间插入波斯人及印度人，则圜形之状即完。盖波斯语及印度语甚近似斯拉布，而与希腊语又有亲密之关系也。是故要言之，凡得二说：一、阿利因语皆发生欧罗巴，惟其一派之印度人及波斯人移居亚细亚，此第二图说也。一、阿利因语发生亚细亚，惟印度、波斯二者尚遗存本土，余皆移欧罗巴，此第一图说也。然不可解者，各就其关系之远近，秩然不紊定居今之土地，六种游牧之人民恰如军队之进行，各遵循其言语比较之位，由中央亚细亚以移住于欧罗巴，此殆不可信之事也。且阿利因之原语中，凡亚细亚特产之兽类，如狮、虎、骆驼等普通之名词皆无有，则阿利因之本土为亚细亚之说，信之为甚难。又在欧罗巴，不属阿利因种之费因人、巴士克人等，往者以欧洲之土人，为被阿利因种人所压倒，仅存当时之遗类者。近依人

---

① 列山，即英国语言学家、人种学家莱瑟姆。

② 爱士兰得之语，即冰岛语（Icelandic），一种北日耳曼语。

类学者之证明，最古遗骨与方今欧罗巴之阿利因人种相同，而彼辈遗骨反在近古。此外由种种理解，近来学说多主欧罗巴起原，以阿利因人种之本土为北部欧罗巴，仅印度及波斯人最初一团体移居亚细亚，中途分离，各定居印度、波斯之地，第二图之所表是也。以上历史人种之起原。

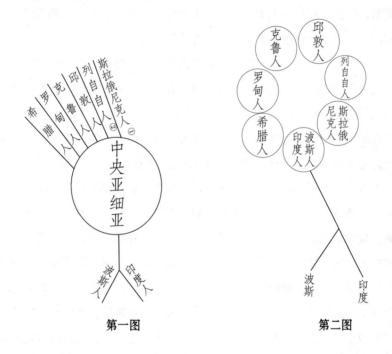

第一图　　　　　　　　　　　第二图

历史虽事实，不惟经过而已，又于当时所经历，各自有其关系。故年代与地理为历史之经纬线，失其一，即失历史之正轨。而至于地理，于文明之起原进步，国家之长成发达，尤不可缺之要点也。地文学可以解释文明之起原及其进步，政治地理之沿革，与叙列国之历史同。地文学焉，政治地理学皆地理学中之一派，故云。高原适牧畜，平原适农业，海滨多交通往来之便。古代文明之起原地凡四，皆温带平原河流沿岸，非

———————————

① 斯拉俄尼克人，即斯拉夫人（Slavonic）。
② 列自人，即列托人（Lett），亦称拉脱维亚人，居住于拉脱维亚、立陶宛等地，属印欧语系波罗的语族。

偶然也。所谓文明起原地四者，埃及之奈路①，科尔特亚②之泰格利士③
及由夫勒士河④，印度之印度河及甘几士河⑤，支那之黄河及扬子江是也。
盖巩固国家之文明，以农业为基础，而其发达则要交通往来之便也。北
米之墨西哥及南米之秘鲁，不沿河流，哥伦布发见以前，独立为文明
之天地。北米东半寒冷有河流，西部温暖无大河，是以适文明之起原地
者，惟墨西哥耳。其地形狭隘如岛，且近赤道，气候温暖，其形势与埃
及之于奈路正同。南米东部温暖有大河，而水热之度过量，天过其人，
惟秘鲁为适文明之地。亚细亚之文明起原，非其人种，全属其地理。欧
洲不能独立一起文明，亦非人种之劣，由其纬度高而气候寒冷也。至适
文明之发达，无逾于欧罗巴者，以其海岸线之延长，胜他大陆者可证。

	面积	海岸线
欧罗巴	2688000 方英里	17200 方英里
亚细亚	12960000	30800
阿非利加	8720000	14000
澳太利亚	2208000	7000
北阿米利加	5472000	24000
南阿米利加	5136000	13600

欧罗巴面积仅亚细亚六分之一，而亚细亚之海岸线，不能倍欧罗
巴。阿非利加面积三倍欧罗巴，海岸线之延长，反视欧洲为劣。⑥ 其他
南半球之三大陆，属于热带，相隔绝殊甚，故历史之大陆存在北半球
也。希腊人离希腊之土地，不能为希腊人，罗马人离伊太利之土地，不
能为罗马人。方今英人，四方环海，内富煤产，无此地不能维持大英帝

---

① 奈路，即尼罗河。
② 科尔特亚，即迦勒底（Chaldea），古巴比伦王国南部一地区。
③ 泰格利士，即底格里斯河。
④ 由夫勒士河，即幼发拉底河。
⑤ 甘几士河，即印度的恒河。
⑥ 上表各洲的面积、海岸线数字与《史学通论》第五章中所列不同。

国。地理与文明相待，而后文明起，历史成。二者相离，无文明，亦无历史，其关系不异血肉之与精神也。以上历史地理。

　　年历者，征历史之事实，使不失其位置者，其重要与地理同。苟紊乱其序，无由察其事之结果，史学不能成。研究地理之便，傍赤道，于地球周围画一线，由之至两极之间，分九十度，以计南北纬度之相距。又英国以格利里基①、佛国以巴里②、独逸以嘉挈里岛③之弗邪尔岛④，为经度本位，以计东西各地，所以昭画一也。历史定各国纪元，以比较当时事实先后，其理与地理同，是谓年历。古者巴比伦尼亚⑤，以挈波挈沙尔王⑥之时为纪元，当前历七百四十七年。及希腊人最初用执政官若大祭司之名计年历，由前历三百年顷，以第一之奥林比亚大祭⑦为纪元，时当前历七百七十六年。罗马人以罗马府之建设为纪元，当前历七百五十三年。回教国民以教祖谟罕默德避地麦地挈⑧之年纪元，称为赫计拉⑨，在新历六百二十二年。犹太人以世界开辟为纪元，云当前历三千七百六十一年。如此古今东西诸国，各异其元。西欧第六世纪，亦用种种年历，是时罗马某僧，改从来基督教以基督死年纪元之例，用基

---

　　① 格利里基，即格林威治（Greenwich）。

　　② 巴里，即巴黎（Paris）。

　　③ 嘉挈里岛，即加纳利群岛（Canary Islands），位于北大西洋东部，属西班牙。

　　④ 弗邪尔岛，即鲁岛（Yale Islands），在加纳利群岛最西边。托勒密所著《地理志》，以幸运岛（Insulac Fortunate）即加那利群岛（Canaries）为最西端的陆地，经度即以此地为零度起点，自西向东，绕一周共 360 度。后多据此测定地理位置，直至近代始以通过英国的格林威治（Greenwich）的子午线作为东西经度的零度起点。

　　⑤ 巴比伦尼亚，即巴比伦。

　　⑥ 挈波挈沙尔王，即那波那撒（Nabonassar），一译纳波纳萨尔，亚述国王。巴比伦人，前 747—前 732 年在位。托勒密以其登基之年的埃及历 1 月 1 日（即公元前 747 年 2 月 26 日）定为历元。

　　⑦ 奥林比亚大祭，古希腊人在奥林匹亚举行的对宙斯神的盛大祭祀。据说宙斯大祭第一次举行是在公元前 776 年，故以这一年作为纪年的开始。

　　⑧ 麦地挈，即麦地那（Medina，阿拉伯语 Al Madinah），穆罕默德在传教第十三年（622），因受麦加古莱什（Quraish）部落贵族的迫害，乃秘密出走至麦地那，继续传教。后在麦地那建立神权国家，基本上统一了阿拉伯半岛。

　　⑨ 赫计拉，为 Hegira 的音译，即回教纪元。阿拉伯语 higira 原意为"避居"。622 年穆罕默德逃离麦加，避居麦地那，是伊斯兰教教史上的大事，史称"大逃亡"，故后来定此年为伊斯兰教的纪元元年。史称这一事件为"徙志"。

督生年纪元，尔后诸国悉行采用。由是基督诞生以前，称为 B. C. Before Christ 或 Ante Christ. A. C. 某年，译云主之前某年；基督诞生以后，称为 A. D. Anno Domini. 某年，译云主之某年，以计岁时先后。然此纪元，以罗马府建设以后七百五十四年定为基督诞生之年。至近世所征，基督诞生至少当在罗马府建设后七百五十年前，故方今纪元，与基督实年相违，有四年之差。然基督诞生年月，究无确证，且改之大难不易，故通行年历，尚复因仍其误也。方今西方诸国所行太阳历，前历四十六年罗马英豪恺彻 [①] 所创，一年三百六十五日四分之一，月日之数亦当时所定，以传至今。此历比实际三百六十五日五时四十八分五十秒之数，仅差十一分十秒。及纪元后千五百八十二年，遂生十日之差。罗马法王格列科十三世 [②] 改正之，使五千年不得差过一日。旧教诸国径采用之，新教国久与反抗。独逸及瑞西联邦，千七百年采用，英国、瑞典等，十八世纪中叶始采用之。露西亚以属希腊教，至今用旧历。新、旧两历，前世纪有十一日之差，今世纪有十二日之差云。恺彻历以一月一日为年始。先是地中海诸国皆用太阴历，埃及、波斯、加射机、西利亚 [③] 等以秋分为年始。佛、独二国初以三月一日为年始，后以三月二十五日为年始。北欧诸国民，古代以冬至为年始。露国迄彼得大帝 [④] 时，以九月一日为年始。以一月一日定为年始者，于佛国千五百六十三年，于苏格兰千六百年，于英国千七百五十二年以来之事也。故由是以前之事实，往往列国枝梧。如英国查禄斯第二世 [⑤] 死刑，一月十三日，英、苏两国之所同，而英国当时以三月二十五日为年始，故称为千六百四十八年，苏

---

① 恺彻，即恺撒。

② 格列科十三世，即格列高利十三世（Gregorius XⅢ，1502—1585），罗马教皇（1572—1585）。意大利人。曾整顿天主教会，颁布《教廷禁书目录》，兴办神学院，于 1582 年颁行《格列高利历》，亦即现行的公历。

③ 西利亚，即叙利亚（Syria）。

④ 彼得大帝（Peter the Great），即彼得一世（PeterⅠ，1672—1725）。俄国沙皇，1682—1725 在位。曾秘密出国旅行，考察西欧文化、科学技术，实行改革，发展工商业和文化教育，建立正规的陆海军，加强中央集权。

⑤ 查禄斯第二世，即英国国王查理二世。

国则称为千六百四十九年也。英国史所称千六百八十八年光荣之革命[1]，以今日之历法计之，实千六百八十九年也。是故古来列国互异历法，又异其年始，调和之术，至为繁难，至特设一科，号为年历学。以上年历。

嘉赖尔有言：漏点报时刻之更变，然古今迁变，更无漏点报之。历史亘古今无间断，若流水然，非可标准一定年数，以为前、后时期之区别也。譬之河水，或激而急流，或直下为瀑布，或漾泂渟注为大溪湖。历史之情状亦如是，故其实况非可由年数而定，且其分界之标柱，不得以世纪之终始为准，宜明时势之变，以其时中心之事实为根据，考其原因、沿革、归宿。顾事之生也，无突然而生者，其终结也，亦不能截然而止。故历史时代之区分，多由于史学之专断也。西史区分为上古、中世、近世三部，稍为近理。于古代东方诸国发生文明，至罗马帝国统一之，此上古史之梗概。罗马瓦解，其文明四方散乱，渐开欧洲列国之基，此中世史之梗概。列国并起相争，其竞争范围渐大，涉及六大洲，此近世史之梗概也。然至以纪元后四百七十六年为古代史之终结，又以千四百五十三年终结中世史者，此为记忆之便，专断之法而已。故历史家各由所见而异，古代、中世、近世，非有一定不可移之区划也。乌耶比以纪元后迄第五世纪为古代史，迄第十五世为中世史，又分近世史为二，迄佛国革命为第一期，以后为第二期。哲学者昆脱[2]以十四世纪之始为近世史之起原，当时列国产业勃兴，市民势力发达，罗针盘及火药之流衍，文学之复兴，科学之振起，科学者，谓有形之学，格致工艺之学也。封建制度及加特力教衰微。又国家学者伯伦知理[3]，以十八世纪中叶，宗

---

① 光荣之革命，1688 年英国国会推翻斯图亚特王朝的政变。当时辉格党和托利党迎请詹姆士二世之婿、荷兰执政奥伦治亲王威廉三世（William Ⅲ）与其妻玛丽二世（Mary Ⅱ）为英国国王和女王，詹姆士二世逃往法国。并制定《权利法案》，限制王权，确立了君主立宪制度。由于未经大规模的内战，故史称"不流血革命"或"光荣革命"。

② 昆脱，即法国哲学家孔德。

③ 伯伦知理，即布伦奇里（Johann Kaspar Bluntschli, 1808—1881），瑞士—德国法学家、政治学家。曾任苏黎世大学教授，当选为联邦议会同民院议员、议长。后移居慕尼黑，历任慕尼黑大学、海德堡大学教授。著有《普通国家学》、《文明国家的现代战时公法》、《文明国家的现代国际公法》，合著有《德意志国家法典》。

教、政治尚多中世状态，千七百四十年普鲁士国弗勒特大王①即位以来，新思想始起，脱中世宗教思想及封建习俗，以是年为近世史之起原。若哲学者之观念，或分古代史有史前后为二期，中世史又分加特力教及弗若铁士坦教②为二大时期，由第十八世纪佛国革命前后分近世史，非各无所见。此编从普通之例，以便记忆为主，以纪元后四百七十六年西罗马帝国之灭亡，为古代史之终；纪元后千四百五十三年东罗马帝国之亡，及英、佛百年战争之终结以后，千五百十七年宗教改革之起，为转迁时代；此际中世纪而近世史始，由六世纪之始以至方今，为近世史。史家或以千四百九十二年哥伦布之发见新世界，或以千五百十七年宗教改革之起原，为近世史之始者，而普通之区别，则如左方所列为多也。

第一 古代史 迄纪元后四百七十六年西罗马帝国灭亡之时。

第二 中世史 由纪元后四百七十六年，至千四百五十三年昆士但丁堡③之陷，东罗马帝国之灭亡。

第三 近世史 由千四百五十三年至今。

凡西人历史之纲要，大率如此，其事迹于后文详言之。以上历史之时期。

---

① 弗勒特大王，即弗里德里希二世（Friedrich Ⅱ，1712—1786），一译腓特烈二世。普鲁士国王。弗里德里希·威廉一世之子。1740—1786年在位。史称腓特烈大帝。为著名统帅。著有《给将军们的训词》、《当代史》和《七年战争史》等。

② 弗若铁士坦教，即基督教新教（Protestanten）。源出德文Protestanten，因对罗马公教（即天主教）抱抗议态度，称为"抗罗宗"或"抗议宗"。与天主教、正教并称为基督教三大派别。

③ 昆士但丁堡，即君士坦丁堡。

附录二

《史学通论》著录及广告

日本书目志

图史门　传纪

博爱美谈　一册　浮田和民译　三角

康有为：《日本书目志》卷四，上海大同译书局光绪二十四年（1898）石印本，第 27 页；又见姜义华编校：《康有为全集》（第 3 集），上海人民出版社 1992 年版，第 717 页。

历史　世界史

西洋上古史　浮田和民著　专门学校讲义录本

上古史　　　坪内熊藏本　同

二书皆佳，而浮田氏之作，尤为宏博，仅叙上古，而其卷帙之浩繁，举诸家全史之著，无有能及之者。而其叙事非好漫为冗长，盖于民族之变迁，社会之情状，政治之异同得失，必如是乃能言之详尽焉。希腊、罗马之文明，为近世全世界之文明所自出，学者欲知泰西民族立国之原，固不可不注意于此。必如浮田斯编，始稍足以餍吾侪之求矣，有志政治学者所尤不可不读也。

饮冰室主人（梁启超）：《东籍月旦》，《新民丛报》1902 年第 11 号，1902 年 7 月 5 日；又见梁启超：《饮冰室全集》文集之之四，中华书局 1936 年版，第 94 页。

章太炎来简

顷者东人为支那作史，简略无义，惟文明史尚有种界异闻，其余悉无关闳旨。要之彼国为此，略备教科，固不容以著述言也。其余《史学原论》及亚细亚、印度等史，或反于修史有益，已属蔡君鹤顷购求数种。

《新民丛报》第 13 号，1902 年 8 月 4 日

本社译书豫告

亡国惨状记　本社同人编译

......

史学原论　　浮田和民著　同人译

文明史　　　家永丰吉著　同人译

《游学译编》1902 年第 1 册，1902 年 11 月

觉民社译书豫告

浮田和民　西洋中近世史

平田久　　露西亚帝国

《游学译编》1902 年第 1 册，1902 年 11 月

史学概论

本论以坪井九马三《史学研究法》为粉本，复参以浮田和民、久米邦武诸氏之著述及其他杂志论文辑译而成，所采皆最近史学界之学说，与本邦从来史学之习惯大异其趣。聊绍介于吾同嗜者，以为他日新史学界之先河焉。

编者识

衮父（汪荣宝）：《史学概论》，《译书汇编》1902 年第 9 期，

1902 年 12 月

湖南编译社已译待印书目（左列诸书本社各已译出过半）

（奉告海内同志切勿复译为盼）

（威罗伯及博桑克氏）国家哲学　　日本浮田和民述

《游学译编》1902 年第 2 册，1902 年 12 月

文明书局发刊日本早稻田讲义丛译旨趣

一、日本东京早稻田专门学校于明治三十五年十月改设大学，学科程度一拟东京大学，而大学讲义禁生徒传播，早稻田则向有讲义录刊行，虽在校外者皆得考其学程，今之所译，则早稻田大学讲义录也。

一、讲义录者，师生传授之词。外国学校全凭口说，而别具讲义录，记其所说授生徒，以备遗忘，且以饷校外者。原文皆教师自著，幽深学理，一以浅近释之，其体裁如老妪絮语，务使人人易知。……兹编刊行之意，亦欲使吾国志士不涉重洋，皆得窥外国大学门径而已。

一、学科程度深浅不同，当循序渐进，今之所译乃第一年讲义，中学卒业生徒，初入大学者之所授。……其余二年三年，以至卒业，当依次传译，期集大成。

……

右为桐城吴辟疆所述，其旨趣大略如此。盖日本大学，文明诸国所公认（不公认不足为大学，日本大学程度生至美国与在彼学者同等），而早稻田讲师学课，声闻远出大学之上，其讲义之佳可知。今辟疆肄业该校，随所习而录之，其学业可尽成书，以惠吾国学者，诚盛事也。今所译已若干种，记其书目于后。

岫云山人汪

附记已译书目：《西史通释上古史》（浮田和民）、《地理学》（农学士志贺重昂）、《经济原论》（法学博士天野为之）、《法学通论》（法学士饭岛乔平）、《国家学原理》（法学博士高田早苗）、《日本宪法》（法学士竹井耕一）、《国法学》（法学博士有贺长雄）、《刑法泛论》（法学士谷野格）。

《大公报》1902 年 12 月 17 日

合丛译书局广告

史学通论

《中外日报》1902 年 12 月 30 日

文明书局发行新书要目

新史学　五角

《中外日报》1903 年 2 月 20 日

史学原论（日本浮田和民著　长沙杨毓麟译）

是书为早稻田大学讲义，荟萃泰西名家学说而括之于区区小册中，其义蕴之宏富，理论之精深，东邦久有定评，无烦赘述。吾国旧学界思想视历史为传古信今之述作，而不知为现在社会生活之原因，研究历史者亦不过出于钩稽事实、发明体例二途，而不知考求民族进化之原则。针膏盲而起废疾，必在于兹。现经杨君译出，竭数月之力，始得成书，迥非率尔操觚者可比，有志史学者不可不一读也。

日间出书　全一册　价洋陆角

发行所　湖南编译社　代售处　广智书局

《游学译编》1903 年第 3、4 册，1903 年 1、2 月

（日本浮田和民讲述）史学原论

是书为早稻田大学讲义，荟萃泰西名家学说而括之于区区小册中，其义蕴之宏富，理论之精深，东邦久有定评，无烦赘述。吾国旧学界思想视历史为传古信今之述作，而不知为现在社会生活之原因，研究历史者亦不过出于钩稽事实、发明体例二途，而不知考求民族进化之原则。针膏盲而起废疾，必在于兹。现经长沙杨君竭数月之力，始译完成，迥非率尔操觚者可比，有志史学者不可不一读也。

发行所　东京　湖南编译社

代售处　上海　广智书局

《湖北学生界》1903 年第 1、2 期，1903 年 1 月、2 月

本社同人译成近刊书目

……

世界文明史　　高山林次郎

欧洲外交史　　酒井雄三郎……

西洋中近世史　浮田和民

湖北学生界社告白

《湖北学生界》1903 年第 1、2 期，1903 年 1 月、2 月

闽学会丛书广告
出版书目

史学原论　　闽县刘崇杰译　定价大洋贰角叁分

此书为日本史学大家浮田和民所著，博引泰西学说加以论断，溯委穷源，语语精确碻，洵为不磨之论。译者文笔条畅，足达原书之旨。有志史学者，一读是编，增长史识必不可少也。

日本斋藤阿具著，闵县林长民译：《西力东侵史》，闽学会丛书之一，闽学会 1903 年 2 月版，书后封底附广告；又见〔日〕鸟居龙藏编辑，林楷青译：《人种志》，1903 年 4 月版；〔日〕北村三郎著，程树德译《印度史》，1903 年 10 月版。个别文字略有不同。

新史学

是书原名《史学原论》，为日本早稻田校师浮田和民氏所讲述。其论读史之方，取精扼要，该治精详，洵究心乙部之管钥，而读史者所不可不备之书也。因亟译之，以公同好。至其达旨明当，措词雅健，与夫印刷之精良，纸张之洁白，读者自知。定价每部二册大洋五角。总发行所上海棋盘街北段文明书局，分售处广智书局、商务书馆、开明书店、支那新书局、会文堂。

《中外日报》1903 年 3 月 3 日

清国留学生会馆第二次报告
承赠图书杂志录存

名目　　　部数　册数

史学原论　一　　一　　闽学会寄赠

清国留学生会馆编：《清国留学生会馆第二次报告（自壬寅九月起癸卯二月止）》，清国留学生会馆 1903 年版，第 45 页。

史学通论出版

史者社会之写真也，欲合人格，必先讲史学。史学者，导人以合人格之方针也。此等哲理夙为我国所未有梦见，本局爰取日本浮田和民氏所著之《史学通论》译之，以华妙之笔，达精深之理。一读之下，只觉思想之奇横，如养气之激脑，议论之警辟，如轰雷之盘旋于顶，一般学者，其挟此书以一炼眼力与胆力也何如，其印刷之精美尤为余事。洋装一厚册，定价四角五分。批发处上海开明书店、杭州总派报处。

总发行所杭州小营巷合众译书局启

《中外日报》1903 年 3 月 13 日

新书介绍

新史学　○是书原名《史学原论》，日本早稻田校师浮和民氏所讲述。其论读史之法，取精扼要，该洽精详，洵究心乙部之筦钥，而读史者所不可不备之书也。其译笔亦措词雅健，达旨明当，必为新学界所欢迎者也。每部五角。

《苏报》1903 年 3 月 24 日

闽学会丛书出书广告

史学原论　二角三分

《中外日报》1903 年 4 月 24 日

廉部郎上管学大臣论版权事

今海内求新之士日多，新学之书日出，采长弃短，应用无穷，诚宜择其平正而无疵累、训饬而有见闻者，曲加奖励，以便畅行。嗣后凡文明书局所出各书，拟请由管学大臣明定版权，许以专利，并咨行天下大小学堂、官私局所概不得私行翻印，或截取割裂，以滋遗误而干例禁，则学术有所统归而人才日以奋迅矣。伏望迅断施行，学界幸甚，天下幸甚。再者，敝局续行编辑《蒙学科学全书》二十四种，并特延聘通才传译日本大学教科书《理财学》、《西史通释》各巨帙，备各高等大学之用，均已赶行印刷，不日成书，呈请审定颁行，并以奉闻，不胜屏营待命之至。司员廉泉谨呈。

《大公报》1903 年 5 月 22 日

（北京、保定）文明书局出售新书

西史通释　万国通史　改正世界地理学……，以上各种均呈经袁宫保鉴定，蒙赐函褒奖，谓能综历史舆地之长，而取其精，洵为必传之作。……

《大公报》1903 年 9 月 26 日

西史通释出版广告

历史之学枯记事实则隘，横著议论则枝。此书日本大学讲义，荟萃泰西名著数百种，兼叙述、议论、考证之长，材富味永，史学第一详赡大典，学者不可少者。

《中外日报》1903 年 10 月 28 日

公民社售书广告

师范讲义二元　世界大事年表一元二角　……史学通论五角

《时报》1904 年 6 月 12 日

镜今书局各书广告

世界通史二元六角　万国宗教志一元二角　史学通论五角
……

《时报》1904 年 6 月 12 日

广雅书局发行（学务大臣审定舆地学会）等新出舆图各书

哈伯兰民种学　四角　哲学原理　一角半……史学原论　二角三
赐顾者现向四马路老巡捕房东首便是

《时报》1904 年 6 月 14 日

贺葆真日记

光绪三十年（1904）

（二月）二十三日（4月8日）

葆真为吾父读《西史通释》，盖西国古代史也，于东罗马以后甚略。此书辟疆自东文译出，西史译本此为最佳。

（六月）十三日（7月25日）

读《西史通释》毕。

贺葆真著，徐雁平整理：《贺葆真日记》，凤凰出版社2014年版，第103、105页。

桐城吴先生尺牍广告

〇吴辟疆所译日本大学讲义《理财学》八角、《西史通释》一元二角。

《时报》1904年9月27日

新学书目提要
卷二 历史类

史学通论 杭州合众译书局本

《史学通论》一卷，分为八章，日本浮田和民原著，中国李浩生译。按中国旧史，大率偏记朝政而与学术、民俗诸事无关，近人已历言其弊。此书泛述史学大旨，门径既辟，堂奥愈宏，足为中土史家摘其冥行而导之途路。第八章所论研究历史之法，犹能开通智识。昔苏子瞻之论读史，谓每览一过，当先究一门，其意盖与此近，惜未扩充其说也。《历史之价值》一章，于欧人所传时势造英雄一语不以为然，而历引众说以析之。又引《文中子》"自知者英，自胜者雄"二语，以考其字义。然三国刘邵著《人物志》，析英与雄为二，其言较有识，不若详引其文而一反复之也。《历史与地理》一章，谓古今文明之发源地，必气候温暖，而寒带与热带于历史上无价值，此固历来定论，乃作者忽以秘鲁、墨西哥之事为疑，谓其文明之发生在哥伦布发见美洲以前，不在此例，而以纬度之气候解之，此则未能自圆其说。究其所谓文明发生者，谅不过以秘鲁有五万年前之古碑，此亦不为典要，至今日则之二国者人才、政术一无可观，而教宗迷信之事尤炽，传芭会鼓之俗，且为文明所讥，亦何发生之足云，而以之顾影生疑也？又谓意大利、西班牙、葡萄牙三国不出伟大之科学家，为天然之现象所关，此虽有见而然，要未归之实测，即如近者无线电信之制，岂非意大利人爱克尼之所创而已著成功者乎？论英、俄拓土之事，述史学家之言以为地理机会所成，良为深识。至于推考大势而虑及贫富、智愚之悬隔，且云未始非将来社会之大动机，此则列国所同忧，迩年以来，巨生赡儒至结会以专研此事，犹未有定见者也。

通雅斋同人（沈兆祎）编：《新学书目提要》卷二，历史类，上海通雅书局 1903 年版，第 89、90 页；又见熊月之主编：《晚清新学书目提要》，上海书店出版社 2007 年版，第 497 页。

新学书目提要
卷三 舆地类

新地理 上海广智书局本

新地理一卷，分为四篇，题为饮冰室主人著。首论地理与文明之关系，而次及亚洲大势、欧洲大势诸篇，横由宇宙，囊括古今，文风声驰，日光电瞩，为自来学者未尝梦，其人言中国南北之殊势，而证以文学之殊科，言欧洲种族之异质，而判其殖民之分趣，论断之确，尤当人心。作者于亚洲、欧洲两篇，自谓以日本志贺重昂之《地理学讲义》为蓝本见本书自志，第一篇亦颇用日人浮田和民《史学通论》之说，盖撷其菁华，亦所以穷其支叶也。

通雅斋同人（沈兆祎）编：《新学书目提要》卷三，舆地类，上海通雅书局 1903 年版，第 29、30 页；又见熊月之主编：《晚清新学书目提要》，上海书店出版社 2007 年版，第 519 页。

甲辰学报汇编提要

本局自甲辰正月，增辑学报，以辅助教科，保持国粹，时逾一载，积盈百种，兹分订五十册，俾承学之士，得窥全豹。……夫壁书葩经，篇各有序，已开提要之先河，爰揭各书纲要，别著斯篇。（各种之前，本俱略述缘起，然疏漏尚多，宗旨未显，或并不赞一词，兹悉精择详语，分别布居）列为学说之一种。……

编者识

《史学原论》 是书为闽学会丛书之一。书凡八章，于历史性质，融（念）[会] 贯通。惟译自和文，少加删润，而摛词造句，悉就彼邦通称，不无遗憾。爰详为注释，以省读者脑力焉。仅有四章：一、历史之特质及其范围；二、史学之定义；三、历史上之价值；四、历史与国家之关系。以后四章，俟续登。

北洋官报局编印：《北洋学报汇编》乙巳年（1905），第 27 册"科学丛录"二，第 1、8 页。

甲辰全年学报汇编一百种子目
本数价目另详本局书目
……法学片谈
最近国际公法要指
史学原论
右乙编三十二种
北洋官报局编印：《北洋学报汇编》乙巳年（1905），第 27 册"科学丛录"二，第 1 页。

直隶省城官书局运售石铅印书目录

《史学通论》三钱五分

直隶官书局编：《直隶官书局运售各省官刻书籍总目》，清光绪间直隶省城官书局学校司铅印本，第 45 页。

游学琐言

史书可看久保天随之《东洋通史》、夏曾佑之《中国历史》两种。……《欧洲列国变法史》、《欧洲列国战事本末》、《瀛寰全志》、《西史通释》、《社会进化论》、《动物进化论》。

吴虞：《游学琐言》，赵清、郑城编：《吴虞集》，四川人民出版社1985年版，第8页。

历史之范围

历史者，研究人类进化、社会发达、文明进步之学也。凡道德智慧之进化，农工商业之发达，治术学术之进步，皆属历史之范围。使一成不变，止而不进，于古人成败得失之理，茫然无所触于心，虽日诵万言，谓之不读史可也。斯旨也，东西史学家所著《史学原论》、《新史学》、《历史哲学》诸书，已阐发无遗，其中蕴奥，能一取而观之，亦可以定读史之方针矣。

吕瑞廷、赵澄璧：《新体中国历史》，商务印书馆1907年版，第1页。

教师参考用东文书目

书名	著译者	代价
西洋上古史　一册	浮田和民著	早稻田大学讲义录本，无单行本。
西洋中世史　一册	前编　浮田和民著 后编　福村田勤	同上

早稻田大学历史丛书

……

历史讲话一册，池田晃渊、浮田和民合著　定价六角

以上所列，日本人所著译之世界史、西洋史之佳者，已略尽于此。此外出版者，虽为数尚多，然据鄙人所信，窃以为其必不能出以上所列

之上，故悉从略焉。

译者识

坪井九马三著，吴渊明仲遥译述：《中学西洋历史教科书》，广智书局 1908 年版，第 1、2 页。

新书出现

欧洲近世史（价洋一元二角）万国兴亡史上下二册（价洋二元五角）史学通论（价洋四角五分）英国政治沿革史（价洋八角）宪法要义（价洋七角）……希腊政治沿革史（价洋四角）人圆主义（价洋七角）世界大事年表（价洋一元）

○经售处上海棋盘街商务印书馆点石斋

《申报》1909 年 9 月 29 日

成科

近世论史学者或以未能成科疑之，其说之是非，无俟予置辩也。日本浮田和民尝词而辟之，兹述其略，可以观也。谓史学未能成科者，其说有三：其一，则谓人事之生于其意者，繁变不齐，无公例之可求也。吾则谓意之造也，必有其因，士风政教之翕张，一游于其中，而即莫能自便，斯则可以参万岁而一咸纯也。以此而衍为公例，匪科学之所由底于成耶？其二，则谓人事之繁赜，匪目耳所能周，亦非方策所能尽，深博之义，将无由征明也。吾则谓独立特行之事，或有弗能征明。至于群演，则无弗能征明者，何也？以因果蜕化之际，咸有其公例也。其三，则谓天演一日不息，则人事之演进一日未终。事既未终，则所研究者，于何为竟，是亦过计也。夫今日之学所号为成科者，咸有渐进之轨可求，目营手治，月异而岁不同。学者试静观于形、数、质、力之涂，固随在而可征也。然论者未尝以是之故而弗许为成科，何独于史学而疑之邪！

曹佐熙：《史学通论》第五篇"史学之研究"，湖南中路师范学堂 1909 年再版本，第 32—33 页。

历史之种类

历史者,叙述人群进化之现象而求其公理公例,凡道德智慧之进化,农工商业之发达,治术学术之进步,必有原因,有过渡,有结果,递演递进,断无一成不变之理。总其成败得失之数,变迁消长之机,举纳于历史之范围而莫能外。故东西史学家所著《史学原论》、《新史学》、《历史哲学》诸书,皆阐明斯旨,已阐发无遗,其中蕴奥,能一取而观之,亦可以定读史之方针矣。以定史之范图。凡无益之考据,私人之事迹,泛漫之议论,均无取焉。

蔡锷:《国史概论》,会文堂书局 1914 年版,第 1 页。

《达化斋日记》

(1914 年 9 月 25 日)

二十五日 日本近日新出之学者有二人:一为浮田和民,一为新渡户稻造。有人谓新渡户氏乃俗学,浮田氏则真有学者之价值,其学说将来必为日本社会中之一大势力。余得其新著之书,名曰《新国民之修养》,观其题目,皆余所欲研究之事,想阅之必有所得也。

杨昌济辑,王兴国编校:《达化斋日记》,民主与建设出版社 2016年版,第 440 页。

十六　历史研究与记忆　早稻田大学教授
法学博士　　　浮田和民

一、余之善忘者神之恩惠也

此言,读者遽闻之,当以为怪。然须知无谓之杂事,充满脑中,实可谓大不经济,故余常曰,余之善忘者,乃神之恩惠也。

有人善记古代杂事,若昔人能读《论语》《孟子》诸经,以夸于人,亦或非全无用。但在彼时代风尚则然,若今日,则应习学问无限,终日呆取一书而暗记之,不足用也。又字典词林可供参考等书,汗牛充栋,不比昔日孤陋寡闻,非求师不可。故当此时代,与昔时口耳授受,以暗记为唯一秘传者，大异其趣。自非临查考，有永远不须记忆之事也。

历史词典亦多矣，编年历史亦多矣，置于木箱竹柜斯可耳，何苦以吾贵重头脑，代箱柜之劳乎？凡此殆近世进化使然与。余盖以善忘之心得，夸于众者也。昔在同志社时，即教西洋史，然迄今在早稻田大学，其历史记忆，仍无少变化，常人以为历史教师，于历史上年代，当必能熟记乎？而余则不然，于学校教授，不得已时则翻书，比讲了以后，忽焉又忘却耳。若历史上年代、数字等，何苦死记耶？

若在帝国大学之专门教授，任一年二年三年级课程，于一科反复授业者，当可熟于记忆，而余则安能著书也，编杂志也。事物丛集，惟有简便之法，当境一过，忽焉全忘已耳。试为戏言，此亦文明时代文明人之记忆法与？

世多有能为机械记忆者，但世既文明，则人精力耗损多，与记忆成反比例，故余常谓余之善忘者，神之恩惠也。科学进步，脑之疲劳日甚，代人记忆者，自有字典、词典、大丛书，若吾之头脑，则稍休可也。

二、直接之利害关系

余家有数儿，其生年月日，予皆不记也。惟已之生年月日，则尚记之。又生生日诞辰等祝寿之事，果为幸福与否，亦非予所知。惟因此而耗无益之脑力，故不乐为。虽然，记忆协亦非全然无用之事也。盖有一大原则。

　　凡自己利害关系切要者，则不可不记忆耳。

此文明生活之公理。人非白痴，但有普通能力，在自己生活以内之事，必能记忆之。于自己生日者，不请人记忆，而自能记忆者，即此理也。例如借金与人，其利息多寡，常不易忘，而无关重要之事，常易忘却，此亦自然者也。

余之教西洋史亦然。由生徒观之，或以先生为善能强记，亦未可知。而我则凡历史上不必要事项，概不注意，即其必要者，皆取材于参考书而已。然余亦非全无所知，特将西洋史大致系统，存于心中，而凡年月、地名、人名等，书于册上，以资检查耳。世人往往又将历史细事，暗记以炫其博者，不知此与其人之学术，毫无关系。惟将其大体大势了然可矣。至事无巨细，全然强记，此惟专门家之事，决非常人所行也。

夫人至贵者头脑也，故记忆极贵重，自非必要，决不妄耗头脑之力。……

按浮田氏为法学大家，学术精博，岂有不长于记忆之理？此篇多含言外意，不肯妄用一分脑力耳。其愚也非真愚，大智若愚耳。特所言亦不可误解者。……

〔日〕桑木严翼等著，刘仁航编译：《名家实验记忆力增进法》，乐天修养馆 1918 年版，第 71—74 页。

历史地理部
史论类

书名　　　著作人名　　　　　　　发行处

史学通论　日本浮田和民讲，李浩生译　杭州合众译书局

出版岁月　　　　　册数字　号

清光绪二十九年正月一　地　　六八七五

《涵芬楼藏书目录》，商务印书馆 1919 年版，第 34 页。

史法通论

史也者，所记人或人类活动 —— 思想、言辞、行事 —— 之迹也。……近人定义纷纷，未有如《说文》之说之得者。英文 history 一字盖本拉丁文 historia，亦谓有次序有组织之事实记载。Systematic accoumt of event 则史字之义益明。而西洋史家杜乐泥埃谓史为以例教人之哲学，马克来谓史为诗与哲学之混合，哈密登谓史为文之载具时日本末者，盖惟乃谓史为记载政治者，富里孟谓史为过往之政治，揩拉衣谓史为大人之传记，挨路乐谓史为社会之传记（以上诸家之说均见浮田和民《新史学》），皆知其一而未知其全也。

刘掞藜:《史法通论》,《史地学报》第 2 卷第 5 期,1923 年 7 月。

史学概论

通贯新旧能以科学方法剖国故者,当推梁氏《历史研究法》,李泰棻之《中国史纲绪论》次之。译寄初兴之时,颇有诵述威尔逊、浮田和民之学说者。威尔逊氏之说有广智书局之《历史哲学》,浮田氏之说有进化社之《史学通论》、文明书局之《新史学》,其中所言原理,多可运用于吾国史籍,惜译者未尝究心国史,第能就原书中所举四史示例耳。

柳诒徵:《史学概论》,1926 年商务印书馆函授社国文科讲义,见柳曾符、柳定生选编:《柳诒徵史学论文集》,上海古籍出版社 1991 年版,第 116—117 页。

900　历史

史学通论　〔日〕浮田和民讲述,李浩生译　904—F231

杭州,合众译书局,清光二十九年　103 面

冯汉骥等编:《湖北省立图书馆图书目录》,湖北官氏印刷局 1929 年版,第 45 页。

现代外国人名辞典

Ukita, Wamin〔浮田和民〕　日本早稻田大学教授。安政六年(一八五九),生于熊本县。同志社出身。留学美国;归国后,任同志社教授;后转早稻田,讲史学、政治学等多年。关于这二科的著书很多。明治四一年,得法学博士学位。

唐敬杲主编:《现代外国人名辞典》,商务印书馆 1933 年版,第 927 页。

山西公立图书馆目录初编
历史地理

西洋史

西史通释　一卷　一册　日本浮田和民著，清吴启孙译

光绪二十九年东京三田印所排印本

聂光甫编纂：《山西公立图书馆目录初编》，山西公立图书馆 1933 年版，第 442 页。

湖北省立图书馆图书目录

900　史地

901　一般历史

902/3262　浮田和民讲述

李浩生译　杭州　合众　光绪 29 年初版　103 面复 1

湖北省立图书馆编：《湖北省立图书馆图书目录》，湖北省立图书馆 1934 年版，第 274 页。

国立交通大学图书馆图书目录

第六至九辑

新籍

900　史地

901/674　史学原论　刘崇杰译　光绪二十九年　闽学会

交通大学图书馆编：《交通大学图书馆图书目录》，交通大学图书馆 1934 年版，第 131 页。

《译书经眼录》

议论第二十三

史学原论一卷（闽学会丛书洋装本一册，《北洋学报汇编》本，进化译社洋装本一册）。

日本浮田和民著，刘崇杰译。书凡八章，一特质及范围，二定义，三价值，四国家，五地理，六人种，七大势，八研究，博引泰西学说加以论断，盖泰西论史之书也。惟译自和文，悉用日本名词，为美中不足

耳。《北洋官报》本加以注释，殊便观览。进化译社罗大维译本与此大同小异。

顾燮光：《译书经眼录》卷七，杭州金佳石好楼 1934 年石印本，第 5 页；又见熊月之主编：《晚清新学书目提要》，上海书店出版社 2007 年版，第 343 页。

浙江省立图书馆图书总目
中日文书第一辑
900 史地类

901 史学原理；通论

史学通论

〔日〕浮田和民讲述，（民国）李浩生译，光绪二九，杭州，合众译书局

浙江省立图书馆编：《浙江省立图书馆图书总目，中日文书第一辑》，浙江省立图书馆 1936 年版，第 951 页。

国立暨南大学图书馆新编书目
900 史地类

史学通论　浮田和民著

上海进化译　光绪廿九年　一册　901-940-2

国立暨南大学图书馆编：《国立暨南大学图书馆新编书目》，国立暨南大学图书馆 1939 年版，无页数。

绪论

麦可莱（Macaulay）说：

> 历史是诗和哲学的混合物。

这样又把"历史"和"哲学"和"诗"扯在一起，浮田和民氏对此

有批评说：

> ……历史可以云以例教人之哲学，而凡以例教人之哲学，断不可以云历史，历史可以云诗与哲学之混合，而凡诗与哲学之混合，断不可以云历史。①

安诺德（Dr. Arnold）说：

> 历史是一个社会的传纪（History is the biography of a society）。

这种说法比卡赖尔只着眼个人，看轻社会势力的要进步很多了！陈衡哲女士又说：

> 历史是人类全体的传纪。②

这更比所谓"国家""社会"的范围似乎愈发来的广大，但著者的愚见以为"传记"原来的意思只是一人或一人以上的历史，换句话说，传记不过仅成"历史"里的一种特殊体裁，拿一种的名称来做全体的解释，是免不了"以偏概全"，有很大的流弊。浮田和民氏有质疑安诺德很中肯……的话如下：

> ……以社食之生活之历史，则国家固不可不为历史之主题，何则？国家者，一社会之最高尚者而为凡百社会所倚赖之社会也，故倘不附以形容词，而仅曰历史，则其为国家之历史也，亦何容疑？然而代表国家的公共生活者政府也，政府之大权往往操于君主一人，

---

① 《史学通论》第二章，有李浩生氏汉文译本。
② 《西洋史》上册。

于是传记与历史之混淆又必至历史之所记满纸皆君主之事，而失历史之本色矣！然而历史传记判然各殊，其间有决不可混淆者存……①

这样看来，拿"历史"的一种——"传记"来诠释"历史"，是"此路不通"毫无疑问的了。

杨鸿烈：《史学通论》，商务印书馆 1939 年版，第 10—12 页。

绪论

大概说来，德文书里关于史学的理论和研究的方法最为简明而有条理（日本史学受德国的影响极深，故其著作亦甚富于德人风味）。至法文书则以观察的"透澈敏锐"为其特长，英文书对实际是史实能加以特殊的说明，理论不过仅抽记一二而已。我们试一回溯科学的"史学"自身的历史，距今也只有四十多年，但进步神速，真要使千多年"史学"前辈的中国"望尘莫及"！就是自古代以来一向受中国影响的日本史学界也能够于短时间内"急起直追"充分输入欧洲史学——尤其是德国的理论和方法，除掉直译欧洲的史学名著不再重说而外，日人自著的书就有以下的许多种：

后藤寅之助　《史学纲要》　　明治二十八年（光绪二十一年）

浮田和民　　《史学原论》　　明治三十年（光绪二十三年）

坪井九马三　《史学研究法》　明治三十五年（光绪二十八年）

…………

杨鸿烈：《史学通论》，商务印书馆 1939 年版，第 26 页。

人类学

但从人类学家看来，人种优劣，只是一种臆说，毫无科学根据。浮田和民氏所著《史学通论》就有说：

---

① 《史学通论》第二章。

……据最近之学说……现在之诸人种俱为杂种，无一原种，何则？以人种之特质无不混交也。例如非洲之黑人，头骨长而腮突出，皮肤甚黑；瑞典人者，条顿人种中之最纯白者也，而头亦甚长，与黑人同，惟腮不突出，与皮纯白之异耳。蒙古人亦广头骨，但腮不突出，而皮黄色；哇人亦广头骨（按据魏源《海国图志》哇国即丹麦）然颊骨突出，而皮肤黄色；由此观之，则各种之混交而早已失特质也明矣。

据维耳邱蒲牢加及加洛利诸氏之说，则广头骨比长头骨为高等云，现在人种之最下者，莫如奥司他拉利亚人、达士马尼亚人、巴蒲亚人、威子达人、霍顿托人、仆司谢哀门人，及印度森林中之土人，皆长头骨者也；反是者巴耳古人、中国人、日本人及中部欧洲人皆广头骨也；当七千年以前于卡儿的亚地方开古代文明之亚加的亚人，亦属广头骨者也，而绥密人等则受彼等之文明以传之于亚利安人（指波斯、希腊、罗马而言焉）。纯粹之条顿人其性质虽勇敢，而智力近于鲁钝，德国之天才如路德、盖脱等自南方广头骨来者，究非条顿之人种也；而现今之英人非长头骨，亦非广头骨，盖属于中头骨；在欧洲最称长投骨者，司坎的纳维亚人也，而观于近世之文明，专在受广头骨种影响之德、法、伊、英，者广头骨种其必增色于长头骨种也，亦无疑矣。

人种问题，学术上未定之问题也，故以人种言历史，难乎其难。……欧罗巴与印度、波斯，同言语，同祖宗，何以一则渐开文明，一则废为奴隶，且亚洲之文明一达于欧洲，而亚洲渐退者何耶？且白人之中，文明亦分程度，岂人种之分程度耶？白人之中又有希腊、罗马之别，且希腊人中更有爱屋尼安及德利安人等之区别，人种云乎哉？吾得而断之曰非也非也，盖由于地理、教育、宗教、传说之感化也。

白色、黄色、黑色人种者关于血分，生于天然之本来人种也；至于亚利安及绥密及哈密人种云者，乃历史上之人种，而初非本来之人种，其名称亦系近时学者之所创定，其名称之下所包括之古代人民亦茫如握捉影！……

　　希腊之文明归原因于人种似非无理，然自其本来天然之人种而论，则一自种与他白种何异？如亚利安种与拉丁种最称亲密，而言语亦仅仅有稍稍差违，其于欧洲最先启文明者，究系地理之近于东方，而初不可以言人种之结果；然即其建设市府的小国家，而不能组织国民之大国家者，此亦系历史地理之结果，而初不可以言人种之性癖。又拉丁之在意大利诸人种中，果有何等天然之所长？亦历史家之所不能详，然观于罗马之天险地利，为统一意大利之便利，而意大利之地理在古代地中海文明之时代为统一地中海沿岸三大陆之便利也，则亦未始非罗马帝国建设之一大原因焉。当罗马之征服诸国民也，而并不以征服之民待之，且置之于罗马人同等之地位，遂使化为拉丁者，则虽日罗马人本来人种之天才，然究为罗马社会团结之结果，故罗马人种之特质，乃罗马历史之生产，而罗马之历史非罗马人种之生产也。闻者疑吾言乎？试思罗马社会团结之坚固，何以古今第一名将汉尼巴之兵略犹不能灭之，而罗马竟以忠勇义烈名于天下，乃及其衰亡也，何以竟以卑劣怯懦奢侈贪婪名于天下，以北狄之蛮人而蔑视之焉，其故非尽由于罗马人种之杂婚，亦非尽由于渐次之消灭，其实由于帝国建设之时过于养尊而处优，夜郎自大，不免虚骄，因此社会成此楛果，故前之兴者非人种，后之败者亦非人种也。……[①]

这几段话说的很是！

杨鸿烈：《史学通论》，商务印书馆 1939 年版，第 244—246 页。

政治学

又如浮田和民氏所著《史学通论》即有论“历史与国家”的关系的

[①] 《史学通论》第六章，李浩生译本，第 52—59 页。

专章说：

　　国家之为物也，非一旦而成者，或为野蛮社会，或为酋长者，惟于战争之时推崇酋长者，或常有酋长绝无权柄。如汲浦奈岛之亚拉富拉土人为平和之野蛮人，不知战争之为何物，其社会上之议论无非据前时之习惯以裁决之，至所谓酋长者付之阙如焉，是等社会尚无政府，不足冠以国家之名称。虽然，无论何等社会皆承认财产的权利，则虽国家未立以前，凡自然而成社会者，其无不注意于权利也亦明矣。但无社会则无论如何之权利终不能成立，不观之国家未成立以前乎？其组织国家、家族、种族之社会也。虽不足以称国家，而其中之舆论、习惯、制度无非为个人之义务，而规定权利而已，未成国家之时然，既成国家之时亦然，社会也，国家也，无所区别也。例如家族之制，在国家未立以前固一社会也，父之权利、夫之权利早已发生于家族、社会，至国家成立以后，则家族为国家之一部分，非独立于国家之中者，亦非逸出于国家以外者，凡所谓父之权利、夫之权利皆由国家而始得享有者也。何以言之？曰：惟尽国民之义务而后国家许以此等之权利，故曰由社会而得之权利，实无异于由国家而得之权利。国家者，社会之子也；社会者，国家之母也；有社会，则可名之曰"人"；离社会则可名之曰曰"非人"。当社会未成国家，主权未曾发生之时，实非完全之社会，所谓权利者不能圆满，所谓人民之权利者亦不巩固，故惟人有社会而后可为人，亦惟有国家而后可为完全之人。社会有国家，斯达社会之目的矣；人有国家，斯达人之目的矣；国家者，社会之社会也，社会组织之进于完全者也，人间社会之最高等者也。社会、国家之于人类有如是之关系，故研究社会与国家之进化者，即史学之主题也，倘若专究过去之事实，安足为史学家？直骨董家耳。史学之要在研究人类之若何养成品格，并研究人类之得有自由及人类之得有权利，其研究之目的专在社会进化之次序及法则，故史学之价值，非专为实利的，亦非专为美术的，实纯然为伦理的也，奈何以读小说、读传记、读杂记者读历史也？乌足知历史之价值哉？夫人者非自然之天产物也，历史之成果也，无论社会，无论国家，皆历史之结果也，无历史则人惟具一动物之资格而已，呜呼！历史价值之大不从可知哉？[①]

按浮田氏所说虽"持之有故，言之成理"，但在今日看来，就不免稍嫌陈腐，尤其是他把国家看成是一个基本社会，更难逃避"落伍""悖时"的讥诮。因为现在大多数的学者都只承认国家是团体，不承认国家是基本社会，本来国家和团体一样，都只有一定的"特殊目的"，所以国家的"目的"无论包括得怎样多，但总不能包括人"人生目的"的全部。因此"国家目的"毕竟不失"特殊目的"的特性。基本社会是人类的全体社会，实现人类普遍的"目的"，国家至多也不过是人类的一部分社会要来实现人类某几种的"目的"而已。何况人类的生活不尽是政治的生活。政治的生活不过占人类生活的一部分，故国家生活只是人类生活的一端，绝对不是人类生活的全部。

杨鸿烈：《史学通论》，商务印书馆 1939 年版，第 267—269 页。

心理学

惟"意志自由"问题牵扯得很大，浮田和民氏在所著《史学通论》驳有一派主张"人间有自由之意志则历史学不得成为科学"的话说：

> ……意志之发起也，必有理由，而理由者以斯人之天性，之天然境遇所基础者也，故藉令意志之有自由，而但能自由有限。且自由能受法则之支配，则历史一学亦何难定为科学？然当人类知识尚未完全之时，则历史决不能达于科学之地位，诚以历史及社会之

[①] 《史学通论》第四章，李浩生译本，第 31—33 页。

事不特关于个人之意志，直关于众人之意志之作用，故苟能使个人之心理学成立，并社会之心理学亦成立，则历史之成为完全科学也何有焉？……①

现在既知人类意志的自由很为有限，而历史又极富于客观的性质是在已前这曾说过，是浮田和民氏的态度应该更为积极。

杨鸿烈：《史学通论》，商务印书馆 1939 年版，第 301、302 页。

历史研究法的意义

历史研究法实兼上面二种"方法"而有之，但自来中外学者对"历史研究法"一词很少有下过定义的。……

又如浮田和民氏《史学通论》有说：

> 历史研究之方法在举过去之痕迹而发见之，批评之，解释之。……②

梅耶尔（Eduard Meyer）教授所作《历史的理论及方法》（*Zur theorie und Methodik der geschichte*）又曾说：

> 历史家实地所行的方法，其方法自身里内在的命令，即是以原料（史料）做成形体（历史）必须遵循的命令。这样的命令在各种情形都能很好的履行出来，其做成如此结果的事业的过程怎么样，这些有关于今日进步的史学的经验，就成为若干多数的规则与技巧，即我们所总括称呼的历史研究法。③

---

① 《史学通论》，李浩生译本，第 10 页。

② 《史学通论》第八章，李浩生译本，第 85 页。

③ Eduard Meyer, *Zur Theorie und Methodik der Geschichte*, 植村清之助、安藤俊雄两氏共译本第 3、4 两页。

以上两氏所说虽无大误，但还嫌陈旧且不完备。

杨鸿烈：《历史研究法》，商务印书馆 1939 年版，第 3—5 页。

史料的认识

日本的史学家输入这种分类法较我国为早，坪井九马三博士的《史学研究法》即直接承受伯恒氏的衣钵，其书所说的第一类史料即为"遗物"，第二类的史料即为"传说"。…… 浮田和民氏的《史学通论》又稍有不同，如说：

史料有三种：第一为吾人所欲研究而理解之之过去时代所遗，而与现在相直接者，称之为"遗物"；第二为就人类过去之事实而理会之之遗记，称之为"记录"；…… 第三为并有前二者之特质者，称之为纪念物。

甲、遗物 —— 不藉后代之记录而存者约有数种：

（一）人工之结果，或为技术的，或为美术的，如道路、水道、古坟是也。

（二）杜罗森（原译特罗生）所谓道德所组织之条件，如风俗、习惯、法律、政令、教律等是也。

（三）凡足代表人民之思想及其知识之状况，并其知识作用的如何之倾向者皆是，如格言、文学、神话等是也，史书亦时代之产物，可附于此。

（四）关于业务之书类，如通信、商用信札，一切之公文是也。

以上诸端，原非以记录为目的，皆因当时社会上之实用而创作之者，或因人性自然之要求，而成长发达之者，如言语亦一遗物也，而为历史上最不可缺之资料。

乙、记念 —— 遗物而兼记录之性质者，如纪念碑是也，凡美术品之多数，如志铭、赏牌、货币、军器、姓名、称号、分界石标之类皆属之。

丙、记录——称为史料者是也，即就原来过去之事实，而为便于记忆而记录之者，如史书、年代志、口碑等是也。[①]

杨鸿烈：《历史研究法》，商务印书馆1939年版，第52—54页。

史料的种类

（九）口碑　所谓"口碑"即如《五灯会元》所说"路上行人口似碑"的意思，换句话说，便是"人口所传诵的一切事物"，浮田和民氏所著《碑学通论》有说：

文字之未发明也，记录存于言语之上，即所谓口碑者是也。口碑云者于今日信用甚薄，经过二代则不足以为史料，牛顿曰："口碑之信用，不过八十年至百年之久。"阿耳纳曰："赤色印度人百年以上，无真正之确说者。"

古来无文字时代，口碑之价值必非如前之所述，昔时之信用口碑，犹今日之信用文书，二者之间非有种类之别，惟在信用之程度之各异而已。巴克尔曰："文字之发明，颇害记忆之力，不仅减口碑之功效，而且诈伪易传于永久，故文字之发明，历史之障害也。"此言虽过激，然亦可救妄信记录之弊矣，殆孟子所谓"尽信书不如无书"者欤？今南洋诸岛之蛮族中，数世纪以前之事实犹在于口碑，其犹可以引证者不少。泰洛耳《人类学》十五章日本之《古事记》，希腊荷马之《史诗》亦元来存于口碑，荷马诗中之人物及说话虽非确实，而其言当时之社会，列国之形势，地中海船舶之模样等有最足信用者，如"某之铠，其价牛几头"，可知当时以家畜为通货也。近时于小亚细亚古都旧都之采掘，其就《子洛安》而可证其所讴歌之事者甚多焉。且哥儿人间所行之特里特教之秘密

---

① 《史学通论》第八章，李浩生译本，第86—88页。

亦存于口碑，僧侣之记忆者为之费二十年心力云，是知口碑之确实不让于记忆，而古代之历史大抵属此，且有远过荷马之确实者。且确定言辞之赖口碑而保存者，如诗歌、圣语、祝词等之保存者是也，且如荷马之诗特里特教之秘密之保存亦是也。[1]

（十）语言　语言为人类"残留物"（Ueberbleibse）的一种，所以成为史料，这种道理到了近代欧洲学者才阐明出来，浮田和民氏的《史学通论》有说：

> ……博言学者比较万国之言，以追溯历史之起源者，此世人之所知也。蒙生曰："言语者，殆于其发生之时代而表示其交明程度之写手也。"
>
> 是故印度自为英人所征服，而梵语始入欧洲，一千七百十六年（乾隆五十一年）英人沙维廉条立司以梵语、希腊、日耳曼及开耳多诸语之类似，谓为自同一母语而出者，黑格耳至称此言为新世界发见，实非诬言，何则？自其结果而言，可证明印度之人种与欧洲之人种相同也，则夫博言学之所以成立，凡不存于记录，不传于口碑之数多事实所以得发见于历史者，谁非言语之所赐也哉？[2]

浮田和民氏也曾说："古代历史家口碑记录之外无资料，每收集之，比较之，改删之，再演复说之，以为正确之历史，然至近时则更以遗物及纪念物为资料，而历史始脚踏实地，……有进步之盛远矣。……书契以前称为有史以前之时代……不以文字记录之时代也，文字虽无，而代文字之用者未尚无焉，且也藉有并口碑而亦不传于今之时代，然考其遗物亦可以确知其事实焉。"[3] 这些都不算"言过其实"，惟著者愚见

---

[1] 《史学通论》第八章，李浩生译本，第88、89页。
[2] 《史学通论》，第90、91页。
[3] 《史学通论》，李氏译本，第90页。

则以两种史料都不应"畸重畸轻"，惟须能善于充分利用罢了，下章再继续详述"书籍以内的史料"。

杨鸿烈：《历史研究法》，商务印书馆 1939 年版，第 137—138、140—141、145—146 页。

湖南省立中山图书馆图书分类目录十卷（上）
史地卷三
史地　二〇〇
历史哲学　二〇一
史学原论　浮田和民著　见早稻田
史学通论　罗大维　开明本　一本　二部
史学通论　李浩生　开明本　一本

湖南省立中山图书馆编：《湖南省立中山图书馆图书分类目录十卷（上）》，湖南省立中山图书馆 1939 年版，第 1 页。

国立北平师范大学图书馆中日文图书目录
九〇〇　史地总论
书名　　　著者　　　　　　　出版年　　　出版者及版刻
史学通论　〔日〕浮田和民撰　清光绪二九　杭州合众译书局铅印
　　　　　李浩生译
册数　书号
一册　901\755

国立北平师范大学图书馆编：《国立北平师范大学图书馆中日文图书目录》，国立北平师范大学图书馆 1943 年版，第 761 页。

中译日文书目录
六　地理、历史
浮田和民　史学原论　杨毓麟　湖南编译社　光二九　〇．六〇

同　　　同　　　刘崇杰　闵学会　　　同　　○.二三
　　　　　闵学会丛书本、[译书]によれ进化译社本もあり

同　西史通释　吴启孙　文明　同　二.○○
　　　　　　　　　　　　　　　　早稻田大学讲义本

同　史学通论　李浩生　杭州合众译书局　　[新学]

〔日〕黑田清编:《中译日文书目录》,1945年自刊本,第105页。

史部　史评类　议论之属

史学原论不分卷　日浮田和民撰　杨毓麟译　光绪二十九年东京湖南编译社印本　中译

史学原论不分卷　日浮田和民撰　刘崇杰译　光绪二十九年东京闵学会丛书本　北洋学报汇本

　　　　　　　　　　　　　　进化译社本　中译

王绍曾主编:《清史稿艺文志拾遗》,中华书局2000年版,第1030页。